선원소류
禪源溯流

선문재정록
禪文再正錄

| 동국대학교 불교기록문화유산아카이브사업단(ABC)
본서는 문화체육관광부 지원으로 동국대학교 불교학술원에서 간행하였습니다.

한글본 한국불교전서 조선 68
선원소류 · 선문재정록

2021년 4월 20일 초판 1쇄 인쇄
2021년 4월 30일 초판 1쇄 발행

지은이 설두 유형 · 진하 축원
옮긴이 조영미
발행인 성우
발행처 학교법인 동국대학교 출판문화원

출판등록 제2020-000110호(2020.7.9)
주소 04626 서울시 중구 퇴계로36길2 신관1층 105호
전화 02-2264-4714
팩스 02-2268-7851
Homepage http://dgpress.dongguk.edu
E-mail abook@jeongjincorp.com

편집디자인 다름
인쇄처 네오프린텍(주)

© 2021, 동국대학교(불교학술원)

ISBN 979-11-973433-8-4 93220

값 17,000원

이 책의 무단 전재나 복제 행위는 저작권법 제98조에 따라 처벌받게 됩니다.

한글본 한국불교전서 조선 68

선원소류
禪源溯流
설두 유형 | 조영미 옮김

선문재정록
禪文再正錄
진하 축원 | 조영미 옮김

동국대학교 불교학술원

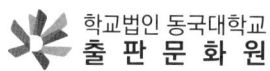

차례

선원소류 禪源溯流

선원소류 해제 / 9

선원소류 23

발문 跋 / 213
시주질 施主秩 / 215

찾아보기 / 218

선문재정록 禪文再正錄

선문재정록 해제 / 225

신문재징록 235

찾아보기 / 275

선원소류

| 禪源溯流* |

백파 문인 설두 유형 白坡門人 雪竇有炯
조영미 옮김

---

* ㉔ 저본은 광서光緒 15년(1889) 환응 환진 술기본 幻翁喚眞述記本이며, 서울대학교에 소장되어 있다.

선원소류禪源溯流 해제

조영미
동국대학교 불교학술원 전임연구원

1. 저자

설두 유형雪竇有炯(1824~1889)의 처음 법명은 봉문奉聞 또는 봉기奉琪, 속성은 완산 이李씨이며 전라도 옥과현玉果縣(지금의 곡성군) 옥전리玉田里에서 태어났다. 어려서는 유가의 전적을 섭렵하다가 19세[1]에 이르러 출가에 뜻을 품고 장성부長城府 백암산白巖山 백양사白羊寺에서 징관 쾌일正觀怏逸을 은사로 득도하였고, 그 이듬해에 조계산 침명 한성枕溟翰醒(1801~1876) 대사에게서 구족계를 받고 선참禪懺을 배웠다. 제방의 선지식을 두루 찾아다니며 노장학과 불교의 경론을 익혔으며 백파 긍선白坡亘璇(1767~1852)이 좌주로 있던 영구산靈龜山 법회에서 공부를 마치고 백암 도원白巖道圓

---

1 『朝鮮佛敎通史』上編「靈龜山雪竇大師行狀」(p.604)에는 19세로, 『東師列傳』권5「雪竇講伯傳」(H10, 1060a5)에는 17세로 되어 있다. 이 밖에도 설두의 행적 기술에서 영호 정호映湖鼎鎬(1870~1948)의 행장과 범해 각안梵海覺岸(1820~1896)의 『東師列傳』은 다소 상이한 내용을 보인다. 본 해제에서는 『朝鮮佛敎通史』의 행장을 중심으로 기술하였다.

대사를 이어 강단에 올랐다.² 10여 년간 대중을 가르치면서 아울러 조사서래의祖師西來意를 참구하였다.

　1870년 봄에 모악산母岳山 불갑사佛岬寺로 옮겨 초당草堂을 짓고 은거하였으며 수년을 머물면서 황폐해진 절을 중수하였다.³ 1889년 봄에 환응 환진幻翁喚眞(1824~1904)의 간청을 이기지 못하여 양주목楊州牧 천마산天磨山 봉인난야奉仁蘭若에서 선문강회를 크게 열고 7월에 마쳤다.⁴ 그해 중추仲秋에 병으로 본사로 돌아왔으며 문도 설유 처명雪乳處明(1858~1903)에게 법을 전하고 8월 29일에 구암사龜巖寺 내 소림굴少林窟에서 세수 66세, 법랍 46세로 입적하였다.

　『조선불교통사』에서는 태고 보우太古普愚(1301~1382)를 우리나라 선문禪門의 초조初祖로, 이후 이어진 청허 휴정淸虛休靜(1520~1604)과 부휴 선수浮休善修(1543~1615)를 중조로 보고, 청허로부터 환성 지안喚醒志安(1664~1729), 설파 상언雪坡尙彦(1707~1791), 백파 긍선으로 법맥이 이어졌으며 백파의 종지를 오롯이 얻은 사람은 설두라고 하였다.⁵ 『동사열전』에

---

2 『朝鮮佛敎通史』上編「靈龜山雪竇大師行狀」(p.604)에 실린 내용이다. 『東師列傳』권5 「雪竇講伯傳」(H10, 1060a6)에는 "백암 도원 율사에게서 구족계를 받고 침명 한성 강주에게서 선참禪懺을 배웠으며, 백암 계사의 법을 이어받았다. 침명의 강석에서 사교四敎에 대한 의문점을 밝히고 백파 긍선 회상에서 대교大敎의 관문을 뚫었다."라고 되어 있다.
3 『東師列傳』권5「雪竇講伯傳」(H10, 1060a11)에는 시기를 확정하지는 않았지만 『朝鮮佛敎通史』와는 다소 차이를 보인다. 불갑사와 용흥사龍興寺에 머물렀던 것으로 기술되어 있고 이어 백파 긍선의 비를 세웠다는 내용이 나오는데, 백파의 비문은 추사秋史 김정희金正喜가 백파 문도들의 청을 받아 「華嚴宗主白坡大律師大機大用之碑」라는 제목으로 지었고 추사의 나이 70세(1855) 무렵에 설두 유형을 비롯한 문도들에게 비문의 제목을 그와 같이 쓴 사연을 보낸 서신 2편이 『阮堂全集』권7 잡저雜著에 실려 있다.
4 『東師列傳』권5「雪竇講伯傳」(H10, 1060a14)에는 대간大刊된 『起信論』을 본받아 염송집 판각을 시설하였다고 되어 있다.
5 『佛祖錄讚頌』(H12, 344b1), "가만히 듣자 하니 설두는 설파의 손자, 한 쌍의 눈 흩날려 설산 치는 격일세. 자취 숨기고 뛰어난 계책 보이고자 초가 엮은 뒤, 선사의 대의 떠받쳐 선원 저술했다네.(奉聞雪竇雪坡係, 雙雪紛飛撲海崙. 晦迹良謀搆草屋, 扶先大義述禪源.)" 이 게송에서도 설파를 백파의 스승으로, 설두를 백파의 제자로 보았다. 제2구에서 '한 쌍의 눈(雙雪)'이라 한 것은 바로 설파와 설두를, 제4구의 선사先師는 백파를, 선원

서는 백파의 문인으로 구봉 인유龜峰仁裕, 도봉 국찬道峰國燦, 정관 쾌일, 백암 도원 등을 상세히 제시함으로써 이들로부터 설두로 이어졌음을 보이고 있다.

『동사열전』에는 그 문인들에 누가 있는지 분명하지 않다고 되어 있으나 『조선불교통사』에서는 법을 이은 제자로 영월 호정詠月縞政, 보월 만익步月萬益, 다륜 익진茶輪翼振, 완성 혜감玩性慧鑑, 용은 호각龍隱皓恪, 서월 경우犀月敬瑀, 청하 총환淸霞寵歡, 설유 처명 등이 설두의 뜻과 유업을 잘 이어받아 계승하였다고 한다. 또한 설두 유형은 경담 서관鏡潭瑞寬(1824~1904), 함명 태선函溟太先(1824~1902)과는 동갑으로서 도학의 수준이 동등하여 당시 세상 사람들은 이 세 스님을 불문삼걸佛門三傑로 여겼다는 내용도 덧붙이고 있다.

저서에는 『해정록楷正錄』, 『통방정안通方正眼』, 『선원소류』, 『시집詩集』, 『사기私記』 등이 있다.

2. 서지 사항 및 구성

『한국불교전서』 제10책(653b~677c)에 수록되어 있는 『선원소류』의 저본은 광서光緖 15년(1889) 환옹 환진 술기본幻翁喚眞述記本이며 서울대학교에 소장되어 있다. 간사지刊寫地와 간사자刊寫者는 미상이며 목활자본에 사주단변四周單邊 유계有界로 10행行 21자字이다. 서울대학교 규장각 한국학연구원, 국립중앙도서관, 동국대학교 불교기록문화유산 아카이브 등에서 원문 이미지를 볼 수 있다. 국립중앙도서관 소장본에는 원래 소장처인 용

은 바로 『禪源遡流』를 가리킨다. 『佛祖錄讚頌』에는 선사들의 법호나 법명을 중의적으로 활용한 예가 많은데 이 게송 제1구의 '봉문奉聞'은 설두의 또 다른 법명이기도 하다.

화사龍華寺 소장인所藏印이 찍혀 있다.

이 책은 시종일관 백파의 삼종선三種禪 논리가 타당함을 입증하기 위한 의도로 구성되어 있다. 세세하게 소제목을 달지는 않았지만 본론에 해당하는 부분을 크게 삼분하면 다음과 같다. 먼저 백파가 제시했던 주요 개념들을 조목조목 재정리하며 다지고, 다음으로는 백파의 삼종선 논리가 타당한 이유를 집중적으로 분석하고 설두 자신의 논리로 증명한 후에, 그가 궁극의 표적으로 삼았던 초의 의순草衣意恂(1786~1866)의 『사변만어四辨漫語』와 우담 홍기優曇洪基(1822~1881)의 『소쇄선정록掃灑先庭錄(선문증정록禪門證正錄)』에서 주장하는 내용을 구체적으로 거론하며 논파한다.

책의 처음은 제목을 '선원소류禪源溯流'라 붙인 이유를 간략하게 제시하는 것으로 서론을 대신하고 있다. 책 말미에는 경찬慶讚 회향문 격의 글, 환옹 환진의 발문, 시주질施主秩 등이 실려 있다.

3. 내용과 성격

삼종선 논쟁의 시발 및 그 주역과 대상 저술들을 먼저 개괄한다. 백파가 임제삼구臨濟三句를 끌어와 이에 맞춰 선禪을 조사선祖師禪·여래선如來禪·의리선義理禪 셋으로 구분하고 조사선이 가장 우월한 선법이며 여래선은 그보다 하열하고 의리선은 가장 하열하며 선의 본질에서조차 벗어났다는 삼종선 이론을 펴고, 오종선문五種禪門뿐만 아니라 삼처전심三處傳心, 삼현三玄, 삼요三要, 살활殺活 등에도 이 구도를 적용하며 자신의 선론禪論를 펼친 책이 『선문수경禪文手鏡』이다. 이에 초의가 단계적 가치와 우열로 갈라놓은 백파의 삼종선을 인정하지 않고 임제삼구 하나하나가 평등한 효용을 지니며 선禪과 교敎는 불가분의 관계라는 관점에서 백파의 설을 비판하는 『선문사변만어禪門四辨漫語(사변만어)』를 내놓았고 이로써 삼

종선이라는 논쟁의 불이 붙게 되었다.[6]

　백파와 초의 사후인 1874년에 우담 홍기가 『소쇄선정록(선문증정록)』을 지어 백파의 선론을 비판하고 초의의 견해를 지지했고, 백파의 문인인 설두는 『선원소류』를 지어 초의와 우담의 논지를 비판하였다. 마지막으로 진하 축원震河竺源(1861~1925)이 『선문재정록禪文再正錄』을 지어 앞서 네 사람의 선론 가운데 잘못된 논점을 끌어내어 비판하고 불필요한 논쟁을 정리하고자 하였으나 소기의 성과를 거두었다고 평가받지는 못하고 있다.

　『선문수경』, 『선문사변만어』, 『소쇄선정록』 등은 소제목이 적절히 제시되어 있어 전체 구성과 체재를 파악하기에 한결 수월하다. 이에 비해 『선원소류』는 단락의 구성이나 요지를 한눈에 알아보기 어려운 점이 있다. 백파의 문인 설두는 초의와 우담이 잘못 이해한 백파 선론의 핵심어를 중점적으로 다루며 바로잡고 각인시킴으로써 백파의 선론을 적극 옹호하려는 의지와 목표를 성취하고자 하였다.

　그 첫 번째가 조사선과 여래선의 차이이자 우열의 문제이다. 여래선이 조사선보다 하열하며 선과 교는 다르다는 주장을 임제가 '제2구에서 알아차리면 인천의 스승이 될 만하다', '제1구에서 알아차리면 불조의 스승이 될 만하다'라고 한 말에 각각 짝지으며 새삼 확인한다.[7] 이는 초의가 "인

---

6 초의 의순, 김영욱 옮김, 『선문사변만어』(동국대학교출판부, 2012) 해제 참조. 김영욱은 백파와 초의 선론의 차이를 두 사람이 지향하는 선법과 언어관의 차이에서 빚어진 것으로 보았다. 즉 백파는 조사선을 부각하기 위해 가상으로 의리선을 설정하고 비판한 것인데 초의는 백파가 드러내고자 한 요체에서 비켜나 공격 대상으로 잡은 측면이 있으며, 백파는 화두 참구의 안목을 근본으로 견지하면서 언어와 이치에 의존하는 방법은 선의 본질을 가로막는 장애물이라 보았다면 초의는 이를 선의 경계를 드러내는 유용한 수단으로 받아들이고 백파의 설에 대하여 모든 방편의 언어를 포용하는 견해로 비판하였다는 것이다.

7 忽滑谷快天은 설두가 '여래가 깨달은 경지를 여래선이라 한다는 말은 『보요경』에 「보살이 2월 8일에 성도하였으니 인천의 스승이라 한다.」라고 한 내용에 따른다.'라고 하며 임제가 말한 '與人天爲師'와 결부시킨 것은 견강부회라고 비판한다. 『보요경』의 '人天師'는 부처님의 십호十號인 천인사天人師이며 임제가 말한 맥락과는 다르다는 것이다.

도로부터 중국에 이르기까지 33명의 조사들이 두 선禪의 이름을 언급하지 않았고 또한 그에 대하여 뜻을 풀어 주지도 않았다.……대단한 수단을 지녔던 종사들 역시 두 선의 우열에 대하여 말한 적이 없었다."[8]라며 앙산 혜적仰山慧寂이 향엄 지한香嚴智閑을 마치 평가 내리듯이 한 말에서 거론된 여래선과 조사선을 우열의 차이로 볼 수 없다고 주장한 점을 염두에 두고 설두가 가한 비판이다.

다음으로 세존과 달마의 삼처전심을 살인도와 활인검 또는 살과 활, 여래선과 조사선에 배대하는 문제에서 갈라진 견해 비판이다. 세존의 분좌分座는 살인도에, 염화미소는 활인검에, 곽시쌍부槨示雙趺는 살과 활을 모두 겸비한 것이라 한다. 그리고 달마와 2조 혜가 사이에 모든 대상이 이미 끊어졌다(諸緣已斷)는 문답이 오간 때에 혜가는 여래선을 얻었고, 모든 부처님의 법인法印에 대해 묻고 안심安心을 주제로 문답을 나누었을 때는 조사선을 얻었으며, 마지막에 여러 문인들과 마찬가지로 각자 터득한 것을 말해 보라는 달마의 물음을 받고는 삼배하고 자리에 그대로 서 있음으로 해서 달마로부터 '골수를 얻었다'는 답을 들었을 때는 여래선과 조사선 이선二禪을 나란히 얻었다고 주장한다.[9] 또한 "살殺은 여래의 깨달은 경지이므로 여래선이라 하고, 활活은 조사가 전한 경지이므로 조사선"이라고 단적으로 말한다. 이는 "활용은 기틀이 아니면 활용이 될 수 없으니 활용이 활용이 되는 이유는 곧바로 근원에 이르는 기틀의 속성을 지니고 있기 때문이다.……기틀과 활용의 관계가 이와 같은 것처럼 살殺과 활活이 서로 의존하며 떨어지지 않는 관계 또한 이와 같다. 그러므로 살을 전하더

『朝鮮禪敎史』(pp.669~670).
8 초의 의순, 김영욱 옮김, 『선문사변만어』, pp.124~126 참조.
9 백파는 세존의 삼처전심을 살인도, 활인검, 살과 활의 겸비로 나누어 언급하기는 하였지만 달마의 삼처전심에 대해서는 살과 활이나 여래선과 조사선 등에 따로 배대하지 않았다.

라도 반드시 활을 겸비하고 활을 전하더라도 반드시 살을 겸비한다는 진실을 알아야 한다."[10]라고 한 초의의 주장을 비판하기 위한 포석이다. '세존의 분좌를 살인도와 임제삼구 가운데 제2구에 배대하고 청원 행사靑原行思가 이 법을 얻어 6조의 비정통 전수자(傍傳)가 되었으며, 염화미소를 활인검과 임제삼구 가운데 제1구에 배대하고 남악 회양南嶽懷讓이 이 법을 얻어 6조의 바른 전통을 이어받았다(正傳).'는 백파의 주장에 덧붙여 설두는 '하택 신회荷澤神會가 이름도 없고 이름자도 없는 바로 이 자리를 본원이니 불성이니 하고 부른 것이 지해知解이기 때문에 의리선에 해당하며 6조의 얼자孽子가 되었다.'고 하였다. 또한 '이치로 통하는 길에 몸을 담고 남을 가르치는 것이 의리선이므로 의리선과 여래선은 분명히 다르다.'[11]고 주장한다. '의리선을 개념화하여 쓴다면 교敎를 근거로 하는 여래선과 다르지 않다. 즉 여래선은 차별된 근기를 가진 각 사람들의 수준에 맞추어 다양한 의리를 전하므로 의리선과 다르지 않다.'[12]는 초의의 주장에 맞서기 위해 이 점을 분명히 짚고 넘어가고자 한 것이다.

그다음 주제로는 삼종三宗과 선종 오파五派를 삼선三禪에 배대하는 문제를 지리멸렬하다 할 만큼 꽤 길고 난삽하게 이어 간다. 백파가 임제종

---

10 초의 의순, 김영욱 옮김, 『선문사변만어』, p.42 참조.
11 설두는 이러한 주장의 근거로 대혜 종고大慧宗杲의 말을 들고 있다. 바로 『書狀』「答張侍郎狀」(T47, 937b10)에 실린 글이다. 하지만 설두가 근거로 인용한 말은 대혜의 말이 아니다. 장 시랑이 '혜충 국사는 의리선을 설하여 남의 집 자식들을 망쳐 놓았다.'라고 한 말을 대혜가 편지에서 다시 언급한 대목일 뿐이다. 忽滑谷快天은 설두의 이러한 일련의 주장들에 대해 "有烱은 正과 傍의 뜻도 자세히 아는 것 같지 않다.……荷澤, 南陽 二大宗師를 貶하여 의리선이라 하고 大慧一輩의 看話禪을 가지고 6조의 正傳이라고 한 것이다. 法에 대하여 흑백을 가리지 못하는 자라고 할 수 있다.……荷澤, 南陽이 만약 自救不了였다면 어떻게 6조의 嗣가 되었단 말인가. 유형이 荷澤의 禪을 얻은 圭峰을 證權으로 한 것은 유형 자신도 또한 自救不了漢임을 보여 준 것이 아닌가."라고 신랄하게 비판하였다. 설두나 忽滑谷快天 모두 『書狀』의 글을 오용誤用하여 백파가 말했던 의리선의 본질도 흐려지고 게다가 대혜의 간화선조차 무색해지고 말았다.
12 초의 의순, 김영욱 옮김, 『선문사변만어』, p.9 참조.

과 운문종을 조사선에, 법안종·위앙종·조동종을 여래선에 배대한 주장을 이어받아 설두는 『선문강요집禪門綱要集』을 비롯한 『선문염송禪門拈頌』, 『염송설화拈頌說話』, 『선문오종강요禪門五宗綱要』 등을 집중적으로 인용하면서 상세하게 뒷받침한다. 그 까닭은 초의가 의리선을 인정하지 못한 만큼이나 위앙종에 대한 백파의 견해를 강력하게 비판하며[13] 『선문사변만어』에서 상당한 지면을 할애한 데에 있다. 애초 백파가 선종 오파를 이선二禪으로 구분하고 간략히 언급하고 지났던 것에 비하면 초의와 설두, 두 사람에 이르러 크게 확전이 된 것이다.

설두는 우두종牛頭宗·신수종神秀宗·하택종荷澤宗 삼종三宗을 의리선에, 오파는 격외 이선二禪에 짝짓는다. 유심惟心의 도리를 밝힌 법안종, 체용體用을 밝힌 위앙종, 종문의 향상向上하는 종지를 밝힌 조동종은 여래선에 해당하고 남김 없는 작용을 가장 빠르게 실현하는 길(大用直截)을 밝힌 운문종, 기용機用과 삼요三要를 밝힌 임제종은 조사선에 해당한다고 주장한다. 또한 위앙종과 법안종 2종은 대기를 얻어 살인도를 밝혔으므로 여래선의 종풍이라는 점을 부연하기도 한다. 그 주장의 근간은 임제의 "만약 제1구에서 알아차리면 불조의 스승이 될 만하다.【조사선】 제2구에서 알아차리면 인천의 스승이 될 만하다.【여래선】 제3구에서 알아차리면 자기도 구제하지 못한다.【의리선】"라는 말에 있으며 이에 대한 『선문강요집』의 견해에 상당 부분 기대고 있을 뿐 설두 자신의 말은 찾아보기 힘들다. 다소 뜬금없이 백파를 소개하고 있다거나 김정희 집에 우연히 중국의 설봉雪峯이 그린 달마 대사 그림이 들어왔는데 백파와 비슷했다는 일화 등을 싣고 있기도 하다. 설두는 또 임제삼구를 응용하여 도표를 만들고는 "종사는 최초구로부터 시작하여 깊은 곳에서 얕은 곳에 이르며 상중하 삼사三士

---

13 초의 의순, 김영욱 옮김, 『선문사변만어』(p.90), "지금부터 다섯 종파의 어록에 수록된 여러 칙의 인연을 인용하는 까닭은 오로지 위앙종이 뒤집어쓴 이상과 같은 굴욕을 씻어 주기 위해서이다."

를 두루 접한다. 반면 이 도표에서는 차례를 바꾸어 배우는 이들이 얕은 곳에서 시작하여 깊은 곳에 이르러 말후구를 깨닫게 하고자 하였다."라고 하였는데 이는 백파가 이미 그렸던 도표[14]에서 착안한 것으로 보인다.[15]

마지막으로는 『선문사변만어』와 『소쇄선정록』을 본격적으로 비판하기에 앞서 여래선·조사선·의리선의 개념을 다시금 삼처전심과 연결 지으며 정리하고 들어간다. 여래선과 조사선 이선二禪에 대해 '깨달음에서는 선후가 있고 각자 다르게 나누어 가진 몫에서는 깊이의 차이가 있다.'는 견해를 견지하면서도 '이 두 가지 선에 우열이라는 구분은 있지 않다.'라고 하는 등 상치하는 말을 중언부언하는 느낌도 있다.

『선문사변만어』에 대해서는 여덟 대목을 들어 설파說破를 시도한다. 세 번째에서 "구곡의 『염송설화』에 분좌를 가리켜 여래선이라 지목하여 말한 대목이 있는가!"와 같은 초의의 문제 제기는 『염송설화』를 살펴보았을 때 타당하며, 다섯 번째에서 "일우의 말에 의리선이라는 명칭이 있기나 한가!"라는 물음으로 초의가 제기하고자 한 문제의식은 분명한데 설두는 오독한 『서장』「답장시랑장」을 인용하면서 "삼구를 세 가지 선에 배대한 것은 임제의 본의"라는 억측에 가까운 주장을 펼친다.

4절로 구성된 『소쇄선정록』은 그 구성에 따라 변설을 가한다. 백파와 설두는 달마의 삼처전심으로 제연이단諸緣已斷, 멱심부득覓心不得(安心問答), 삼배골수三拜骨髓를 든 데 비해 우담 홍기는 제연이단 대신에 달마가 웅이산에 신발을 남겨 둔(熊耳留履) 일화를 꼽았다. 설두는 "혜가는 달마가 신발을 남긴 때에 깨달음을 드러내 보인 자취가 없으니 어떻게 법을 얻

---

14 『禪文手鏡』(H10, 517~519).
15 이 도표에 대해서도 忽滑谷快天은 비판의 목소리를 내었다. "유형이 이 도표에서 三玄을 第二句에, 三要를 第一句에 배치하고 不立文字를 第二句에, 直指人心을 第一句에 붙인 것 따위는 보는 사람으로 하여금 그 의의가 무엇인지를 알기 어렵게 한 것이다." 이는 백파의 도표에도 그대로 해당하는 비판이다. 『朝鮮禪敎史』(p.673).

었다고 할 수 있겠는가?"라며 강력히 비판하고 이어 왜 단연斷緣 문답이 마음을 전한 일화인지를 다시 주장한다. 2절에서 제기한 '제2구와 제3구는 똑같이 의리'라 한 주장에 대한 설두의 변설은 다소 난해하다. "부처의 공안은 처음부터 세 곳에서 마음을 전한 것(三處傳心)을 제1구로 삼는다."라는 등의 말에서 제1구의 개념에 혼동을 보이고 있다. 이 대목은 앞서의 논의에 비추어 이해하고 넘어가는 편이 쉬울 것으로 생각된다. 마지막 4절의 문제 제기와 설두의 변설도 그러하다. 3절은 살殺과 활活을 나누지 않고 오로지 제1구 가운데 두고 기용機用을 모두 활로 본 견해에 대한 비판이다. 설두는 활인검은 조사가 전한 깨달음의 경지이므로 조사선이라 하고 제1구에 있으며, 기용이 살활이고 제1구는 살과 활을 다 갖추었다고 주장한다.

4. 가치

『사변만어』와 『소쇄선정록』 모두에 대해 설두는 "시비를 가리려는 마음이 크고 승부를 가르는 데 기세가 뻗쳐 그 뜻을 제대로 궁구하지도 않고서 온통 내쳐 깨뜨리는 데만 힘썼으니 삿된 이해로 어지러이 여기저기 두드리기나 하고 물고기 눈과 밝은 구슬(明珠)을 혼동했다고 할 만하다."라며 거친 숨결을 토했고, 특히 『소쇄선정록』에 대해서는 "전개한 내용을 보면 모두 잘못 인용한 글에 대한 천착이 그치지 않아 말할 수 없이 어수선하다.⋯⋯ 세상에서 흔히 하는 말로 맹인이 지팡이로 땅을 두드리듯 하였으니 안목을 갖춘 이에게 비웃음을 사고 말리라. 닭 울음소리를 흉내 내어 본들 지음知音을 속이기는 어려운 법이다."라고까지 비판의 칼날을 세웠다.

하지만 정작 설두의 이 책 역시도 자신의 주장을 편 대목이든 백파를 위해 방어한 대목이든 허술한 측면이 곳곳에서 목격된다. 누카리야 가이

텐(忽滑谷快天)이 신랄할 정도로 가한 비판이 모두 타당하지는 않다고 해도 간과할 수 없는 이유이다. 전거가 확실하지 않거나 잘못 인용한 곳, 견강부회 내지는 동문서답에 가까운 기술이 보이기 때문이다. 물론 애초에 백파와 초의가 각각 확연히 다른 입각처에 발을 디디고 논의를 전개한 데서 연유한 탓도 크다. 각자가 집중하여 주목하고 드러내 말하고자 한 취지가 달랐던 것이다.

설두는 백파의 선론을 선명하게 드러내 그와 맞서는 주장을 격파하고 싶었겠지만 과히 성과를 거두지 못했을 뿐 아니라, 백파의 선론에서 한 걸음도 나아가지 못했고 그 성과에 한 숟가락도 보태지 못했다 해도 과언이 아니다. 우담 홍기를 비판하면서 "이 사람은 침명 한성 화상에게서 법을 배웠고 그대로 따라 선을 전해 받았다. 침명 화상은 백파 노화상에게서 법을 배웠고 또 선을 받았다. 그렇다면 백파 노화상은 그의 선사先師이다. 그런즉 선사에게 설령 작은 흠결이 있다면 그것을 깨뜨려 부수고 모름지기 예악禮樂은 남김이 마땅한 일이지, 스스로 자기의 덕을 존숭하고 선현을 멸시해서는 안 될 일"이라며 사문난적이요 불가의 역손逆孫이라는 표현까지 썼다.

선사들은 남의 견해나 언설을 비판적 사유를 기치지 않고 그대로 받아들이는 것을 남이 먹다 남긴 찌꺼기에 빗대어 잔갱수반殘羹餿飯이라 하여 폄하한다. 이 잔갱수반에는 스승의 견해와 언설도 예외가 아니다. 백파의 입장에 철저하고자 한 설두가 오히려 맹인이 되어 버리고 닭 울음소리나 흉내 내기에 급급했던 것이 아닌가 생각된다.

5. 참고 자료

梵海覺岸,『東師列傳』,『韓國佛敎全書』10.

白坡亙璇,『禪文手鏡』,『韓國佛敎全書』10.

이능화,『朝鮮佛敎通史』上中編, 서울: 民俗苑, 1992.(京城: 新文館, 大
　　正 7[1918])

忽滑谷快天 著, 鄭湖鏡 譯,『朝鮮禪敎史』, 寶蓮閣, 1978.

金正喜,『阮堂全集』, 민족문화추진회(한국고전번역원), 한국고전종합
　　DB.

초의 의순, 김영욱 옮김,『선문사변만어』, 동국대학교출판부, 2012.

김영욱,「조선말 삼종선 논쟁」, 고려대학교 민족문화연구원 한국사상연
　　구소 편,『자료와 해설 한국의 철학사상』, 예문서원, 2001.

차례

선원소류禪源溯流 해제 / 9
일러두기 / 22

이 책의 제목에 담긴 뜻 23
1. 조사선과 여래선 25
2. 삼처전심 37
   1) 세존의 삼처전심 40
   2) 달마의 삼처전심 44
3. 살인도와 활인검 49
4. 선의 전수 57
5. 삼종선을 논함 71
6. 삼종三宗과 선종 오파五派 82
7. 임제삼구臨濟三句와 삼종선 92
8. 『사변만어』와 『소쇄선정록(선문증정록)』 비판에 앞서 삼종선 개념을 바로잡다 135
9. 『사변만어』를 설파함 149
10. 『소쇄선정록』을 변설함 170

발문 跋 / 213
시주질施主秩 / 215

찾아보기 / 218

일러두기

1 '한글본 한국불교전서'는 문화체육관광부의 지원을 받아 동국대학교 불교학술원에서 수행하고 있는 '불교기록문화유산아카이브(ABC)사업'의 결과물을 출간한 것이다.
2 이 책의 역주는 『한국불교전서』(동국대학교출판부 간행) 제10책에 수록된 『선원소류禪源溯流』를 저본으로 하였다.
3 이 책의 편장篇章은 저본의 기본 편제와 내용을 고려하여 역주자가 나누고 제목을 붙였으며, 번역문의 단락도 읽기 쉽도록 역주자가 구분하였다. 저본에 선대의 주장이나 논의의 핵심 주제라 할 만한 내용을 제시한 후에 이를 논증하고 논파하는 설두 유형의 견해는 한 글자 내려 쓰여 있다. 저본의 이러한 표지標識가 다소 선명하지 않은 대목도 있고 번다한 감도 있어 별도로 약물 표기는 하지 않았으나 편집 체재는 이에 따라 들여 쓰는 형식으로 표시하였다.
4 『한국불교전서』의 교감 내용은 ⓦ으로, 역주자의 교감 내용은 ⓔ으로 구분하여 밝혔다.
5 『한국불교전서』는 H로, 『대정신수대장경』은 T로, 『신찬대일본속장경』은 X로 표시하였다.

이 책의 제목에 담긴 뜻

이 책의 제목에서 선禪은 세 가지 선(三禪)을 아울러 일컬으며, 원源은 향상하는 하나의 통로(向上一竅)[1]라는 뜻이다. 이 향상하는 하나의 통로는 최초구와 말후구[2] 두 구를 관통하므로 최초구가 향상하는 하나의 통로이면 말후구도 향상하는 하나의 통로임을 알 수 있다. 고덕이 말하기를 '말후구가 원만함의 극치에 이르면 최초구와 무슨 차이가 있겠는가!'라 하고 또 '말후구를 알고자 한다면 어떤 조짐도 일어나기 이전의 시기를 살펴라.'라고 하였다.[3] 소溯에는 소유溯游와 소회溯洄의 두

---

1 향상일규向上一竅는 향상일로向上一路와도 통하는 말로, 궁극의 이치를 꿰뚫어 볼 수 있는 경계를 말한다. 『碧巖錄』 36칙 「頌評唱」(T48, 174c19), "거기에 더하여 본분을 남김없이 그대로 들어 보이는 결정적인 때와 향상하는 하나의 통로가 있음을 알아야 비로소 본분의 자리에 편안히 앉을 수 있다.(更須知有全提時節向上一竅, 始解穩坐.)", 『禪門拈頌說話』 1027칙(H5, 728c16), "운문에게 어떤 학인이 물었다. '최초구란 어떤 것입니까?' '구구는 팔십일.' '향상하는 유일한 길은 어떤 것입니까?' '구구는 팔십일.' '이以 자로는 이루지 못하고 팔八 자는 옳지 않다고 하니, 어떤 글자가 그렇습니까?' '구구는 팔십일.'(雲門因僧問, '如何是最初一句?' 師云, '九九八十一.' 又問, '如何是向上一路?' 師云, '九九八十一.' 又問, '以字不成, 八字不是, 未審是什麽字?' 師云, '九九八十一.')", 『雲門廣錄』 권중(T47, 559b2), "깨달았다는 의식 지각조차 잊게 되었을 때 그 깨달음이 곧 불성이다. 이를 할 일을 모두 마친 무사인無事人이라 부른다. 여기에 더하여 향상하는 하나의 통로가 있음을 알아야 한다.(直得忘知於覺, 覺卽佛性矣. 喚作無事人. 更須知有向上一竅在.)"
2 말후구末後句 : 말후末後는 궁극究極의 뜻으로, 궁극적이고 결정적·결론적인 한마디.
3 고덕이 말하기를~라고 하였다 : 『禪門拈頌說話』 1칙(H5, 7a13), "암두는 '덕산이 말후구를 이해하지 못했다.'라고 하였고, 대혜는 '세존께서 말후구의 한 수를 터득했다.'라고 말하였으나, 세존과 덕산이 제시한 한순간의 방편을 진실이라 여긴 것은 아니다. 따라서 그것에 잘못을 돌린 이유는 말후구를 원만하게 완성하려는 의도인 것이다. 궁극적인

가지 뜻이 있고, 류流에는 순류와 역류의 두 가지 뜻이 있다. 처음에 이 일(此事)을 곧바로 가리켜 보이고 다음으로 삼구三句를 설하는 경우에는【최초구】[4] 이를 최초구로부터 물이 흐르는 대로 따라가듯이 소유하고 순류한다고 한다. 삼구를 설하고 나서 마지막에 이 일을 결론지어 보이는 경우에는【말후구】 이를 역류하며 물을 거슬러 올라가는 소회라고 하니 말후구에 이르러 향상한 것이다.

禪者, 三禪, 源者, 向上一竅. 然向上一竅, 通最初末後二句, 最初句爲向上一竅, 可知末後句爲向上一竅者. 古德云, '末後句至於圓極, 則與最初句, 何以異哉!' 又云, '要識末後句, 看取未生時.' 源有源游源洄二義, 流有順流逆流二義. 謂最初直示此事,【最初句】次說三句, 則此自最初句源游而順流也. 若說三句, 末後結示此事,【末後句】則此逆流而源洄, 至末後句向上也.

도리(末後)를 원만하게 완성하므로 말후구라 하지만 원만함의 극치에 이르면 최초구와 무슨 차이가 있겠는가! 그러므로 '말후구를 알고자 한다면 어떤 조짐도 일어나기 이전의 시기를 살펴라.'라고 한다.(巖頭謂德山不會末後句, 大慧謂世尊得末後句之一著, 非以世尊德山一期方便爲實. 然而歸咎, 只要圓成末後句也. 以末後圓成, 故曰末後句, 至於圓極, 則與最初句, 何以異哉! 故曰, '要識末後句, 看取未生時.')";『禪文手鏡』「末後句最初句辨」(H10, 520a15), "故龜谷先師曰, 末後句至於圓極, 則與最初句, 何以異哉!" 백파긍선, 신규탁 옮김, 『선문수경』, p.77 참조.

4 원문에는【최초구】가 번역문인 '다음으로 삼구三句를 설하는 경우에는(次說三句)' 구절 앞에 있는데, 번역상 이곳이 맞을 듯하다.

1. 조사선과 여래선

부처님이 샛별을 보고 법을 깨달았지만 아직 깊은 경계는 아니었기에 수십 일을 유행遊行하고서야 조사의 심인心印을 전해 받았다. 신라의 범일 국사梵日國師[5]는 진성왕이 선과 교의 뜻을 묻자 '세존이 샛별을 보고 도를 깨달았지만 또한 깨달은 법이 아직 궁극에 이른 경지는 아님을 알고 수십 개월을 유행하며 조사를 찾아뵙고서야 비로소 현묘하고 지극한 뜻을 전해 받았습니다.'[6]라고 답하였다. 여래가 깨달은 경지를 여래선이라 하고 조사가 전한 깨달음의 경지를 조사선이라고 한다. 그런 까닭에 여래선이 조사선보다 하열하다.

佛見明星悟法, 猶未甚深, 遊行數十日, 傳得祖師心. 新羅梵日國師, 因眞

---

[5] 범일 국사梵日國師(810~889) : 사굴산문闍崛山門을 개창한 시조. 태화太和 연간(827~835)에 당나라에 건너가 선지식을 참방한 후에 염관 제안鹽官齊安에게서 '평상심시도平常心是道'라는 가르침을 받고 깨침이 있었으며 이후 약산 유엄藥山惟儼을 찾아가 가르침을 받았다. 847년에 귀국하였고 현재 강원도 강릉인 명주溟州 굴산사崛山寺에 주석하며 40여 년 동안 불도를 드높였다. 진성여왕이 선禪과 교敎의 뜻을 묻자 '진귀조사설眞歸祖師說'을 편 것으로 알려져 있다. 이하에서 진귀조사설을 아무 비판도 없이 고스란히 수용하여 조사선의 근거로 삼고, 나아가 여래선과 대비하여 우월하다고 선전하는 방식은 조사의 선법과 정면으로 배치한다.

[6] 『禪門寶藏錄』 권상(X64, 810a15), "후에 성을 뛰어넘어 설산에 머물던 중에 샛별을 보고 도를 깨쳤으나, 깨친 그 법이 아직 궁극에 이른 경지는 아님을 알고 수십 개월을 유행하며 조사들을 찾아다니다가 진귀 대사로부터 현묘하고 지극한 뜻을 전해 받았다. 이것이 바로 교외별전이다.(後踰城往雪山中, 因星悟道, 旣知是法未臻極, 遊行數十月, 尋訪祖師, 眞歸大師, 始傳得玄極之旨. 是乃敎外別傳也.)" ; 『禪敎釋』(H7, 654c11).

聖王問禪敎兩義, 答曰, '世尊見明星悟道, 復知所悟之法, 猶未臻極, 遊行 數十月, 尋訪祖師, 始傳得玄極之旨.' 謂如來悟底, 名如來禪；祖師傳底, 名祖師禪也. 是故如來禪, 劣於祖師禪.

'수십 개월'에서의 '월'은 청허 선사淸虛禪師의 『선교석禪敎釋』[7]에도 '월'이라 되어 있는데, '일'이라야 맞다.[8] 달마 대사는 '진귀 조사眞歸祖 師[9]가 설산에 있으면서 총림의 방장에서 석가를 기다렸네. 조사의 심 인을 임오년에 전해 받아 수지하였으며, 동시에 조사의 종지를 마음 으로 얻었네.'[10]라고 하였다. 임오년 섣달 8일에 성도하고, 성도 후에 수십 일이 지나 조사의 심인을 전해 받아 수지하였다면 아직 납월 그 믐 전이므로 임오년이다. 그러나 수십 월이 지났다고 하면 임오년이 아니다.

『법화경』에 "나는 앞서서 도량에 앉아, 보리수를 관하고 경행經行하

---

[7] 『禪敎釋』(H7, 654c8). 청허 선사의 기술이 아니라 『梵日國師集』의 인용으로 되어 있다.
[8] 수십 개월에서의~일이라야 맞다 : 『朝鮮佛敎通史』下編 「雪山眞歸是佛祖師」(B31, 612a19).
[9] 진귀 조사眞歸祖師 : 부처님에게 교외별전의 조사선을 전했다고 하는 전설의 조사. 우리나라에만 이 설이 전한다. 고려 진정국사眞靜國師 천책天頙(1206~1277?)의 『禪門寶藏錄』에 최초로 보이는데, 이 책에서는 『達磨密錄』에서 인용한 것으로 밝히고 있다. 『達磨密錄』은 달마를 가탁한 위서僞書로서 전하지 않을 뿐만 아니라 존재 여부도 의심스럽다. 『정선 휴정』(p.336) 주석 15 참조.
[10] 『禪門寶藏錄』권상(X64, 807c3), "달마 대사가 말하였다. 내게 인도의 여러 조사들이 전하신 말씀 몇 편이 있으니 이제 그대에게 말해 주리라. 송으로 읊었다. 진귀 조사가 설산에 있으면서 총림의 방장에서 석가를 기다렸네. 조사의 심인을 임오년에 전해 받아 수지하였으며, 동시에 조사의 종지를 마음으로 얻었네.【달마밀록】(達磨曰, 我卽五天竺諸祖傳說有篇, 而今爲汝說示. 頌曰, 眞歸祖師在雪山, 叢木房中待釋迦. 傳持祖印壬午歲, 心得同時祖宗旨.【達磨密錄】)"; 『朝鮮佛敎通史』上編(B31, 311a16) 참조. 『朝鮮佛敎通史』下編 「雪山眞歸是佛祖師」(B31, 612a10), "조사선이란 무엇인가? 부처가 성도한 후에 설산에서 진귀 조사를 찾아뵙고 조사의 심인을 전해 받아 수지하고 조사의 종지를 얻었으므로 조사선이라 한다.(祖師禪者, 佛成道後, 訪見雪山眞歸祖師, 傳持祖印, 得祖宗旨, 名祖師禪.)"

였으며, 삼칠일 동안 이와 같은 일을 사유하였다."[11]라고 하였다. 수십 일을 유행하다가 총림[12]의 방장에 이르렀다고 한 말은 『법화경』에서 '보리수를 관하고 경행하며 삼칠일 동안 사유하였다.'라고 한 구절을 따른 것이다. 그러므로 『선문보장록』 등 선 문헌에서는 '조사를 찾아가 조사의 심인을 전해 받아 수지하였다.'라고 하였고, 경經(『법화경』에서는 '이와 같은 일을 사유하였다.'라고 하였으니, 이것이 선과 교가 다른 까닭이다.

數十月月, 淸虛禪師禪敎釋, 亦作月, 然當作日. 達摩云, '眞歸祖師在雪山, 叢木房中待釋迦. 傳持祖印壬午歲, 心得同時祖宗旨.' 以壬午臘月八日成道, 而成道後數十日, 傳持祖印, 則尙在臘月晦前, 故爲壬午歲. 若過數十月, 則非壬午也.

法華云, "我始坐道場, 觀樹及經行, 於三七日中, 思惟如是事." 今數十日遊行, 至叢木房, 亦順經中, '觀樹及經行, 三七日思惟'也. 然禪云, '尋訪祖師, 傳持祖印.'; 經云, '思惟如是事', 此是禪敎之所以異也.

여래가 깨달은 경지를 여래선이라 한다 : 『보요경』에 '보살이 2월 8일에 성도하였으니 인천의 스승이라 한다.'라고 한 내용에 따른다.[13]

---

11 『法華經』권1 「方便品」(T9, 9c4). 『白雲和尙語錄』권상(H6, 642b7), "석가노자께서 보리수 아래에서 최정각最正覺을 이룬 다음 각수覺樹에서 일어나 마갈제국摩竭提國으로 돌아가 삼칠일 동안 문을 닫고 아무 말씀도 하지 않은 채 이와 같은 일을 사유하고 이렇게 말씀하셨다. '모든 법의 적멸상寂滅相은 언어로 드러낼 수 없으니, 나는 차라리 법을 설하지 않고 빨리 열반에 들리라.'(釋迦老子, 於菩提樹下, 成最正覺, 爰起覺樹, 歸于摩竭提國, 三七日掩關杜詞, 思惟如是事, 道諸法寂滅相, 不可以言宣, 我寧不說法, 疾入於涅槃.)"

12 총림叢林 : 『翻譯名義集』권3(T54, 1100b7), "바나(S vana)의 바른 음사어는 '반나飯那'이고, 한역어는 '림林'이다. 나무가 울창한 숲을 '림林'이라고 한다.(婆那, 正言飯那, 此云林, 叢木曰林.)"

13 『景德傳燈錄』권1 「釋迦牟尼佛」(T51, 205b23), "그러므로 『보집경』에서 '보살이 2월 8

如來悟底, 名如來禪者 : 普曜經云, '菩薩於二月八日成道, 號曰人天師.'

    보살이란 성도 이전을 기준으로 한 호칭이고, 성도 이후를 기준으로 하면 부처님이라는 칭호로 바뀌어 불리니, 이가 석가모니불이다. 2월 8일은 세존이 세상에 출현하신 날로서 주나라 때이다. 주나라는 자월子月(음력 11월)을 한 해의 첫 달(歲首)로 삼았으니 이전 달인 해월亥月에는 임오년이 다하였고 자월에 이르러서는 계미년 정월이므로 축월丑月이 2월이 된다. 그렇다면 그때는 주나라 목왕 3년인 계미년 2월 8일이다. '성도成道'라는 말에서 도란 깨달음의 대상인 법을 가리키고 깨달음의 주체인 사람은 여래이다. 이제 '깨달음의 대상인 법'과 아울러 '깨달음의 주체인 사람'을 기준으로 하여 여래선이라 한다. 여기서 선禪은 깨달음의 대상인 심법心法이다. 인천의 스승(天人師)[14]이란, 성도 후에 방편을 시설하여 인천에게 법을 설하였으므로 천인사라 하는 것이다.

菩薩者, 約成道前而言也, 若約成道後, 則轉得佛號, 是爲釋加牟尼佛也. 二月八日者, 世尊出世, 與周同時. 則周以子月爲歲首, 前亥月終壬午歲, 至子月爲癸未正月, 故丑月爲二月. 卽周穆王三年癸未二月八日也. 成道, 道卽所悟之法, 能悟之人, 是如來. 而今約所悟之法, 兼能悟之人, 故名如來禪. 禪是所悟之心法也. 天人師者, 以成道後, 施設方便, 爲人天說法, 故云天人師.

    일에 샛별이 뜨는 순간 성불하면서 천인사라 불렸다.'라고 하였다. 당시 30세였으며, 이때는 주나라 목왕 3년인 계미년이었다.(故普集經云, 菩薩二月八日明星出時, 成佛號天人師. 時年三十矣, 卽穆王三年癸未歲也.)"
14 인천의 스승(天人師) : 천상계天上界와 인간계人間界에 속하는 유정有情의 스승. 정법正法으로 인간과 천중天衆을 이끄는 무상無上의 스승이라는 의미에서 부처님을 일컫는 말.

임제 의현臨濟義玄이 말하였다. '제2구에서 알아차리면 인천의 스승이 될 만하다.'

臨濟云, '第二句薦得, 與人天爲師.'

일우一愚[15]는 다음과 같이 해석하였다. '여래께서 적멸 도량에서 처음 정각을 이루고 천 장 길이 노사나불의 몸을 드러내시어 41위 법신 대사와 천룡팔부가 일시에 에워쌌으니, 이것이 제2구이다. 그러므로 인천의 스승이라 한 것이다.'[16] 처음 정각을 이룬 것이 여래가 깨달은 경지이므로 제2구에서 알아차린 것이라 하였다. 법신 대사[인]와 천룡팔부[천] 운운한 것은 정각을 이룬 후에 방편(戈甲)을 시설하고 화엄을 설하신 때[17]이므로 인천의 스승이라 한다.

향엄 지한香嚴智閑이 '지난해의 가난은 가난이 아니요, 올해의 가난이 진실로 가난이라네.'라고 하자 앙산 혜적仰山慧寂은 '여래선이라면 사형師兄이 이해했다고 허여하겠지만, 조사선이라면 꿈에도 알지 못했다.'라고 하였다.[18] 일우가 말하였다. '이것은 능지能知와 소지所知를 모

---

15 일우一愚 : 청풍 법사淸風法師 천책天頙이 어리석은 자라는 뜻에서 겸칭謙稱으로 스스로를 일컬은 호칭으로 보았다. 천책의 시호는 진정국사眞靜國師이다. 초의 의순, 김영욱 옮김, 『선문사변만어』, pp.16~17 주석 3 참조.
16 『禪門綱要集』「一愚說」(H6, 855a6) ; 『禪門四辨漫語』「二禪來義」(H10, 827a7).
17 화엄을 설하신 때(華嚴時) : 부처님께서 깨달음을 얻으신 뒤 21일 동안 『華嚴經』을 설하신 시기.
18 『禪門拈頌說話』 598칙(H5, 463c1), "향엄이 '지난해의 가난은 가난이 아니요, 올해의 가난이 진실로 가난이라네. 지난해에는 송곳 꽂을 땅이 없었지만, 올해는 송곳조차도 없구나.'라고 읊은 게송에 대해 앙산이 말하였다. '여래선은 사형이 이해했다고 인정하겠지만, 조사선은 꿈에도 알지 못했다.' 향엄이 다시 '나에게 하나의 기틀이 있으니, 눈을 깜박거려 그것을 보이노라. 만일 그것을 알아차리지 못하는 이가 있다면, 특별히 그를 사미라고 부르리라.'라는 게송 한 수를 들려주자 앙산이 말하였다. '기쁘다! 사형이 조사선을 이해했구나.'(香嚴頌云, '去年貧未是貧, 今年貧始是貧. 去年無卓錐之地, 今年錐也無.' 因仰山云, '如來禪, 卽許師兄會, 祖師禪, 未夢見在.' 師又呈偈云, '我有一機,

두 잊고 여래선을 성취한 것이니 인천의 스승으로서의 본보기이다.' 향엄이 깨달은 경지는 제2구에서 알아차린 것이므로 여래선을 성취하였다고 하고, 이와 같이 깨닫고서 방편을 시설하였으니 인천의 스승이라 할 만하므로 인천의 스승으로서의 본보기라 한 것이다.[19]

一愚釋云, '如來在寂滅場中, 初成正覺, 現千丈盧舍那身, 四十一位法身大士, 及天龍八部, 一時圍遶, 是第二句. 故云人天爲師.' 謂初成正覺卽如來悟底, 是第二句薦得也. 法身大師,【人】天龍八部【天】云云, 成正覺後, 施設戈甲, 說華嚴時也, 故云人天爲師.
香嚴曰, '去年貧未是貧, 今年貧直是貧.' 仰山曰, '如來禪卽許師兄會, 祖師禪未夢見在.' 一愚云, '此是能所二知俱忘, 成就如來禪, 爲人天師之榜樣.' 謂香嚴悟底, 是第二句薦得, 故云成就如來禪, 如是悟之, 施設方便, 堪與人天爲師, 故云爲人天師之榜樣.

조사가 전한 깨달음의 경지를 조사선이라 한다 : 혜가가 달마에게 물었다. '이제 정법을 부촉하는 것에 대해서는 묻지 않겠습니다. 석가와 조사(釋祖)[20]는 누구에게 전하였고 어디에서 얻은 것입니까?' 달마가 말하였다.

瞬目示伊. 若人不會, 別喚沙彌.' 仰云, '且喜! 師兄, 會祖師禪也.')"
19 『禪門綱要集』「一愚說」(H6, 855a12), "후에 앙산이 향엄에게 물었다. '그대가 요즘 터득한 견지는 어떠한가?' '제가 터득한 것에 따르면 분별에 들어맞는 법이 하나도 없습니다.' '그대는 어찌 분별에 딱 들어맞는 법이 하나도 없음을 아는 사람(能知者)까지 없다는 사실을 모르는가?' 다른 날에 향엄이 또 게를 올렸다. '지난해의 가난은 가난이 아니요, 올해의 가난이 진실로 가난이라네.' 앙산이 말했다. '여래선은 사형이 이해했다고 인정하겠지만, 조사선은 꿈에도 알지 못했다.' 이것이 바로 능지와 소지를 모두 잊고 여래선을 성취하여 인천의 스승이 된 본보기이다.(後仰山問, '子近日見處如何?' 云, '據某甲見處, 無一法可當情.' 仰云, '你豈無能知無一法可當情者?' 異日又呈偈曰, '去年貧未是貧, 今年貧直是貧.' 仰云, '如來禪, 卽許師兄會, 祖師禪, 未夢見在.' 此是能所二知俱忘, 成就如來禪, 爲人天師底榜樣也.)"
20 석가와 조사(釋祖) : 불조佛祖와 같은 말. 『禪門寶藏錄』 권중(H6, 470b2), "중국 선종

'인도의 여러 조사들이 전하신 말씀 몇 편이 있으니, 이제 그대에게 말해주리라.' 송으로 읊었다. '진귀 조사가 설산에 있으면서, 총림의 방장에서 석가를 기다렸네. 조사의 심인을 임오년에 전해 받아 수지하였으며, 동시에 조사의 종지를 마음으로 얻었네.'

> 祖師傳底, 名祖師禪者 : 慧可問達摩, '今付正法卽不問. 釋祖, 傳何人, 得何處?' 達摩曰, '天竺則諸祖傳說有篇, 吾今爲汝說示.' 頌曰, '眞歸祖師在雪山, 叢木房中待釋迦. 傳持祖印壬午歲, 心得同時祖宗旨.'

진귀 조사는 문수보살이 이와 같이 화현하여 칠불七佛의 조사가 되었으니 이는 법을 전한 사람이고, 설산과 총림의 방중은 법을 전한 곳이며, 임오년은 법을 전한 때이며, 조사의 심인은 전한 법이다.

전한 법과 아울러 전한 사람을 기준으로 삼는 한에서 조사선이라 한다. 여기서 선은 전하는 대상인 심법을 뜻한다. 조사의 종지란 향상일규를 가리킨다. 사람마다 본래 각각 원만히 성취하여 갖추고 있으며[21] 다른 사람에게서 얻은 것이 아니므로 아래로 조사의 심인을 전해 수지할 때에 다만 자기 마음으로 이 종지를 터득할 뿐이다. 임오년에 대해

의 제2조인 혜가 대사가 달마 대사에게 물었다. '이제 정법을 부촉받는 것에 대해서는 묻지 않겠습니다만, 석가와 조사는 누구에게 법을 전했으며 어디에서 그것을 얻었는지에 대해 자비로운 마음으로 자세히 말씀해 주셔서 후인들에게 본보기를 세워 주십시오.'(唐土第二祖惠可大師, 問達磨, '今付正法卽不問. 釋祖, 傳何人, 得何處, 慈悲曲說, 後來成規.')"

[21] 인인본구개개원성人人本具箇箇圓成은 인인구족개개원성人人具足箇箇圓成이라고도 한다. 누구나 불성을 원만하게 갖추고 있음을 뜻한다. 『圓覺經夾頌集解講義』(X10, 242b20), "사람마다 본래 각각 원만히 성취하여 갖추고 있어 마음과 부처와 중생 이 세 가지에 차별은 없다. 그런 까닭에 마치 병에 물이 가득 차 있어서 다시 더할 필요가 없는 것과 같다고 하는 것이다. 부처마다의 도가 나란하고, 법 하나하나가 다 평등하다.(人人具足箇箇圓成, 心佛及衆生, 是三無差別. 所以道, 如缾已滿, 更不再添. 佛佛道齊, 法法平等.)"

설명한다. 공자는 '하나라의 역수曆數를 행해야 한다.'²²라고 하였는데, 하나라는 인월寅月(음력 정월)을 한 해의 첫 달로 삼았다. 한나라 무제 때 태초력太初曆²³을 만든 이후로 지금에 이르기까지 하나라 때의 역수를 행하고 있으니 지금 행하고 있는 하나라 역법으로 치면 축월丑月이 임오년 마지막 달인 납월이 된다.

眞歸祖師, 文殊菩薩, 如是化現, 爲七佛祖師也. 此能傳之人, 雪山及叢木房, 傳法之處, 壬午歲, 傳法之時, 祖印是所傳之法.
今約所傳之法, 兼能傳之人, 故名祖師禪也. 禪是所傳之心法也. 祖宗旨, 卽向上一竅. 人人本具, 箇箇圓成, 不從人得, 故傳持向下祖印之時, 祇自心得此宗旨也. 壬午歲者, 孔子曰, '行夏時.' 夏以寅月爲歲首. 自漢武帝太初曆, 後至今行夏時, 以今所行言之, 故丑月爲壬午臘月也.

임제 의현이 말하였다. '제1구에서 알아차리면 불조佛祖²⁴의 스승이 될 만하다.'

臨濟云, '第一句薦得, 與祖佛爲師.'

일우가 말하였다. '이 구절에서 알아차리면 비로자나불 이상으로 향

---

22 하나라에서 인월寅月로 한 해의 첫 달을 삼았던 역법曆法을 시행해야 한다는 뜻이다. 『論語』「衛靈公」에 "行夏之時"라 하였다.
23 태초력太初曆 : 한나라 때의 역법. 무제武帝 때(B.C. 104년) 제정되어 이후 역법의 기준이 되었다. 하력夏曆의 10월인 건해월建亥月을 한 해의 첫 달로 하던 것을 고쳐서 하력의 정월正月인 건인월建寅月을 한 해의 첫 달로 하였다.
24 불조佛祖 : 원문은 '祖佛'이다. '조사인 부처', '부처라는 조사'라는 말로 누구나 불성을 가지고 있으며 부처라는 의미에서 '祖佛'과 '佛祖' 두 단어를 다르게 보지 않고 번역하였다.

상하는 경지(毘盧向上)를 지름길로 밟아서 조사의 심인을 곧장 꿰차리라. 그런 까닭에 불조의 스승이 될 만하다고 한 것이다.'[25] 조사의 심인을 곧장 꿰차므로 조사선이라 하고, 비로자나불 이상으로 향상하는 경지를 지름길로 밟는다는 말은 본분사를 깨달았다는 의미이다. 불조를 새롭게 훈습하여 자신의 위풍 아래에 두고 시자로 삼기 때문에 불조의 스승이라 한다.

問 진성왕이 이미 선과 교의 다른 뜻을 물었는데 (범일 국사는) 세존이 오도悟道한 일로 답하였으니 어찌 교의敎義[26]가 아니겠는가?

答 고덕이 '마음에서 얻으면 세간의 거칠거나 미세한 말에 이르기까지 모두 교외별전敎外別傳의 선지이지만, 입에서 잃으면 염화미소拈花微笑도 도리어 교의 자취일 뿐이다.'[27]라고 한 말을 들어 보지 못하였는

---

25 『禪門綱要集』「一愚說」(H6, 853c5), "학인이 물었다. '제1구란 어떤 것입니까?' 노숙이 위세를 떨치며 일할을 내지르자 학인이 놀라며 어리둥절하였다. 노숙이 큰 소리로 말하였다. '이것이 달마 대사가 처음 왔을 때의 면목이다. 이 구절에서 알아차리면 비로자나불 이상으로 향상하는 경지를 지름길로 밟아서 조사의 심인心印을 곧장 꿰차리라. 그런 까닭에 제1구에서 알아차리면 불조의 스승이 될 만하다고 한 것이다.'(僧問, '第一句如何?' 宿振威一喝, 僧矍然. 宿厲聲曰, '此是達摩初來底面目. 若向此句下薦得, 徑踏毘盧向上, 直佩祖師心印. 故云第一句薦得, 與祖佛爲師.')"

26 교의敎義 : 『禪家龜鑑』(H7, 636b8), "교의는 불변과 수연隨緣 또는 돈오와 점수 등에 선후가 있지만, 선법은 화두라는 한 생각 가운데 불변과 수연, 성性과 상相, 체體와 용用 등의 두 가지 대대가 원래부터 한꺼번에 있어서 두 가지가 같다는 생각도 떠나고 같지 않다는 생각도 떠나며, 같다는 생각이 옳기도 하고 옳지 않기도 하다. 그러므로 종사들은 법에 근거하되 말에서는 벗어나 곧바로 한 생각을 가리켜 보이고 저 자신의 본래 성품을 깨달아 성불하게 할 뿐이다. '교의에 대한 집착을 놓아 버린다.'라고 한 말은 이런 이유 때문이다.(敎義者, 不變隨緣, 頓悟漸修, 有先有後 ; 禪法者, 一念中, 不變隨緣, 性相體用, 元是一時, 離卽離非, 是卽非卽. 故宗師, 據法離言, 直指一念, 見性成佛耳. 放下敎義者以此.)" 『정선 휴정』(p.98) 참조.

27 『禪家龜鑑』(H7, 635c6), "마음에서 얻은 자는 비단 길거리에서 하는 이야기도 법의 요체를 잘 말하는 것이라 여길 뿐만 아니라 제비의 지저귐에서도 실상에 깊이 통달한다. 그러므로 보적寶積 선사는 곡하는 소리를 듣고 몸과 마음이 기쁨에 넘쳐 솟아올랐고, 보수寶壽 선사는 주먹다짐하는 광경을 보고 본래면목을 활짝 깨달았다는 이야기도 이러한 연유에서 나온 것이다.(得之於心者, 非但街談善說法要, 至於鶯語, 深達實相也.

가. 그러므로 세존이 오도한 것은 마음에서 얻은 것이므로 여래선이다. 그렇지 않다고 한다면 세존의 오도가 마음에서 얻은 것이 아니란 말인가. 그러므로 진성왕이 설령 선과 교의 다른 뜻을 물었다고는 하지만 속뜻은 진실로 선을 물은 것임을 알 수 있다. 어찌 부처님이 49년 동안 설하신 말씀이 교임을 알지 못하였겠는가. 그러므로 범일 국사의 답에서 말한 세존의 오도는 여래선을 밝힌 것이고, 조사가 뜻을 전한 일은 조사선을 밝힌 것이다.

問 세존의 오도나 조사가 뜻을 전한 일이나 모두 마음에서 얻은 것을 선이라고 여긴다면 과연 말한 대로 입에서 잃으면 교라는 말은 무슨 뜻인가? 경에 '증득한 그대로 화엄을 설하였다.'라고 하였는데, 『화엄경』에서 어떤 법이 여래가 깨달은 법이고 어떤 법이 조사가 전한 법인가?

答 청풍 법사는 제2구를 해석하기를, '이에서 가려낸다면 이체理體(理性)가 변함없음이 끝이 없고 차별적 현상(事相)은 밖이 없이 넓음을 깨달아 바른 지각知覺을 갖추게 된다.'[28]라고 하였다. 『염송설화』에서도 '교가教家에서는 사사무애事事無礙를 설하고 선가禪家에서는 사사무애를 실행한다.'[29]라고 하였다. 그러므로 이사무애理事無礙를 설하는 것은 여래의 깨달은 경지이고 사사무애를 설하는 것은 조사가 전한 경지임

是故, 寶積禪師, 聞哭聲踊悅身心, 寶壽禪師, 見諍拳開豁面目者, 以此也.)" 『정선 휴정』 (pp.85~86) 참조.

28 『禪門綱要集』 「二賢話」(H6, 852a12), "이에서 가려낸다면 이체理體(理性)가 변함없음이 끝이 없고 차별적 현상(事相)은 밖이 없이 넓음을 깨달아 바른 지각知覺을 갖추게 된다. 이것이 바로 제2구에서 알아차리면 인천의 스승이 된다는 것이다.(於此辨得, 見理性無邊, 事相無外, 其正知覺. 此所謂第二句薦得, 與人天爲師者也.)"

29 『禪門拈頌說話』 1칙(H5, 6a24), "곧 선가禪家에서는 사사무애事事無礙를 실행하고, 교가教家에서는 사사무애를 이론적으로 설한다. 교가에서는 설하기만 하고 실행하지 못하나, 선가에서는 하나의 기틀과 하나의 경계에서 본분을 포착하는 순간 바로 활용한다.(禪行事事無礙, 教說事事無礙也. 教家但說而行不得, 禪家一機一境上, 把得便用.)"

을 알 수 있다.

一愚云, '此句下薦得, 徑踏毘盧向上, 直佩祖師心印. 故云與祖佛爲師.' 謂直佩祖師心印, 故名祖師禪, 徑踏毘盧向上, 則是悟本分故. 新熏佛祖立下風爲侍者, 故云爲佛祖師.
問, 眞聖旣問禪敎兩義, 則答中世尊悟道, 豈非敎義耶?
答, 豈不聞道, 古德云, '得之於心, 則乃至世間麤言細語, 皆爲敎外別傳禪旨 ; 失之於口, 則拈花微笑, 却爲敎跡.' 然則世尊悟道, 得之於心, 故爲如來禪也. 若謂不然, 世尊悟道, 不得於心耶. 故知眞聖雖問禪敎兩義, 意實問禪. 豈不知四十九年說, 是爲敎也. 故梵日答中, 世尊悟道, 明如來禪 ; 祖師傳旨, 明祖師禪也.
問, 世尊悟道, 祖師傳旨, 皆是心得爲禪, 果如所言, 其失之於口爲敎者? 經云, '如證說華嚴', 華嚴中, 何法爲如來悟底, 何法爲祖師傳底耶?
答, 風釋第二句云, '於此辨得, 見理性無邊, 事相無外, 其正知.' 覽說話云, '敎說事事無碍, 禪行事事無礙.' 故知說理事無碍, 是如來悟底 ; 說事事無礙, 是祖師傳底也.

이미 여래선과 조사선이라는 두 이름이 붙게 된 까닭을 알았다면, 말해 보라. 이름의 뜻은 어떠한가? 『염송설화』에서는 다음과 해석하였다.[30] "여래선은 산은 산 그대로 좋고 물은 물 그대로 좋으니 법 하나하나가 모두 그대로 진실하다는 견해이고, 조사선은 뿌리까지 통째로 뽑아 버려 잡고서 분별할 수단을 전혀 남기지 않는다.【앞의 구절은 법체를 드러내 거론한 것이고, 뒤의 구절은 경법經法과 구별하여 가리킨 것이다.】 이를테면 『금강경』에서 '모든 상을 상이 아니라고 보면 부처님의 뜻을 알게 될 것'이라고 운운한 말

---

30 『禪門拈頌說話』「禪門拈頌集序」(H5, 1b13).

은 여래선의 입장을 나타내고, 법안法眼이 '만약 모든 상을 상이 아니라고 보면 부처님의 뜻을 알지 못할 것'이라고 (경전과 다르게) 한 말은 조사선의 입장을 나타낸다.【앞의 구절은 경문과 다르게 지시한 것이고, 뒤의 구절은 불법과 완전히 구분한 것이다.】 또한 불법에 드러낼 측면이 있는 것을 여래선이라 하고, 불법에 드러낼 측면이 조금도 없는 것을 조사선이라 한다." 또한 고덕[31]이 '하늘이 땅이고 땅이 하늘이니 하늘과 땅이 자리를 옮기고, 물이 산이고 산이 물이니 물과 산이 공'이라고 한 것은 여래선이며, '하늘은 하늘이고 땅은 땅이니 언제 자리를 옮긴 적이 있으며, 물은 물이고 산은 산이니 각각이 완연하다.'라고 한 것은 조사선이다.【세간의 법에 의거하였다.】

已知如來祖師二禪之所以得名, 且道. 名下之義, 如何? 說話云, "如來禪者, 山山水水, 法法全眞也；祖師禪者, 和根拔去, 了沒巴鼻也.【上標擧法體, 下類指經法.】如經云, '若見諸相非相, 卽見如來'云者, 是如來禪. 法眼云, '若見諸相非相, 卽不見如來'云者, 是祖師禪也.【上別指經文, 下通類佛法.】又佛法有頭角邊, 謂之如來禪；佛法無頭角邊, 謂之祖師禪也." 又古德云, '天地地天天地轉, 水山山水水山空'云者, 是如來禪；'天天地地何曾轉, 水水山山各宛然'云者, 是祖師禪也.【此約世法.】

---

31 고덕의 말은 다음에 보인다.『金剛般若波羅蜜經五家解說誼』권하(H7, 77a18), "중생과 부처라는 분별이 함께 침몰하고 나와 남이라는 분별이 모두 사라진다. 하늘이 땅이고 땅이 하늘이니 하늘과 땅이 자리를 옮기고, 물이 산이고 산이 물이니 물과 산이 공이다. 비록 그러하나 법 하나하나가 본래의 자리에 안착하고 있으니, 누가 등롱을 노주露柱라 부를 것인가. 이와 같으니 움직여서는 안 된다. 움직이면 30방을 맞으리라.(生佛幷沈, 自它俱泯. 天地地天天地轉, 水山山水水山空. 雖然如是, 法法本來安本位, 誰喚燈籠作露柱. 伊麼則不應動著, 動著則三十棒.)"

2. 삼처전심

　세 곳에서 전한 교敎 밖의 종지(敎外傳三處)가 일미선一味禪[32]이다. 달마가 이 땅에 찾아온 까닭은 물병을 기울여 다른 물병으로 물을 옮기듯이[33] 그 종지를 고스란히 전하기 위한 것이었다. 교외별전이란 무엇인가? 『조문간정록祖門刊正錄』[34]에 '교는 말이 있는 경계에서 말이 없는 경계에 이르는 것이고, 마음은 말이 없는 경계에서 말이 없는 경계에 이르는 경계이다. 말이 없는 경계에서 말이 없는 경계에 이른다면 누구도 그 경계를 무엇이라 규정할 수 없어서 억지로 선이라 일컫는 것일 뿐이며, 이것은 문

---

32 일미선一味禪 : 조사선을 가리킨다. 귀종 지상歸宗智常의 문답에 보인다. 『禪門拈頌說話』 256칙(H5, 241b12), "귀종에게 한 제자가 하직 인사를 함에 '어디로 가는가?'라고 묻자, '여러 선문을 돌아다니며 오미선五味禪을 배우고자 합니다.'라고 하였다. '여러 선문에 오미선이 있다면 나의 이곳에는 다만 일미선이 있을 뿐이다.' '일미선이란 무엇입니까?' 이에 귀종이 곧바로 때리자, '알겠습니다, 알겠습니다.'라고 하였다. '말해 보라! 말해 보라!'라고 하니 제자가 머뭇거리며 입을 열려 하는데 귀종이 다시 때렸다.(歸宗, 因小師辭, 乃問, '甚處去?' 云, '諸方學五味禪去.' 師云, '諸方有五味禪, 我這裏只有一味禪.' 僧云, '如何是一味禪?' 師便打. 僧云, '會也, 會也.' 師云, '道! 道!' 僧擬開口, 師又打.)" 여기서 오미선은 갖가지 맛을 고루 갖춘 다양한 선법 또는 차별된 갖가지 선을 총괄적으로 가리키며, 어떤 맛에도 기울지 않는 일미선과 대칭을 이루며 이 공안의 주 소재로 등장한다.

33 물병을 기울여~물을 옮기듯이 : 여사병수如寫瓶水·조조사병祖祖寫瓶·사병寫瓶 등이라고 한다. 40권본 『大般涅槃經』 권40(T12, 601b26).

34 『禪門寶藏錄』에 인용된 책이다. 이 책에 인용된 글과는 앞뒤 구절 배치에서 차이가 있다. 『禪門寶藏錄』(X64, 808a11), "且夫敎外別傳, 卽佛佛祖祖所共法也. 以是法非文字所可擬議, 故曰敎外. 以不歷位次階級, 而悟佛心宗, 逕受法印, 故曰別傳. 敎也者, 自有言至於無言者也; 心也者, 自無言至於無言者也. 自無言而至於無言, 則人莫得而名焉, 故強名曰禪. 世人不知其由, 或謂學而可知, 思而可得, 習而可成."

자로 헤아릴 수 없기 때문에 교 밖의 종지(敎外)라고 한다. 지위와 순서나 점차적 단계를 거치지 않고 불심종佛心宗을 깨달아 가장 빠른 길로 법인을 받으므로 별도로 전한다(別傳)라고 한다.'35고 하였다.

일미—味란 무엇인가 : 『화엄경소』에 "바다가 비록 광대하지만 짠맛은 동일하다. 또한 모든 약은 한곳에서 찌니 그 맛이 다르지 않다."36라고 하였다. 그러므로 일미라고 한다. 여기서 일미란 맛이 없는 맛(無味之味)을 뜻한다. 그러므로 『염송설화』에서 "옛사람이 말하였다. '눈앞에 미세한 티

---

35 『禪家龜鑑』(H7, 635b17), "그러므로 선과 교 두 가지 모두의 근원은 세존이시고, 선과 교가 각각 갈라지게 된 것은 가섭과 아난에서이다. 말이 없는 경계에서 말이 없는 경계에 이르는 것이 선이요, 말이 있는 경계에서 말이 없는 경계에 이르는 것이 교이니, 마음은 선법禪法이요 말은 교법敎法이다. 즉 법은 비록 한맛이지만 견해는 하늘과 땅 사이만큼이나 엄청난 차이가 있으니, 이것이 선과 교가 두 갈래 길로 갈라진 이유이다.(然則禪敎之源者, 世尊也, 禪敎之派者, 迦葉阿難也. 以無言至於無言者, 禪也 ; 以有言至於無言者, 敎也, 乃至心是禪法也, 語是敎法也. 則法雖一味, 見解則天地懸隔, 此辨禪敎二途.) ; 『禪敎訣』(H7, 657b8), "선禪은 부처의 마음이고 교敎는 부처의 말씀이다. 교란 말이 있는 경계에서 말이 없는 경계에 도달하는 것이고, 선이란 말이 없는 경계에서 말이 없는 경계에 도달하는 것이다. 말이 없는 경계에서 말이 없는 경계에 도달하면 누구도 그 경계를 무엇이라 규정할 수 없어서 억지로 '마음'이라고 일컫는 것일 뿐인데, 세상 사람들은 그 연유도 모르고서 '배워서 알고 생각해서 터득한다.'고 말하니, 참으로 근심스러운 일이다.(然禪是佛心, 敎是佛語也. 敎也者, 自有言至於無言者也 ; 禪也者, 自無言至於無言者也. 自無言至於無言, 則人莫得而名焉, 强名曰心, 世人不知其由, 謂學而知, 思而得, 是可悶也.)"『정선 휴정』(p.82, p.362) 참조.

36 법의 평등함을 비유한 말이다. 『大方廣佛華嚴經隨疏演義鈔』 권54 「十地品」(T36, 425b4), "일미란 비유이다. 바다가 비록 광대하지만 짠맛은 동일한 것과 같고, 또한 모든 약은 한곳에서 찌니 그 맛이 다르지 않은 것과 같다.(一味是喻. 如海雖廣同一鹹味, 亦如衆藥煮之一器其味無別.)" ; 『大般涅槃經』 권8 「如來性品」(T12, 652b6), "불성도 이와 같으니 번뇌에 덮여 있기 때문에 중생이 보지 못하는 것이다. 비유하자면 바닷물은 비록 똑같이 짠맛이지만 그중에는 최상의 빼어난 맛의 물이 있어서 그 맛이 우유와 같고, 또 비유하자면 설산雪山이 비록 갖가지 공덕을 성취하여 온갖 약을 많이 생산하지만 독초도 있는 것과 같다. 모든 중생의 몸도 이와 같다. 비록 사대로 이루어진 독사와 같은 종류도 있지만 그중에는 묘약대왕妙藥大王도 있다. 불성이란 만들어 낸 법이 아니라 단지 번뇌라는 바깥 티끌(客塵)에 덮여 있는 것일 뿐이다.(佛性亦爾, 煩惱覆故, 衆生不見. 譬如大海雖同一鹹, 其中亦有上妙之水, 味同於乳, 譬如雪山雖復成就種種功德, 多生諸藥, 亦有毒草. 諸衆生身, 亦復如是. 雖有四大毒蛇之種, 其中亦有妙藥大王. 所謂佛性, 非是作法, 但爲煩惱客塵所覆.)"

끌 하나도 아른대는 모습이 보이지 않고, 맑은 바람과 밝은 달만이 쓸쓸하도다. 담담함 가운데 숨은 맛[37]을 그대는 아는가? 이것이 바로 장로長蘆의 일미선이라네.'"[38]라고 한 것이다. 진정 극문眞淨克文 선사의 송에 "해인삼매 가운데 삼종세간이 드러나니, 삼종세간이 모두 다함이 없구나. 다함 없는 본성의 바다가 한맛을 머금었으나, 그 한맛 또한 침몰시키는 것이 나의 선이다."라 하였으니 한맛을 머금었다는 것은 『화엄경소』에서 말한 일미요, 한맛조차 물속에 침몰시키는 것은 바로 장로의 일미선이다.[39]

敎外傳三處, 是爲一味禪. 達摩來此土, 如水甁甁傳. 敎外別傳者? 祖門刊正錄云, '敎也者, 自有言至於無言者也；心也者, 自無言至於無言者也. 自無言至於無言, 則人莫得而名焉, 故强名曰禪. 此非文字所可擬議, 故曰敎外. 以不歷位次階級, 而悟佛心宗, 徑受法印, 故曰別傳.'
一味者：華嚴疏云, "如海雖廣, 同一醎味. 又如衆藥煮之一器, 其味無別."

---

37 담담한 가운데 숨은 맛(淡中有味)：아무 맛도 감지하지 못하므로 분별하거나 말로 표현할 대상이 아니라는 의미이다. 『從容錄』 23칙(T48, 242c7), "비록 '담담한 가운데 맛이 숨어 있다.'고 하지만, 이는 아무 맛도 없는 맛이니 그 맛이 항상 변함없어 모든 분별(情)과 말(謂)을 묘하게 넘어섰다. 정情이라는 글자는 마음 심心을 따랐고 위謂라는 글자는 말씀 언言을 따랐다. 이 경계에 이르면 언어로 표현할 길이 끊어지고 마음이 움직일 여지가 완전히 소멸한다.(雖曰, '淡中有味.' 斯乃無味之味, 其味恒然, 妙超情謂. 情字從心, 謂字從言, 到此言語道斷, 心行處滅.)"
38 『禪門拈頌說話』 256칙(H5, 242a7).
39 『禪門拈頌說話』 256칙(H5, 242a9), "또 옛사람이 '해인삼매 가운데 삼종세간이 드러나니, 삼종세간이 모두 다함이 없구나. 다함 없는 본성의 바다가 한맛을 머금었으나, 그 한맛 또한 침몰시키는 것이 나의 선이다.'라 하여 한맛조차 물속에 던져 버린 것이 바로 장로의 일미선이라 하였다. 이것이 장로가 말한 그 일미선이다.(又古人云, '海印定中三種現, 三種世間皆無盡. 無盡性海含一味, 一味尙沈是我禪.' 則一味尙沈處, 是長蘆一味禪也. 此是長蘆所謂一味禪也.)"；『禪門寶藏錄』 권상(X64, 808b10), "열 분 부처 머무는 도량이 하나의 해인이요, 삼종세간이 모두 그곳에 있네. 다함 없는 본성의 바다가 한맛을 머금었으나, 그 한맛 또한 침몰시키는 것이 나의 선이다.【진정 극문 화상의 송】(十佛壇場一海印, 三種世間總在焉. 無盡性海合一味, 一味相沈是我禪.【眞淨文和尙頌】)"

故云一味. 然此云, 一味者, 無味之味也. 故說話云, "古人云, '不見纖塵到眼前, 淸風明月兩蕭然. 淡中有味君知否? 箇是長蘆一味禪.'"眞淨禪師頌云, "海印定中三種現, 三種世間皆無盡. 無盡性海合一味, 一味相沉是我禪." 合一味者, 是華嚴疏一味, 一味相沉處, 是長蘆一味禪.

1) 세존의 삼처전심

삼처전심이란 무엇인가 : 상기하였듯이 세존이 깨닫고【샛별을 보고 오도한 것】나중에 그것을 전해 받았으니【조사의 심인을 전해 받아 수지한 것】이것으로써 세 곳에서 전한 일을 말한다.

첫째, 다자탑 앞에서 인천에게 설법할 때 가섭이 뒤늦게 이르자 세존이 즉시 자리를 나누어 앉게 하신 일(分座)이다. 자리는 법공法空의 자리[40]이므로 살인도殺人刀를 나타낸다.『염송설화』에서는 다만 '살인도로 마음을 전한 것'[41]이라 하였고 송으로 읊은 구절은 없다. 우선 여자출정女子出定 공안에서 선정에 들어간 것을 먼저 송으로 '겹겹의 누각은 화장세계와 같고, 자라장紫羅帳[42] 속에 진주를 뿌린 격이다.'[43]라고 한 구절을 끌어와 이

---

40 법공法空의 자리 : 『禪文手鏡』「義理禪格外禪辨」(H10, 519c13), "자리를 나누어 주신【법공의 자리】소식은 법안종·위앙종·조동종 세 종파의 종지이다.(卽分座【法空座】消息, 而爲法眼潙仰曹洞三宗旨也.)" 백파 긍선, 신규탁 옮김, 『선문수경』, p.73 참조.
41 『拈頌說話』의 평석과는 차이가 있다.『禪門拈頌說話』 37칙(H5, 51a5), "세존께서 당신의 자리를 나누어 앉도록 했다 : 착각이다! 남을 죽이려면 반드시 살인도殺人刀를 써야 하는 법인데, (그렇게 하지 못했으니) 잘못이 적지 않다. 비록 그렇기는 하지만, 이 함정 속에 들어가서 뚫고 나와야 비로소 교외별전의 정통 법맥이 가섭의 능력을 벗어나지 않았다는 사실을 알게 된다.(世尊分座令坐 : 錯! 殺人須是殺人刀, 漏逗也不少. 雖然如是, 向者窠窟裏透得, 方知別傳正脉沒分外.)"
42 자라장紫羅帳 : 자색紫色의 얇은 명주로 만든 막. 귀인의 거처에 드리운 장막. 향상向上하는 하나의 관문을 비유하기도 한다.
43 『禪門拈頌說話』 32칙 설화에 나오는 다음 내용을 생략한 것이다. 『禪門拈頌說話』 32

살인도를 읊은 것으로 여겼다. 이 송은 살殺의 뜻을 염롱한 것이다.

두 번째는 영산회상에서 설법할 때 하늘에서 네 가지 꽃비가 내렸는데, 세존이 곧 꽃을 들어 대중에게 보이자 가섭이 미소한 일이다. 꽃은 매우 다양하므로 활인검活人劍을 나타낸다. 『염송설화』에서는 '활인검으로 마음을 전한 것'[44]이라 하고, 송으로 '사오백 가지 꽃과 버들 핀 마을이요, 이삼천 곳곳에 피리와 거문고 소리 들리는 누각이로다.'[45]라고 하였다.

세 번째는 니련하泥蓮河[46] 주변 사라쌍수 사이에서 열반에 드신 후에 이레가 지나 가섭이 이르러 관 주위를 세 번 도는 예를 올리자 세존께서 바

칙(H5, 45a17), "여인이 선정禪定에 들어 있을 때는 검소한 상태로부터 사치스러운 상태로 들어간 것과 같다. 이것은 황금으로 땅을 삼고 백은으로 벽을 삼으니, 곧 겹겹의 누각은 중첩된 화장세계華藏世界와 같고 자라장 속에 진주를 뿌린 격이다. 여인이 선정에서 나왔을 때는 사치스러운 상태로부터 검소한 상태로 들어간 것과 같으니, 이것은 산은 산이고 물은 물이며, 주장자는 원래 나무로 만들어진 것이고, 백반은 원래 쌀알로 지어졌으며, 사고師姑는 원래 여인이 비구니가 될 것이라는 등의 말과 통한다.(女子入定時, 從儉入奢, 黃金爲地, 白銀爲壁, 則樓閣重重花藏界, 紫羅帳裡撒眞珠也. 女子出定時, 從奢出儉, 山是山水是水, 柱杖元來木頭造, 白飯元是米粒做, 師姑元是女人做.)"

44 이 부분도 『拈頌說話』의 평석과는 차이가 있다. 『禪門拈頌說話』 37칙(H5, 51a11), "세존께서 영산靈山에 계실 때 하늘에서 네 가지 꽃이 비 오듯이 내렸는데, 한 잎 두 잎을 시작으로 천 잎 만 잎이 어지럽게 떨어졌다. 세존께서 그늘 꽃 중 한 송이를 집어 들고 대중에게 보이셨다(拈花示衆) : 착각이다! 남을 살리려면 반드시 활인검活人劍을 써야 하는 법인데 어지럽게 만든 잘못이 적지 않다. 비록 그렇기는 하지만, 복잡하게 얽힌 이 말 속에 들어가 그것을 씹어 부수어야 비로소 정법안장正法眼藏이 가섭에게 전해졌다는 사실을 알게 될 것이다.(世尊在靈山, 天雨四花, 一片兩片, 千片萬片, 繽紛而下. 世尊拈花示衆 : 錯! 活人須是活人釼, 狼藉也不少. 雖然如是, 向這葛藤裏咬破, 方知正法眼藏付囑有在.)"

45 『禪門拈頌說話』 37칙(H5, 51a17), "'나에게 정법안장이 있으니 그것을 가섭에게 전한다.'라고 한 부처님의 말씀은 '사오백 가지 꽃과 버들이 핀 마을에, 이삼천 곳곳이 피리와 거문고 소리 울리는 누각이로다.'라는 소식이다. '하나로 화합된 상(一合相)은 포착할 수 없다.'라고 말한 수보리須菩提는 30방을 맞을 잘못을 저지른 셈이다.(吾有正法云云, 四五百條花柳巷, 二三千處管絃樓. 一合相不可得, 須菩提好與三十捧.)"

46 니련하泥蓮河 : 니련선하尼連禪河라고도 한다. 석가모니가 6년간의 고행 끝에 고행의 무의미함을 깨닫고 이 강에서 목욕하고 나서 소 치는 여자 수자타에게서 우유 공양을 받았다고 한다.

로 관 밖으로 두 발을 내어 보이신 일이다. 가섭이 예를 갖추어 삼배한 것에 대해 『염송설화』에서는 다만 송으로 '무소가 달빛을 즐기다가 뿔에 무늬가 생겼고,【어둠 가운데 밝음이 있으니 살 그대로의 활인 소식이다.】 코끼리는 천둥소리에 놀라 상아에 꽃 그림 새겨진 격이다.【밝음 가운데 어둠이 있으니 활 그대로의 살인 소식이다.】'[47]라고 하였다. 비록 살과 활을 나란히 제시하였다는 말은 없다고 하여도 두 발을 내어 보인 뜻이 없지 않으니 살과 활을 나란히 제시하여 나타낸 것이다.

三處傳心者:世尊如上悟之【見星悟道】受之【傳持祖印】, 以是而傳之三處.
一, 在多子塔前, 爲人天說法, 迦葉後至, 世尊遂分座令坐. 座是法空座, 故表殺人刀也. 說話但云, 是殺人刀傳心, 而無頌句. 古引女子出定話中, 先頌入定云, '樓閣重重華藏界, 紫羅帳裏撒眞珠'之句, 以爲此殺人刀頌. 盖此頌拈弄殺義也.
二, 在靈山說法, 天雨四花, 世尊遂拈花示衆, 迦葉微笑. 花是許多般, 故表活人劍也. 說話云, 是活人劍傳心, 又頌云, '四五百條花柳巷, 二三千處管絃樓.'
三, 泥蓮河畔, 婆[1]羅雙樹間, 入涅槃, 經七日迦葉至, 繞棺三匝, 世尊遂梆示雙趺. 迦葉作禮三拜, 說話但頌云, '犀因玩月紋生角,【暗中有明, 卽殺之活.】 象被雷驚花入牙.【明中有暗, 卽活之殺.】' 雖無殺活齊示之言, 雙趺意不無, 表殺活齊示也.

1) ㉬ '婆'는 '娑'의 오기인 듯하다.

---

[47] 『禪門拈頌說話』 37칙(H5, 51a22), "세존께서 관 밖으로 두 발을 내보이셨다 : 착각이요, 착각이로다! 무소가 달빛을 즐기다가 뿔에 무늬가 생겼고, 코끼리는 천둥소리에 놀라 상아에 꽃 그림 새겨진 격이니, 잘못이 적지 않다. 비록 이러하기는 하지만 이 구덩이 속에서 뛰쳐나와야 비로소 다비한 이후의 품품이 세상에 유통되리라는 사실을 알게 될 것이다.(世尊槨示雙趺 : 錯, 錯! 犀因翫月紋生角, 象被雷驚花入牙, 敗闕也不少. 雖然如是, 向者圈圚裏跳得出, 方知茶毗後品流通去在.)"

삼처전심에 대해서는 예로부터 다양한 설이 있다. 원오 극근圜悟克勤이 승勝 수좌에게 준 법어[48]에, '석가모니[49]께서 다자탑 앞에서 당신의 자리를 나누어 앉게 한 것으로 이미 이 심인心印을 친밀히 전한 것이기에 그 뒤 꽃을 들어 보인 것은 두 번째 불필요하게 거듭된 공안이었다. 게다가 금란가사를 전하며 계족산에서 미륵불을 기다리라고 말씀하기까지 했으니, 이 정도면 펼쳐 보인 조리(節文)[50]가 대단히 많다.'라고 하였다. 『염송설화』에서는 '이는 정통 법맥法脈을 부처님께서 간절하게 직접 전했다는 사실을 분명히 입증하기 위한 말이었다. 임제로부터 이어진 적통의 후손(嫡孫)인 원오가 어찌 망령되게 거짓으로 떠도는 말을 하려 했겠는가!'[51]라고 하였다.

三處傳心, 古有多說. 然圓悟示勝首座法語云, '釋迦文, 多子塔前分座, 已密授此印, 爾後拈花, 是第二重公案. 至於付金襴, 雞足山中候彌勒者, 多少節文也.' 說話云, '此爲明證勤親傳正脉. 爲臨濟嫡孫, 豈肯妄爲無實遊言乎!'

---

48 원오 극근圜悟克勤이~준 법어 : 이에 대한 『禪門拈頌說話』 4칙(H5, 13a8)의 평석은 다음과 같다. 원오 극근의 이 법어에 대해 『拈頌說話』에서는 정혜 초신定慧超信이 읊은 "은밀히 전하고 자리 나누어 앉았다 하니, 정면에다 침 뱉어 주기에 딱 맞는 짓이다. 그렇게 하지 않고 그대로 놓아둔 까닭에, 자손들이 재앙을 당하지 않을 수 없었네.(定慧信頌, 密傳分半座, 正好驀面唾. 不伊麼且放過, 子孫未免遭殃禍.)"라는 송과 함께 "정혜의 송과 원오의 법어는 (드러난 사실) 그 이상으로 향상하는 하나의 통로가 있음을 알아야 한다는 뜻이다.(定慧頌, 圓悟法語, 更須知有向上一竅.)"라고 풀었다.
49 석가문釋迦文은 석가문불釋迦文佛이라고도 하며, 석가모니불을 뜻한다. 문文은 모니牟尼와 통용되며 대유大儒라는 뜻을 함의한다.
50 절문節文은 본래 절도 있는 예절이나 의식 또는 핵심만 추리고 생략한 문구 등을 뜻하지만, 잘 처리하는 것 또는 사리에 따라 핵심에 들어맞게 조정한 조리條理라는 뜻으로도 쓰인다.
51 『禪門拈頌說話』 37칙(H5, 50c20).

2) 달마의 삼처전심

세 곳에서 마음을 전한 일은 모든 조사가 대대로 이어받아 병에서 병으로 물을 옮겨 붓듯이 고스란히 전하여 달마에게 이르렀고, 달마도 세 곳에서 전했다.

첫째, 달마가 혜가에게 물었다. '모든 대상이 끊어져 버렸는가?' '이미 끊어졌습니다.' '끊어져 아무것도 없는 경계(斷滅)에 떨어진 것은 아닌가?' '끊어져 아무것도 없는 경계에 떨어지지 않았습니다.' (모든 대상이 이미 끊어졌다고 하면서) 어떻게 그러한 경계에 떨어지지 않았다고 하는가?' '분명하게 깨어 어둡지 않고, 뚜렷하게 항상 알고 있기 때문입니다. 말로는 어떻게 표현할 방법이 없습니다.' 『염송설화』에서는 '모든 대상이 이미 끊어졌을 때(諸緣已斷) 분별에 들어맞는 법이 하나도 없는 상태였던 것이다. 「분명하게 깨어 어둡지 않고, 뚜렷하게 항상 알고 있다.」라고 한 말은 본분사가 본체와 같다는 이치를 알았기 때문이다.【향상하는 자성의 본체】깨달음과 수행이 곧바로 사라지면서 여래선을 증득하였다는 말이다.'[52]라고 하였다.

둘째, 혜가가 물었다. '모든 부처님의 법인法印을 들려주시겠습니까?' '모든 부처님의 법인은 남에게서 듣지 못한다.' '저의 마음이 편안하지 못하니 스님께서 편안하게 해 주시기 바랍니다.' '마음을 가져오면 그대를

---

52 『禪門拈頌說話』 100칙(H5, 106a17), "내가 이제 자세히 분석해 보면, 모든 대상이 이미 끊어졌을 때 분별에 들어맞는 법이 하나도 없는 상태였던 것이다. '분명하게 깨어 어둡지 않고, 뚜렷하게 항상 알고 있다.'라고 한 말은 본분사가 본체와 같다는 이치를 알았기 때문이다. 모든 대상이 끊어지고 나면 아무것도 없는 그 경계(斷滅)에 떨어지는 사람도 있지만 2조는 그렇지 않았다. 그는 분명하게 깨어 어둡지 않고 뚜렷하게 항상 알고 있었으니, 깨달음과 수행이 곧바로 사라지면서 여래선을 증득하였던 것이다.(吾今辨柝去也. 諸緣已斷時, 無一法可當情. 明明不昧, 了了常知者, 知有本分事, 與體一般也. 諸緣旣斷, 或有落斷滅者, 今二祖則不然. 明明不昧, 了了常知, 則悟修斯亡, 乃證得如來禪也.)";『禪文手鏡』「達摩三處傳心」(H10, 523b13).

편안하게 해 주겠다.' '마음을 찾았으나 구할 수 없었습니다.' '그대에게 이미 마음을 편하게 해 주었구나.' 혜가가 예배하였다. 달마는 '그대는 어떤 도리를 깨달았기에 절을 올리느냐?'라고 물었고, 혜가는 '분명하게 깨어 어둡지 않고, 뚜렷하여 항상 알고 있습니다.'라고 대답했다. 『염송설화』에서는 '그 자리에서 마음을 편안히 하고 모든 부처님이 전한 마음의 본체를 깨달았다. (이 때문에) 앞에서 터득한 이해가 더욱 밝아져「분명하게 깨어 어둡지 않고, 뚜렷하게 항상 알고 있다.」고 말한 뒤 마침내 조사선을 알아차렸던 것이다.'[53]라고 하였다.

셋째, 달마 대사가 하루는 문인들에게 명하였다. '때가 다 되어 가니,[54] 이제 각자 터득한 것을 말해 보겠느냐?' 그때 도부道副는 피부(皮)를, 니총지尼摠持는 살(肉)을, 도육道育은 뼈(骨)를 얻었다. 마지막으로 혜가가 나와 예를 갖추어 삼배를 올리고 자리에 그대로 서 있자 달마는 '너는 나의 골수(髓)를 얻었구나.'라고 하였다. 『염송설화』에서는 '종문이류宗門異類'라고만 하고 두 가지 선(여래선과 조사선)을 가지런히 얻었다고 말하지 않았으나, 이미 세 번째에서 마음을 전하였음을 허여하였다면 삼배에 뜻이 없지 않으니 두 가지 선을 가지런히 얻었음을 나타낸다. 또 '예를 갖추어 삼배를 올리고 자리에 그대로 서 있었던 것'은 선수라는 자취에 구애되지 않은 것이다. 그러므로 『염송설화』에서는 '예를 갖추어 삼배를 올리고 자리에 그대로 서 있었던 것'에 대해 '그 뜻을 대충 넘겨짚어서는 안 되고 반드

---

53 『禪門拈頌說話』 100칙(H5, 106a22), "그는 다시 모든 부처님의 법인에 대하여 묻고는 그 자리에서 마음을 편안히 하고 모든 부처님이 전한 마음의 본체를 깨달았다. (이 때문에) 앞에서 터득한 이해가 더욱 밝아져 '분명하게 깨어 어둡지 않고, 뚜렷하게 항상 알고 있다.'고 말한 뒤 마침내 조사선을 알아차리고 달마의 인가를 받았던 것이다. 이것이 2조가 2조가 된 이유이다.(又問, 諸佛法印, 當下安心, 悟得諸佛所傳心體. 前解轉明曰, '明明不昧, 了了常知.' 遂乃會得祖師禪, 得他印許. 此所謂二祖之爲二祖者也.)"; 『禪文手鏡』「達摩三處傳心」(H10, 523b23).

54 때가 다 되어 가니 : 입적할 때가 다가왔다는 말 또는 서천으로 돌아가겠다는 말이다.

시 자세히 살펴야 한다.'⁵⁵라고 하였다.

三處傳心, 諸祖相承, 如缾注瓶, 至于達摩, 達摩亦傳之三處.
一, 祖問慧可, '諸緣斷否?' 可曰, '已斷.' 祖云, '莫落斷滅否?' 可曰, '不落.' 祖云, '爲什麽不落?' 可曰, '明明不昧, 了了自知. 言不可及.' 說話云, '諸緣已斷時, 無一法可當情. 明明不昧, 了了自知者, 知有本分事, 與體一般.【向上自性體】' 以悟修斯亡, 乃證得如來禪.
二, 可問, '諸佛法印, 可得聞乎?' 祖云, '諸佛法印, 匪從人得.' 可曰, '我心未寧, 乞師安心.' 祖云, '將心來, 與汝安.' 可曰, '覓心了不可得.' 祖云, '與汝安心竟.' 可禮拜. 祖云, '汝見什麽道理禮拜?' 可曰, '明明不昧, 了了自知.' 說話云, '當下安心, 悟得諸佛所傳心體. 前解轉明曰, 「明明不昧, 了了自知.」 遂乃會得祖師禪.'
三, 祖一日命門人曰, '時將至矣, 盍各言所得乎?' 時道副得皮, 尼揔持得肉, 道育得骨. 最後慧可, 出禮三拜, 又依位而立, 祖曰, '汝得吾髓.' 說話但云, '宗門異類.' 不云二禪齊得, 然旣許第三傳心, 則三拜意不無, 表二禪齊得也. 又依位而立者, 不滯傳受之迹也. 故說話云, '出禮三拜又依位而立之義, 不得莽鹵, 直須仔細.'

『염송설화』에서는 '이류異類에는 네 가지가 있다.⁵⁶ 첫째 왕래이류.

---

55 『禪門拈頌說話』101칙(H5, 110b10), "나와서 예를 갖추어 삼배를 올리고 자리에 그대로 서 있었던 것 : 종문에서 말하는 이류異類로 살아가는 경지이다. 이는 방에 들어간(入室) 지위이다. 나와서 예를 갖추어 삼배를 하고 또 자리에 그대로 서 있었던 뜻을 대충 넘겨짚어서는 안 되고 반드시 자세히 살펴야 한다.(出禮三拜依位而立者 : 宗門中異類. 此則入室也. 禮三拜, 又依位而立之義, 不得莽鹵, 直須子細.)"

56 이류異類에는 네 가지가 있다(四種異類) : 남전 보원南泉普願이 이류중행을 강조한 이래 조산 본적曹山本寂이 네 가지로 정리하였다. 왕래이류往來異類는 지옥·아귀·축생·아수라 등의 세계로 자유롭게 왕래하는 것, 보살동이류菩薩同異類는 다른 이류 속으로 들어가 그들을 구제하며 이타행을 행하는 것, 사문이류沙門異類는 자신의 본분

상相이 항상 윤회의 세계로 왕래하는 것을 류類라 하고 성性이 자신의 본질을 잃지 않는 것을 이異라 한다. 둘째 보살이류. 육도로 윤회하는 중생과 흡사한 외형을 가리켜 류類라 하고, 생사윤회와 동화되지 않는 자기 자신은 이異라 한다. 셋째 사문이류. 털옷을 입고 머리에 뿔을 단 모습을 류類라 하고 바뀌지 않는 이치를 분명히 아는 것은 이異라 한다. 넷째 종문이류. 언어로 충분히 표현할 수 있는 경계를 가리켜 류類라 하고, 지혜로도 도달하지 못하는 경계는 이異라 한다.'[57]라고 하였

사를 밝혀 독립한 자유로운 사람. 종문중이류宗門中異類는 향상의 경계에 빠져서 머물지 않고 자유자재한 작용을 드러내는 것을 뜻한다. 『曹山本寂語錄』 권하 「四種異類」(T47, 543b23) 참조.

[57] 『禪門拈頌說話』 219칙(H5, 221b10), "이류 : 본체가 다른 것을 이異라 하고 동일하지 않은 것을 류類라 하는가? 왕래이류往來異類의 맥락에서 보면, 본성이 항상 윤회의 세계로 왕래하는 것을 '류'라 하고 본성이 자신의 본질을 잃지 않는 것을 '이'라 한다. 보살동이류菩薩同異類의 맥락에서 보면, 육도로 윤회하는 중생과 흡사한 외형을 가리켜 '류'라 하고, 생사윤회와 동화되지 않는 자기 자신은 '이'라 한다. 사문이류沙門異類의 맥락에서 보면, 털옷을 입고 머리에 뿔을 단 모습을 '류'라 하고 바뀌지 않는 이치를 분명히 아는 것은 '이'라 한다. 종문이류宗門異類의 맥락에서 보면, 모든 형식의 언어를 가리켜 '류'라 하고, 지혜로도 도달하지 못하는 경계는 '이'라 한다. 결론적으로 '이'는 무차별, '류'는 차별을 나타낸다. 이류중행이란 '이'와 '류'가 둘이 아닌 경계에서 살아간다는 뜻인가? 차별은 무차별의 자성으로부터 일어나니 '이'는 차별이고 이런 까닭에 다른 곳(異處)이란 (이곳과 다른) 저편(那邊)을 가리키므로 현재 살아가는 이곳은 '류'라는 뜻인가? 모두 틀렸다. 종합하여 말하면 차별을 당면하고도 차별이라 하지 않는다는 뜻이다. 그러므로 이류라는 말을 단어별로 나누어 풀면 '이'는 무차별이고 '류'는 차별이다. 이 때문에 '이'에 대하여 물으면 '류'가 무엇이냐고 묻지 않는 것이다. 이 공안에서 말하는 이류는 사문이류인가? 아니면 종문이류인가? 남전이 대중에게 준 법문까지는 종문이류에 해당하고, 그 이하에서 활용한 부분은 사문이류에 해당한다. 만일 수행자의 눈으로 본다면 선후와 깊이의 차이가 뚜렷하겠지만 남전과 조주의 안목으로 파악한다면 옳다거나 그르다거나 하는 구별도 없거늘 어떻게 사문과 종문을 가려내겠는가!(異類者, 體別爲異, 非一爲類耶? 往來異類, 性常輪迴, 名爲類 ; 性不自失, 名爲異. 菩薩同異類, 形似六道衆生, 名爲類 ; 自己不同生死輪迴, 名爲異. 沙門異類, 披毛戴角, 名爲類 ; 明得不變易, 名爲異. 宗門異類, 一切言語, 名爲類 ; 智不到處, 名爲異. 則異則無差別, 類則差別也. 異類中行者, 異與類不二之中行也耶? 差別從無差別自性上起來, 則異者差別, 所以異處指那邊, 卽今行李處是類耶? 皆非也. 合而言之, 當差別而不名差別也. 故異類別開, 則異是無差別, 類是差別, 故問異則不問如何是類. 此話所謂異類, 沙門異類耶? 宗門異類耶? 示衆是宗門異類, 下所用是沙門異類. 若約行李人邊, 先後深淺

다. 여기에서의 종문이류는 혜가가 나와 예를 갖추어 삼배를 올리고 뭇 사람이 모두 보았으니 언어로 미칠 수 있었으므로 류類라고 생각한다. 스승과 제자가 상견하였을 때 뭇사람이 헤아릴 수 있는 경지가 아니라면 이는 지혜로도 이르지 못하는 경지이므로 이異라고 한다.

說話云, '異類有四. 一, 往來異類. 相[1]常輪廻, 名爲類, 性不自失, 名爲異. 二, 菩薩異類. 形似六道衆生, 名爲類, 自己不同生死, 名爲異. 三, 沙門異類. 披毛戴角, 名爲類, 明得不變易, 名爲異. 四, 宗門異類. 言語能及, 名爲類, 智不到處, 名爲異也.' 此中宗門異類者, 意謂出禮三拜, 衆人皆見, 則是言語所及, 故名爲類. 師資相見處, 非衆人所可測, 則是智不到處, 故名爲異也.

---
1) ㉠ '相'이 『禪門拈頌說話』에는 '性'으로 되어 있다.

歷然, 南泉趙州分上把得, 便用無可不可, 何揀於沙門宗門哉!)"

3. 살인도와 활인검

『염송설화』에서 세존이 마음을 전한 것에 대해 '살인도와 활인검을 전했다.'고 해석한 것은 깨달은 법과 전해 받은 법에 의거하여 이름을 붙인 것이다.{스승의 입장에서는 전傳이라고 한다.} 달마가 마음을 전한 것에 대해서는 '여래선과 조사선을 얻었다.'고 해석한 것은 깨달은 사람과 전한 사람에 입각하여 이름을 붙인 것이다.{제자의 입장에서는 득得이라고 한다.} 이름은 비록 다르지만 뜻에는 다름이 없으므로 나는 살殺은 여래의 깨달은 경지이므로 여래선이라 하고, 활活은 조사가 전한 경지이므로 조사선이라 생각한다.

> 說話釋世尊傳心云, 傳殺人刀活人劍者, 約所悟所受之法, 以立名也.{在師邊云傳.} 釋達摩傳心云, 得如來禪祖師禪者, 就能悟能傳之人, 以立名也.{在資邊云得.} 名雖有殊, 義則無別故, 余以爲殺是如來悟底, 故名如來禪 ; 活是祖師傳底, 故名祖師禪.

살殺이 여래가 깨달은 경지가 아니고 활活이 조사가 전한 경지가 아니라면 살활의 법이 어디에서 나왔겠는가? 또 여래선이 여래가 깨달은 경지가 아니고, 조사선이 조사가 전한 경지가 아니라면 두 가지 선의 이름은 무엇에 근거하여 붙인 것인가? 그러나 나 스스로 온전하다고 감히 장담하지 못하니, 다른 뜻이 있다면 밝은 눈으로 상세히 지시해 보라.

若殺非如來悟底, 活非祖師傳底, 殺活之法, 從何而來? 又如來禪, 非如來悟底, 祖師禪, 非祖師傳底, 二禪之名, 據何而立耶? 然不敢自全, 若有他意, 明眼詳示.

처음부터 살활을 전한 것 외에 또 전하지 않은 것이 있다면 이것은 사람마다 본래 각각 원만히 성취하여 갖추고 있는 것이니, 각자 그 본분상에 본래 스스로 갖추고 있기 때문에 '본분本分'이라고 한다. 전해 받은 본분이 없는 까닭은 다만 스스로 마음으로 터득하면 되기 때문이다. 그러므로 '동시에 조사의 종지를 마음으로 얻었다.'[58]고 한 것이다. 이 조사의 종지란, 향상하는 본분이며 체體도 있고 용用도 있다. 용은 가령 임제가 말한 진불眞佛·진법眞法·진도眞道 따위가 그것이다.[59] 체란 셋이면서 하나이니, 모두 공이면서 실유實有가 없는 것이다. 규봉 종밀圭峰宗密은 '구리 거울의 질료는 자성의 본체이고, 구리 거울의 밝은 속성은 자성의 작용이며, 나타나는 영상을 밝게 비추는 것은 인연에 따르는 작용이다.'[60]라고 하였다.

上來所傳殺活外, 又有不傳底, 此是人人本具, 箇箇圓成, 各其分上, 本自具足, 故名爲本分. 此無傳受分, 只自心得而已. 故云, '心得同時祖宗旨.' 此祖宗旨, 卽向上本分, 而有體有用. 用者, 如臨濟所謂, 眞佛眞法眞道, 此

---

58 『禪門寶藏錄』 권상(X64, 807c2) 참조. 앞의 주석 10 참조.
59 『臨濟語錄』(T47, 501c25), "도를 배우는 이들이여, 진불眞佛은 형상이 없고, 진도眞道는 일정한 격식이 없으며, 진법眞法은 바탕이 되는 모양이 없다. 이 세 법은 혼융되어 한곳에 화합하여 있어 분별해도 구분할 수 없으니 아득하여 종잡을 수 없는 업식을 가진 중생이라 부른다.(道流, 眞佛無形, 眞道無體, 眞法無相, 三法混融和合一處, 辨旣不得, 喚作忙忙業識衆生.)"
60 『中華傳心地禪門師資承襲圖』(X63, 35a22). 자성에 본래 갖추고 있는 작용(自性本用)과 인연에 따라 반응하는 작용(隨緣應用)을 설명하기 위해 구리 거울(銅鏡)을 비유로 삼았다.

也. 體者, 三卽一, 皆空而無實有者也. 圭峯云, '如銅鏡之質, 是自性體, 銅鏡之明, 是自性用, 明所現影, 是隨緣用.'

問 규봉이 공적空寂을 체로 삼고 영지靈知를 자성의 작용으로 삼은 것은 자종自宗에서 이해하는 방식이다. 석두 희천石頭希遷은 다만 공적의 체만 진실이라 인정하였고, 마조 도일馬祖道一(洪州)은 다만 자성의 작용이 인연을 따르는 작용이라는 측면만 진실이라 인정하였다. 구리거울로 체와 용을 비유한 것은 지금 이 뜻을 끌어온 것이니, 그렇다면 석두와 마조가 도리어 하택 신회荷澤神會에 미치지 못하는 것인가?

答 규봉은 '현교顯敎와 밀교密敎가 비록 다르지만 전한 법의 본체에 다름이 있는 것이 아니다.'[61]라고 하였다. 현전顯傳은 설하여 드러내 전하는 방식이며 다만 그 소이연을 알 뿐이다. 밀전密傳은 말없이 친밀하게 딱 들어맞아 직접 그 본체를 증득하는 것이다.[62] 이것이 공적영지空寂靈知의 본성이다. 무릇 마음을 가진 이라면 그 누구에게 그것이 없겠는가? 그러나 범부는 이 영지의 본성이 있음을 알지 못하기 때문에 하택이 말로써 드러내 전한 것을 가리켜 '지知라는 한 글자는 온갖 미묘한 이치가 출입하는 문이다.'[63]라고 한 것이다. 다만 이 영지의 본성을

---

61 주석 282 참조.
62 규봉의 말부터 여기까지는 다음의 대의와 통한다. 『禪門四辨漫語』「二禪來義」(H10, 827a15), "종지를 주고받는 방법이 말에 의지하거나(顯) 말 이외의 수단에 의지하거나(密)에 따라 두 선禪의 이름이 나뉘며, 전수하는 법의 본체가 두 가지인 것은 아니다.(由其授受之顯密, 而有二禪之名, 非所傳之法體有二也.)" 초의 의순, 김영욱 옮김, 『선문사변만어』, p.130 참조.
63 『都序』권상(T48, 402c28), "공적한 마음에 앎의 작용(靈知)이 있어 어둡지 않으니, 이 공적에서 나오는 영지가 너의 참된 본성이다. 미혹하면 미혹한 대로, 깨달으면 깨달은 대로 마음에는 본래 스스로 영지가 갖추어져 있으니, 조건에 의하여 생기지도 않으며 대상을 원인으로 일어나지도 않는다. '지知'라는 이 한 글자는 온갖 미묘한 이치가 출입하는 문이다.(空寂之心, 靈知不昧, 卽此空寂之知, 是汝眞性. 任迷任悟, 心本自知, 不藉緣生, 不因境起. 知之一字, 衆妙之門.)"

가지고 있다는 것은 알지만 스스로 직접 증득하지 못하기 때문에 마음 그대로 부처(卽心卽佛)라는 뜻을 알지 못하고 돈오니 점수니 하는 이해에 얽매이는 것이 의리선이다.

청원 행사淸源行思가 '성제聖諦[64]도 행하지 않았거늘 떨어질 계급이 어디 있겠습니까?'[65]라고 하였으니 이것은 깨달음과 수행의 점차적 단계에 떨어지지 않고 그 본체를 직접 증득한다는 의미이다. 남악 회양南嶽懷讓은 '하나의 그 무엇이라 말해도 맞지 않습니다.'[66]라 하였는데 이것은 뿌리까지 통째로 뽑아 버려 잡고서 분별할 수단을 전혀 남기지 않은 것으로서 남김 없는 작용(大用)이 눈앞에 실현된 것이며, 이것은 또한 자성의 작용이 인연에 따르는 작용으로 나타난 결과이기도 하다. 그렇다면 청원과 남악은 그 체와 용을 친밀히 증득하여[67] 단번에 여래의 경지로 뛰어넘어 들어간 것이니 이것이 격외선이다. 그러므로 전한 법의 체는 같다고 해도 현교와 밀교가 현격히 다른 것은 하늘과 땅의

---

64 성제聖諦 : 성인이 깨달은 진리. 불법佛法의 요체. 진성眞性·진제眞諦와도 통한다.
65 『禪門拈頌說話』 147칙(H5, 149b3), "청원 행사 선사가 6조에게 물었다. '어떤 일에 힘써야 계급에 떨어지지 않습니까?' '그대는 어떤 수행을 해 왔는가?' '성제聖諦도 행하지 않았습니다.' '어떤 계급에 떨어졌는가?' '성제도 행하지 않았거늘 떨어질 계급이 어디 있겠습니까?' 6조가 그를 큰 그릇으로 여겼다.(淸源行思禪師, 問六祖, '當何所務, 卽不落階級?' 祖曰, '汝曾作什麼來?' 師曰, '聖諦亦不爲.' 祖曰, '落何階級?' 師曰, '聖諦尙不爲, 何階級之有?' 祖深器之.)";『景德傳燈錄』 권5 「靑原行思傳」(T51, 240a19).
66 『禪門拈頌說話』 119칙(H5, 127a22), "남악 회양 선사가 처음 6조에게 법을 묻고자 찾았을 때 6조가 물었다. '어디서 왔는가?' '숭산에서 왔습니다.' '어떤 것이 이렇게 왔는가?' '하나의 그 무엇이라고 말해도 딱 들어맞지 않습니다.' '수행에 의지하여 깨닫는가?' '수행하여 깨닫는 일이 없지는 않지만, 오염되어서는 안 됩니다.' '이렇게 오염되지 않는 일이야말로 모든 부처가 소중히 지키신 바이다. 그대가 이미 이렇고 나 또한 그렇다.'(南嶽懷讓禪師, 初參六祖, 祖問, '甚處來?' 曰, '嵩山來.' 祖曰, '是什麼物伊麼來?' 曰, '說似一物卽不中.' 祖曰, '還假修證不?' 曰, '修證卽不無, 汚染卽不得.' 祖曰, '秖此不汚染, 是諸佛之所護念. 汝旣如是, 吾亦如是.)"
67 친밀히 증득하여(密證) : 밀밀은 친밀親密의 뜻으로, 밀증密證은 현실의 자기가 진실한 자기 또는 본래면목을 철저히 깨달아 서로 간격이 없는 상태, 또는 은밀하여 남들이 알 수 없는 경계를 증득하였음을 나타내는 말이다.

차이보다 더하다.

問, 圭峯以空寂爲體, 以靈知爲自性用, 爲自宗所解之法. 石頭但認空寂之體, 洪州但認自性用之隨緣用. 以銅鏡喩體用, 今引此義, 然則石頭洪州, 反不及荷澤?
答, 圭峯云, '顯密雖殊, 非謂所傳之法體有異.' 謂顯傳者以說顯傳, 但知其所以然也. 密傳者默默密契, 親證其體也. 盖此空寂靈知之性. 凡有心者, 其誰無之? 然凡夫不知有此靈知之性, 故荷澤以言顯傳云, '知之一字, 衆妙之門.' 此但知其有此靈知之性, 而不自親證故, 不知卽心卽佛之旨, 滯於頓悟漸修之解, 爲義理禪也.
淸源云, '聖諦尙不爲, 何階級之有.' 此不落悟修階級親證其體. 南岳云, '設¹⁾似一物卽不中.' 此和根拔去, 了沒巴鼻, 故大用現前, 此是自性用之隨緣用. 然則淸源南嶽, 密證其體用, 一超直入如來地故, 爲格外禪也. 故雖云所傳之法體是同, 顯密懸殊, 不啻若雲泥.

1) ㉠ '設'은 '說'의 오기이다.

또 살인도를 진금포眞金鋪[68]라고도 하는데 이것은 향상하는 본분의 체體와 같다. 그러므로 『염송설화』에서는 달마가 첫 번째로 마음을 전한 일화를 해석하여 '모든 대상이 이미 끊어졌을 때 분별에 들어맞는 법이 하나도 없는 상태였던 것'이라 하고, '분명하게 깨어 어둡지 않고, 뚜렷하게 항상 알고 있다.'는 혜가의 말에 대해서는 '본분사가 본체와 같다는 이치를 알았기 때문'이라고 한 것이다.[69] 이러한 경지에서는 산은 산이요 물은 물이며, 일체의 대상 경계 하나하나가 모두 참되어 온 세상 전체가 한 덩

68 진금포眞金鋪 : 순금만 진열하여 파는 가게. 순수한 선풍禪風만을 거양하는 곳을 비유하는 말. 또는 엄정한 수단을 오롯이 쓰는 경우를 비유하기도 한다.
69 『염송설화』에서는 달마가~한 것이다 : 앞의 주석 52 참조.

이 금과 같으므로 진금포라 하고, 또한 분별에 들어맞는 법이 하나도 없는 상태이어서 부처나 조사일지라도 몸을 들여놓을 여지가 없으므로 '부처도 때리고 조사도 때릴 것'[70]이니, 진인眞人[71] 앞에서 거짓을 말하지 말라.'[72]고 하는 것이다. 때린다는 것은 때려죽인다는 말이다. 불조를 새롭게 훈습한 사람을 때려죽이는 수단이므로 살인도라 한다. 세존이 태어났을 때, 한 손으로는 하늘을 가리키고 한 손으로는 땅을 가리키며 '하늘 위와 하늘 아래에 오직 나만이 존귀할 뿐이다.'라고 한 말에 대해 운문 문언雲門文偃이 '내가 당시에 그 광경을 보았다면 한 방에 때려죽였으리라.'[73]라고 운운한 말이 이 뜻이다.

활인검은 잡화포雜貨鋪[74]라고도 한다. 이것은 향상하는 자성의 작용이 인연에 따르는 작용으로 나타난 경우이다. 이 경지에서는 뿌리까지 통째

---

70 부처도 때리고~때릴 것 : 부처가 되었건 조사가 되었건 그 어디에도 얽매이지 않고 본분을 고수하는 입장. 『禪門拈頌說話』 672칙(H5, 516b13), "방장에 들어오는 것을 보자마자 방을 내리쳐 때렸다 : 어디에도 물들지 않은 한 자루 생짜의 몽둥이로 부처가 와도 때리고 조사가 와도 때리는 수단을 말한다.(入門便棒者, 一條白棒, 佛來也打, 祖來也打也.)" ; 『密菴語錄』(T47, 960c22), "그런 까닭에 덕산은 한 자루 생짜 몽둥이를 들고서 부처가 와도 때리고 조사가 와도 때린다고 했던 것이다.(所以德山據一條白棒, 佛來也打, 祖來也打.)"
71 진인眞人 : 임제가 말한 무위진인無位眞人과 같은 말. '무위'란 범성凡聖·미오迷悟·상하귀천上下貴賤 등 어떤 틀이나 격식 또는 일정한 자리에 속박되지 않고 자유롭게 기틀을 발휘함을 함의한다.
72 『續傳燈錄』 권5 「智海本逸傳」(T51, 498a21), "입을 열어도 옳고 입을 닫아도 옳으니 눈 아래에 코를 붙여도 무방하다. 입을 열어도 잘못이고 입을 닫아도 잘못이니 눈과 코를 모두 집어낸다. 부처도 때리고 조사도 때릴 것이니 진인 앞에서 거짓을 말하지 마라. 부처도 안착시키고 조사도 안착시키니 납승의 배 속이 바다처럼 드넓다.(開口是合口是, 眼下無妨更著鼻 ; 開口錯合口錯, 眼與鼻孔拈却. 佛也打祖也打, 眞人面前不說假 ; 佛也安祖也安, 衲僧肚皮似海寬.)"
73 『禪門拈頌說話』(H5, 7c14), "내가 당시에 그 광경을 보았다면, 한 방에 때려죽이고 개에게 먹이로 주어서 천하의 태평을 도모했을 것이다.(我當時若見, 一棒打殺, 與狗子喫却, 貴圖天下太平.)"
74 잡화포雜貨鋪 : 진금포眞金鋪와 상대되는 말. 선풍禪風이 순수하지 못함을 비유한다. 또는 근기에 따라 다양한 방편을 활용하는 경우를 비유하기도 한다.

로 뽑아 버려 잡고서 분별할 수단을 전혀 남기지 않으므로 남김 없는 작용이 눈앞에 실현된 상태가 십자가두에서 풍류를 싸게 파는 것과 같으므로 잡화포라고 한다. 또한 부처도 뚜렷하고 분명하며 조사도 뚜렷하고 분명하므로 '부처도 안착시키고 조사도 안착시키니, 납승의 배 속은 드넓은 바다와 같다.'라고 하는 것이다. 안착시킨다는 것은 안착시켜 살린다(安活)는 말이니, 불조를 안착시켜 살리는 사람의 수단이므로 활인검이라고 한다. 각각 그 자리에 안착시켜 그 무엇도 전혀 흔들지 못하게 한다는 말이 이것이다.[75]

又殺人刀, 亦名眞金鋪, 此與向上本分之體一般也. 故說話釋達摩第一傳心云, '諸緣已斷時, 無一法可當情.' '明明不昧, 了了自知者, 知有本分事, 與體一般.' 到這裏, 山山水水, 法法全眞, 是盡大地一挺金, 故名曰眞金鋪, 亦是無一法可當情, 則佛祖容身無地, 故云佛也打祖也打, 眞人面前休說假. 謂打打殺也, 打殺新熏佛祖之人, 故云殺人刀. 如世尊初生時, 一手指天, 一手指地云, '天上天下, 唯我獨尊.' 雲門云, '我當時若見, 一棒打殺'云者是也.

活人劍, 亦名雜貨鋪. 此是向上自性用之隨緣用. 到這裏, 和根拔去了, 汐巴鼻故, 大用現前, 是十字街頭, 賤賣風流, 故名曰雜貨鋪. 亦是佛也端端的的, 祖也端端的的, 故云佛也安祖也安, 衲僧肚裏[1]如海寬. 謂安安活也, 安活佛祖之人, 故云活人劍. 如各安其位, 摠不動着者是也.

1) ㉤ '裵'는 '裏'의 오기인 듯하다. ㉡ '裏'가 맞다.

㋱ 도刀와 검劍을 살과 활에 비유하였는데 사람을 죽이는 칼이야 있

---

75 다음의 취지와 통한다. 『禪門拈頌說話』 1089칙(H5, 760a2), "납승은 주장자를 보고 주장자라 할 뿐이며, 갈 때는 가기만 하고 앉아 있을 때는 앉아 있기만 하니 그 무엇도 흔들지 못한다.(衲僧見拄杖, 但喚作拄杖 ; 行但行, 坐但坐, 摠不得動着.)"

지만 도대체 어디에 사람을 살리는 검이 있단 말인가?

답 옛날에 명장이 병사를 이끌고 오랑캐 땅에 들어갔는데 가뭄을 만나 물이 없자 일군의 병사가 얼마나 죽었는지 모른다. 장군이 검을 빼어 들고 큰 소리로 땅을 가르자 물이 검을 따라 용솟음쳤고, 병사들이 모두 곧장 활기를 얻었다. 장군이 말하였다. '이 검은 사람을 죽이기도 하고 살리기도 한다.' 이로써 보건대 어찌 사람을 살리는 검이 없다고 할 수 있겠는가. 그러므로 살인도를 진금포라고도 하니 이것은 체요, 활인검을 잡화포라고도 하니 이것은 용이다. 체에는 용이 없는 체도 있으므로 (이 경우) 살은 오로지 죽이는 살이지만, 용에 체가 없는 용은 없으므로 활은 반드시 살을 겸비한다. 그러므로 도와 검 두 글자는 그 선법의 우열을 말하고, 진과 잡 두 글자는 그 선법을 단독으로 하는가 겸비하는가를 말한다.

問, 以刀劍喩殺活, 殺人刀可有, 而何處有活人劍耶?
答, 古之名將, 率兵入胡地, 臨渴無水, 一軍幾死. 將軍以劍大呼斫地, 水隨劍涌, 兵皆快活. 將軍曰, '此劍亦能殺人, 亦能活人.' 以此觀之, 豈無活人劍耶. 然殺人刀, 亦名眞金鋪, 是體也 ; 活人劍, 亦名雜貨鋪, 是用也. 而以體有無用之體, 故殺是單殺 ; 用無無體之用, 故活必兼殺. 然則刀劍二字, 言其優劣, 眞雜二字, 言其單兼也.

4. 선의 전수

삼십삼조사가 모두 마야부인의 배 속에서 기별記別을 받았으니, 28대 조사는 서천에서 났고 6대 조사는 중국 땅에서 났다. 『부법장인연전』에 다음과 같이 실려 있다. '서천 제27조 반야다라般若多羅 존자가 말하였다. 「우리 부처는 도솔타천에서 내려와 마야부인의 태 속으로 들어갔다. 33인에게 모두 현기懸記[76]를 주며 말하기를, 내게 심법이 있으니 모두 너희에게 부촉한다, 각자 때를 기다려(候時) 한 사람이 한 사람에게 전하여 종지를 은밀히 수호하고 단절되지 않도록 하라고 하였다. 송으로 읊었다. 마야부인 배 속의 전당은, 법계의 본체와 똑같으니, 서른세 명의 조사에게, 동시에 직접 수기 주었네.」'[77]

서천이십팔조는 가섭으로부터 달마에 이르기까지의 28조를 가리킨다. 그중 제12조 마명馬鳴보살은 『감자론甘蔗論』과 『기신론』 등을 지어[78] 여래장연기종如來藏緣起宗[79]을 밝혔기에 법성종法性宗의 종주라 한다. 제14조

---

76 현기懸記 : 앞일을 예언하거나 기록하여 나타내는 것. 미래기未來記 또는 참기讖記라고도 한다.
77 『付法藏因緣傳』에서는 이와 같은 내용을 찾지 못하였다. 『禪門寶藏錄』 권상(X64, 807c12) ; 『禪敎釋』(H7, 654c3) 참조.
78 마명馬鳴보살은 『감자론甘蔗論』과~등을 지어 : 『佛祖綱目』 권13(X85, 577a21), "馬鳴造甘蔗論十萬偈, 又造起信等論."
79 여래장연기종如來藏緣起宗 : 『楞伽經』·『密嚴經』·『寶性論』·『起信論』 등을 가리킨다. 종래 화엄종의 교판론인 오교판五敎判 대신 사교판四敎判을 설정하여 『起信論』을 포함하여 부각한 점이 특징이다. 『大乘起信論義記』 권상(T44, 243b23), "일체의 경론은 대소승을 통틀어 근본적 종지에 네 가지가 있다. 수상법집종은 소승의 제부諸部이며, 진공

용수龍樹보살은 용궁에 들어가 『삼본화엄경三本華嚴經』[80]을 보고 하본에서 초출抄出하여 약본 『화엄경』을 갖추어 인간 세상에 퍼뜨렸다. 또 『지도론』 등 수십 부를 지어 아我와 법法이 모두 없음을 밝힌 종宗이므로 공종空宗[81]의 종주라 한다.

제22조 마나라摩拏羅 존자가 좌타구파左陀瞿頗 존자를 방계로 배출(傍出)[82]한 다음 법을 전해 제납박타提納薄陀 존자에 이르렀는데,[83] 그의 호는 지공指空[84]이며 서천 108대 조사이다. 제24조 사자師子 존자는 달마달達摩達을 방계로 배출하였다.[85] 유자후柳子厚[86]가 「남악비南嶽碑」를 지었는데,

---

무상종은 『대반야경』 등의 경 가운데 중관中觀 등의 논論에서 설한 것이고, 유식법상종은 『해심밀경』 등의 경과 『유가사지론瑜伽師地論』 등의 논에서 설한 것이며, 여래장연기종은 『능가경』과 『밀엄경』 등의 경과 『대승기신론大乘起信論』・『구경일승보성론究竟一乘寶性論』 등의 논에서 설한 것이다.(一切經論, 通大小乘, 宗途有四. 隨相法執宗, 卽小乘諸部是也 ; 眞空無相宗, 卽般若等經, 中觀等論, 所說是也 ; 唯識法相宗, 卽解深密等經, 瑜伽等論, 所說是也 ; 如來藏緣起宗, 卽楞伽密嚴等經, 起信寶性等論, 所說是也.)

80 『삼본화엄경三本華嚴經』: 3본 『大不思議解脫經』을 가리킨다. 이것이 『華嚴經』의 모태가 되기 때문에 이렇게 부른다. 문자로 전하는 이 경과 함께 사바세계에 전해지지 않은 상본과 중본의 『大不思議解脫經』과, 10만 게로 이루어져 사바세계에 전해진 하본의 『大不思議解脫經』 등 3본을 일컫는다. 이들 3본 이외에 전하는 약본略本이 현존하는 60권본 『華嚴經』 등이다.

81 공종空宗: 유종有宗의 상대어. 일체공一切空・반야개공般若皆空을 주장하는 종파 또는 종지宗旨. 용수龍樹・제바提婆 등의 중관학파를 가리킨다. 중국에서는 법상종法相宗에 대하여 삼론종三論宗을 가리킨다. 『華嚴一乘敎義分齊章復古記』 권1(X58, 321b19), "일체가 모두 공이라고 보는 종을 대승시교라 한다. 일체 제법이 모두 참된 공이라고 설한다.(一切皆空宗, 謂大乘始敎. 說一切諸法, 皆悉眞空.)"

82 방출傍出은 바른 계통(正系)이 아닌 유파流派를 말한다. 곁에서 나왔거나 출생했다는 뜻으로, 방출旁出・방출旁出 또는 방계傍系라고도 한다.

83 『朝鮮佛敎通史』 下編 「檜巖寶鳳指空來遊」(B31, 678a10), "서천 제22조 마라나 존자의 방출 좌타구파 존자가 전하여 제납박타 존자에게 이르렀다.(西天第二十二祖摩拏羅尊者, 傍出左陀瞿頗尊者, 傳至提納薄陀尊者.)"

84 지공指空(1289~1363) : 『朝鮮金石總覽』 권상 「寧邊安心寺指空懶翁舍利石鐘碑文」, "지공의 한역 이름은 선현禪賢이고 부친의 휘는 만滿이다.(指空, 名禪賢, 父諱, 滿.)"

85 『景德傳燈錄』 권2 「師子比丘」(T51, 215a23), "師子尊者, 付婆舍斯多心法信衣爲正嗣, 外傍出達磨達四世二十二師."

86 유자후柳子厚 : 당나라 중기의 문인인 유종원柳宗元(773~819). 자후子厚는 자이며,

'가섭으로부터 사자존자 24대에 이르기까지 대대로 잇닿아 전해져 달마에게 이르렀고 5조 홍인弘忍에 이르러서는 더욱 성대해져 신수神秀와 혜능慧能이 나왔다.'고 하였다. 『역옹패설櫟翁稗說』【이익재李益齋의 휘는 제현齊賢, 역옹은 그 별호이다.】에 '달마달은 사자존자의 방출이다. 그런데 유자후가 달마달을 보리달마라고 생각하여 사자존자에 이르기까지 대대로 잇닿아 전해져 달마에 이르렀다고 하였다.'[87]며 바로잡은 내용이 있다.

규봉은 『원각경약소초』[88]에서 제7조 바수밀婆須蜜을 제외하였으므로 불타난제佛陀難提가 제7조이고 사자존자는 제23조, 바사사다婆舍斯多가 제24조이다. 이하로 우바굴優婆掘이 제25조, 바수밀이 제26조, 승가라차僧伽羅叉가 제27조, 보리달마菩提達磨가 제28조이다. 여기서 우바굴은 바사사다의 방출이며 4세에 이르러 보리달마가 있게 된다. (유자후는) 규봉의 이 책에 의거해 배열했던 것이다. 그러나 제6조 미차가彌遮迦가 바수밀에게 말하기를 '우리 스승 제다가提多迦가 말씀하셨다. 부처님이 아난에게 「내가 멸도한 후 300년이 지나 바수밀이라고 하는 한 성인이 나타나 선맥禪脈(禪祖)에서 7대 조사가 되리라.」라고 하셨다. 그가 바로 그대이니 법을

유하동柳河東·유유주柳柳州 등의 별칭으로도 불린다.
87 『櫟翁稗說後集』, "유자후의「남악비」에 '가섭으로부터 사자존자 24대에 이르기까지 대대로 잇닿아 전해져 달마에게 이르렀고, 달마로부터 5조 홍인弘忍에 이르기까지 더욱 성대하게 이어져 신수神秀와 혜능慧能이 나왔다.'고 하였다. 하지만 『전등록』을 살펴보니, 사자존자는 바사사다에게, 바사사다는 불여밀다에게, 불여밀다는 반야다라에게, 반야다라는 보리달마에게 전하였다고 되어 있다. 그러니 어떻게 사자존자에 이르기까지 대대로 잇닿아 전해져 달마에 이르렀다고 할 수 있겠는가. 달마달은 사자존자의 방출이다. 유자후가 달마달을 보리달마로 잘못 생각한 것이다.(柳子厚, 南嶽碑云, '由迦葉, 至師子二十四世, 而離離而爲達摩, 由達摩, 至忍五世, 而益離離而爲秀爲能.' 按傳燈錄, 師子傳婆舍斯多, 婆舍斯多傳不如密多, 不如密多傳般若多羅, 般若多羅傳菩提達摩. 何得云至師子而離離而爲達摩哉. 有達摩達者, 師子之傍出也. 柳子蓋以達摩達爲菩提達摩也.)"
88 『圓覺經略疏鈔』 권4(X9, 862b15) 이하 참조. 『圓覺經大疏釋義鈔』 권3(X9, 531c14)에도 동일한 기사가 수록되어 있지만 보리달마가 달마다라達磨多羅로 되어 있는 등 몇 가지 상위점이 있는 것으로 보아 『圓覺經略疏鈔』의 인용이 분명하다.

부촉하노라.'⁸⁹라고 하였다. 그런즉 이미 여래의 현기가 있었고 또한 여러 조사가 전한 설이 있어 응당 바수밀이 제7조가 되어야 맞다. 이미 바수밀을 제7조로 삼았는데, 그 몇 세대 후에 또 바수밀이 있었다는 말인가. 차라리 모르는 편이 낫다.

동토에 6대 조사가 있으니, 달마 대사로부터 6조 혜능에 이르기까지의 조사이다.

卅三諸祖師, 受記摩耶肚, 四七在西天, 二三出漢土. 付法藏傳云, '西天二十七般若多羅尊者云,「我佛從兜率陀天, 入摩耶胎中. 與三十三人, 摠授懸記云, 吾有心法, 摠付於汝. 各各候時, 當一人傳一人, 密護宗旨, 勿令斷絶. 頌曰, 摩耶肚裏堂, 法界體一如, 卅三諸祖師, 同時密授記.'

西天四七者, 自迦葉至達摩, 爲二十八祖. 於中十二祖馬鳴菩薩, 造甘蔗起信等論, 明如來藏緣起宗, 故爲法性宗宗主也. 十四祖龍樹菩薩, 入龍宮, 見三本華嚴, 於下本抄出, 畧本華嚴, 現行人間. 又造智度論等數十部, 明我法俱無宗, 故爲空宗宗主也.

第二十二祖摩拏羅尊者, 傍出左陀罥頗尊者. 傳至提納薄陀尊者, 號曰指空, 是爲西天百八代祖師也. 二十四祖師子尊者, 傍出達摩達. 柳子厚南嶽碑云, '自迦葉至師子二十四世, 而離離而爲達摩, 至忍五世, 而益離離而爲秀爲能.' 櫟翁稗說云,【李益齋, 諱齊賢, 櫟翁其別號也.】'盖有達摩達者, 師子之傍出. 而柳子以達摩達, 爲菩提達摩, 故云, 至師子而離離而爲達摩.'

圭峯覺鈔, 除第七婆須蜜故, 佛陀難提爲第七, 獅子尊者爲第二十三祖, 婆

---

89 『景德傳燈錄』 권1 「彌遮迦傳」(T51, 208a25), "제6조 미차가가 말했다. '나의 스승 제다가께서 말씀하셨다.「부처님께서 예전에 북인도를 지나다가 아난에게, 내가 멸도한 뒤 300년이 지나면 성은 바라타, 이름은 바수밀이라는 성인이 이 땅에 태어나 선맥禪脈(禪祖)에서 일곱째 조사가 되리라고 하셨다.」 부처님께서 그대에게 수기를 주신 것이니 그대는 출가해야 한다.'(師曰, '我師提多迦說.「世尊昔遊北印度, 語阿難言, 此國中吾滅後三百年, 有一聖人, 姓頗羅墮, 名婆須蜜, 而於禪祖當獲第七.」世尊記汝, 汝應出家.')"

舍斯多第二十四. 此下出優婆掘第二十五, 婆須蜜第二十六, 僧伽羅叉第
二十七, 菩提達摩第二十八. 此亦優婆掘者, 婆舍斯多之傍出, 而至四世,
亦有菩提達摩. 故圭峯依而編之也. 然第六祖彌遮迦, 謂婆須蜜曰, '我師
提多迦云, 佛告阿難, 「吾滅後三百年, 有一聖人, 名婆須密, 而於禪祖, 當
獲第七.」其在汝躬, 遂付法.' 然則已有如來懸記, 又有諸祖傳說, 當以婆須
蜜爲第七也. 旣以婆須密爲第七, 其何後世又有婆須蜜耶. 午可不知.
東土有六祖, 自達摩至六祖慧能也.

　　삼십삼조로부터 살과 활로 마음을 전함이 마치 병에서 병으로 물을
고스란히 옮겨 붓듯 하여 제종諸宗의 근본(祖)이 되었으므로 '조사祖師'
라고 한다. 6조 후로 남악은 활인검을 얻었고 청원은 살인도를 얻어 제
종이 제각각 대치하며 섰다.⁹⁰ 남악 문인은 청원을 종조로 여기지 않고
청원 문인은 남악을 종조로 여기지 않으므로 선사라고 부른다.

上三十三祖, 殺活傳心, 如瓶注瓶, 爲諸宗之祖, 故名爲祖師. 六祖以下, 南
嶽得活人劒, 淸源得殺人刀, 諸宗角立. 如南岳門人, 不以淸源爲祖, 淸源
門人, 不以南岳爲祖, 故名爲禪師也.

　　삼장三藏이 일찍이 별도로 분화한 뒤로 살과 활 또한 나뉘어 전해졌다.
하택은 지해知解를 보존하였기에 의리선이다.
　　삼장이 별도로 분화하였다 : 『도서都序』에 '가섭으로부터 우바국다優婆毱
多에 이르기까지 모두 삼장을 겸비하여 전하다가, 제다가提多迦 이하로 승
가에서 다툼이 일어 율의 가르침이 별도로 행해지게 되었고, 계빈국罽賓

90　이하에서 살殺과 활활로 나누어 각각 여래선과 조사선에 배대하였지만, 합당한 근거
　　가 보이지 않는 무리한 논리이다.

國(⑤ Kaśmīra) 이래로 법난을 만나 경론이 분화되었다.'[91]라고 하였다.

三藏曾別化, 殺活又分傳. 荷澤存知解, 是爲義理禪.
三藏別化者 : 都序云, 自迦葉至毱多, 皆兼傳三藏, 提多迦以下, 因僧起諍, 律敎別行, 罽賓國已來, 因王亂, 經論分化.

세존이 성도한 지 38년에 왕사성으로 가 국왕이 베푼 공양을 마치고 나서 라후라에게 발우를 씻도록 하였는데 실수로 깨뜨려 다섯 조각이 났다. 이에 부처님이 '내가 멸도한 후 처음 500년[92] 동안은 모든 악비구가 비니장(律藏)을 나누어 오부로 만들리라.'라고 하였는데, 과연 후에 우바국다優婆毱多 문하의 500제자가 각자 한 측면에 기울어진 견해를 고집하며 율장이 오부로 갈라졌다.[93]

사자존자는 북천축 계빈국에 있으면서 경론을 전하지 않고, 다만 바사사다에게 마음을 전하고는 곧장 남천축으로 가서 근기에 따라 널리 교화를 펴도록 하였다. 존자가 계빈국에 있을 때, 외도 마목다摩目多와 도락차都落遮 두 사람이 석자釋子의 형상을 빌려 변장하고는 왕궁으로 잠입하여 함께 역모하였으나 역모는 실패로 끝나고 말았다. 왕이 노하

---

91 『都序』권상(T48, 400b10), "經은 부처의 말이며 禪은 부처의 뜻이다. 모든 부처의 마음과 입은 결코 서로 어긋나지 않는다. 모든 조사들이 대대로 계승하였지만 그 근본은 부처가 친히 부촉한 뜻이며, 보살이 논을 지음은 처음부터 끝까지 오직 불경을 널리 알리기 위함이었다. 하물며 가섭에서 국다에 이르기까지 널리 전하여 모두 삼장三藏을 겸하였음에랴. 제다가 이후로 승가에서 다툼이 일어 율의 가르침이 별도로 행해지게 되었고, 계빈국 이래로 법난을 만나 경과 논이 분화되었다.(經是佛語, 禪是佛意. 諸佛心口, 必不相違. 諸祖相承, 根本是佛親付, 菩薩造論, 始末唯弘佛經. 況迦葉乃至毱多弘傳皆兼三藏. 提多迦已下, 因僧諍, 律敎別行, 罽賓國已來, 因王難, 經論分化.)"
92 500년 : 오오백년五五百年의 설에 따른다. 불멸 후 2,500년을 다섯 단계의 500년으로 나누어 구분하고 그 각각의 다섯 시기마다 가지는 특징이 다르다는 주장이다.
93 『翻譯名義集』권4(T54, 1113a22) ; 『釋氏要覽』권중(T54, 279a11) ; 『楚石梵琦禪師語錄』권9(X71, 593b12) 등 참조.

여 '내가 삼보에 마음으로 귀의하였건만 어찌 해침을 꾀하여 결국에는 이와 같은 지경에 이르게 한단 말인가.'라 하고는 이에 가람을 파괴하고 석중釋衆을 제거하라 명하였고 게다가 스스로 검을 쥐고 존자의 목을 베니 우윳빛 피가 수 척 높이로 솟구쳤다.[94]

世尊成道八年,[1] 赴王舍城國王齋, 食訖, 令羅睺羅洗鉢, 因失手, 破爲五片. 佛曰, '我滅後, 初五百年, 諸惡皆[2]丘, 分毘尼爲五部.' 果後優婆毱多, 有五百弟子, 各執一見, 分律藏爲五部也.
師子尊者, 在北天竺罽賓國, 不傳經論, 但傳心於婆舍斯多, 令卽抵南天竺, 隨機演化. 尊者留罽賓時, 外道摩目多都落遮二人, 盜爲釋子形狀, 潛入王宮, 共爲謀逆, 事旣敗. 王怒曰, '吾歸心三寶, 何乃搆害, 一至於斯.' 卽命毀伽藍, 除去釋衆, 又自秉劒, 斷尊者首, 涌白乳數尺云爾.

1) 영 '八年'은 '三十八年'의 오기이다. 2) 영 '皆'는 '比'의 오기이다.

살과 활이 나뉘어 전해졌다 : 『단경』에 다음과 같은 문답이 실려 있다.[95] 남악 회양南嶽懷讓 선사가 숭산으로부터 오자 6조가 물었다. '어떤 것이 이렇게 왔는가?' '하나의 그 무엇이라 말해도 들어맞지 않습니다.' '수행에 의지하여 깨닫는가?' '수행하여 깨닫는 일이 없지는 않지만, 오염되어서는 안 됩니다.'

殺活分傳者 : 壇經云, 懷讓禪師, 自嵩山來, 祖曰, '什麽物恁麽來?' 師云, '設[1]似一物卽不中.' 祖曰, '還可修證否?' 師云, '修證卽不無, 汚染卽不得.'

1) 영 '設'은 '說'의 오기이다.

---

94 『景德傳燈錄』 권2 「師子比丘傳」(T51, 215a7) ; 『朝鮮佛敎通史』 中編 「特書臨濟宗之源流」(B31, 482b1) 등 참조.
95 宗寶本 『壇經』(T48, 357b19) ; 『禪門拈頌說話』 119칙(H5, 127a23).

이것이 바로 뿌리까지 통째로 뽑아 버려 잡고서 분별할 수단을 전혀 남기지 않는다는 것이다. 그러므로 활인검을 터득한 것이 조사선이다.

此乃和根拔去, 了沒巴鼻. 故得活人劒, 祖師禪也.

6조가 말하였다. '이렇게 오염되지 않는 일이야말로 모든 부처님이 소중히 지키신 바이다. 그대가 이미 이렇고 나 또한 그렇다.'

祖曰, '此是諸佛之所護念. 汝旣如是, 吾亦如是.'

이것은 남김없이 그를 허여한 말이다. 그러므로 (남악은) 6조의 바른 전통(正傳)을 이었다.

此是滿口許他. 故爲六祖之正傳也.

청원 행사 선사가 어느 날 (6조에게) 물었다.[96] '어떤 일에 힘써야 계급[97]에 떨어지지 않습니까?' '그대는 어떤 수행을 해 왔는가?' '성제聖諦도 행하지 않습니다.' '어떤 계급에 떨어졌는가?' '성제도 행하지 않았거늘 떨어질 계급이 어디 있겠습니까?'

淸源行思禪師, 一日問云, '當何所務, 卽不落階級?' 祖曰, '曾作什麼來?' 師云, '聖諦亦不爲.' 祖曰, '落何階級?' 師云, '聖諦尙不爲, 何階級之有?'

---

96 이하의 문답에 대해서는 앞의 주석 65 참조.
97 계급 : 수행하는 점차적 단계. 또는 미오迷悟·범성凡聖·고하高下 등의 상대적이고 차별적인 대립을 설정하여 분별하는 망상.

이것이 바로 분별에 들어맞는 법이 하나도 없는 상태이다. 그런 까닭에 살인도를 터득한 것이 여래선이다.

此乃無一法可當情. 故得殺人刀, 如來禪也.

6조는 청원을 큰 그릇으로 여겨 말하였다. '그대는 앞으로 한 지방을 나누어 맡아 교화하여 법이 단절되지 않도록 하라.'

祖深器之曰, '汝當分化一方, 無令斷絶.'

비록 큰 그릇으로 여겨 한 지방을 나누어 맡아 교화하라고 당부하였으나, 이것은 반만 긍정한 것이므로 6조의 비정통 전수자가 되었다.

雖深器之, 當分化一方, 此是半肯, 故爲六祖之傍傳也.

『염송설화』에서는 다음과 같이 평석하였다.[98] '청원의 경계를 알고자 하

---

[98] 『禪門拈頌說話』 147칙(H5, 150a17), "6조가 그를 큰 그릇으로 여겼다 : 청원淸源이 아니었다면 6조는 결코 큰 그릇으로 여기지 않았을 것이다. 청원의 경계를 알고자 하는가? '이렇다 해도 안 되고, 이렇지 않다고 해도 안 되며, 이렇다거나 이렇지 않다거나 모두 안 된다.'는 관점에서 보라. 청원 노선사는 나무로 깎은 나한상처럼 천태산天台山의 화정봉華頂峯에서 좌선을 하다가 '삼세의 모든 부처님도 나의 한입에 남김없이 삼켰거늘 무슨 교화할 중생이 남아 있겠는가!'라고 말했다. 바로 이럴 때 말후구는 어떻게 이해할까? 회양懷讓 선사의 뜻을 알고 싶은가? '이렇다고 해도 되고, 이렇지 않다고 해도 되며, 이렇다거나 이렇지 않다거나 모두 된다.'는 관점에서 보라. 회양 화상은 물소로 변하여 삼십삼천에 올라가 제석천의 콧구멍을 틀어막은 다음 다시 시냇물의 동쪽에서든 서쪽에서든 온몸에 진흙과 물을 묻혔다. 바로 이럴 때 바른 법을 보는 눈(正法眼藏)은 어디에 있는가? 이 두 대사大士는 그들이 제시한 법인法印 그대로 본보기가 되었다. 세존께서는 다자탑 앞과 영산회상에서 가섭에게 친밀하게 부촉하였고, 가섭은 아난에게 전하여 한 세대에 오직 한 사람에게만 전하다가 조계 혜능에 이르러 이 두 대사에게 법을 나누어 주게 되었고 그들은 각기 다른 가풍을 세웠다. 두 대사는 그

는가? 「이렇다 해도 안 되고, 이렇지 않다고 해도 안 되며, 이렇다거나 이렇지 않다거나 모두 안 된다.」는 관점에서 보라. 청원 노선사는 나무로 깎은 나한상처럼 천태산天台山의 화정봉華頂峯에서 좌선을 하다가 「삼세의 모든 부처님도 나의 한입에 남김없이 삼켰거늘 어디에 교화할 중생이 남아 있겠는가!」[99]라고 말했다. 회양 선사의 뜻을 알고 싶은가? 「이렇다고 해도 되고, 이렇지 않다고 해도 되며, 이렇다거나 이렇지 않다거나 모두 된다.」는 관점에서 보라. 회양 화상은 물소로 변하여[100] 삼십삼천에 올라가 제석천의 콧구멍을 틀어막은[101] 다음 다시 시냇물의 동쪽에서든 서쪽

들의 후손으로 법을 이었는데 임제臨濟와 동산洞山에 이르러 이 도가 세상에 크게 유행하였다. 그 종파에 근원이 있고 지류에도 뿌리가 있으니 배우는 이들은 소홀히 해서는 안 된다.(祖深器之者, 非淸源, 六祖終不深器之. 要識淸源麼? '伊麼也不得, 不伊麼也不得, 伊麼不伊麼摠不得', 看也. 老淸源便作木羅漢, 向天台華頂上打坐, 道'三世諸佛, 被我一口呑盡, 何處更有衆生可敎化!' 當伊麼時, 末後句作麼生會? 要識讓師麼? '伊麼也得, 不伊麼也得, 伊麼不伊麼摠得', 看也. 讓和尙, 變作水牯牛, 上三十三天, 築著帝釋鼻孔, 却向溪東溪西, 和泥合水. 當伊麼時, 正法眼藏, 在什麼處? 此二大士, 如其法印作榜樣. 世尊於多子塔前, 靈山會上, 密付迦葉, 迦葉傳阿難, 人傳一人, 至于曹溪, 得此二大士分付, 各立家風. 二大士得其孫, 至于臨濟洞山, 斯道大行天下. 其派有源, 其枝有本, 學者不得莽鹵也.)"

99 청원이 처음 한 말은 아니다. 다음 문답에서 빌려 온 말이다. 『景德傳燈錄』 권27 「諸方雜擧徵拈代別語」(T51, 435a14), "어떤 노스님(誌公)이 사람을 시켜 남악 사대南嶽思大 선사에게 말하기를 '어찌 산에서 내려와 중생을 교화하지 않고 하늘만 보면서 무엇 합니까?'라 하자 사대가 말했다. '삼세의 모든 부처님도 나의 한입에 남김없이 삼켰거늘 무슨 교화 중생이 남아 있겠습니까!'【현각玄覺이 이 문답을 징徵했다. '말해 보라! 사대의 그 말은 산꼭대기에서 하는 말인가, 산 아래에서 하는 말인가?'】(有老宿, 令人傳語思大禪師, '何不下山, 敎化衆生, 目視雲漢, 作麼?' 思大曰, '三世諸佛, 被我一口呑盡, 更有甚衆生可敎化!'【玄覺徵云, '且道! 是山頭語? 山下語?'】)"
100 물소로 변하여 : 죽어서 물소가 되어 시주의 빚을 갚겠다던 남전 보원南泉普願의 이류중행異類中行이 대표적이다. 『禪門拈頌說話』 219칙(H5, 221a9) 참조.
101 삼십삼천에 올라가~콧구멍을 틀어막은 : 운문 문언雲門文偃의 말을 활용하였다. 『雲門廣錄』 권중(T47, 555a4), "운문이 부채를 집어 들고 말했다. '부채가 훌쩍 삼십삼천에 뛰어올라 제석천의 콧구멍을 틀어막고, 동해의 잉어는 이것을 한 방 맞더니 물동이를 기울인 듯이 비를 쏟아 붓는구나. 알겠는가?'(師拈起扇子云, '扇子勃跳上三十三天, 築著帝釋鼻孔, 東海鯉魚打一棒, 雨似盆傾相似. 會麼?')"

에서든 온몸에 진흙과 물을 묻혔다.[102] 세존이 다자탑 앞과 영산회상에서 가섭에게 친밀하게 부촉하였고 가섭은 아난에게 전하였으니 한 세대에 오직 한 사람에게만 전하다가 조계 혜능에 이르러 이 두 대사(남악 회양과 청원 행사)를 얻어 법을 나누어 주었고 그들 각자 가풍을 세웠다.'

說話云, '要識淸源麽?「伊麼也不得, 不伊麼也不得, 伊麼不伊麼摠不得.」看他. 老淸源, 便作木羅漢, 向天台華頂上打坐, 道「三世諸佛, 被我一口吞盡, 何處更有衆生可敎化!」要識讓師麼?「伊麼也得, 不伊麼也得, 伊麼不伊麼摠得.」看他. 讓和尙, 便作水牯牛, 上三十三天, 築着帝釋鼻孔, 却向溪東溪西, 和泥合水. 世尊於多子塔前, 靈山會上, 密付迦葉, 迦葉傳阿難, 人傳一人, 至于曹溪, 得此二大士分付, 各立家風.'

이로부터 살과 활로 나뉘어 전해지며 비로소 두 가지 선(조사선과 여래선)의 우열을 가름하게 되었다.[103]

自此分傳殺活, 始有二禪優劣之辨矣.

---

102 다시 시냇물의~물을 묻혔다 : '삼십삼천에 올라가 제석천의 콧구멍을 틀어막았다.'라는 말이 어떤 방편도 허용하지 않는 방식이라면, 그 이하는 방편을 시행하며 갖가지 현상에 자신을 드러내는 방식을 말한다.

103 이렇게 여래선과 조사선의 득실과 우열을 나누는 의식 자체가 조사선 일반의 지향성과 배치되는 이념적·종파적 편견에 불과하다. 조사선에서 이들 두 선법은 써먹고 버리는 다양한 소재 중 하나일 뿐이며, 선의 유형을 나누어 보는 방법도 버리기 때문이다. 『圜悟語錄』권15(T47, 782c6), "여래선과 조사선이라 나누지만 어찌 이런 두 종류가 있으랴!(如來禪, 祖師禪, 豈有兩種!)"; 『大慧語錄』권20(T47, 895c7), "바로 이럴 때 여래선도 아니고 조사선도 아니며, 심성선도 아니고 묵조선도 아니며, 방할선도 아니고 적멸선도 아니며, 과두선도 아니고 교외별전의 선도 아니며, 오가종파의 선도 아니다.(正當恁麼時, 不是如來禪, 不是祖師禪, 不是心性禪, 不是默照禪, 不是棒喝禪, 不是寂滅禪, 不是過頭禪, 不是敎外別傳底禪, 不是五家宗派禪.)"

하택의 지해 : 6조가 하루는 대중에게 고하기를,[104] '나에게 하나의 그 무엇이 있는데, 머리도 없고 꼬리도 없으며, 이름도 없고 이름자도 없다. 여러분은 알겠는가?'[105]라고 하자, 하택 신회 선사가 나아와서는 '모든 부처님의 본원이고, 신회의 불성입니다.'라고 하였다. 6조가 '너희에게 이름도 없고 이름자도 없다고 하였건만, 무슨 본원이니 불성이니 하느냐?'라고 하였다.

荷澤知解者:祖一日告衆曰, '吾有一物, 無頭無尾, 無名無字. 諸人還識否?' 神會禪師出云, '諸佛之本源, 神會之佛性.' 祖曰, '向汝道, 無名無字, 便喚作本源佛性?'

이름도 없고 이름자도 없는 바로 이 자리를 본원이니 불성이니 하고 부른 것이 지해이기 때문에 의리선이라 한다.

此於無名無字處, 喚作本源佛性, 是知解, 故爲義理禪也.

(6조는 신회에게) '훗날 설령 일가를 이루어 지도자의 위치에 서는 일[106]이 있더라도 다만 지적인 분별이나 근본으로 삼는 무리가 될 뿐이리

---

104 이하의 문답에 대해서는 『禪門拈頌說話』 111칙(H5, 121b3) 및 주석 272 참조.
105 宗寶本 『壇經』과 『禪門拈頌說話』에는 약간 다르게 제시되어 있다. 『壇經』(T48, 359b29), "나에게 하나의 그 무엇이 있다. 머리도 없고 꼬리도 없으며, 이름도 없고 이름자도 없으며, 뒤도 없고 앞도 없다. 여러분은 알겠는가?(吾有一物. 無頭無尾, 無名無字, 無背無面, 諸人還識否?)"; 『禪門拈頌說話』 111칙(H5, 121b3), "6조가 하루는 대중에게 말했다. '하나의 그 무엇이 위로는 하늘을 떠받치고 아래로는 땅을 지탱하면서 옻칠과 같이 시커멓다. 그것은 항상 움직임 속에 있는데 움직이는 그 순간에는 잡아들이지 못한다. 그대들은 그것을 무엇이라 부르겠느냐?'(六祖, 一日謂衆曰, '有一物, 上柱天下柱地, 黑似柒, 常在動用中, 動用中收不得. 汝等諸人, 喚作什麽?')".
106 파묘개두파茆蓋頭는 파모개두파茅蓋頭와 같은 말로, 띠풀로 머리를 덮다, 띠풀로 초

라.'라고 하였다.

'他日雖把茆盖頭, 作得箇知解宗徒.'

이것은 긍정하지 않은 것이다. 그런 까닭에 (신회는) 6조의 얼자가 되었다.

此是不肯. 故爲六祖之孽子也.

『법집별행록절요法集別行錄節要』에서 목우자牧牛子 지눌知訥이 말하였다.[107] '하택 신회는 지해 종사知解宗師이다. 비록 조계 혜능의 적자가 되지는 못하였지만 분별하는 이해(悟解)[108]는 고명하였고 진실을 가려내는 판단은 명석했다. 종밀이 그 뜻을 이어받았으므로 이 책에서 더욱 상세히 펼쳐서 밝힌 것이다. 이제 교敎에 의거하여 마음을 깨달은 자에게 번다한 말을 제거해 주고 강요를 골라 뽑아 관심수행觀心修行에 귀감이 되도록 한다 또한 이 관심수행자가 아직 마음에 품은 집착을 잊고 밝지 못하여 의리에 막힐 것을 우려했기 때문에 마지막에 몬문종사가의 경절문徑截門 언구를 간략히 인용하였으니 지견知見이라는 병을 깨끗이 제거해 주기 위해서이다.'라고 하였다.

法集別行錄節要, 牧牛子曰, '荷澤神會, 是知解宗師. 雖未爲曹溪嫡子, 然

암초암을 짓고 머리 위를 덮음으로써 비바람을 막는다는 뜻이다. 스스로 독립하여 대중을 이끄는 지위가 되거나 일가의 종사가 된다는 뜻이다.

107 『法集別行錄節要幷入私記』(H4, 741a5).
108 분별하는 이해(悟解) : 지식에 근거한 이해와 분별. 또는 제법실상의 이치를 깨달음. 여기서는 전자의 뜻에 가깝게 쓴 것으로 보았다.

悟解高明, 決擇了然. 密師宗承其旨故, 於此錄中, 伸而明之. 今爲因敎悟心之者, 除去繁辭, 抄出綱要, 以爲觀行龜鑑. 乃至又恐觀行者, 未能忘懷虛朗, 滯於義理故, 末後畧引本分宗師徑截門言可,[1] 要令滌除知見之病.'

---

1) ㉑ '可'는 '句'의 오기인 듯하다.

이것이 하택종의 지해를 의리선이라 하고, 남악과 청원의 살과 활 두 가지 선을 격외라 하는 까닭이다. 어째서인가? 하택종의 지혜기 의리선임은 글에 드러나 있다. 살과 활 두 가지 선을 격외선으로 간주하는 근거에 대하여 아래에서 본분종사가의 경절문 언구로써 인용하니, 모두 남악과 청원 문하 여러 선사의 본분사에 관한 것이다.

此以荷澤宗知解, 爲義理禪, 以南嶽淸源殺活二禪, 爲格外也. 何也? 荷澤宗知解, 爲義理禪, 文見. 殺活二禪, 爲格外禪者, 下引本分宗師徑截門言句, 皆是南嶽淸源門下諸師事也.

5. 삼종선을 논함

고덕이 말하였다. '법을 기준으로는 의리선과 격외선이라는 이름으로 나누고, 사람을 기준으로는 여래선과 조사선이라는 이름으로 나눈다.'[109]

古德云, '約法名義理禪禪[1]外禪, 約人名如來禪祖師禪.'

1) ㉳ '禪'은 '格'의 오기이다.

법을 기준으로 의리선과 격외선이라는 이름을 붙였고 이 격외선 가운데 또한 사람을 기준으로 이름 붙인 여래선과 조사선이 있다는 말이지 두 겹의 선이라는 뜻은 아니니, 사람과 법을 기준으로 한 차이가 있을 뿐이다. 어째서인가? 의리선을 여래선이라 할 수 있는가? 일우는 '능지와 소지 두 가지를 모두 잊어야 여래선을 성취한다.'[110]고 하였고, 구곡은 '깨달음과 수행이 모두 사라지면 여래선을 증득한다.'[111]고 하였다. 이는 능지와 소지 두 가지를 모두 잊고 깨달음과 수행이 모두 곧바

---

[109] 『禪文手鏡』「義理禪格外禪辨」(H10, 519b2);『禪門四辨漫語』「格外義理辨」(H10, 827c22).
[110] 『禪門綱要集』「一愚說」(H6, 855a17).
[111] 『禪門拈頌說話』100칙(H5, 106a18), "모든 대상이 끊어지고 나면 아무것도 없는 그 경계(斷滅)에 떨어지는 사람도 있지만 2조는 그렇지 않았다. 그는 분명하게 깨어 어둡지 않고, 뚜렷하게 항상 알고 있었으니, 깨달음과 수행이 곧바로 사라지면서 여래선을 증득하였던 것이다.(諸緣旣斷, 或有落斷滅者, 今二祖則不然. 明明不昧, 了了常知, 則悟修斯亡, 乃證得如來禪也.)"

로 사라진 경지를 여래선으로 여긴 견해이다. 대혜 종고大慧宗杲가 장 시랑張侍郞에게 답하는 글에서[112] '이치로 통하는 길에 몸을 담그고 자신을 진흙과 물로 더럽히며 남을 가르치는 도리를 알자마자 곧바로 쓸어 없애고자 하였다.'라 운운하고, 또 '혜충 국사는 의리선을 설하여 남의 집 자식들을 망쳐 놓았다.'라고 하였다. 이는 이치로 통하는 길에 몸을 담그고 남을 가르치는 것을 의리선으로 보는 견해이다. 그렇다면 의리선과 여래선은 그 뜻이 아주 다르다. 그럼에도 의리선을 여래선이라고 여기는 까닭은 무엇인가?

意謂約法名義理禪格外禪, 此格外禪中, 又約人名如來禪祖師禪也, 非謂二種禪, 約人法有異也, 何也? 若義理禪, 是如來禪? 一愚云, '能所二知俱忘, 成就如來禪.' 龜谷云, '悟修斯亡, 證得如來禪.' 此以能所二知俱忘, 悟修斯亡, 爲如來禪也. 大慧答張侍郞書云, '纔見涉理路, 入泥入水爲人底, 便欲掃除.' 云, '如忠國師, 說義理禪, 敎壞人家男女.' 此以涉理路爲人底, 爲義理禪也. 然則義理禪與如來禪, 其義迥不同. 何以義理禪爲如來禪耶?

『염송설화』에서 다음과 같이 말하였다.[113] '규봉이 말하였다. 「선의 온

---

112 이하에 인용된 문구는 대혜의 말이 아니라, 장 시랑의 말을 대혜가 편지에서 언급한 말이다. 대혜는 혜충 국사가 의리선을 폈다고 보지 않았다. 『書狀』「答張侍郞狀」(T47, 937b10), "시랑께서는 스스로 터득하여 홀연히 벗어난 경지를 궁극적인 법도로 생각하여, 이치로 통하는 길에 몸을 담그고 자신의 몸을 진흙과 물로 더럽히며 남들을 가르치는 도리를 알자마자 곧바로 모든 것을 쓸어 없애고 자취마저 소멸시키고자 하였습니다. 내가 엮은 『정법안장』을 읽어 보고는 '임제 문하에는 기봉이 뛰어난 암주가 여러 명 있는데 어째서 받아들여 편집하지 않았습니까? 반대로 혜충 국사의 경우는 의리선을 설하여 남의 자녀들을 망쳐 놓았으니 반드시 삭제해야 합니다.'라고 말했습니다.(左右以自所得, 瞥脫處爲極則, 纔見涉理路, 入泥入水爲人底, 便欲掃除, 使滅蹤跡. 見宗杲所集正法眼藏便云, '臨濟下有, 數箇菴主好機鋒, 何不收入? 如忠國師, 說義理禪, 敎壞人家男女, 決定可刪.')"
113 『禪門拈頌說話』「禪門拈頌集序」(H5, 1b11).

전한 음사어는 선나禪那이고, 한역하면 사유수思惟修 또는 정려靜慮라고도 하는데, 이는 모두 정定과 혜慧를 통칭[114]한 말이다.」[115] 여기서 말하는 선禪으로 보자면 교외별전敎外別傳의 일미선[116]이다. 여래선과 조사선의 다른 점은 무엇인가? 여래선이란 산은 산 그대로 좋고 물은 물 그대로 좋으니 법 하나하나가 모두 그대로 진실하다는 견해이고, 조사선은 뿌리까지 통째로 뽑아 버려 잡고서 분별할 수단을 전혀 남기지 않는다.[117]

> 說話云, '圭峯云,「禪者, 具云禪那, 此云思唯修, 亦云靜慮, 斯皆定慧之通稱也.」當此看則敎外別傳一味禪. 且如來禪祖師禪, 同別如何? 如來禪者, 山山水水, 法法全眞也 ; 祖師禪者, 和根拔去, 了沒巴鼻云云.'

선나를 의리선이라고 생각한다면 이는 염송에서 활용하는 수단이

---

114 정定과 혜慧를 통칭 : 정과 혜 중 어느 하나가 빠지면 선禪이 아니다. 내용적으로 이 둘이 완비되어야 바른 뜻이 되는 것이다. 이에 따르면 '정려靜慮'의 '정靜'은 '정定', '려慮'는 '혜慧'와 상응한다. 종밀은 『圓覺經略疏註』 권상(T39, 527a23)에서도 같은 맥락을 니디네었다. "전해지는 법은 정과 혜를 벗어나지 않는다. 오悟와 수修 그리고 돈頓과 점漸에서 정도 없고 혜도 없으면 어리석음에 불과하며, 어느 한편만 치우시지 닦으면 무명의 삿된 견해이다. 그러므로 이 두 가지를 함께 운용해야 양족존兩足尊이 된다.(然所傳法, 不出定慧. 悟修頓漸, 無定無慧, 是狂是愚 ; 偏修一門, 無明邪見. 此二雙運, 成兩足尊.)"; 『翻譯名義集』 권4(T54, 1126c18), "다나연나 : 한역하면 정려靜慮이다. 『바사론』에서는 정정이라 했지만, 정과 혜는 평등한 것이니 여타의 정에서 이 중 하나가 결여되면 정려라고 하지 않는다. 靜은 정정이고 려慮는 혜慧이다.(馱那演那 : 此云, 靜慮. 婆沙論, 此定. 定慧平等, 餘定缺少, 不名靜慮. 靜卽定也, 慮卽慧也.)"
115 『都序』(T48, 399a18) 참조.
116 앞의 주석 32 참조.
117 잡고서 분별할~남기지 않는다(沒巴鼻) : 파비巴鼻란 소의 코에 꿰어 소를 마음대로 이끌어 가기 위한 고삐와 같은 수단이다. 이러한 수단이 전혀 없는 상태를 몰파비라 한다. '산은 산, 물은 물'이라 하건, 어떤 경전의 말씀을 인용하건 선어禪語로 여과되면 모두 잡고 의지할 분별의 수단이 전혀 없는 몰파비가 된다. 몰자미沒滋味와 통하는 말이다. 몰파비의 경계는 화두 공부가 절정에 이른 소식이다.

아니다. 이 염송에서 밝힌 것은 격외선이다. 예로부터 총림에서는 법을 기준으로 의리선과 격외선을 밝혔다. 또 여래선 운운한 것은, 옛사람이 소위 사람을 기준으로 하여 여래선과 조사선이라 이름 붙인 것이다. 이 또한 격외선 가운데 여래선과 조사선이 있는 것이다. 의리선을 여래선으로 여기기도 하지만 그 의리선은 지금 활용하는 그 여래선이 아니다. 예컨대 도솔화兜率話(『선문염송』 1칙)에서 '증득과 교화를 곧바로 사라지게 한다.'[118]라고 하였으니 이것이 어찌 여래선이 아니겠는가? 또한 염과 송을 가한 여러 선사들이 법 하나하나가 모두 그대로 진실하다는 뜻을 많이들 밝혔으므로 그것은 의리선이며 여래선이 아님이 분명하다는 사실을 알아야 한다.

意謂禪那, 是義理禪, 非此拈頌所用. 此拈頌中所明者, 是格外禪也. 上古叢林, 所謂約法, 明義理禪格外禪也. 且如來禪云云者, 古所謂約人名如來禪祖師禪也. 此亦格外禪中, 有如來禪祖師禪也. 若以義理禪爲如來禪, 義理禪非今所用如來禪. 則如兜率話, 證化斯亡, 豈非如來禪耶? 又拈頌諸師, 多明法法全眞之義, 故知義理禪, 非如來禪明矣.

그러므로 의리를 가리켜 격格이라 하고, 여래선과 조사선 두 가지 선은 그 격을 벗어난 격외格外이다. 격외와 교외敎外라는 말에는 같은 점도 있고 다른 점도 있다. 같은 점은 의리선에도 교외라는 이름을 붙일 수 있다는 것이다. 예컨대 『조문간정록』에 '심법은 문자로 헤아릴 수 있는 대상

---

[118] 『禪門拈頌說話』 256칙(H5, 6c5), "그런데 여기서는 '세존은 도솔천을 떠나기도 전에 이미 왕궁에 강림하였고, 모태에서 태어나기도 전에 중생제도를 벌써 마쳤다.'라고 하였으니, 처음부터 끝까지 한결같이 오고 간 자취가 전혀 없고, 증득과 교화를 곧바로 사라지게 하였다. 이처럼 법도에 얽매여서는 안 되며, 말을 들었으면 그 종지를 이해해야 한다.(今旣未離至已畢, 則始終一貫, 初無去來, 證化斯亡. 須是不立規矩, 承言會宗始得.)"

이 아니다. 그러므로 교외는 지위와 순서나 점차적 단계를 차례차례 밟아 가지 않고 불심종을 깨달아 법인法印을 곧바로 받기 때문에 별전別傳이라 한다.'라고 한 뜻과 같다.¹¹⁹ 이 격외의 두 가지 선이 교외이다. 규봉이 말 하였다. '문구를 도로 삼지 말지니, 모름지기 말에 대한 집착을 잊고 뜻을 터득해야 한다. 말의 자취를 잊는 것이 교외이고, 뜻을 터득하는 것이 전심傳心이다.'¹²⁰

또 청량 징관淸凉澄觀은 '원돈교 위에 별도의 한 가지 종지가 있다.'라고 하였다. 이것은 말에 대한 집착을 잊고 근본적인 뜻을 알아차리는 종지이다. 어떤 이가 '어떤 말을 잊고 어떤 뜻을 알아차리라는 것입니까?'라고 묻자, '오교의 말을 잊고 오교의 뜻을 알아차리라는 것이니 선종이 그것이다.'라고 답하였다.¹²¹ 이 의리선 역시 교외이다. 다른 점은 의리를 가리켜 격이라 하고, 여래선과 조사선 두 가지 선에만 격외라는 이름을 붙인다.

然則義理名爲格, 如來祖師二禪爲格外也. 然格外敎外之言, 或同或異. 同者, 義理禪亦得敎外之名. 如祖門刊正錄云, '心法非文字所可擬議. 故云, 敎外以不歷位次階級, 悟佛心宗, 徑受法印, 故曰別傳.' 此格外二禪, 爲敎外也. 圭峯云, '不以文句爲道, 須忘詮得意. 忘詮卽是敎外, 得意卽是傳心.'

又淸凉云, '圓頓之上, 別有一宗.' 此忘詮會旨之宗. 或問, '忘何詮, 會何旨?' 答曰, '忘五敎之詮, 會五敎之旨, 禪宗是也.' 此義理禪, 亦爲敎外也. 異者, 義理名格, 則如來祖師二禪, 獨得格外之名.

문 격외선에는 교적의 자취를 없애고 종지를 밝히는 경우가 있고 교적

---
119 『禪門寶藏錄』 권상(X64, 808a11).
120 『圓覺經大疏釋義鈔』 권3(X9, 531a3).
121 청량 징관淸凉澄觀은~라고 답하였다 : 『禪門寶藏錄』 권상(X64, 809b11).

의 자취 그대로 종지를 밝히는 경우가 있는데, 교적의 자취를 없애어 종지를 밝히는 것은 원래 교외이지만, 교적의 자취 그대로 종지를 밝힘은 의리선에서 언어의 자취를 잊고 뜻을 얻는 것과 어떻게 다릅니까?

답 고덕이 '마음에서 얻으면 삼장십이분교가 모두 교외별전의 선지禪旨'¹²²라고 하였으니, 이것이 활안活眼의 수단이다. 마음에서 얻으면 일정한 궤칙에 얽매이지 않아¹²³ 흙을 금으로도 만드니 한 글자 한 구절이 조사의 뜻 아님이 없다. 이런 까닭에 교적의 자취 그대로 종지를 밝힘은 격외선이다. 언어의 자취를 잊고 뜻을 얻는 경우는 그렇지 않으니 이름으로써 제법의 자성을 드러내고 구절로써 제법의 차별을 드러낸다면 이름과 구절은 능전能詮이고 자성과 차별은 소전所詮이다.¹²⁴ 그러므로 저 이름과 구절에서 언어의 자취를 잊고, 설령 자성과 차별의 뜻을 깨닫더라도 아직 자성과 차별에 대한 이해를 잊지 못하였기 때문에 의리선이다. 이 교외라는 말은 비록 세 가지 선을 모두 관통하지만 그 뜻은 현격하게 다르다.

問, 格外禪, 有撥教明宗, 有卽教明宗, 撥教明宗, 元是教外, 而卽教明宗, 與義理禪之忘詮得意, 同別如何?
答, 古德云, '若人得之於心, 則三藏十二分教, 皆是教外別傳禪旨', 此是活眼手段. 得之於心, 不存軌則, 把土成金, 一字一句, 無非祖師意也. 是以卽教明宗, 爲格外禪也. 忘詮得意者, 不然, 以名詮諸法自性, 句詮諸法差別,

---

122 『禪家龜鑑』(H7, 635b24), "그러므로 누구든 말에 얽매여 근본을 잃어버리면 염화미소의 소식도 모두 교의 자취에 불과하지만, 마음에서 깨달으면 세간의 온갖 거칠고 자질구레한 말들도 모두 교외별전의 선지禪旨가 된다.(是故, 若人失之於口, 則拈花微笑, 皆是教迹 ; 得之於心, 則世間麤言細語, 皆是教外別傳禪旨.)"
123 일정한 궤칙에 얽매이지 않아(不存軌則) : 주석 140 참조.
124 이름과 구절은~차별은 소전所詮이다 : 경전의 의리를 나타내는 문장이나 어구가 능전이라면, 그 설명되는 내용 또는 그것이 가리키는 뜻은 소전이다.

則名句是能詮, 自性差別是所詮也. 故於彼名句上, 而能忘詮, 雖得自性差別之意, 然未能忘自性差別之解, 故爲義理禪也. 此敎外之言, 雖通三禪, 其義懸隔.

⊞ 세 가지 선에 모두 '선禪'이라고 이름 붙인다면 선의 뜻이 어떻게 다릅니까?

⊞ 격외의 두 가지 선은 진심眞心을 선으로 삼고, 의리선은 선나禪那를 선으로 삼는다.

선나를 선으로 삼는다 : 『도서』에서 '원원은 본각진심本覺眞心[125]이다. 이 본각진심을 깨달으면 혜慧라 하고 이를 닦으면 정定이라 하며, 정과 혜를 통칭하여 선禪이라 한다. 선의 온전한 음사어는 선나禪那이고, 한역하면 사유수思惟修 또는 정려靜慮라고도 하는데, 이는 모두 정定과 혜慧를 통칭한 말이다.'라고 하였다. 그렇다면 마음은 이치(理)이고 선은 실천 수행(行)이다. 그러므로 도리어 마음을 선으로 삼는 선을 배척하고 말하기를 '이것은 이치와 실천 수행의 뜻에 도달하지 못하였고 중국어 음인지 인도어 음인지도 구분하지 못했다.'라고 하는 것이다.[126]

---

125 본각진심本覺眞心 : 본원각성本源覺性과도 통하는 말. 본래 가지고 있는 청정한 성품 및 근본무명을 떠나 본래 해탈한 마음.

126 이상의 『都序』 인용은 책 제목인 '禪源諸詮集都序'에서 선원禪源의 뜻을 밝히고 있는 대목이다. 『都序』 권상1(T48, 399a18), "선禪은 인도 말이며 온전한 음사어는 선나禪那이다. 한역하면 사유수思惟修 또는 정려靜慮라고도 하는데, 이는 모두 정定과 혜慧를 통칭하는 말이다. 원원이란 모든 중생이 지니고 있는 본각진성本覺眞性을 뜻하며 불성佛性 또는 심지心地라고도 한다. 깨달음을 '혜'라 하고 닦음을 '정'이라 하며, 정과 혜를 통칭하여 '선나'라고 한다. 이러한 속성이 선의 본원이므로 선원이라 한다. 또한 '선나이행禪那理行'이라고도 이름 붙인 까닭은 이것의 본원이 선리禪理요 분별을 잊고 선리에 합치하는 것이 선행禪行이기 때문에 이행理行이라 한 것이다. 하지만 이제 모아 놓은 제가의 저작들에는 선리는 많이 말하였지만 선행에 대해서는 말한 것이 적으므로 선원으로 제목을 붙였다. 요즘 진성眞性만을 선으로 간주하는 자는 이행의 뜻에 통달하지 못해서이며 더욱이 중국어 음인지 인도어 음인지도 분간하지 못해서이다.(禪是天竺之語, 具云禪那. 中華翻爲思惟修, 亦名靜慮, 皆定慧之通稱也. 源者,

진심을 선으로 삼는다 : 『조문간정록』에 '교란 말이 있는 경계에서 말이 없는 경계에 이르는 것이고, 마음이란 말이 없는 경계에서 말이 없는 경계에 이르는 경계이다. 말이 없는 경계에서 말이 없는 경계에 이른다면 누구도 그 경계를 무엇이라 규정할 수 없어서 억지로 선이라고 일컫는 것일 뿐이다. 혹자는 배워서 알 수 있고, 생각해서 얻을 수 있으며, 익혀서 이룰 수 있다고 한다. 배워서 알고, 생각해서 얻으며, 익혀서 이루는 것을 선나라 하고 정려라고 한역한다. 정려란 정신의 움직임을 가라앉히고 단정히 있어서 온갖 대상에 대한 분별을 그치고 마음을 단속하여 혜를 관하는 일법一法을 이루는 것일 뿐'[127]이라 하였다. 세존이 가섭에게 친밀히 전한 도는 아니니, 이것은 진심眞心을 선으로 삼을 뿐 정혜를 선으로 삼는 의리선의 견해는 배척한다.

問, 三禪皆得名爲禪, 禪義同別如何?
答, 格外二禪, 以眞心爲禪, 義理禪, 以禪那爲禪.
禪那爲禪者：如都序云, '源者, 卽本覺眞心. 此本覺眞心, 悟之名慧, 修之名定, 定慧通名爲禪. 禪者, 具云禪那, 此云思惟修, 亦云靜慮, 斯皆定慧之通稱.' 然則心是理也, 禪是行也. 故返斥以心爲禪之禪, 曰此不達理行之旨, 亦不辨華竺之音也.
以眞心爲禪者：祖門刊正錄云, '敎也者, 自有言至於無言者也；心也者, 自無言至於無言者也. 自無言至於無言, 則人莫得而名焉, 故强名曰禪. 或謂學而可知, 思而可得, 習而可成. 學而知, 思而得, 習而成者, 謂之禪那,

---

是一切衆生, 本覺眞性, 亦名佛性, 亦名心地. 悟之名慧, 修之名定. 定慧通稱爲禪那, 此性是禪之本源, 故云禪源. 亦名禪那理行者, 此之本源是禪理, 忘情契之是禪行, 故云理行. 然今所集諸家述作, 多談禪理少談禪行, 故且以禪源題之. 今時有但目眞性爲禪者, 是不達理行之旨, 又不辨華竺之音也.)"
127 『禪門寶藏錄』권상(X64, 808a11).

此云靜慮. 靜慮者, 澄神端坐, 息緣束心, 助成觀慧之一法.' 非世尊迦葉密
傳之道. 此以眞心爲禪, 斥其義理禪之以定慧爲禪也.

문 의리선이 정혜를 선으로 삼는다면 사선팔정四禪八定**128**과 무슨 차이가 있겠는가? 또 욕계에는 선정이 없고 선정은 상계上界**129**에 있는데, 이 계에서는 어떻게 닦고 익히는가?**130**

답 『도서』에 다음과 같이 실려 있다.**131** 『기신론』에, 「지止를 닦으려면 고요한 심신의 경계에 머물면서 몸을 단정히 하고 뜻을 바르게 하여 호흡법이나 형색에 의지하지 않아야 하며, 더 나아가 오로지 마음뿐이며 밖의 경계가 없다고 알아야 한다.」**132**라고 하였다. 『금강삼매경』에 「선은 곧 움직임이나, 움직이지도 않고 선에 머물지도 않아야 무생의 선정이다.」**133**라고 하였다. 『법구경』에 「온갖 삼매를 배운다면, 그것은 움직임이지 좌선이 아니다. 마음이 경계를 따라 흐르니, 어떻게 선정이라 할 수 있겠는가!」**134**라고 하였다. 『정명경』에 「멸진정滅盡定**135**에서 일어나지 않고 온갖 위의威儀를 드러내지만 삼계 그 어디에도 몸과 마음을 드러내지 않는 것

---

128 사선팔정四禪八定 : 색계의 사선四禪과 무색계의 사정四定을 합하여 일컫는 말.
129 상계上界 : 색계와 무색계. 이를 상이계上二界라고도 한다.
130 욕계에는 선정이~닦고 익히는가 : 『景德傳燈錄』 권7 「鵝湖大義傳」(T51, 253a7), "또 물었다. '욕계에는 선정이 없고 선정은 색계에 있는데 이 땅에서 무엇에 의지하여 선을 세운 것입니까?' '법사는 단지 욕계에 선정이 없다는 것만 알 뿐, 선계에 욕欲이 없다는 것은 모르는구나.' '어떤 것이 선입니까?' 아호가 손으로 허공에 점을 찍으니 법사는 대답이 없었다.(又問, '欲界無禪, 禪居色界, 此土憑何而立禪?' 師云, '法師只知欲界無禪, 不知禪界無欲.' 法師云, '如何是禪?' 師以手點空, 法師無對.)"; 『禪門寶藏錄』 권중(X64, 811c4).
131 『都序』(T48, 405b26).
132 『大乘起信論』 권2(T32, 590b25).
133 『金剛三昧經』 「無生行品」(T9, 368a14).
134 『法句經』 「普光問如來慈偈答品」(T85, 1435a21).
135 멸진정滅盡定 : 상상과 수受를 비롯하여 모든 심작용心作用이 일어나지 않는 선정. 무소유처無所有處의 염오를 여읜 성자가 적정을 희구하므로 들어가는 선정.

이 연좌宴坐입니다.」¹³⁶라고 하였다.' 이것이 본래 종지와 본분 교리의 일행삼매一行三昧¹³⁷이다.

> 問, 義理禪, 若以定慧爲禪, 與四禪八定, 何異? 又欲界無禪, 禪在上界, 此界如何脩習耶?
> 答, 都序云, '起信云,「若修止者, 住於靜處, 端身¹⁾正意, 不依氣息形色, 乃至唯心無外境界.」金剛三昧云,「禪卽是動, 不動不禪, 是無生禪.」法句云,「若學諸三昧, 是動非坐禪. 心隨境界流, 云何名爲定!」淨名云,「不起滅定, 現諸威儀, 不於三界現身意, 是爲宴坐.」此是本宗本敎一行三昧.
>
> 1) ㉢ '身'이 『大乘起信論』에는 '坐'로 되어 있다.

이것이 의리선에서 닦아 터득하는 경계이다. 뜻은 비록 원만하고 미묘하지만 여전히 교의敎義에 속할 뿐이다. 이 일행삼매는 이름도 없고 이름자도 없는 경계에서 본원이니 불성이니 하고 부르는 알음알이와 같다.¹³⁸

> 此義理禪之所修得也. 然義雖圓妙, 猶屬敎義也. 此一行三昧, 如無名無字處, 喚作本源佛性之解也.

---

136 『維摩詰所說經』「弟子品」(T14, 539c20), "夫宴坐者, 不於三界現身意, 是爲宴坐 ; 不起滅定而現諸威儀, 是爲宴坐."
137 일행삼매一行三昧 : 오로지 하나의 행에 마음을 기울여 닦고 익히는 삼매. 협소하게는 좌선坐禪이나 염불念佛을 가리키기도 한다. 敦煌本 『壇經』(T48, 338b15), "일행삼매는 하루 어느 시각에서든지 가거나 머물거나 앉았거나 누워 있거나 항상 곧은 마음을 행하는 것이다. 『정명경』에 '곧은 마음이 도량이며, 곧은 마음이 정토이다.'라 하였다.(一行三昧者, 於一切時中, 行住坐臥, 常行直心是. 淨名經云, '直心是道場, 直心是淨土.)" ; 『菩提達摩南宗定是非論』『神會和尙遺集』(p.308), "이 무념은 반야바라밀이며, 반야바라밀은 일행삼매이다.(是無念者, 卽是般若波羅密, 般若波羅密者, 卽是一行三昧.)"
138 이 일행삼매는~알음알이와 같다 : 宗寶本 『壇經』(T48, 359c3) 참조.

아호 대의鵝湖大義 선사가 답하였다. '법사는 단지 욕계에 선정이 없음을 알 뿐, 선계에 욕欲이 없음은 알지 못하는구나.' 법사가 '어떤 것이 선입니까?'라고 묻자, 선사는 손으로 허공에 점을 찍었다.[139]

大義禪師答云, '法師只知欲界無禪, 不知禪界無欲.' 法師云, '如何是禪?' 師以手點空.

이것은 격외선에서 실천 수행하는 방법이다. 이것은 일정한 궤칙에 얽매이지 않아[140] 잡히는 대로 바로 활용하는 방법이며, '분명하게 드러난 온갖 현상에 지극히 분명하게 조사의 뜻이 나타나 있다.'[141]라는 말뜻과 같다.

此格外禪之所行得也. 此是不存軌則, 把得便用, 如明明百草頭, 明明祖師意也.

---

139 앞의 주석 130 참조.
140 부존궤칙不存軌則은 보통 '남김 없는 작용이 눈앞에 실현되어 어떤 법도에도 얽매이지 않는다(大用現前, 不存軌則.)'라는 상용구로 쓰인다. 일정한 격식이나 법식, 규칙에 속박되지 않고 여탈자재하고 살활자재하며 무위무작無爲無作의 작용을 발휘함을 뜻한다.
141 방거사龐居士와 그 딸 영조靈照의 문답에 나오는 말.『禪門拈頌說話』309칙(H5, 270b15), "방거사가 앉아 있다가 딸 영조에게 물었다. '옛사람은「분명하게 드러난 온갖 현상에 지극히 분명하게 조사의 뜻이 나타나 있다.」고 하였다. 너는 어떻게 생각하느냐?' '이 노장님께서 머리가 희어지고 이가 누렇게 변할 때까지 살도록 겨우 이런 견해나 지으시는군요.' '너라면 어떻게 말하겠느냐?' '분명하게 드러난 온갖 현상에 지극히 분명하게 조사의 뜻이 나타나 있습니다.'(龐居士坐次, 問靈照云, '古人道,「明明百草頭, 明明祖師意.」你作麽生會?' 照云, '這老漢, 頭白齒黃, 作這箇見解.' 居士云, '你作麽生?' 照云, '明明百草頭, 明明祖師意.')"

6. 삼종三宗과 선종 오파五派

　방계傍系에서 삼종법三宗法이 나오고, 갈라져서는 오파선五派禪으로 퍼졌다. 상相을 설함에 내외의 차별이 있지만 이치를 회통하면 중심과 주변의 차별이 없다. 삼종이란, 4조 문하에서 방계로 우두 법융牛頭法融이 나왔는데 지해知解의 측면에서는 일체가 모두 무無이고 실천의 측면에서는 마음을 쉬어 일으키지 않으니 이것이 공종空宗[142]이다. 5조 문하에서 방계로 대통 신수大通神秀가 나왔는데 지해의 측면에서는 일체가 모두 망념이고 실천의 측면에서는 마음을 조복하여 망념을 소멸하니 이것이 상종相宗[143]이다. 6조 문하에서 방계로 하택 신회가 나왔는데 지해의 측면에서는 모든 상은 상이 아니라는 것이고 실천의 측면에서는 닦음이 없이 닦으니 이것이 성종性宗[144]이다.

　돈점에 짝짓는 경우를 보면,『도서』에 다음과 같은 주장이 있다. '돈오돈수란 가장 뛰어난 지혜를 가진 사람이 근성과 욕망欲望(樂欲)이 모두 수승하여 하나를 듣고도 천 가지를 깨달아 대총지大摠持를 얻으며 한 생각

---

142 앞의 주석 81 참조.
143 상종相宗 : 제법의 현상을 주요 연구 대상으로 하는 불교 종파. 당나라 때 현장玄奘이 전한 유식설唯識說에 근거하여 성립된 학파이다. 법상종法相宗이라고도 한다. 현장이 한역한『成唯識論』을 주요 사상적 근거로 삼고 여타의 유식 관계 경론을 함께 참조하여 연구함으로써 성립된 체계적인 사상을 가진 종파를 법상종이라고 한다.
144 성종性宗 : 규봉 종밀圭峯宗密이 교판한 대승 삼종 중 하나. 법성종法性宗이라고도 한다. 모든 중생의 마음이 결코 번뇌와 미혹을 끊음으로 말미암아 청정한 상태가 되는 것이 아니라 진실로 본래부터 청정하다고 주장한다.

도 일으키지 않고 과거와 미래가 모두 단절된다는 설이다. 더 나아가서 일의 자취 측면에서 말하면 우두 법융 대사와 같은 부류가 해당한다.'[145] 그러므로 세 가지 돈(頓悟頓修, 頓修頓悟, 修悟一時)에 짝지을 수 있다. 신수종神秀宗은 깨달음과 수행이 모두 점이므로 세 가지 점(漸修頓悟, 頓修漸悟, 漸修漸悟)에 짝짓는다. 하택종荷澤宗은 돈오하여 마음이 본래 청정하고 망령됨이 원래 없으므로 깨달음에 의지하여 닦고 찰나마다 익혀 자연히 백천삼매를 점차적으로 얻으므로 돈오점수에 짝짓는다.[146]

傍出三宗法, 分流五派禪. 說相有內外, 會義無中邊. 三宗者, 四祖下傍出牛頭法融, 解則一切皆無, 行則休心不起, 是爲空宗. 五祖下傍出大通神秀, 解則一切皆妄, 行則伏心滅妄, 是爲相宗. 六祖下傍出荷澤神會, 解則諸相非相, 行則無脩而修, 是爲性宗.
若配頓漸, 都序云, '頓悟頓修者, 此說上上智根性樂欲俱勝, 一聞千悟, 得大摠持, 一念不生, 前後際斷. 乃至且就事迹而言, 如牛頭融大師之類是也.' 故以頓三對, 可以配之也. 神秀宗, 以悟修皆漸, 故以漸三對配之. 荷澤宗, 以頓悟心本淨妄元空, 依悟而修, 念念修習, 自然漸得百千三昧故, 以頓悟漸脩配之也.

앞의 삼종의 법어는 『도서』와 『법집별행록절요과목병입사기法集別行錄節要科目幷入私記』[147]에 의거하였다.

上三宗法語, 依都序及別行錄也.

---

145 『都序』권하1(T48, 407c23) 참조.
146 세 가지~돈오점수에 짝짓는다 : 규봉 종밀의 칠대돈점七對頓漸 참조.
147 『法集別行錄節要科目幷入私記』(H10, 204a8).

오파 : 청원 행사가 석두 희천, 약산 유엄, 운암 담성에게 전하여 동산 양개, 조산 탐장에 이르러 조동종을 이루었는데, 그 종지는 향상向上을 밝혀 공겁을 훌쩍 뛰어넘어 금시에 떨어지지 않는 것이 특징이다.[148] 남악 회양이 마조 도일, 백장 회해, 황벽 희운에게 전하고 임제 의현에 이르러 임제종을 이루었는데, 그 종지는 기용機用을 밝혀 마른하늘에 천둥 벼락 치고 평지에 파도를 일게 하는 것이 특징이다.[149]

五派者:淸源傳石頭希遷, 藥山惟儼, 雲巖曇晟, 至洞山良个, 曹山耽章, 是爲曹洞宗, 宗旨明向上, 全超空劫, 不落今時;南嶽傳馬祖道一, 百丈懷海, 黃蘗希運, 至臨濟義玄, 是爲臨濟宗, 宗旨明機用, 靑天轟霹靂, 平地起波濤.

『염송설화』에 '세존이 다자탑 앞과 영산회상에서 가섭에게 친밀하게 부촉하였고, 가섭은 아난에게 전하여 한 세대에 오직 한 사람에게만 전하다가 조계 혜능에 이르러 남악과 청원 두 대사를 얻어 법을 나누어 부촉하였고 그들은 각기 다른 가풍을 세웠다. 두 대사는 각기 그들의 후손을 얻어 법을 이었는데 임제臨濟와 동산洞山에 이르러 이 도가 세상에 크게 유행하였다. 그 종파에 근원이 있고 그 지류에도 뿌리가 있으니 배우는 이들은 소홀히 해서는 안 된다.'[150]라고 하였다.

---

148 그 종지는~것이 특징이다 : 『禪家龜鑑』(H7, 644c13), "조동의 종지를 알고자 하는가? 부처와 조사가 태어나기 이전의 공겁까지 벗어난 소식이니, 정위正位나 편위偏位 중 어디에도 떨어지지 않고 유와 무를 자유롭게 오가는 기틀이다.(要識曹洞宗麼? 佛祖未生空劫外, 正偏不落有無機.)"; 『洞山良价語錄』(T47, 520b7); 『人天眼目』 권3 「曹洞宗」(T48, 313c8); 『五家宗旨纂要』 권중(X65, 266b5).
149 그 종지는~것이 특징이다 : 『禪家龜鑑』(H7, 644c8), "임제의 종지를 알고자 하는가? 마른하늘에 벼락 치고 편편한 땅에 물결을 일으킨다.(要識臨濟宗麼? 靑天轟霹靂, 平地起波濤.)"; 『人天眼目』 권2 「臨濟門庭」(T48, 311b8) 및 「要訣」(T48, 311c5).
150 『禪門拈頌說話』 147칙(H5, 150b5). 앞의 주석 98 참조.

說話云, '世尊於多子塔前, 靈山會上, 密付迦葉, 迦葉傳阿難, 人傳一人, 至于曹溪, 得南嶽淸源二大士分付, 各立家風. 二大士得其孫, 至于臨濟洞山, 斯道大行天下. 其派有源, 其枝有本, 學者不得莽鹵.'

마조가 방계로 천왕 도오, 용담 숭신, 덕산 선감, 설봉 의존에게 전하였고 운문 문언에 이르러 운문종을 이루었는데, 그 종지는 온갖 번뇌(衆流)를 절단截斷함을 밝혀 칼끝에 오히려 살아날 길이 있으며 철벽에는 파고들어 갈 문이 없다[151]는 것이 특징이다.[152] 백장이 방계로 위산 영우, 앙산 혜적에게 전하여 위앙종을 이루었는데, 그 종지는 체용體用을 밝히는 데 있으며 조각난 비석은 옛길에 쓰러져 있고 무쇠 소는 소실에서 잠자는 듯하다.[153] 설봉이 방계로 현사 사비, 나한 계침에게 전하였고 법안 문익에

---

[151] 칼끝에 오히려~문이 없다:『人天眼目』권2(T48, 313b11).
[152] 그 종지는~것이 특징이다:『禪家龜鑑』(H7, 644c16), "칼끝에 오히려 살아날 길이 있고 철벽에는 파고들어 갈 문이 없다. 복잡하게 얽히고설킨 말들을 뒤집어엎어 드러내고 고착된 범상한 견해들을 여지없이 잘라 내 버린다. 번개같이 빨라서 사량 분별로는 미칠 수 없고, 불길처럼 거세게 타오르니 어찌 한곳에 안주하는 것을 용납하겠는가! 운문의 종지를 알고자 하는가? 주장자는 하늘 높이 뛰어오르고 잔盞 속에서는 여러 부처가 설법한다.(劒鋒有路, 鐵壁無門. 掀翻露布葛藤, 剪却常情見解. 迅電不及思量, 烈焰寧容湊泊! 要識雲門宗麼? 柱杖子踍跳上天, 盞子裏諸佛說法.)";『人天眼目』권2「雲門門庭」(T48, 313b3).
[153] 그 종지는~잠자는 듯하다 : 위앙종에 대한 오조 법연五祖法演과 설당 도행雪堂道行의 평가를 취한 말.『人天眼目』권6「五宗問答」(T48, 330c14), "위앙종 : 오조는 '조각난 비석이 옛길에 나뒹군다.'고 하였고, 수산首山은 '서로의 기틀이 암암리에 원만하게 합하였다.'고 하였으며, 정당正堂은 '눈앞에 다른 길은 없다.'고 하였고, 호국護國은 '앞으로 밀지도 않지만 뒤로 물러나지도 않는다.'고 하였으며, 설당은 '뿔 없는 무쇠 소가 소실에서 잠을 잔다.'고 하였다.(潙仰宗 : 祖云, '斷碑橫古路.' 山云, '暗機圓合.' 堂云, '目前無異路.' 國云, '推不向前, 約不退後.' 雪云, '無角鐵牛眠少室.')";『禪家龜鑑』(H7, 645a2), "스승이 부르고 제자가 화답하여 아버지와 아들이 일가를 이룬 격이다. 옆구리에는 글자를 새기고 머리에는 뿔이 높이 솟아났으며, 방 안에서 학인을 점검하면 사자의 허리마저도 끊어진다. 사구四句도 여의고 백비百非의 방법도 버리고 한 방으로 모두 부숴 버리며, 두 개의 입에 혀 하나도 없이 굽이굽이 구슬을 잘도 꿴다. 위앙의 종지를 알고자 하는가? 조각난 비석은 옛길에 나뒹굴고, 무쇠 소는 소실

이르러 법안종을 이루었는데, 그 종지는 유심唯心의 도리를 밝히는 데 있으며, 바람에 흔들리는 나뭇가지와 달빛 드리운 물결에 이르기까지 그 모두가 진심眞心을 드러내고, 푸른 대나무와 노란 꽃도 미묘한 진리를 분명하게 나타낸다.[154]

馬祖傍傳天王道悟, 龍潭崇信, 德山宣鑑, 雪峯義存, 至雪[1]門文偃, 是爲雲門宗, 宗旨明截斷, 劍[2]鋒有路, 鐵壁無門. 百丈傍傳潙山靈佑, 仰山慧寂, 是爲潙仰宗,[3] 宗旨明體用, 斷碑橫古路, 鐵牛眠少室. 雪峯傍傳玄沙師備, 羅漢桂琛, 至法眼文益, 是爲法眼宗, 宗旨明唯心, 風柯月渚, 現露眞心, 翠竹黃花, 宣明妙法.

1) ㉘ '雪'은 '雲'의 오기인 듯하다. 2) ㉠ 판본에 따라서는 '劍'이 '箭'으로 된 곳도 있다. 3) ㉠ '潙仰宗'이 『五祖法演語錄』 권상(T47, 655c9), 『古尊宿語錄』 권20(X68, 136b8) 등에는 '위앙 문하에서 추구하는 본분사'라는 뜻의 '潙仰下事'로 되어 있다.

위의 오종 법어에 대해서는 『인천안목』과 『선가귀감』, 『선문오종강요』에 의거하였다.

上五宗法語, 依人天眼目, 及禪家龜鑑五宗綱要也.

에서 잠을 잔다.(師資唱和, 父子一家. 脇下書字, 頭角崢嶸, 室中驗人, 獅子腰折. 離四句絶百非, 一搥粉碎, 有兩口無一舌, 九曲珠通. 要識潙仰宗麼? 斷碑橫古路, 鐵牛眠少室.)"

154 그 종지는~분명하게 나타낸다: 『禪家龜鑑』(H7, 645a8), "말 속에 여운이 남아 있고, 구절 속에 칼날이 감추어져 있다. 청정한 의식(髑髏)으로써 항상 세계와 접하고, 코로 가풍을 모색한다. 바람에 흔들리는 나뭇가지와 달빛 드리운 물결에 이르기까지 그 모두가 진심眞心을 드러내고, 푸른 대나무와 노란 꽃도 미묘한 진리를 분명하게 나타낸다. 법안의 종지를 알고자 하는가? 바람은 조각구름을 불어 산 너머로 돌려보내고, 달은 흐르는 물에 섞여 다리 아래를 지나네.(言中有響, 句裏藏鋒. 髑髏常干世界, 鼻孔磨觸家風. 風柯月渚, 顯露眞心. 翠竹黃花, 宣明妙法. 要識法眼宗麼? 風送斷雲歸嶺去, 月和流水過橋來.)"

위의 삼종과 오파를 삼선三禪에 짝지으면 삼종은 의리선에 짝지을 수 있다. 즉 우두종은 무구無句, 신수종은 유구有句, 하택종은 중구中句이다.

上三宗五派, 若配三禪, 三宗, 可以配義理禪. 而牛頭宗是無句, 神秀宗是 有句, 荷澤宗爲中句也.

우두 법융은 본래 무사無事임을 환히 깨달아 알아 깨달음과 수행이 모두 돈頓이었다고는 하지만, 여전히 깨달음과 수행에 대한 이해에 걸려 있었기 때문에 의리선이 된다.
 문 남악 회양은 '수행하여 깨닫는 일이 없지는 않다.'고 하였는데 어찌 이에 깨달음과 수행에 대한 이해가 없는 것이겠는가?
 답 이 말은 6조가 '수행에 의지하여 깨닫는가?'라고 물었기에 어쩔 수 없이 (남악 회양이) 그렇게 말한 것이다. 그러므로 그 대답 바로 다음에 '오염되어서는 안 됩니다.'라고 하였으니 (남악 회양에게) 무슨 깨달음과 수행에 대한 이해가 있다고 하겠는가!

牛頭雖了達本來無事, 悟修皆頓, 猶有悟修之解, 故爲義理禪也.
問, 南岳云, 修證卽不無, 豈無悟修之解耶?
答, 此因六祖, 還可修證否之問, 不獲已而言之也. 故次云, 染汚卽不得, 有何修證之解耶!

오파를 격외 이선二禪에 짝지을 수 있다. 법안종은 유심惟心의 도리를 밝혔으므로 여래선 실구實句에, 위앙종은 체용體用을 밝혔으므로 권실삼구權實三句에 짝짓는다. 조동종은 종문의 향상向上하는 종지를 밝혔다. 앞의 삼종은 여래선이다. 운문종은 남김 없는 작용을 가장 빠르게 실현하는 길(大用直截)을 밝혔고, 임제종은 기용機用과 삼요三要를 밝혔으니, 이 이종二宗은 조사선이다.

五派可以配格外二禪. 而法眼宗明惟心, 故配如來禪實句也. 潙仰宗明體用, 故配權實三句也. 曹洞宗明宗門向上也. 上三宗爲如來禪. 雲門宗明大用直截, 臨濟宗明機用三要, 此二宗爲祖師禪也.

문 위앙종과 법안종 이종二宗은 남악 문하에서 나왔으니 응당 조사선의 종풍인데, 어기서 밝힌 종지를 보면 여래선이라 하니, 어째서인가?

답 조사선에는 대기대용大機大用의 수단이 있고 대기와 대용은 살활殺活의 수법이다. 그러므로 『염송설화』에서 '백장은 마조의 대기를 터득했고, 황벽은 마조의 대용을 터득했다.'라 하고 '이렇게 결정적인 전기가 되는 순간을 맞아서는 옛사람도 그저 사람을 죽이는 칼(殺人刀)이요 사람을 살리는 검(活人劒)이라고 말했을 뿐이다.'[155]라고 하였다.[156] 따라

---

[155] 마조의 할이 사람을 죽이는 칼이 되기도 했다가 사람을 살리는 검이 되기도 하며 자유자재로 긍정과 부정을 맞바꾸어 가며 학인을 이끄는 대기대용大機大用이었다는 의미이다.

[156] 『禪門拈頌說話』181칙(H5, 182a22), "그렇다면 백장과 황벽은 모두 마조의 일할一喝을 빈틈없이(親) 이어받은 것이다. 왜 그런가? 황벽이 '만약 마조의 법을 잇는다면, 훗날 우리의 후손들을 망칠 것입니다.'라고 말한 것은 다른 뜻이 아니라 다만 대용만을 밝혔기 때문에 이렇게 말한 것이다. 만약 마조의 일할을 빈틈없이 이어받지 않았다면, 어떻게 대기대용이라고 하겠는가? 그러므로 백장은 대기만 얻었을 뿐이지만 더 이상 대용이 필요하지 않았으며, 황벽은 대용만 얻었을 뿐이지만 더 이상 대기가 필요하지 않았던 것이다. 수단이라곤 전혀 모르는 사람들은 말하기를 '대기 중에 대용이 있고, 대용 중에 대기가 있다.'라고 한다. 만약 그렇게 생각한다면 어떻게 꿈엔들 백장과 황벽의 경계를 알겠는가? 이렇게 결정적인 전기가 되는 순간을 맞아서는 옛사람도 그저 '사람을 죽이는 칼(殺人刀)이요 사람을 살리는 검(活人劒)이다.'라고 말했을 뿐이다.(然則百丈黃蘗, 莫不親承馬祖一喝. 何故? 黃蘗云, '若承嗣馬祖, 已後喪我兒孫.' 此無他, 但明得大用故云耳. 若不親承馬祖一喝, 何名大機大用? 故百丈只得大機, 更不要大用 ; 黃蘗只得大用, 更不要大機. 有一般無巴鼻底道, '大機中有大用, 大用中有大機.' 若伊麽, 何曾夢見百丈黃蘗? 到這時節, 古人, 只道得箇殺人刀活人劒.)"

서 대기는 살인도요, 대용은 활인검임을 알 수 있다. 그렇다면 위앙종과 법안종 이종二宗은 대기를 얻어 살인도를 밝혔으므로 여래선의 종풍이다.

'종宗'이라고 한 것은 조사선을 알지 못한다는 의미가 아니라, 다만 여래선을 종풍으로 한다는 뜻에서 종이라 한 것이다. 그런 까닭에 앙산이 향엄에 대해 '여래선이라면 사형師兄이 이해했다고 인정하겠지만, 조사선은 꿈에도 알지 못했다.'[157]라고 한 것이다.『염송설화』에서는 '법안이「만약 모든 상을 상이 아니라고 보면 부처님의 뜻을 알지 못할 것이다.」라고 한 것은 조사선이다.'[158]라고 하였다. 만약 조사선을 알지 못하였다면 어찌 이런 말을 할 수 있었겠는가. 앞에서는 모두 상相을 설한 것이다.

問, 潙法二宗, 出於南岳門下, 則當爲祖師禪宗, 而今所明宗旨, 爲如來禪, 何也?

答, 祖師禪中, 有大機大用, 機用是殺活也. 故說話云, '百丈得大機, 黃蘗得大用.' '到這時節, 古人只道得箇殺人刀活人劒.' 故知大機卽是殺人刀, 大用卽是活人劒也. 然則潙法二宗, 得大機明殺人刀, 故爲如來禪宗.

言宗者, 非不知祖師禪, 但宗如來禪, 故云宗也. 故仰山對香嚴云, '如來禪卽許師兄會, 祖師禪未夢見在.' 說話云, '法眼云,「若見諸相非相, 卽不見如來云者」, 是祖師禪.' 若不知祖師禪, 豈有是言耶. 上皆說相也.

이치를 회통하면 다음과 같다 :『도서』에서는 다음과 말하였다. '선과 교를 모두 잊으면 심心과 불佛이 모두 고요해질 것이니, 모두 고요해지면 생

---

157 앞의 주석 18 참조.
158 앞의 주석 30 참조.

각마다 모두 부처요, 한 생각도 부처의 마음 아닌 것이 없고, 두 가지를 모두 잊으면 구절마다 모두 선이요, 한 구절도 선禪과 교敎 아닌 것이 없다.[이것은 선과 교를 회통한 말이다.] 이와 같이 하면 자연히 민절무기泯絶無寄의 주장을 듣고 아집의 분별을 깨뜨려야 한다고 알며, 또 식망수심息妄修心의 주장을 듣고는 자기의 훈습된 번뇌를 단절해야 한다고 안다. 집착하는 분별의식을 깨뜨려 진성眞性이 나타나면 곧 모든 분별을 끊어 없애는 것(泯絶)이 바로 진성을 드러내는 근본이며, 훈습된 번뇌를 단절하여 불도가 이루어지면 곧 마음을 닦는 것(修心)이 성불하는 수행이다.'[159][이 말은 삼종[160]을 회통한 말이다.] 대혜가 말하였다. '지혜가 일어날 때마다 알아차려서 지혜를 짝(동류)으로 삼고 지혜를 방편으로 삼아 지혜에서 평등한 자비

---

159 『都序』권하(T48, 407b1), "三教三宗, 是一味法. 故須先約三種佛教證三宗禪心, 然後禪教雙忘, 心佛俱寂, 俱寂卽念念皆佛, 無一念而非佛心, 雙忘卽句句皆禪, 無一句而非禪教. 如此則自然聞泯絶無寄之說, 知是破我執情, 聞息妄修心之言, 知是斷我習氣. 執情破而眞性顯, 卽泯絶是顯性之宗, 習氣盡而佛道成, 卽修心是成佛之行."

160 삼종三宗 : 종지나 방법에 따라 선을 세 가지로 나눈 것. 종밀宗密은 식망수심종息妄修心宗·민절무기종泯絶無寄宗·직현심성종直顯心性宗 등으로 분류하였다. 『都序』 권상2(T48, 402b17), "선의 삼종은 첫째 식망수심종, 둘째 민절무기종, 셋째 직현심성종 등이다.……식망수심종 : 중생이 비록 본래부터 불성을 가지고 있지만 무시이래의 무명이 덮고 있어 나타나지 않기 때문에 생사로 윤회한다고 주장한다.……그러므로 반드시 종사의 언교에 의지하여 대상을 등지고 마음을 관하여 망념을 그쳐야 한다. 망념이 다하면 깨닫게 되어 알지 못하는 것이 없게 된다.……민절무기종 : 범부와 성인 등의 법이 모두 몽환과 같아 아무것도 존재하지 않고 본래 공적하여 지금에 와서야 없는 것이 아니라고 주장한다.……선의 이치를 참구한다는 이들은 모두 이러한 말을 궁극적 경지에 이른 것이라 하지만 이 종파는 다만 이 말만을 법으로 삼지 않는다는 사실을 모른다. 하택·강서·천태 등의 문하에서도 이 도리를 말하지만 종지로 삼지는 않는다. 직현심성종 : 일체법은 유이거나 공이거나 모두 진성眞性일 뿐이라고 주장한다.(禪三宗者, 一, 息妄修心宗, 二, 泯絶無寄宗, 三, 直顯心性宗.……初, 息妄修心宗者, 說衆生雖本有佛性, 而無始無明覆之不見故, 輪迴生死.……故須依師言教, 背境觀心, 息滅妄念. 念盡卽覺悟, 無所不知.……二, 泯絶無寄宗者, 說凡聖等法, 皆如夢幻, 都無所有, 本來空寂, 非今始無.……汎參禪理者, 皆說此言, 便爲臻極, 不知此宗不但以此言爲法. 荷澤江西天台等門下, 亦說此理, 然非所宗. 三, 直顯心性宗者, 說一切諸法, 若有若空, 皆唯眞性.)"

를 실천하고 지해에서 대불사大佛事를 짓는다면 이 지해가 곧 해탈의 장이요 이 지해가 곧 생사를 벗어나는 수단이다.'[161]【이것은 지해를 회통한 말이다.】

若會義:都序云,'禪敎雙忘, 心佛俱寂, 俱寂卽念念皆佛, 無一念而非佛心, 雙忘卽句句皆禪, 無一句而非禪敎.【此會禪敎.】如此則自然聞泯絶無寄之說, 知是破我執情, 聞息妄修心之言, 知是斷我習氣. 執情破而眞性顯, 卽泯絶是顯性之宗, 習氣斷而佛道成, 卽修心是成佛之行.'【此會三宗.】大慧云, '若知知解起處, 則以知解儔侶, 以知解爲方便, 於知解上行平等慈, 於知解上作大佛事, 卽此知解, 便是解脫之場, 卽此知解, 便是出生死之處.'【此會知解.】

이상은 이치를 회통하여 설명하였다.

上會義也.

---

[161] 『書狀』권26 「答富樞密」(T47, 921b1), "예로부터 큰 지혜를 가진 이들은 지해를 짝으로 삼고 지해를 방편으로 삼으며, 지해에서 평등한 자비를 행하고 지해에서 갖가지 불사를 행하지 않음이 없었습니다. 마치 용이 물을 만나 의기意氣가 충천하고 호랑이가 산에서 맹위를 떨치듯이 언제든 지해를 번뇌로 여기지 않았으니 지해가 일어날 때를 알고 있었기 때문입니다. 이미 지해가 일어난 때를 알고 있다면 이 지해가 곧 해탈의 장이며 생사를 벗어날 순간이기도 합니다. 이미 해탈의 장이요 생사를 벗어날 순간이라면 지해 자체는 적멸하며, 지해가 적멸하고 보면 지해인 줄 알아챈 자도 적멸하지 않을 수 없습니다.(從上大智慧之士, 莫不皆以知解爲儔侶, 以知解爲方便, 於知解上行平等慈, 於知解上作諸佛事. 如龍得水, 似虎靠山, 終不以此爲惱, 只爲他識得知解起處. 旣識得起處, 卽此知解, 便是解脫之場, 便是出生死處. 旣是解脫之場, 出生死處, 則知底解底當體寂滅, 知底解底旣寂滅, 能知解者, 不可不寂滅.)"

7. 임제삼구臨濟三句와 삼종선

임제가 삼구를 읊었으니	臨濟頌三句
세 가지 선이 그 구 가운데 있다네	三禪在句中
백파 노사께서 『선문수경』 지어	老師爲手鏡
종풍을 맘껏 비추어 거양하였네	拖照揚宗風

『선가귀감』과 『선문오종강요』에서도 한결같이 말하였다.[162] '임제삼구는 단지 임제만의 종풍이 아니라 위로는 모든 부처로부터 아래로는 중생에 이르기까지 모두의 본분사이다. 여기에서 벗어나 법을 설한다면 모두 망령된 말일 뿐이다.' 그런 까닭에 백파 노화상은 이 삼구를 선문의 수경으로 여기고 제가의 장소章疏를 마음껏 비추고 그 제가의 종풍을 발양하신 것이다.

백파 노사의 속성은 이李씨이고 본관은 전주이며 왕족에서 갈려 나왔는데(璿源) 덕흥대원군(1530~1559, 선조의 부친)이 11대조이다. 휘는 긍선이고 호는 백파이다. 청허 휴정淸虛休靜 노화상에게서 선종의 법을 이어받았으며 25세손이다. 선문을 활짝 열어젖히고 현묘한 뜻을 남김

---

[162] 『禪家龜鑑』(H7, 645b24), "이와 같은 법은 비단 임제의 종풍일 뿐만 아니라 위로는 모든 부처님으로부터 아래로는 중생에 이르기까지 누구나 본분에 갖추고 있는 것이니, 이것을 벗어나 법을 설하면 모두 망령된 말일 뿐이다.(此等法, 非特臨濟宗風, 上自諸佛, 下至衆生, 皆分上事, 若離此說法, 皆是妄語.)"; 『禪門五宗綱要』(H9, 461c10); 『禪文手鏡』「臨濟三句圖說」(H10, 514c20).

없이 얻었기에 사람들은 '조사가 다시 오셨다.'고 하였으니 그 견해가 달마 조사와 같았기 때문이다(同祖). 노사께서 일찍이 그 거처하던 방의 편액에 '소림굴少林窟'이라 쓰고, 자는 '소림수少林叟'라 하였으니 이는 달마 조사와 같게 되기를 바라는 칭호이다.

완당阮堂 김정희金正喜 선생은 평소 달마상을 얻어 가지고 있었는데 그 상이 노사(백파)의 상과 지극히 닮았으므로[163] 이 달마상을 노사의 상이라 여기고 그 상 옆에 '신발 한 짝만 신고 서쪽으로 돌아갔지만, 보신報身은 동쪽에 드러내셨구려. 멀리서 보면 달마와 같은데, 가까이에서 보니 백파로세. 차별이 있지만, 불이문에 들었구나. 흐르는 물이 오늘의 몸이요, 밝은 달은 과거세의 몸이로다.[164]'라고 썼다. 이 상도 달마와 같다. 이 삼절三絶[165]이 있어 천고의 세월을 발돋움하고 바라보며, 모범이 될 법도를 후손에게 남겼으니 그 누가 은혜를 입지 않겠는가.[166]

禪家龜鑑五宗綱要, 皆云, '臨濟三句, 非特臨濟宗風, 上自諸佛, 下至衆生, 皆分上事. 若離此說法, 皆是妄說也.' 故老和尙, 以此三句, 爲禪文手鏡,

---

163 완당阮堂 김정희金正喜~지극히 닮았으므로 : 중국의 설봉雪峯이 그린 달마 대사 그림이 완당 김정희의 집에 들어왔는데, 보는 사람들마다 백파와 비슷하다 하였다고 한다.『朝鮮佛敎通史』「白坡大師略傳」;『阮堂全集』권6「白坡像贊 竝序」참조.
164 흐르는 물이~과거세의 몸이로다 : 흐르는 물이나 매월 차고 기우는 달이나 변화하는 존재인 동시에 항상 그러한 존재이기도 하다. 물은 흘러가 다시 돌아오지 않지만 눈앞에 흐르는 물은 늘 그대로인 듯 생생하고, 달은 매일 밤 뜨지만 날마다 달마다 크기와 높이를 달리하며 변해 간다. 이렇게 일정한 듯하지만 변화하는 물상에서 달마와 백파의 닮은 모습을 떠올린 시구로 보인다.
165 삼절三絶 : 달마 대사, 백파 긍선, 완당 김정희, 세 사람을 일컬은 말로 보인다.
166 『朝鮮佛敎通史』下編「白坡手鏡配對三句」(B31, 772a12), "有此三絶, 聳觀千古, 垂裕後昆, 孰不蒙賜云云, 此乃白坡法孫雪寶有炯和尙, 讚美其師之言也." '수유후곤 垂裕後昆'은 후손에게 덕행을 많이 남겨 준다는 뜻이다.『書經』「仲虺之誥」, "의로 일을 바로잡고 예로 마음을 바로잡아 후세에 덕행을 남겨 주어야 한다.(以義制事, 以禮制心, 垂裕後昆.)"

拖照諸家章疏, 發揚其諸家之宗風也.

老師姓李氏, 貫全州, 派出璿源, 以德興大院君, 爲十一代祖. 諱亘璇, 號白坡. 法嗣禪宗於淸虛老和尙, 爲二五世孫. 大開禪門, 盡得奧旨故, 人稱祖師重來, 此見解同祖. 老師常題額其所居室曰, 少林窟, 字曰, 少林衮, 此稱號同祖也.

金阮堂先生, 舊供本達摩像, 與老師像極肖, 因以達摩像, 爲老師像, 題其像側曰, '隻履西歸, 報身東現歟. 遠望似達摩, 近看卽白坡. 以有差別, 入不二門. 流水今日, 明月前身.' 此像亦同祖也. 有此三絶, 聳觀千古, 垂裕後昆, 孰不蒙賜.

임제에게 학인이 물었다. '무엇이 참된 부처이며 참된 법이며 참된 도입니까? 스님께서 가르쳐 주십시오.' '불佛이란 마음이 청정한 것이요,[대기] 법法이란 마음의 광명이요,[대용] 도道란 어느 곳에서나 장애가 없는 청정한 광명이니,[대기와 대용을 나란히 제시하였으니 앞의 그 묘유이다.] 세 가지가 하나이며 모두 공일 뿐 참으로 실체가 있는 것이 아니다.[진공] 산승[임제가 자신을 이른 말]이 금일 터득한 견해는 불조와 다르지 않다.[이 진공과 묘유가 바로 부처와 조사가 몸과 마음을 의지하는 지점이기 때문에 불조와 다르지 않다고 말한 것이다.]'라고 하였다.[167]

---

167 『臨濟語錄』(T47, 501c25), "'도를 배우는 이들이여, 진불眞佛은 형상이 없고, 진도眞道는 일정한 격식이 없으며, 진법眞法은 바탕이 되는 모양이 없다. 이 세 법은 혼용되어 한곳에 화합하여 있어 분별해도 구분할 수 없으니 아득하여 종잡을 수 없는 업식을 가진 중생이라 부른다.' '진불·진법·진도란 어떤 것입니까? 가르쳐 주십시오.' '불佛이란 마음이 청정한 것이요, 법法이란 마음의 광명이요, 도道란 어느 곳에서나 장애가 없는 청정한 광명이니, 세 가지가 하나이며 모두 헛된 이름일 뿐 참으로 실체가 있는 것이 아니다. 참되고 바르게 도를 공부하는 사람이라면 한 생각하는 찰나마다 마음에 틈이 생기거나 끊어짐이 없을 것이다. 달마 대사가 인도에서 온 이래로 단지 남의 말에 유혹되지 않는 사람만을 찾았을 뿐이다. 후에 2조를 만났는데 2조가 한마디 말에 깨닫고는 이전까지 쓸데없는 공부를 하였음을 비로소 알게 되었다. 산승이 지금

臨濟因僧問, '如何是眞佛眞法眞道? 乞師開示.' 師云, '佛者, 心淸淨是,【大機】法者, 心光明是,【大用】道者, 處處無碍淨光是,【機用齋示¹⁾上妙有.】三卽一, 皆空而無實有.【眞空】山僧【臨濟自謂】今日見處, 與佛祖不別.【此眞空妙有, 是佛祖安身立命處, 故云, 與佛祖不別.】

1) ㉠ '齋示'는 '齊示'의 오기인 듯하다.

 이것은 향상일규向上一竅를 밝힌 것이다.【향상이란 아래의 삼구를 살펴 말한 것이다. 일규는 일물과 같은 말이나 여전히 조금 모자람이 있다. 그런 까닭에 회양화상이 '하나의 그 무엇이라고 말해도 딱 들어맞지 않습니다.'라고 한 것이다.】 조사의 무늬 없는 도장(無紋印字)은 교학에서의 동체삼보同體三寶¹⁶⁸와 같다. 무늬는 없으나 체성體性을 같이하므로 세 가지가 곧 하나이며 모두 공이어서 실체가 없다. 이것이 진공眞空이다. 도장과 삼보가 하나이면서 셋이니 세 가지 면목이 없지 않다. 이것이 묘유妙有이다. 이렇게 세 가지와 하나가 어김없이 일치하고 공空과 유有가 원만하게 융합한 경계에 대해서 삼교 각각이 이름을 붙인 것이 다르니, 유교에서는 하나의

보인 견처見處는 불조와 다르지 않다. 제1구에서 터득하면 불조의 스승이 될 만하고, 제2구에서 터득하면 인천의 스승이 될 만하며, 제3구에서 깨달으면 자기 자신도 구제하지 못한다.'(道流, 眞佛無形, 眞道無體, 眞法無相. 三法混融, 和合一處, 辨旣不得, 喚作忙忙業識衆生.' 問, '如何是眞佛眞法眞道? 乞垂開示.' 師云, '佛者, 心淸淨是 ; 法者, 心光明是 ; 道者, 處處無礙淨光是, 三卽一, 皆是空名而無寔有. 如眞正學道人, 念念心不間斷. 自達磨大師從西土來, 祇是覓箇不受人惑底人. 後遇二祖, 一言便了, 始知從前虛用功夫. 山僧今日見處, 與祖佛不別. 若第一句中得, 與祖佛爲師 ; 若第二句中得, 與人天爲師 ; 若第三句中得, 自救不了.)", 『禪文手鏡』 「向上本分眞如」(H10, 515a23).

168 동체삼보同體三寶 : 일체삼보 一體三寶 또는 동상삼보同相三寶라고도 한다. 세 종류의 삼보(同相三寶·別相三寶·住持三寶) 중 하나. 곧 불법승 삼보는 그 명칭은 분명히 셋이지만 그 체성體性은 하나임을 밝힌 것이다. 『大乘義章』 권10(T44, 657a4), "일체란 무엇인가? 이를 나누어 분석하면 대략 세 가지 뜻이 있다.……둘째, 상相을 깨뜨리고 공의 이치에서 삼보를 논하면, 사事는 다르지만 체體는 공이어서 다르지 않으므로 일체라고 하며, 또한 동체라고도 한다.(一體如何? 於中分別, 略有三義……二, 就破相空理以論三寶, 事別體空不殊, 故名一體, 亦名同體.)"

태극太極이라 하고, 도교에서는 천하모天下母라 하고, 불교에서는 이름이 많은데, 교학의 예를 들면 『기신론』에서는 중생심衆生心이라 한다. 이 대위大位가 인因에 있는 것을 『원각경』에서는 일원각一圓覺이라고 하고 『법화경』에서는 불지견佛知見이라 한다. 이 대위가 과果에 있는 것을 『화엄경』에서는 일법계一法界라 하고 『능엄경』에서는 묘진여妙眞如라고 한다. 이것이 인과 과를 다 통하는 것을 선에서는 일착자一着子라고 하니[169] 이것이 곧 향상일규이다.

此明向上一竅.【向上者, 在下三句而言也. 一竅者, 如云一物也, 然猶較些子. 故讓和尙云, 設¹⁾似一物卽不中.】卽祖師無紋印字, 如敎中同體三寶也. 無紋及同體, 故三卽一, 皆空而無實有, 是爲眞空. 印字及三寶, 故一卽三, 不無三般面目, 是爲妙有也. 此三一相卽, 空有圓融處, 三敎立名不同, 儒謂之一太極, 老謂之天下母, 佛有多名, 敎則起信謂之衆生心. 此大位在因, 圓覺謂之一圓覺, 法華謂之佛知見. 此大位在果, 華嚴謂之一法界, 楞嚴謂之妙眞如. 此通因果也, 禪則謂之一着子, 卽此向上一竅也.

1) ㉠ '設'은 '說'의 오기이다.

만약 제1구에서 알아차리면 불조의 스승이 될 만하다.【조사선】제2구에서 알아차리면 인천의 스승이 될 만하다.【여래선】제3구에서 알아차리면

---

169 이렇게 세~일착자一着子라고 하니 : 『少林通方正眼』(H10, 630b20), "또한 이理와 기氣의 원만한 융합은 동일한 시간으로서 전후가 따로 없기 때문이다. 이 이理와 기가 원만하게 융합한 자리는 삼교에서 개념을 세운 것이 다르니, 유교에서는 일태극一太極이라 하고, 도교에서는 천하모天下母라 하고, 선종에서는 일착자라 한다. 교학에는 여러 개념이 있는데, 『화엄경』에서는 일법계一法界, 『능엄경』에서는 묘진여妙眞如, 『법화경』에서는 불지견佛知見, 『원각경』에서는 일원각一圓覺이라고 한다.(且理與氣圓融, 一時無前後故. 此理氣圓融處, 三敎立名不同, 儒謂之一太極, 老謂之天下母, 禪謂之一着子. 敎有多名, 華嚴名一法界, 楞嚴名妙眞如, 法華名佛知見, 圓覺名一圓覺.)"

자기도 구제하지 못한다.【의리선】

若第一句薦得, 堪與佛祖爲師.【祖師禪】第二句薦得, 堪與人天爲師.【如來禪】第三句薦得, 自救不了.【義理禪】

이것은 세 가지 선을 아래로 향하면서 밝힌 것이다.【향하向下는 앞의 일 규一竅를 살펴 한 말이다. 삼선은 삼구에서 알아차린 법이다.】 원오 극근이 말하였다. '작가가 삼요인三要印[170]을 가지고【청풍 법사가 말하였다. '조사의 심인心印을 또한 모든 부처님의 법인法印이라고도 한다. 이제 삼요를 무늬로 삼으므로 삼요인이라 하지만, 실제는 무늬 없는 도장(無紋印字)이다.'[171]】 허공에 찍고【제1구】 물에 찍고【제2구】 진흙에 찍어【제3구】 상대를 시험한다.' 청풍 법사는 '이것은 사가師家의 입장에서 한 말'[172]이라고 하였다. 가령 성문을 구제하기 위

---

[170] 이 세 가지 도장의 비유는 원오의 스승 설두 중현雪竇重顯이 제기한 적이 있다. 『雪竇語錄』 권5 「宗門三印」(T47, 702b15) 참조. 원오는 다른 곳에서 보인 문답에서 이 뜻을 다시 나타낸다. 『圜悟語錄』 권7(T47, 744b17), "'하나의 도장을 진흙에 찍는다는 것은 어떤 뜻입니까?' '발꿈치 아래에 문드러진 골동품을 밟고 있구나.' '하나의 도장을 물에 찍는다는 것은 어떤 뜻입니까?' '입만 적시려다 온몸이 물에 빠져 버리는 격이다.' '하나의 도장을 허공에 찍는다는 것은 어떤 뜻입니까?' '머리 뒤로 만 길 크기의 원만한 광명이 생겼구나.' '이 세 가지는 하나의 도리입니까? 아니면 서로 다른 뜻입니까?' '요모조모 점치듯이 헤아리고 있구나!'(進云, '如何是一印印泥?' 師云, '脚跟下爛骨董地.' 進云, '如何是一印印水?' 師云, '沒嘴浸却.' 進云, '如何是一印印空?' 師云, '腦後圓光萬丈長.' 進云, '爲復一理? 爲復二義?' 師云, '且鑽龜打瓦!')"; 『碧巖錄』 25칙 「本則評唱」(T48, 166a6), "만일 작가 선지식에게 가서, 삼요어三要語로 허공에 도장을 찍고, 진흙에 도장을 찍고, 물에 도장을 찍어서 그(작가 선지식)를 시험하면, 곧 모난 나무로 둥근 구멍을 막는 듯하여 들어맞을 리가 없을 것이다.(若到作家面前, 將三要語, 印空印泥印水驗他, 便見方木逗圓孔, 無下落處.)" 세 가지 선법을 어느 유형으로 확정 짓지 않고 모두 평등하게 자료로 수용하는 방식이 삼종선의 틀에서 시종일관 우열 관계를 유지하는 이 논쟁자들과 확연히 구별되는 납자의 풍모이다.
[171] 『禪門綱要集』 「二賢話」(H6, 851b8), "風曰, '夫祖師心印, 亦名諸佛法印. 今以三要爲文, 故稱三要印, 其實則達摩所傳無文印字也.'"
[172] 『禪門綱要集』 「二賢話」(H6, 852a20).

해서는 사제四諦를 설하고, 연각을 구제하기 위해서는 십이인연을 설하며, 보살을 구제하기 위해서는 육바라밀을 설하는 것과 같다.[173] 대혜가 말하였다. '상사上士가 도에 대해 들으면 도장을 허공에 찍는 것과 같고, 중사中士가 도에 대해 들으면 도장을 물에 찍는 것과 같으며, 하사下士가 도에 대해 들으면 도장을 진흙에 찍는 것과 같다.'[174] 청풍 법사는 '이것은 손님(賓家)의 입장에서 설한 것'[175]이라고 하였다. 이를테면 '부처님은 동일한 음성으로 법을 설하시지만 중생은 각자의 근기에 따라 제각각 이해한다.'[176]는 말과 같다.

그러므로 여기서 말하는 '구句'란 제일·제이·제삼으로 나누었기 때문에 구라 한 것이지, 언구라고 할 때의 구를 말하는 것이 아니다. 제3구에 이르러 널리 베푼 연후에야 비로소 언구라고 할 수 있다. 그런 까닭에 청풍 법사는 '종사가 법을 설하는 것은 마치 나무 사람이 노래하며

---

173 『法華義疏』 권8(T34, 572b19), "그때 회좌에 두 종류의 근연根緣이 있었다. 하나는 성문을 구하는 부류이고 다른 하나는 연각을 구하는 부류이다. 성문을 구하는 사람들에게는 사제법四諦法을 설하고, 연각을 구하는 사람들에게는 십이인연법을 설한다. 그러므로『법화경』「신해품」에서 '은밀하게 두 사람을 파견한다.'라고 한 말은 이것을 말한 것이다.(時坐有二種根緣. 一求聲聞, 二求緣覺. 爲求聲聞, 說四諦 ; 爲求緣覺, 說十二因緣. 故信解品云, '密遣二人.' 卽其事也.)"
174 『大慧語錄』 권20「示無相居士」(T47, 894b17), "상사가 도에 대하여 들으면 마치 도장을 허공에 찍는 것과 같고, 중사가 도에 대하여 들으면 마치 도장을 물에 찍는 것과 같으며, 하사가 도를 들으면 마치 도장을 진흙에 찍는 것과 같다. 이 도장과 허공·물·진흙은 차별이 없지만 상·중·하의 차별된 사람들로 인하여 차별을 두는 것일 뿐이다. 가령 지금 이 도를 가장 빠른 길로 깨닫고자 한다면 도장까지 모조리 부수어 버린 다음에 와서 나를 만나라.(上土聞道, 如印印空 ; 中土聞道, 如印印水 ; 下土聞道, 如印印泥. 此印與空水泥, 無差別, 因上中下之土故, 有差別耳. 如今欲徑入此道, 和印子擊碎, 然後來與妙喜相見.)"
175 『禪門綱要集』「二賢話」(H6, 852a22).
176 『維摩詰所說經』「佛國品」(T14, 538a4), "부처님께서는 동일한 음성으로 법을 설하지만, 중생은 부류에 따라 각각의 방식으로 이해한다.……부처님께서는 동일한 음성으로 법을 설하지만, 중생들 각각이 이해한 수준에 따라 듣는다.(佛以一音演說法, 衆生隨類各得解.……佛以一音演說法, 衆生各各隨所解.)"

손뼉 치는 것과 같으니 진실로 머뭇거리며 헤아려서는 안 된다. 어리석은 이의 식견이 거칠고 경박하여 알맹이 없는 말뿐인 말[177]에 무엇이 있다고 오인하기 때문에 언구라고 하는 것일 뿐이다.'[178]라고 하였다.

그러므로 청풍 법사는 제1구를 설명하여 '백장은 마조의 대기를 터득했고, 황벽은 마조의 대용을 터득했으니, 혁연하게 임제의 본종이 되었다. 이 기틀로 깨달으면 곧바로 위음왕불이전의 경계와 비로자나불 이상으로 향상하는 경지[179]에서 대총지를 터득하기 때문에 불조의 스승이 될 만하다.'[180]라고 하였다. 제2구에 대해서는 '여기에서 분별하여 알아차리면 본질적인 도리(理性)가 끝이 없고 사물의 상에 밖이 없이 넓으며 바른 지각을 갖추기 때문에 인천의 스승이 될 만하다.'[181]라고 하였다. 제3구에 대해서는 '나와 그대가 설하기도 듣기도 하며 묻기도 답하기도 한 이 상황이 이미 제3구에 떨어진 것이다.'[182]라고 하였

---

177 구두성색口頭聲色은 내용이 없이 말뿐인 말, 입으로만 설명하고 알맹이가 없는 것을 말한다. 성색은 색성향미촉법色聲香味觸法 등 여섯 가지 객관 대상에서 이 두 가지를 들어 대표적으로 나타낸 것이다.『正法眼藏』권3(X67, 625a11), "대위수가 말하였다. '가련타, 저 학인은 상대(鳥窠道林)의 구두성색으로 평생을 감당할 수 있다고 오인하고 있을 뿐, 자기의 광명이 전지를 뒤높고 있는 것은 알지 못하는구나.'(人潙秀云, '可惜, 遮僧認佗口頭聲色以當平生, 不知自己光明, 蓋天蓋地.')"
178 『禪門綱要集』「第二篇」(H6, 853a2), "아, 어리석은 이는 식견이 거칠고 가벼워서 알맹이가 없는 말뿐인 말을 진실의 언구라고 여기기 때문에 향상구向上句니, 나변구那邊句니, 정구正句니, 승구勝句니 하는 등의 말을 듣기라도 하면 마음속으로 그것을 기특하게 여겨 특별한 법이라 생각한다. 어찌 불조와 선지식이 말한 언구 하나하나가 목인이 노래하고 손뼉 치거나 타오르는 화로에 떨어진 한 점 눈송이와 같아서 진실로 분별할 수 없음을 알 수나 있겠는가.(噫, 凡愚識見麤浮, 只認得口頭聲色, 謂之言句, 故見說向上句, 那邊句, 正句, 勝句之類, 心奇特之, 將謂別法. 夫豈知祖佛善知識, 所發言句一一, 如木人唱拍, 烘爐點雪, 實不可擬議.)"
179 비로자나불 이상으로 향상하는 경지(毘盧向上) : 더 이상의 지위가 없는 비로자나불의 경지 또한 타파하여 그에 머물지 않는 본분사를 나타낸다.
180 『禪門綱要集』「二賢話」(H6, 851c4).
181 『禪門綱要集』「二賢話」(H6, 852a12).
182 『禪門綱要集』「二賢話」(H6, 852a14).

다. 이 설명 가운데 비록 세 가지 선이라는 말은 없지만 뜻은 알아차릴 수 있다.

일우는 제1구를 설명하기를 '만약 이 구에서 알아차린다면 비로자나불 이상으로 향상하는 경지를 지름길로 밟아서 조사의 심인을 곧장 꿰차리니 그런 까닭에 불조의 스승이 될 만하다.'[183]라고 하였다. 또 말하였다. '임제의 적손인 풍혈 연소風穴延沼가 법좌에 올라앉아 말하였다. 「조사의 심인은 그 형상이 무쇠 소의 기틀과 같다. 제1구는, 찍고 떼면 도장 무늬가 남고 그대로 두면 도장 무늬가 문드러진다. 그렇다면 찍고서 떼지도 않고 그대로 두지도 않아야 한다고 하면 찍는 것이 옳은가, 찍지 않는 것이 옳은가?」[184] 이것은 삼요를 드러낸 것이다. 마지막

---

183 『禪門綱要集』「一愚說」(H6, 853c7).
184 『景德傳燈錄』권13「風穴延沼傳」(T51, 302b22), "풍혈이 또 영주의 아내衙內로 가서 법좌에 올라앉아 대중에게 말하였다. '조사의 마음 도장(心印)은 무쇠 소의 기틀과 흡사해서 찍었다 떼면 문양이 남고 찍은 그대로 있으면 문양이 문드러진다. 가령 떼지도 않고 그대로 있지도 않아야 한다고 하면 찍어야 옳은가, 찍지 않아야 옳은가? 말해 볼 사람 있는가?' 그때 노피盧陂 장로가 나와서 물었다. '제가 무쇠 소의 기틀을 가지고 있으니 스님께서는 도장을 찍지 마시기 바랍니다.' '고래를 낚아서 바닷물을 맑게 만드는 일에 익숙했었는데 도리어 진흙 모래 속에서 몸을 굴리는 개구리를 보니 안타깝구나.'……노피 장로가 우두커니 생각에 잠겨 있자 풍혈이 할을 내지르고 말하였다. '장로는 어째서 망설임 없이 말하지 못하는가?' 노피 장로가 무언가 말하려고 하자 풍혈이 불자로 한 대 때리며 말하였다. '화두를 기억하고는 있는가? 한번 말해 보라.' 노피가 입을 열려는데 풍혈이 또 불자로 때렸다.(師又赴郢州衙內, 昇座, 示衆云, '祖師心印, 狀似鐵牛之機, 去卽印住, 住卽印破. 秖如不去不住, 印卽是, 不印卽是? 還有人道得麽?' 時有盧陂長老出問, '學人有鐵牛之機, 請師不搭印.' 師云, '慣釣鯨鯢澄巨浸, 却嗟蛙步䭾泥沙.'……陂佇思, 師喝云, '長老何不進語?' 陂擬議, 師打一拂子云, '還記得話頭麽? 試擧看.' 陂擬開口, 師又打一拂子.)"; 『碧巖錄』 38칙「本則」(T48, 175c9), "풍혈 연소가 영주의 아내에서 상당법문을 하였다. '조사의 심인은 무쇠 소의 기틀과 흡사해서 떠나면 각인이 남고,【바른 명령을 행하라. 잘못되었다.】 머물면 각인이 파괴된다.【잘못을 다시 범하면 용서하지 않는다. 바른 명령이 행해지는 때를 지켜보라. 찰! 바로 때렸다.】(風穴在郢州衙內, 上堂云, '祖師心印, 狀似鐵牛之機, 去卽印住,【正令當行. 錯.】住卽印破.【再犯不容. 看取令行時. 拶! 便打.】)"; 『圜悟語錄』권5(T47, 733c26), "'조사의 마음 도장(心印)은 그 특징이 마치 무쇠 소의 기틀과 같아서 찍고 떼어 내면 도장 무늬가 남고, 그대로 두면 도장 무늬가 부서진다고 합니다. 그렇다면 본분을 깨

에 노피盧陂 장로를 두 차례 불자로 때린 것은 삼요를 활용한 것이다. 백장과 황벽은 마조의 일할에서 대기와 대용을 터득하였으니 기틀에 딱 들어맞았던 것이다.'[185] 제2구에 대해서는 '향엄은 「지난해의 가난은 가난이 아니요, 올해의 가난이 진실로 가난이라네.」라고 하였고, 앙산은 「여래선이라면 사형이 이해했다고 인정하겠지만, 조사선은 꿈에도 알지 못했다.」고 하였다. 이것은 능지와 소지 두 가지를 모두 잊고 여래선을 성취한 것이니 인천의 스승으로서 모범이 된다.'[186]라고 하였다. 제3구에 대해서는 '낙초지담落草之談[187]으로 상대를 가르치고 병에 따라 약을 주는 방법이니 이는 사정이 부득이해서이다. 만약 이 구절에서 알아차린다면 지견이 치우치고 막혀 공행功行이 원만하지 못하기 때문에 자기도 구제하지 못한다고 한 것이다.'[188]라고 하였다. 제2구에 대한 설명에서는 여래선이라는 말을 썼지만, 제1구와 제3구는 그림자처럼 드러내고자 했기 때문에 조사선·의리선이라고 말하지 않은 것이다.

닫지 못한 납승은 어떻게 찍어야 합니까?' '바로 사리闍黎 그대 자신이다.' '모든 조사들의 콧구멍이 모두 화상의 한 꼬챙이에 뚫렸지만 화상 자신의 콧구멍은 어떤 사람에 의하여 뚫립니까?' '불과佛果를 비방하지 마라.'(進云, '祖師心印, 狀似鐵牛之機, 去卽印住, 住卽印破. 只如無鼻孔衲僧, 作麼生印?' 師云, '使是闍黎'. 進云, '天下祖師鼻孔, 盡被和尙一串穿却, 未審和尙鼻孔被什麼人穿?' 師云, '莫謗佛果好.')"

185 『禪門綱要集』「一愚說」(H6, 854c17).
186 『禪門綱要集』「一愚說」(H6, 855a14).
187 낙초지담落草之談 : 운문 문언의 말에 따른다. 숲(草)은 번뇌 망상의 경계를 나타낸다. 이곳에 떨어져서 전하는 이야기(落草之談)란 그 번뇌의 경계에서 벗어나지 못한 사람들을 위하여 그 수준에 맞도록 기준을 낮추어서 전하는 말을 가리킨다. 번뇌의 경계에서 벗어나 본분사를 직접 가리킨다는 뜻의 출초담出草談과 대칭되는 말이다. 『雲門廣錄』 권중(T47, 554a4), "옛날부터 덕이 높은 스님들은 모두 자비심 때문에 번뇌의 숲에 떨어져서 전하는 이야기를 두었으니, 사람들이 하는 말에 따라 그 사람의 수준을 파악했던 것이다. 만일 번뇌의 숲을 벗어나는 이야기라면 이렇게 하지 않는다. 이렇게 한다면 이는 쓸모없이 거듭 해설하는 말이 될 뿐이다.(古來老宿, 皆爲慈悲之故, 有落草之談, 隨語識人. 若是出草之談, 卽不與麼. 若與麼, 便有重話會語.)" 『정선공안집』 1(p.517) 주석 10 참조.
188 『禪門綱要集』「一愚說」(H6, 854a7).

此明向下三禪.【向下者, 在上一竅而言也. 三禪者, 三句下薦得之法也.】圓悟云, '作家漢將三要印,【風云, '祖師心印, 亦名諸佛法印. 今以三要爲文, 故稱三要印, 其實無紋印字.'】印空【第一句】印水【第二句】印泥【第三句】, 以驗人.' 風云, '此在師家邊說.' 如云, '爲求聲聞者, 說四諦 ; 爲求緣覺者, 說十二因緣 ; 爲求菩薩者, 說六波羅蜜也.' 大慧云, '上士聞道, 如印印空, 中士聞道, 如印印水, 下士聞道, 如印印泥.' 風云, '此就賓家邊云.' 如云, '佛以一音演說法, 衆生隨類各得解'也.

然則此云句者, 爲分一二三, 故云句, 非言句之句也. 至第三句, 旁施午設然後, 方爲言句也. 故風云, '宗師說法, 如木人唱拍, 實不可擬議. 凡愚識見麤浮, 只認得口頭聲色, 謂之言句.'

然風釋第一句云, '百丈得大機, 黃蘗得大用, 赫然爲臨濟本宗. 此機所入, 直在威音已前, 毘盧向上, 得大摠持, 故與佛祖爲師.' 釋第二句云, '於此辨得見, 理性無邊, 事相無外, 其正知覺, 故與人天爲師.' 釋第三句云, '吾與子一說一聽, 一問一答, 早落第三句.' 此中雖無三禪之言, 可以意得也.

一愚釋第一句云, '若向此句下薦得, 徑踏毘盧向上, 直佩祖師心印, 故云與佛祖爲師.' 又云, '臨濟嫡孫. 風穴上堂云,「祖師心印, 狀似鐵牛之機. 卽第一句, 去則印住, 住則印破. 只如不去不住, 印則是, 不印則是?」是顯三要. 末後打盧陂兩拂子, 是用得三要. 百丈黃蘗, 於馬祖一喝, 得大機大用, 是當機.' 釋第二句云, '香嚴云,「去年貧未是貧, 今年貧直是貧.」仰山云,「如來禪卽許師兄會, 祖師禪未夢見在.」此是能所二知俱忘, 成就如來禪, 爲人天師之榜樣.' 釋第三句云, '落草爲人, 隨病與藥, 乃事不獲已也. 若向此句下薦得, 知見偏澹, 功行不圓, 故云自救不了.' 此第二句, 有如來禪之言, 第一第三句, 欲爲影現故, 不言祖師禪義理禪也.

학인이 물었다. '제1구란 어떤 것입니까?' 임제가 말했다. '삼요의 도장을 찍고 떼니 붉은 무늬점이 분명히 나타난다. 이에 대하여 분별하기도

전에 주·객이 갈라지리라.'

僧問, '如何是第一句?' 師云, '三要印開朱點窄, 未容擬議主賓分.'

청풍 법사가 말하였다. '앞의 구절은 먼저 비추고【앞의 구절에서 뒤의 세 글자 朱點窄】 나중에 작용하는 것이며,【앞의 구절에서 앞의 네 글자 三要印開. 문장은 비록 먼저 작용하고 나중에 비추는 순서로 되어 있지만, 뜻인즉슨 먼저 붉은 무늬점이 있어야 이것이 위쪽에 삼요의 도장을 찍을 수 있기 때문에 먼저 비추고 나중에 작용한다고 푼 것이다.】 뒤의 구절은 먼저 작용하고【뒤의 구절에서 뒤의 세 글자 主賓分】 나중에 비춘다는 것이다.【뒤의 구절에서 앞의 네 글자 未容擬議. 이것 역시 문장 자체는 비록 먼저 비추고 나중에 작용하는 순서로 되어 있지만, 뜻인즉슨 먼저 주인과 손님이 있은 연후에라야 분별을 허용하지 않을 수 있기 때문에 먼저 작용하고 나중에 비춘다고 푼 것이다.】'[189]

두 구절이 합해져 한 쌍으로 중도를 비추므로 비춤과 작용을 동시에 하는 것이 되고, 한 쌍으로 둘 모두 차단한다면 비춤과 작용을 동시에 하지 않는 것이다. 이는 사조용四照用에 근거하여 비춤과 작용을 풀어 밝힌 것이다.[190] 비춤은 안과 통하고 작용은 밖으로 드러난 것이 마치 봉화가 성안에서 변고를 급히 알려 변방에서 전쟁에 철저히 대비함과 같다.[191]

숭재혜가 말하였다. '제1요는 대기가 원만히 응하는 것이고, 제2요는

---

189 『禪門綱要集』「二賢話」(H6, 851b17).
190 『禪文手鏡』「義理禪三句頌」(H10, 515c11).
191 『禪門綱要集』「一愚說」(H6, 854b14), "비춤은 안을 비추어 통하고, 작용은 밖으로 작용하여 드러난 것이 마치 봉화가 성안에서 변고를 급히 알려 변방에서 전쟁에 철저히 대비함과 같다.……비춤과 작용은 요체이며 제1구에 해당하고, 권權과 실實은 현玄이며 제2구에 해당하고 또 제3구에도 해당한다.(照, 照通於內, 用, 用現於外, 如烽火耿急城中, 興戎塞上.……照用是要, 當第一句, 權實是玄, 當第二句, 又當第三句.)"

대용이 곧장 발휘되는 것이며, 제3요는 대기와 대용이 나란히 시행되는 것이다. 대기와 대용을 모두 떨어 버리는 것이 향상일규이다. 대용이 곧장 발휘된다고도 하고 대용이 온전히 드러난다고도 한다. 한계가 없는 상태에 이르러 단지 단순 명쾌할 뿐만 아니라 향상일규 또한 이 가운데 있기 때문에 온전히 드러난다고 한 것이다. 대기와 대용이란, 예를 들어 기관이 하나의 기관을 건드리기만 하여도 100가지 기관이 모두 일어나는 것과 같다. 건드리지도 않고 일어나지도 않는 바로 그때를 내기라고 한다. 대기는 원만히 응함(圓應)을 뜻으로 삼으니 대기가 곧 용이다. 이미 건드리고 일어나고 난 이후의 시기를 대용이라고 한다. 대용은 곧바로 근원에 이름(直截)을 뜻으로 삼으니 대용이 곧 기機이다.'[192] 이 대기를 제외하고서 대용은 없으며, 대용을 제외하고서 대기는 없다. 하나를 들어 전부를 거두어들일 뿐 더 이상 여타의 경우란 없다. 그런 까닭에 『염송설화』에서 '백장은 대기를 얻었을 뿐이지만 더 이상 대용이 필요하지 않았으며, 황벽은 대용을 얻었을 뿐이지만 결코 대기가 필요하지 않았다. 만약 「대기 중에 대용이 있고, 대용 중에 대기가 있다.」고 한다면 어떻게 꿈엔들 백장과 황벽의 경계를 알겠는가.'[193]라고 하였다. 그렇기에 '요要는 요점을 찌른다고 할 때의 그 요이니, 요점은 번다한 데에 있지 않다.'[194]고 한다.

---

[192] 『禪門綱要集』「二賢話」(H6, 851b20);『禪門四辨漫語』(H10, 822c3).
[193] 『禪門拈頌說話』 181칙(H5, 182a23).
[194] 『禪門綱要集』「二賢話」(H6, 851b4), "청풍 법사가 말하였다. '구句는 언구라고 할 때의 구이니 구는 차별을 설명한 것이다. 현玄은 유현하다는 뜻의 현이니 현은 분별할 수 없는 것이다. 요要는 요점을 찌른다고 할 때의 요이니 요는 번다한 데에 있지 않다. 현과 요는 구에 있고, 권權과 실實은 현에 있으며, 조照와 용用은 요에 있다. 각각 마땅한 점을 가지고 있으니 함부로 판단해서는 안 된다.'(風曰, '句言句之句, 句詮差別;玄幽玄之玄, 玄不可辨;要省要之要, 要不在多. 玄要在句, 權實在玄, 照用在要. 各有攸當, 不應莽鹵.')"

風云, '前句先照【下三字】後用,【上四字. 文雖先用後照, 意則先有朱點, 此上方開三要印, 故云先照後用.】後句先用【下三字】後照.【上四字. 此亦文雖先照後用, 意則先有主賓然後, 未容擬議, 故云先用後照.】'
二句合爲, 雙照中故, 爲照用同時, 雙遮則爲照用不同時也. 此約四照用, 釋言照用者. 照通於內, 用現於外, 如烽火警急城中, 興戎塞上.
崇齋惠云, '第一要大機圓應, 第二要大用直截, 第三要機用齊施. 雙拂機用, 爲向上一竅也. 大用直截, 亦名大用全彰. 以直得無限, 非但直截, 乃至向上一竅, 亦在此中, 故云全彰. 言機用者, 如機關觸一機, 而百關俱發. 正當不觸不發之時, 謂之大機. 大機以圓應爲義, 是大機卽用也. 旣觸旣發之時, 謂之大用. 大用以直截爲義, 是大用卽機也.' 此機外無用, 用外無機. 擧一全收, 更無餘事也. 故說話云, '百丈得大機, 更不要大用, 黃蘗得大用, 更不要大機. 若道大機中有大用, 大用中有大機, 何曾夢見百丈黃蘗.' 故云, '要省要之要, 要不在多.'

학인이 물었다. '제2구란 어떤 것입니까?' 임제가 말했다. '문수보살文殊菩薩이 어찌 무착無著 선사의 물음을 용납할 것인가. 그러나 방편이 어찌 번뇌를 끊은 근기(문수)와 상충되겠는가.'

問, '如何是第二句?' 云, '妙喜豈容無着問, 漚和爭負截流機.'

청풍 법사가 말하였다. '앞의 구절은 실實을 드러내었고 뒤의 구절은 권權을 제시한 것이다. 방편문(權門)에서 삼현이라는 명칭을 세웠으니 명칭은 실제(진실)의 손님이다.'[195] 백파 노사는 이에 근거하여 두 겹으로 삼구를 세웠다. 첫째, 삼현을 삼구로 삼고(권) 본분을 일구로 삼았으

---

195 『禪門綱要集』「二賢話」(H6, 851c11).

니【실】이것은 방편을 열어 진실을 드러낸 것(開權顯實)이다.[196] 둘째, 삼현이라는 권과 일구라는 실을 권실삼구로 하였으니 이것은 방편 그대로 진실을 밝힌 것(卽權明實)이다.

일우가 말하였다. '앞 구절의 실은 체중현體中玄이며, 다음 구절의 권은 구중현句中玄이다. 두 구절이 합해져 현중현玄中玄이 된다. 이것은 삼현을 권실로 삼은 것이니 방편을 모아 진실을 드러낸 것(會權顯實)이다.[197] 그러나 삼현이라는 말은 외설外說에도 있다.『주역』에서는 유위에 한정된 현玄, 노자의 경우는 무위에 한정된 현玄, 장자의 경우는 유위와 무위를 통합한 현玄인데, 임제가 이것을 빌려 단지 삼현이라고 했을 뿐이다.'[198]

고탑주古塔主[199]가 처음 그 명칭을 세워 첫째 체중현, 둘째 용중현用中玄 또는 구중현, 셋째 의중현意中玄 또는 현중현이라고 하였다. 여기에서 체體와 용用을 대대로 삼는다면 현중현은 앞의 두 가지보다 더 현묘하므로 현중현이 중中이 된다. 만약 구句와 의意를 대대로 삼는다면 이 두 현은 체 가운데서 흘러나온 것이므로 체중현이 중이 된다. 이제 체體·구句·현玄[200]을 순서대로 삼은 것은 앞뒤로 가리고 생략하여(影

---

196 천태종天台宗의 근본 교설인 개권현실開權顯實을 말한다. 근기根機를 기준으로 밝히면 개삼현일開三顯一이라 한다. 곧 삼승三乘이라는 방편교를 열고 나서 일승一乘의 진실을 드러내는 맥락을 가리킨다. 개근현원開近顯遠 또는 개적현본開迹顯本이라고도 한다. 이는 모든 방편의 교법(迹門)은 구원성불久遠成佛이라는 본문本門을 가리키는 말이며,『法華經』전체의 교설을 천태의 관점에서 압축적으로 나타낸 법이다.
197 앞 구절의~드러낸 것이다 : 이 구절은『禪門綱要集』에 보이지 않으며 달리 전거를 찾지 못하였다.
198 『禪門綱要集』「二賢話」(H6, 851c18).
199 고탑주古塔主 : 천복 승고薦福承古(?~1045)를 가리킨다. 운문 문언의 말에서 홀연히 깨달았으나 명성을 구하지 않고 운거 도응雲居道膺의 탑이 있는 곳에 거처하였다. 사방에서 배우는 이들이 몰려들었고 승고를 고탑주라 불렀다.
200 체體·구句·현玄 :『法集別行錄節要私記解』(H9, 560b3), "옛날의 선사가 판석한 체體·구句·현玄 세 가지는 모두 제2구 가운데 일이다. 삼구로 말하자면 불조가 제시한

畧)²⁰¹ 서로 중이 됨을 드러내고자 한 것이다. 가령 체와 구로써 제3 의 중현을 감추고 제1 체중현을 드러내어 중이 된다. 또한 체와 현으로써 제2 용중현을 감추고 제3 현중현을 드러내어 중이 된다. 구句에도 중의 뜻이 있으니, 구가 아니면 체와 현을 드러낼 수 없다. 그러므로 세 가지 모두에 중의 뜻이 있다면 앞뒤의 중은 불가분의 관계이다. 그런 까닭에 푸른빛이 도는 흰색을 검푸른색 창蒼이라 하고, 검푸른색 창蒼을 현玄이라 하는 것이다.²⁰² 현은 그윽하고 현묘하다는 뜻의 현으로서 현은 분별할 수 없다. 그러므로 옛사람은 운문의 삼구를 동산의 오위편정五位偏正에 짝지었다.

운문의 삼구 : 운문이 대중에게 '하늘과 땅이 어김없이 들어맞고(函蓋乾坤), 한눈에 핵심을 헤아리며(目機銖兩), 어떤 인연과도 교섭하지 않는(不涉萬緣) 경지를 한 구절로 어떻게 표현할 수 있을까?'라고 물었는데, 대중이 아무 대꾸도 없자 운문 스스로 대신하여 말하였다. '한 발 화살

것은 교이기도 하고 선이기도 하며 모두 제3구 가운데 일이다.(古師所判, 體句玄三, 皆第二句中事也. 若以三句言之, 佛祖所示, 若敎若禪, 皆第三句中事也.)"

201 영략影畧은 영략호현影略互顯의 줄임말로, 한편에서 생략한 것을 다른 한편에서 드러내고, 다른 한편에서 생략한 것을 한편에서 드러냄으로써 양쪽을 비추고 합하여서 전체의 의미를 이해할 수 있도록 말하는 방식이다. 『俱舍論記』 권1 「分別界品」(T41, 33a1), "광光과 명明이 한 쌍의 대를 이룰 경우 명은 은은한 빛을, 광은 눈부신 빛을 함의한다. 명에 치우쳐 말하더라도 그 은은한 빛으로써 눈부신 빛을 드러내는 것이다. 영影과 암闇이 한 쌍의 대를 이룰 경우 영은 옅은 어둠을, 암은 짙은 어둠을 함의한다. 암에 치우쳐 말하더라도 그 짙은 어둠으로써 옅은 어둠을 드러내는 것이다.(光明爲一對, 明輕光重. 偏言明者, 擧輕以顯重 ; 影闇爲一對, 影輕闇重. 偏言闇者, 擧重以顯輕.)"

202 『禪門綱要集』 「二賢話」(H6, 851c14), "청풍 법사가 말하였다. '어떤 이가 삼요인三要印을 물에 찍으면 완연히 물결을 이루니 이름을 바꾸어 삼현이라 한다. 현은 정색正色이 아닌 색이 뒤섞인 것이다. 푸른빛이 도는 흰색을 검푸른색 창蒼이라 하고, 검푸른색 창蒼을 현玄이라 한다. 푸른빛과 흰색과 검은색, 세 가지가 뒤섞여 볼 수는 있으나 변화시킬 수 없는 것을 가지고 비유하여 현이라 한 것이다.'(風曰, '或提三要印, 直向水上搭却, 宛成文彩, 轉名三玄. 玄雜壞色. 靑白爲蒼, 蒼黑爲玄, 三者混然可見而不可變之之比也.)"

로 세 겹의 관문을 뚫는다(一鏃破三關).'²⁰³ 후에 덕산 연밀德山緣密이 운문의 그 말을 고쳐서 삼구를 만들었는데, '하늘과 땅이 어김없이 들어맞는 구절(函蓋乾坤句), 모든 번뇌 망상의 흐름을 끊는 구절(截斷衆流句), 물길이 흐르는 대로 따르고 쫓아가는 구절(隨波逐浪句)'이라고 하였다. 보안 산도普安山道가 또한 일촉파삼관一鏃破三關 외에 별도의 한 구절을 내놓았다.²⁰⁴

---

203 『禪門綱要集』「山雲篇」(H6, 856b2). 『碧巖錄』 56칙 「本則評唱」(T48, 190b15), "이 공안에서는 마음속에 터럭 끝만큼의 도리라도 지어내어 이리저리 분별하는 생각을 품어서는 안 되며 말의 굴레에서 벗어나야 비로소 하나의 구절로 세 관문을 쳐부술 수 있어 화살 쏜 결과를 거두게 될 것이다. 옳으니 그르니 다투는 마음을 지니고 있다면 끝내 찾을 수 없다.……'화살이 지나간 길이 뚜렷이 남아 있다.'고 한 말은 과녁을 맞히고자 한다면 화살이 날아간 뒤에 그 지나간 흔적이 남을 것이라는 뜻이다. 말해 보라! 어떤 것이 화살이 지나간 뒤에 남은 흔적인가? 반드시 저 스스로가 정신을 차려야만 한다.(這箇公案, 須是胸襟裏無不懷些子道理計較, 超出言語之外. 方能有一句下破三關, 及有放箭路. 若存是之與非, 卒摸索不著.……的的分明箭後路, 若要中的, 箭後分明有路. 且道! 作麽生是箭後路? 也須是自著精彩始得.)"; 『禪門拈頌說話』 1048칙(H5, 742b15); 『人天眼目』 권2 「三句條」(T48, 312a7).

204 『禪門綱要集』「雲門三句」(H6, 858a13). 『禪門拈頌說話』 1048칙(H5, 742b19), "덕산 원명 연밀의 송 : 건곤과 만상들, 지옥 그리고 천당, 만물 낱낱에 모두 진실 그대로 드러나고, 낱낱의 존재 어디에도 상처 하나 없도다.【하늘과 땅이 어김없이 들어맞다.】; 산악처럼 크고 무거워도, 낱낱이 모두 티끌이라. 그 이상 현묘한 도 말하려 들면, 얼음 녹고 기와 부서지듯 꺾이리.【모든 번뇌 망상의 흐름을 끊다.】; 뛰어난 말솜씨와 입담으로 묻고, 높거나 낮거나 모자라지 않구나. 또한 병에 적절하게 주는 약처럼, 병증 진단도 시기 알맞아야 하리.【물길이 흐르는 대로 따르고 쫓아가다.】; 당사자가 제기해 외친 그것, 삼구가 어찌 모두 감싸리오? 누군가 무슨 일이냐 물으면, 남악과 천태라고 대답하리라.【삼구에서 벗어나 별도로 설정하는 한 구절】(德山圓明密頌, 乾坤幷萬像, 地獄及天堂, 物物皆眞現, 頭頭惣不傷.【函蓋乾坤】; 堆山積嶽來, 一一盡塵埃. 更擬論玄妙, 氷消瓦解摧.【截斷衆流.】; 辯口利舌問, 高低惣不虧. 還如應病藥, 診候在臨時.【隨波逐浪.】; 當人如擧唱, 三句豈能該? 有問如何事, 南岳與天台.【三句外別置一句】)" 『人天眼目』 권2 「普安道頌三句」(T48, 312a13)에는 덕산 연밀의 송이 아니라 보안 산도의 송으로 실려 있다. 『看話決疑論』(H4, 734c6), "그러므로 보안 산도 선사는 운문(昭陽)의 이러한 뜻을 이어받아 삼구 이외에 별도로 한 구절을 두고서 '당사자의 입장에서 본분을 들어 표현하자면 삼구로 어찌 모두 갖출 수 있겠는가! 본분사가 무엇이냐고 묻는다면「남악과 천태」라고 대답할 것이다.'라고 하였던 것이다. 그러나 이 천태와 남악 등과 같은 맛없는 이야기(화두)가 삼구 안에 있으면 병통을 타파하는 말에 그치

청산 사는 늙은이(靑山叟)가 푼다. 함개건곤函蓋乾坤은, 삼라만상 내지 불조의 작용에 이르기까지 함凾과 그 뚜껑이 딱 들어맞듯 하여 실오라기나 터럭조차 새어 나가지 못하기 때문에 일체가 건립되는 소식이 모두 이 구에 속하니 바로 용구用句이다. 절단중류截斷衆流란, 크고 작은 산들처럼 무수한 경계들이 하나하나의 티끌일 뿐이요 현묘한 작용에 이르기까지 봄날 얼음이 녹고 굽지 않은 기와가 부서지듯 일체를 쓸어버리는 소식이 이 구에 속하니 바로 체구體句이다. 수파축랑隨波逐浪이란, 세우기도 하고 휩쓸어 버리기도 하며 일체가 두루 응하는 소식이어서 물결을 따르고 파도를 따르지 않음이 없으므로 중구이다. 또한 함개건곤은 체와 용이 서로 잘 어울려 만남이 마치 함과 그 뚜껑이 딱 들어맞듯 하므로 중구이다. 절단중류는 손님과 주인이 묻고 답함이 모두 시절인연에 맞으면서도 간섭하지 않으니 체구이다. 수파축랑은 손님도 있고 주인도 있으며 갖추지 못한 법이 없음이 마치 한눈에 핵심을 헤아려 가벼우면 가벼운 대로 무거우면 무거운 대로 따르고 빈 배가 물결 따라 흐르듯이 높으면 높은 대로 낮으면 낮은 대로 따르는 것

지만, 삼구 밖에 있으면 병통을 타파하는 것이라 하지 않으며, 몬분사를 온진히 제기하라고 전한 말인 것이다. 그러므로 장로 종색은 '나는 어떤 때는 반으로 찢고 셋으로 쪼갰지만 종문의 본분사를 제기한 적은 없었다. 이제 찢어진 반 토막을 하나로 묶고 쪼개진 셋도 없애어 본분사를 온전히 들어 보일 것이다.'라 하였고, 또한 '운문 대사는 어떤 때는 삼구 안에서 법을 설하였고, 어떤 때는 삼구 밖에서 종지를 제기했다.'라고 하였다. 그러므로 알라. 옛사람은 하나의 본보기가 되는 화두를 삼구 안에서 병통을 타파하는 말로 삼기도 했고, 혹은 삼구 밖에서 종지를 온전히 제기하는 구절로 삼기도 했던 것이니, 어찌 요즘 사람들이 경절문의 화두를 오인하여 마치 실타래처럼 꼬인 복잡한 말로 만드는 것을 이상하게 여기지 않을 수 있겠는가!(然普安道禪師, 承昭陽之意, 立三句外, 別置一句曰, '當人如擧唱, 三句豈能該! 有問如何事, 南嶽與天台.' 然此天台南嶽等, 無味之談, 在三句內, 則爲破病之言; 在三句外, 則非謂破病, 乃全提此事言也. 故長蘆賾師云, '山僧, 有時裂半拆三, 未嘗擧着宗門中事. 如今紐半破三, 全提此事去也.' 又云, '雲門大師, 有時三句內說法, 有時三句外提綱.' 以是故知, 古人亦以一例話頭, 或爲三句內破病之言, 或爲三句外全提之句, 豈可足怪今時人認徑截門話頭, 成絡索者耶!)"; 『從容錄』(T48, 275a27).

과 같으니 용구이다. 또한 함개건곤은 체가 만덕을 갖추고 있으므로 체구이다. 수파축랑은 물결 흐르는 대로 높았다 낮았다 하고 한눈에 경중을 헤아려 남김 없는 작용을 눈앞에 드러내므로 용구이다. 절단중류는 체와 용이라는 두 방편이 모두 시절인연에 맞아 중(中)을 함께 쌍으로 비추되 또한 간섭하지 않으면서 중(中)을 함께 쌍으로 차단하여 부정하기도 하니 중구이다. 그런즉 이 삼구에는 모두 중의 뜻이 있으므로 삼현의 현을 변별할 수 없음을 알 수 있다.

또 한 발 화살로 세 겹의 관문을 무너뜨린다는 일촉파삼관에도 세 가지 뜻이 있다.[205] 첫째, 삼구 가운데 일구가 한 발 화살의 구(句)이다. 구(句)에는 정해진 차제가 없어 하나를 들면 전체가 그것에 거두어져[206] 모든 대립의 짝(待對)을 절단하니 삼구가 서로 바꾸어 가며 중심이 된다. 일우는 권과 실을 삼현의 뜻으로 삼았다. 둘째, 삼구를 반조하는 대상인 세 겹의 관문으로 삼고, 반조하는 지혜를 한 발 화살로 삼는다. 이에 대해 청풍 법사는 실(實)을 일구로 삼고 방편문(權門)에서 삼현의 뜻을

---

[205] '한 발의 화살'은 과녁에 적중하는 화살처럼 핵심을 찌르는 한마디 말이다. 곧 '한 구절로 도에 빈틈없이 딱 들어맞는 것'과 같다. 『禪門綱要集』 「雲門三句」(H6, 858b5), "일촉파삼관에는 세 가지 뜻이 있다. 첫째, 반조하는 지혜를 한 발 화살이라고 하니, 진실로 반조하는 경우에는 셋이니 하나니 하는 이해를 지어내지 않는다. 그러므로 □□을 설할 때는 셋이라는 이름을 쓰지만 반조할 때는 셋이니 하나니 하는 이해를 지어내지 않는다고 하는 것과 같다. 둘째, 삼구 가운데 □□로 본다면 구절마다 일정한 차제가 없어서 하나를 들면 전부 거두어지며 모든 대대를 끊는다. 그러므로 셋째로 별도로 한 구절을 둔 것으로 보면 삼관三關을 시설한 것이 자연히 사라지므로 함개건곤函蓋乾坤・절단중류截斷衆流・수파축랑隨波逐浪 가운데 어느 것이 왼쪽이고 오른쪽이며 어느 것이 중간이란 말인가?(一鏃破三關者, 有三義. 一, 返照之智□一鏃, 若當眞實返照之時, 不作三一解. 故如云, 說□□三名字, 在返照之時, 不作三一解. 二者三句中□□看, 則句句無定次第, 擧一全收, 絶諸待對. 故三者□置一句看, 則三關施設, 自然消落故, 然則函蓋乾□截斷衆流隨波逐浪, 以何爲左右, 以何中間?)";『禪門手鏡』「一鏃破三關有五重」(H10, 521b6).

[206] 거일전수擧一全收는 거체전수擧體全收・거체전섭擧體全攝이라고도 하며 거체전진擧體全眞과도 통하는 말이다. 하나를 들면 여타의 일체가 그것에 다 거두어들여져 포섭된다는 말이다.

세웠다 셋째, 진실을 마주하여 반조하는 경우에는 셋이니 하나니 하는 이해를 일으키지 않으므로 별도의 한 구절을 두고, 이 별도의 한 구절을 한 발 화살로 삼는 것이 종문의 향상이다. 종문의 향상으로써 공겁을 완전히 뛰어넘어[본분일구] 금시에 떨어지지 않는다.[신훈삼현] 그러나 이미 '한 발 화살을 쏘아 세 겹의 관문을 쳐부수어도, 화살이 지나간 흔적은 분명히 남는다.'²⁰⁷고 하였으니 제1구의 삼요가 그것이다.

동산의 오위편정 : 체구는 정위正位인 군위君位로서 본래 그 무엇도 없는 공계空界에 속한다. 용구는 편위偏位인 신위臣位로서 만물이 무수한 형상을 이루고 있는 색계에 속한다. 중구는 정중래正中來로서 임금이 신하를 보듯 평등한 마음으로 이理를 등지고 사事로 나아가는 것(背理就事)²⁰⁸이다. 본분구本分句는 편중지偏中至로서 신하가 임금을 향해 충성을 다하듯 사事를 버리고 이理로 들어가는 것(捨事入理)이다. 종문宗門의 향상구(向上)는 겸중도兼中到로서 임금과 신하가 도리에 합하여 갖가지 인연과 하나로 어울려 응하지만 특정한 무엇에 떨어지지 않으니 편과 정이 자유롭게 자리를 맞바꾼다(回互).²⁰⁹ 대혜는 오위편정도五位偏

---

207 귀종 지상歸宗智常의 게송에 나오는 구절. 『景德傳燈錄』 권29 「歸宗至眞禪師智常頌一首」(T51, 451c25) 참조.
208 배리취사背理就事는 구체적 현상인 색色 또는 사事가 근본적 도리인 공空 또는 이理와 다르지 않으므로 무차별의 이理로부터 차별의 사事로 전개하는 것을 말한다.
209 체구는 정위正位인~자리를 맞바꾼다(回互) : 이상은 군신오위君臣五位로 푼 내용이다. 동산 양개洞山良价가 정正(平等)과 편偏(差別)을 조합하고 이理를 정위正位에, 사事를 편위偏位에 대응시켜 정위각편正位却偏·편위각정偏位却正·정위중래正位中來·편위중래偏位中來·상겸대래相兼帶來 등 다섯 가지로 불법의 대의를 정리한 오위설五位說을 그 법사인 조산 본적曹山本寂이 계승하여 정중편正中偏·편중정偏中正·정중래正中來·편중지偏中至·겸중도兼中到로 다시 이름 붙이고 임금과 신하를 비유로 이를 새롭게 제창한 것이다. 군君은 정위, 신臣은 편위에 해당한다. 『曹山本寂語錄』 권상(T47, 536c24), "학인이 오위군신의 요지를 묻자 답하였다. '정위는 공계로서 본래 하나의 그 무엇도 없고, 편위는 색계로서 무수한 형상이 있으며, 정중편은 이理를 등지고 사事로 나아감이요, 편중정은 사事를 버리고 이理로 들어가는 것이요, 겸대는 갖가지 인연에 감응하지만 어떤 유위에도 떨어지지 않으니 오염도 청정도 아

正圖를 설명하였다. 첫째 정중편正中偏◐,【흑(정위)을 이분하여 그중 일분은 백(편위)】둘째 편중정偏中正◑,【백을 이분하여 그중 일분은 흑】셋째 정중래⊙. 언구란 언구는 모두 아무것도 없는 가운데서 무엇인가를 불러내니 정위로부터 오지 않은 것이 없다.²¹⁰ 넷째 편중지○. 마치 사람이 집으로 돌아가는데 아직 이르지 못했지만 곳곳마다 집인 경우와 같다. 다섯째 겸중도●. 앞의 4위를 모두 아울러 정위로 돌아가니 자유롭게 맞바꿀 수 있음(回互)을 알 수 있다.²¹¹ 운문의 삼구를 알면 동산의 편정에 관한

　　니며 정위도 편위도 아니다. 그러므로 텅 비어 현묘한 대도요 집착이 없는 진실한 종지라 한다.'(師因僧問五位君臣旨訣, 師曰, '正位卽空界本來無物；偏位卽色界有萬象形；正中偏者, 背理就事；偏中正者, 舍事入理；兼帶者, 冥應衆緣, 不墮諸有, 非染非淨, 非正非偏. 故曰, 虛玄大道, 無著眞宗.)

210　모든 말은 궁극적으로 말로 표현할 수 없는 경지로부터 나오므로 구절이 없는 것으로부터 구절이 있다고 한다.

211　『正法眼藏』권3(X67, 631c16), "부모로부터 태어나지 않은 공겁이전, 혼돈이 아직 나뉘지 않은 때의 실정을 정위라고 한다. 흑을 2분 하여 그중 1분은 백인 권상圈相으로 정중편을 삼는다. 도리어 백의 자리로 와서 흑을 설명하지만 흑을 침범하지도 않는다. 흑을 침범한다면 금기에 저촉되는 것이다. 다시 동산의 정중편에 대한 송의 구절을 인용하여, '삼경 초야 달 밝기 전'이라 한 것은 회호回互함을 말한다. 다만 삼경이라고만 하였지만, 삼경은 흑이고 초야도 흑이며 달 밝기 전 또한 흑이다. 흑을 말하지 않았으나 '삼경 초야 달 밝기 전'이라 하였으니 회호하며 금기에 저촉되지 않았다. 백을 2분 하여 그중 1분은 흑인 권상으로 편중정을 삼는다. 도리어 흑의 자리로 와서 백을 설명하지만 백의 소식을 침범하지 않는다. 편중정 송에 '날 밝은 줄 모르고 늦잠 잔 노파가 옛 거울을 비추어 보노라.'라고 한 것은 밝음과 백을 말하지 않았으나 날 밝은 줄 몰랐다는 말과 옛 거울을 말하여 밝음과 백이 회호하며 금기에 저촉되지 않았다. 날 밝은 줄 몰랐다는 것은 어둠 가운데 밝음이요 옛 거울 또한 어둠 가운데 밝음이다. 노파의 머리털은 희니, 머리털이 희다고는 말하지 않았지만 노파를 가리키므로 백은 그 가운데 있다. 백과 회호하기 때문이다. 또 정중래를 설명한다. 송에 '무無에는 유有로 통하는 길이 있지만 모든 오염된 티끌과 떨어져 있다.'라고 하였다. 혹은 '티끌을 벗어나 있다.'라고도 되어 있다. 모든 언구는 어느 것이나 말이 없는 경지 속에서 나오니 미묘한 근본 도리를 그 사이에 끼고 있다. 정위로부터 오지 않는 것이 없으니 밝거나 어둡거나, 오거나 가거나 모두 종지와 통하는 뜻을 묘하게 그 사이에 끼고 있다. 일위一位가 모두 이 다섯 가지를 갖추고 있는 것이 마치 손에 달린 다섯 손가락이 적지도 남아돌지도 않는 것과 같다. 겸중지는 흑과 백을 겸하고 편과 정을 겸하여 지극한 것이다. 왜 지극하다고 하는가? 마치 사람이 집으로 돌아가는데 아직 이르지 못했지만 곳곳마다 집인 경우와 같다. 특별히 행할 업은 집으로 가는 길 곳곳에

설이 삼현 가운데 현임을 준하여 알 수 있다.

그러므로 『간화결의론』에 다음과 같이 말하였다. '선문에도 또한 여러 종류의 근기가 있으므로 입문하는 양상도 매우 다르다. 어떤 사람들은 오로지 마음과 식識이 있을 뿐이라는 도리에 의거하여 체중현에 들어가니 이 최초의 현문에는 원교圓敎에서 내세우는 사사무애事事無礙의 이론이 있다. 마치 끝없는 불국토의 경계에는 자타가 털끝만큼의 간격도 없고, 십세 고금의 시작과 끝이 현재의 찰나를 벗어나지 않는다는 것과 같다. 그러나 이 근기의 사람들은 오랫동안 불법에 대한 지견을 마음에 담아 두고 있어서 그것에서 깨끗하게 벗어나지 못한다. 어떤 사람은 본분사에 따라 대응하여 지견을 깨끗하게 떨쳐 버리고 구중현으로 들어가 최초의 현문에서 생기는 불법에 대한 지견을 타파한다. 곧장 지름길로 이르는 문(徑截門)과 같으니 정전백수자庭前柏樹子·마삼근麻三斤 등의 화두가 그것이다. 그러나 아직 지견을 깨끗하게 떨쳐 버렸다는 분별을 잊지 못해 여전히 생사의 세계에서 자유자재하지 못하기 때문

있으니 남에게 진하는 일도 회호하며 미묘함은 본체 앞에 있다. 겸중도는 앞의 네 가지(四位)를 겸한다. 모두 미묘한 도리를 끼고 정위로 돌아간다. 송에 '마땅히 도탄 속으로 돌아가 앉아야 하리라.'라고 하였으니 또한 흑을 말하며 흑과 회호하고, 흑을 말하지 않았지만 도탄이라 한 말에 드러나 있다.(父母未生空劫已前, 混沌未分事, 謂之正位. 以二分黑一分白圈兒爲正中偏. 却來白處說黑底, 又不得犯著黑字. 犯著黑字卽觸諱矣. 更引洞山頌云, 正中偏, '三更初夜月明前,' 謂能回互. 只言三更, 三更是黑, 初夜是黑, 月明前是黑. 不言黑而言三更初夜月明前, 是能回互不觸諱 ; 以兩分白一分黑圈兒爲偏中正. 却來黑處說白底, 而不得犯白底消息. 云, 偏中正, '失曉老婆逢古鏡.' 不言明與白, 而言失曉與古鏡, 是能回互明與白字而不觸諱. 蓋失曉是暗中之明, 古鏡亦是暗中之明. 老婆頭白, 不說白而言老婆, 白在其中矣. 能回互白字故也 ; 又說正中來. 頌云, 正中來, '無中有路隔塵埃.' 或云, '出塵埃.' 謂凡有言句, 皆無中唱出, 便自挾妙了也. 無不從正位中來, 或明或暗, 或至或到, 皆妙挾通宗. 凡一位皆具此五事, 如掌之五指無少無剩 ; 兼中至, 謂兼黑兼白, 兼偏兼正至. 何謂至? 如人歸家未到而至. 別業乃在途, 爲人邊事亦能回互, 妙在體前 ; 兼中到, 謂兼前四位. 皆挾妙而歸正位. 謂之'折合歸來炭裏坐.' 亦是說黑處而回互黑字, 不道黑而言炭.") ; 『人天眼目』권3(T48, 316c8) ; 『五家宗旨纂要』권중「洞宗偏正五位」(X65, 266b20).

에 세 번째 현중현을 세우니 양구良久·묵연默然·방棒·할喝 등의 작용이 그것이다. 그러므로 삼현문을 시설한 까닭은 본래 남아 있는 병통으로 말미암은 것이지만, 옛 조사들의 근본 종지에서 보면 아직 옳지 않다.'[212] 그런 까닭에『선문오종강요』에서는 이에 근거하여 '체중현은 삼세가 한 찰나와 같다는 것이고, 구중현은 경절언구徑截言句[213]와 같고, 현중현은 양구나 방·할 등과 같은 것이다.'[214]라고 하였다. 그러나 고탑주가 이름을 붙인 본래의 뜻에는 맞지 않는 듯하다. 어째서인가? 민약 입문의 깊이를 분별하여 품평한다면(差排) 그윽하고 현묘하여 변별하지 못한다는 뜻이 없어지고 말기 때문이다. 잘 생각해 보라!

風云, '前句現乎實, 後句示其權, 就此權門, 立三玄名, 名實之賓.' 老師依此, 立兩重三句, 謂一以三玄爲三句,【權】以本分爲一句,【實】此開權顯實也. 二以三玄權一句實, 爲權實三句, 此卽權明實也.

一愚云, '前句實體中玄, 後句權句中玄. 二句合爲玄中玄. 此以三玄爲權實, 是會權顯實也. 然三玄之言外說有之. 謂易約有爲玄, 老約無爲玄, 莊約有無爲玄, 臨濟借此, 而只云三玄而已.'

古搭主, 始立其名, 一體中玄, 二用中玄, 亦名句中玄, 三意中玄, 亦名玄中玄. 此以體用爲對, 則玄中玄, 玄於前二, 故玄中玄爲中也. 若以句意爲對, 則此二玄爲體中所流, 故體中玄爲中也. 今以體句玄爲次者, 意謂前後影畧, 欲現互爲中也. 如以體句, 影第三意中玄, 現第一體中玄, 爲中也. 又以體玄, 影第二用中玄, 現第三玄中玄, 爲中也. 句亦有爲中之意, 謂非句無

---

212 『看話決疑論』(H4, 734b15).
213 경절언구徑截言句 : 말이나 구절 등의 무수한 우회의 방편을 다 끊어 버리고 근원으로 가는 가장 빠르고 간명하며 적절한 방법이라는 뜻. '경절'은 직절直截·첩경捷徑(지름길) 등과 같은 뜻이다. 『정선 휴정』(p.235) 주석 440 참조.
214 『禪門五宗綱要』(H9, 460a11) ; 『禪家龜鑑』(H7, 645a21).

以現體與玄也. 故三皆有爲中之意, 則不可分前後中也. 故云, 靑白爲蒼, 蒼黑爲玄. 玄幽玄之玄, 玄不可辨. 是以古人, 配雲門三句, 洞山五位偏正.

雲門三句者: 雲門示衆云, '函蓋乾坤, 目機銖兩, 不涉春緣, 一句作麽生承當?' 衆無對, 自代云, '一鏃破三關.' 後德山密, 遂離其語, 爲三句曰, '函盖乾坤, 截斷衆流, 隨波逐浪.' 普安道, 又一鏃破三關外, 別置一句.

靑山夌釋云, 函盖乾坤者, 萬像森羅, 乃至佛祖作用, 此函盖中, 不漏絲髮故, 一切建立底時節, 摠屬此句, 卽用句也. 截斷衆流者, 堆山積嶽, 一一塵埃, 乃至玄妙作用, 冰掃瓦解, 一切掃蕩底時節, 摠屬此句, 卽體句也. 隨波逐浪者, 建立掃蕩, 一切普應底時節, 非無隨波逐浪, 故爲中句也. 又函盖乾坤者, 體用相會, 如函盖之相稱, 故爲中句也. 截斷衆流者, 賓主問答, 皆是春緣, 而旣云不涉, 則爲體句也. 隨波逐浪者, 有賓有主, 無法不具, 如目機銖兩, 隨輕隨重, 虛舟駕浪, 隨高隨下, 故爲用句也. 又函盖乾坤者, 體具萬德, 故爲體句. 隨波逐浪者, 隨波逐浪之高下, 目機銖兩之輕重, 是大用現前, 故爲用句. 截斷衆流者, 體用二門, 皆是春緣則爲雙照中, 又云不涉則爲雙遮中, 故爲中句也. 然則此三句, 亦皆有爲中之義, 故如三玄之玄不可卞也.

又一鏃破三關有三義. 一, 三句中一句, 爲一鏃句. 句無定次第, 擧一全收, 絶諸待對, 如三句互爲中也. 此一愚之以權實爲三玄之義也. 二, 以三句爲所照三關, 以返照之智爲一鏃. 此風法師之以實爲一句, 就權門立三玄之義也. 三, 若當眞實返照之時, 不作三一解故, 別置一句, 此以別置一句爲一鏃, 卽宗門向上. 以宗門向上, 全超空劫,【本分一句】不落今時也.【新熏三玄】然旣云, 一鏃破三關, 當有分明箭後路, 第一句三要是也.

洞山五位偏正者: 體句卽正位君位, 屬空界本來無事. 用句卽偏位臣位, 是色界萬物成形. 中句卽正中來, 君視臣, 背理就事. 本分句卽偏中至, 臣向君, 捨事入理. 宗門向上卽兼中到, 君臣道合, 冥應諸緣, 不隨諸有, 然偏正亦回互. 故大慧說五位偏正圖, 一, 正中偏◐,【二分黑, 一分白】二, 偏中正●.【二分白, 一分黑】三, 正中來☉. 凡有言句, 皆無中唱出, 無不從正位中來. 四, 偏中至◐. 如人歸家未到而至. 五, 兼中到●. 兼前四位, 皆歸正位也, 回互可知. 見此雲門三句, 洞山偏正之說, 三玄之玄准知也.
然看話決疑論云, '禪門亦有多種根機, 入門稍異. 或有依唯心惟識道理, 入體中玄, 此初玄中, 有圓敎事事無礙之詮. 如無邊刹境, 自他不隔於毫端, 十世古今, 始終不離於當念. 然此人長有佛法知見, 在心不得脫灑. 或有依本分祇對, 灑落知見, 入句中玄, 破初玄門, 佛法知見. 如徑截門, 庭前柏樹了麻三斤等, 是也. 然未忘灑落知見, 猶於生死界, 未得自在故, 立第三玄中玄, 如良久默然棒喝作用等, 是也. 是以三玄施設, 本由遣病, 若望上祖初宗, 卽未可也.' 故五宗綱要, 依此云, '體中玄, 三世一念等；句中玄, 徑截言句等；玄中玄, 良久棒喝等.' 然似非古搭主立名之本意. 何也? 若以入門深淺, 分別差排, 無幽玄不卞之義也. 思之!

학인이 물었다. '제3구란 어떤 것입니까?' 임제가 말했다. '무대 위에서 움직이고 있는 꼭두각시를 보라. 밀거나 당기거나 모두 그 뒤에서 조작하는 사람의 손에 달려 있다.'

問, '如何是第三句?' 云, '看取棚頭弄傀儡, 抽牽全借裏頭人.'

청풍 법사는 「부처를 만나면 부처의 경지를 말하고, 나한을 만나면 나한과 어울리게 말하며, 아귀를 만나면 아귀의 수준에서 말한다.」는 이 말이 바로 꼭두각시를 움직이는 것이 아니겠으며, 그 뒤에서 조작하는 사람은 바로 임제 자신이다.'[215]라고 하였다. 또 말하였다. '작가가

---

[215] 『禪門綱要集』「二賢話」(H6, 852b2), "裡頭人, 豈臨濟自謂歟. 逢佛說佛, 逢羅漢說羅漢, 逢餓鬼說餓鬼者, 豈棚頭弄傀儡歟."

삼요인【조사의 무늬 없는 도장】을 가지고 허공에 찍어 버리니 어떤 자취도 없어【짐짐은 짐짐으로 써야 맞다.】 삼요라 한다.【제1구】²¹⁶ 물에 도장을 찍어 문채가 (사실은 없지만) 있는 듯하니 이름을 바꾸어 삼현이라 한다.【제2구】 무른 진흙에 도장을 찍어 흔적이 온통 드러나니 이름을 바꾸어 삼구라 한다.【제3구】' 그러므로 제1구가 삼요요, 제2구가 삼현이다. 고덕이 이름을 나열하고 그것을 해석하면서 제3구를 삼구라 한 것은 다만 삼구라는 말이 있는 것일 뿐이고 삼구라는 이름은 없다고 하였다. 백파 노사가 삼구를 설한 뜻인즉슨 부처는 중도를 증득하였으므로 중구이고, 나한은 몸을 사회고목死灰枯木처럼 만들고 지혜의 작용을 없애 버렸으므로 무구이며, 아귀는 기갈로 인해 미친 듯이 내달리므로 유구라는 것이다.²¹⁷ 그런즉 범부와 성인 간에 현격하게 유무의 차별이 있으므로 격별삼구隔別三句²¹⁸라 한다. 그러므로 구句라는 것은 언구라 할

---

216 『禪門綱要集』「二賢話」(H6, 851b8), "호월皓月 선객이 물었다. '제1구란 어떤 것입니까?' 청풍 법사가 말하였다. '조사의 심인을 제불의 심인이라고도 한다. 이제 이 삼요를 무늬로 삼으므로 삼요인이라 하나, 실제는 달마가 전한 무늬 없는 도장이다. 어떤 이가 이 도장을 들어 허공에 찍으면 어떠한 자취도 없으므로 삼요라고 한다.'(月間, '第一句如何?' 風曰, '大祖師心印, 亦名諸佛法印. 今以三要爲文, 故稱三要印, 其實則達摩所傳無文印字也. 或提此印, 向虛空裏搭破, 了無朕迹, 直名三要.')"
217 『禪文手鏡』「義理禪三句頌」(H10, 516a12), "아라한은 회신멸지灰身滅智하기 때문에 '무구無句'에 빠지며, 아귀는 굶주리고 목말라서 미쳐 날뛰기 때문에 '유구有句'에 빠지지만, 부처님은 중도中道를 증득하셨기 때문에 중구中句이다. 범부와 성인의 본성이 본래부터 각각 다르다고 여기기 때문에 '(범부와 성인을) 나누는 삼구(隔別三句)'라고 한다. 이것이 바로 하근기에 속한 사람이 그저 의리선만을 이해하는 이유이다. 그러므로 (조사선·여래선·의리선의) 삼종선三種禪이 모두 삼구에 있다.(羅漢灰身滅智, 故無句；餓鬼飢渴狂走, 故有句；佛證中道, 故中句. 而凡聖各異, 故爲隔別三句也. 此是下士, 但會義理禪. 是故三禪, 皆在三句中.)" 백파 긍선, 신규탁 옮김, 『선문수경』, p.55 참조.
218 격별삼구隔別三句 : 백파白坡의 임제삼구臨濟三句에 대한 해석. 임제의 삼요三要와 삼현三玄이 각각 제1구와 제2구에 구비되지만, 제3구는 나한羅漢·아귀餓鬼·불佛 등이 무구無句·유구有句·중구中句 등으로 서로 분리되어 차별화(隔別)되기 때문에 격별삼구라고 한다. 곧 임제삼구 중 제3구를 백파는 하근중생下根衆生이 근본을 모르고 문자 논리에 잡힌 것이라는 뜻에서 격별삼구라고 하였다. 백파는 『禪文手鏡』에서 임

때의 구이며, 구는 만물의 차별된 양태를 나타낸다.

㊉ 이 유무는 진공과 묘유 및 단견과 상견과 어떻게 다른가?

㊉ 『화엄경소』 추자권48에, '조건에 따라 일어나므로 유이고 조건에 따라 일어나므로 공이며, 자성이 없으므로 유이고 자성이 없으므로 공이다. 자성이 없이 조건에 따라 일어나기 때문에 공이라면 무견無見·단견斷見의 공이 아니니【잘못을 가려냄】 진공眞空이다【옳음을 드러냄】. 자성이 없이 조건에 따라 일어나므로 유라면 유견有見·상견常見의 유가 아니니【잘못을 가려냄】 이것이 환유幻有이다【옳음을 드러냄】.'[219]라고 하였다.

앞에서 진공과 묘유가 유무와 단상斷常의 견해와 다름을 판별하였다. 초초鈔에서 '유무의 견해가 곧 단상의 견해'[220]라 하고, 소疏에서 왜 거듭하여 이렇게 덧붙인 것인가? 여기에는 깊은 뜻이 있다. 단상의 견해에는 삿된 종지가 많아 오리사五利使[221]는 변견邊見에 속하지만 그 유무

제삼구가 선禪과 교敎의 취지를 모두 갖추고 있다고 높이 평가하고, 그에 대하여 자신의 상세한 해석을 내렸다. 제1구는 조사선의 경지로 사량분별思量分別에 의한 언어의 통로를 용납하지 않는 것이고, 제2구는 여래선의 경지로 방편에서 진실에 드는 것을 말하며, 이것도 조사선과 마찬가지로 격외선格外禪이라고 한다. 그러나 제3구는 언어에 걸린 상태로 새로운 집착을 만들어 낼 뿐 근본을 상실한 논리라는 것이다. 이것은 자신의 본분을 실참實參하는 격외선이 아니라 문자상의 이론으로 선에 대한 이해를 넓히는 의리선에 불과하다고 하였다. 『가산불교대사림』 '격별삼구隔別三句' 항목 참조.

219 『大方廣佛華嚴經疏』 권14「菩薩問明品」(T35, 604b22), "연기법에 모두 네 가지 뜻이 있다.……네 번째, 자성이 없으므로 공이라는 것은 곧 일체가 공이어서 자성이 없다는 그 뜻이다. 이런 까닭에 자성이 없이 조건에 따라 일어나므로 공이라면 무견·단견의 공이 아니니 진공이다. 자성이 없이 조건에 따라 일어나므로 유라면 상견·유견의 유가 아니니 환유이다. 환유는 불유不有의 유이고 진공은 불공不空의 공이다. 불공의 공이기 때문에 진공眞空이 아니다. 불유의 유이기 때문에 실유實有가 아니다. 공도 아니고 유도 아닌 것이 중도의 뜻이다.(緣起之法總有四義.……四, 無性故空, 卽一切空無性是也. 是以無性緣生故空, 則非無見斷見之空, 爲眞空也. 無性緣生故有, 則非常見有見之有, 是幻有也. 幻有卽是不有有, 眞空卽是不空空. 不空故, 名不眞空. 不有有故, 名非實有. 非空非有, 是中道義.)"

220 『大方廣佛華嚴經隨疏演義鈔』 권32(T36, 242a28).

221 오리사五利使 : 사使는 번뇌의 이칭. 사람의 마음을 부린다는 뜻이다. 열 가지 번뇌 가운데 탐진치만의貪瞋癡慢疑(根本煩惱)는 성질이 둔하므로 오둔사五鈍使라고 하고

의 견해는 바른 법을 통섭한다. 공상空相과 유상有相을 취하기만 하면 이치에 들어맞지 않는 것은 유무의 견해 때문이다. 이런 유무의 견해에서 궁극적으로 영원히 벗어남은 오직 대보살의 경지일 뿐이니 이로써 유무의 견해가 단상의 견해와 다름을 판별할 수 있다.[222] 선문에서 유무의 견해는 곧 유무에 대한 치우친 견해이다. 유무에 대한 치우친 견해에서 멀리 벗어나야 격외의 두 가지 선(二禪)이다.

風云, '逢佛說佛, 逢羅漢說羅漢, 逢餓鬼說餓鬼.' 此非弄傀儡耶, 裏頭人是臨濟自謂也.' 又云, '作家漢將三要印,【祖師無紋印字】向虛空裏搭破了, 無朕迹.【朕當作眹】直名三要.【第一句】向水上搭却, 似有文彩, 轉名三玄.【第二句】向爛泥裏搭却, 痕縫全彰, 轉名三句.【第三句】' 然第一句三要, 第二句三玄. 古德列名釋之, 而第三句三句, 但有三句之言, 無三句之名.

나머지는 상대적으로 오리사五利使라 하는데, 유신견有身見·변집견邊執見·사견邪見·견취견見取見·계금취견戒禁取見 등이 그것이다.

[222] 『大方廣佛華嚴經隨疏演義鈔』 권32 「光明覺品」(T36, 242a23), "조건에 따라 존재하는 유(緣有)는 확정된 자성을 가진 유가 아니거늘 하물며 자성이 없는 유를 근거로 하여 어떻게 유라고 확정할 수 있겠는가!……조건에 따르고 자성이 없으니 마치 환술로 나타난 사람(幻化人)과 같다. 환화인이 없는 것은 아니지만 환술로 나타난 것은 진실은 아니기 때문에 환유幻有라고도 하고 묘유妙有라고도 한다. 실체로 존재하지 않는 비유非有를 유라고 하기 때문에 묘유라고 한다. 단상의 견해가 유무로부터 비롯되었다면 유무의 견해가 곧 단상의 견해이다.……소疏에서는 왜 거듭하여 이렇게 덧붙인 것인가? 여기에는 깊은 뜻이 있다. 단상의 견해에는 삿된 종지가 많아 오리사가 변견에 포섭되지만 그 유무의 견해는 바른 법을 통섭한다. 단지 공상空相과 유상有相만으로는 이치에 들어맞지 않는 것은 유무의 견해 때문이다. 이런 유무의 견해에서 궁극적으로 영원히 벗어남은 오직 대보살의 경지일 뿐이다. 그러므로 『정명경』에 '법을 설하지만 있는 것도 아니고 없는 것도 아니라네. 인연으로 제법이 생겨날 뿐'이라 한 것이다.(今從緣有, 非定性有, 況由無性有, 豈定有耶!……從緣無性, 如幻化人, 非無幻化人, 幻化人非眞, 故云幻有, 亦名妙有. 以非有爲有, 故名妙有. 然斷常見旣由有無, 則有無見卽斷常見.……疏, 何重牒? 此有深意. 斷常二見, 多是邪宗, 卽五利使, 邊見所攝, 其有無見, 通涉正法. 取空有相, 未能契理, 爲有無見. 此有無見, 究竟遠離, 唯大菩薩. 故淨名云, '說法不有亦不無, 以因緣故諸法生.')"

老師義說三句, 謂佛證中道, 故爲中句 ; 羅漢灰身滅智, 故爲無句 ; 餓鬼飢渴狂走, 故爲有句也. 然則凡聖懸隔. 有無差別. 故名爲隔別三句. 故云句, 言句之句, 句詮差別.

問, 此有無, 與眞空妙有, 及斷常見, 同別如何?

答, 華嚴秋字四十八疏云, '緣生故有, 緣生故空, 無性故有, 無性故空. 無性緣生故空, 則非無見斷見之空【揀非】, 爲眞空也【顯是】. 無性緣生故有, 則非有見常見之有【揀非】, 是幻有也【顯是】.'

上辨眞空妙有, 異於有無斷常之見也. 鈔云, '然有無見, 卽斷常見.' 疏, 何重牒? 此有深意. 斷常之見, 多是邪宗, 卽五利使, 邊見所攝, 其有無見, 通涉正法. 但取空有相, 未有契理, 爲有無見. 此有無見, 究竟遠離, 唯大菩薩, 此辨有無見, 異於斷常見也. 然此禪門中, 有無見, 卽有無解. 若遠離有無解, 爲格外二禪也.

(임제) 선사가 말하였다. '무릇 종승宗乘(선의 극치)을 거창하고자 하면, 일구에 삼현을 갖추어야 하고 일현에 삼요를 갖추어야 하니, 현도 있고 요도 있으며, 권도 있고 실도 있으며, 조도 있고 용도 있다. 그대들은 이 뜻을 어떻게 이해하는가?'[223]

師云, '大凡擧唱宗乘, 一句中須具三玄, 一玄中須具三要, 有玄有要, 有權有實, 有照有用. 汝等作麼生會?'

---

[223] 『臨濟語錄』(T47, 497a19). 『人天眼目』 권1 「三玄三要」(T48, 301c24), "선사께서 말씀하셨다. '대체로 종승을 주창컨대 하나의 구절에 삼현문을 갖추고 하나의 현문에 삼요를 갖추어야 하니, 권도 있고 실도 있으며, 비춤도 있고 작용도 있다. 그대들은 이 뜻을 어떻게 이해하는가?' 후에 분양 선소汾陽善昭 화상이 이 말씀을 제기하고 말하였다. '어느 것이 삼현삼요의 구절인가?'(師云, '大凡演唱宗乘, 一語須具三玄門, 一玄門須具三要, 有權有實, 有照有用. 汝等諸人, 作麼生會?' 後來汾陽昭和尙, 因擧前話乃云, '那箇是三玄三要底句?')"

이상의 내용들은 『선문강요집』에 이미 상세히 나와 있다. 이제 다시 나의 견해로 하나의 뜻을 더하여 드러내겠다. 대개 본송本頌[224]에는 다만 제1구ㆍ제2구ㆍ제3구라는 말만 있을 뿐, 구句ㆍ현玄ㆍ요要라는 말은 없다. 그런데 지금 문득 구 가운데 현이 있고 현 가운데 요가 있다는 설이 나타났다. 구 가운데 구는 비록 앞의 송 삼구 가운데 일구一句와 비슷한 듯하지만 송에 처음부터 현과 요라는 말은 없다. 그런데 지금 느닷없이 현과 요를 언급한다면 현은 제2구 가운데 삼현이고 요는 제1구 가운데 삼요가 된다. 그렇다면 제3구에만 유독 삼구가 없는 것인가? 청풍 법사는 '요는 요점을 찌른다고 할 때의 요이고, 현은 유현하다는 뜻의 현이며, 구는 언구言句의 구'[225]라고 하였다. 이 언구의 구가 어찌 제3구의 삼구가 아니겠는가? 그러므로 이 말은 일구란 제3구의 삼구 가운데 일구를 뜻함을 알아야 한다. 또 청풍 법사는 제1구ㆍ제2구를 해석하고 제3구에 이르러 말하기를 '나와 그대가 설하기도 듣기도 하며 묻기도 답하기도 한 이 상황이 이미 제3구에 떨어진 것'[226]이라고 하였으니 이것이 제3구 가운데 현과 요를 갖추고 있다는 말이 아니겠는가? 그러므로 이 가운데 최초구와 말후구 두 구의 뜻을 갖추고 있는 것이다. 대개 최초구와 말후구에 대한 설은 중간 삼구에서 말한 것이다. 앞에서 말한 진불ㆍ진법ㆍ진도{묘유} 이 세 가지는 곧 하나이며 모두 공이니{진공} 이것이 바로 조사의 무늬 없는 도장이라는 뜻이다. 최초에 이 일(此事)을 곧바로 드러내 보였기 때문에 이를

---

224 임제 의현이 제시한 삼구를 말한다. 『臨濟語錄』(T47, 497a15), "上堂, 僧問, '如何是第一句?' 師云, '三要印開朱點側, 未容擬議主賓分.' 問, '如何是第二句?' 師云, '妙解豈容無著問, 漚和爭負截流機.' 問, '如何是第三句?' 師云, '看取棚頭弄傀儡, 抽牽都來裏有人.'"; 같은 책(T47, 502a5), "若第一句中得, 與祖佛爲師；若第二句中得, 與人天爲師；若第三句中得, 自救不了."
225 앞의 주석 194 참조.
226 앞의 주석 182 참조.

최초구라 한다.

이 종사(청풍 법사)는 바로 이와 같은 무늬 없는 도장을 가지고 허공에 찍고[제1구] 물에 찍고[제2구] 진흙에 찍는다[제3구]. 물이 흐르는 대로 따라가듯이 소류溯流하고 순류順流하며 차례대로 삼구를 설한다. 호월皓月 선객이 '일찍이 담당 덕붕澹堂德朋[227]이「3을 세 번 더하면 3 곱하기 3이 9인 것과 같이 부처에서 부처로 대대로 전하고 조사에서 조사에게로 전수하였다.」고 한 그 말이로군.'[228]이라고 한 말과 같다. 이제 '구 가운데 현을 갖추고 현 가운데 요를 갖추어야 한다.'는 말은, 숭재혜가 '모름지기 구句·현玄·요要 세 가지가 필경에는 완전히 한 덩이로 모두 하나의 기틀임을 알아야 한다.'[229]고 말한 그 뜻이니, 이것이 진공이다. '현도 있고 요도 있으며, 권도 있고 실도 있으며, 조도 있고 용도 있다.' 는 말은, 청풍 법사가 '현과 요는 구에 있고, 권과 실은 현에 있으며, 조와 용은 요에 있으니 각각에 타당함이 있다.'[230]라고 말한 그 뜻이니, 이것이 묘유이다. 이 진공과 묘유에 대해 먼저 삼구를 설하고 마지막에

---

227 담당 덕붕澹堂德朋(?~1167) : 득명得明이라고도 한다. 절굿공이가 대나무 마디를 가르는 소리를 듣고 깨달았다고 하여 죽통화상竹筒和尙이라고도 부른다. 1153년에 숭선사崇先寺에 주지로 있을 때에 자녕전慈寧殿에 들어가 자녕태후慈寧太后를 위해 심요心要를 두 회에 걸쳐 설하고 법의를 하사받았다.

228 『禪門綱要集』「二賢話」(H6, 852c4), "호월 선객이 말하였다. '일찍이 담당 덕붕이「3을 세 번 더하면 3 곱하기 3이 9인 것과 같이 부처에서 부처로 대대로 전하고 조사에서 조사에게로 전수하였다.」고 한 말을 들었는데 이것을 말한 것이군요.' 청풍 법사가 말하였다. '아홉을 셋으로 묶고, 셋을 하나로 묶지만, 하나도 거두지 않는다. 불조가 장차 무엇으로써 전수하겠는가. 숭재혜는「모름지기 구·현·요 세 가지가 필경에는 완전히 한 덩이로 모두 하나의 기틀임을 알아야 한다.」고 하였다. 내가 저 눈먼 자 이야기를 한 것은 옛사람과 만나 보고자 해서이다.'(月云, '嘗聞澹堂云, 「見三下三, 三三如九, 佛佛相傳, 祖祖授受.」夫斯之謂矣.' 風曰, '束九爲三, 束三爲一, 一亦不收. 佛祖將奚以傳受. 崇齋惠云,「須知句要玄三事, 畢竟冥然在一機.」山僧道箇瞎, 欲與古人相見.')"

229 앞의 주석 228 참조.『禪門綱要集』「一愚說」(H6, 856a13);『禪文手鏡』「義理禪三句頌」(H10, 516b15).

230 앞의 주석 194 참조.

물의 흐름을 거슬러 올라가듯이 소회溯洄하고 역류逆流하여 결론지어 이 일(此事)을 보였으므로 이를 말후구라 한다. 청풍 법사는 '아홉을 셋으로 묶고, 셋을 하나로 묶지만, 하나도 거두지 않는다.'[231]고 하였다.

그러므로 '그대들은 이 뜻을 어떻게 이해하느냐?'라고 한 말은 서 있는 그 자리에서 바로 알아차리도록 한 것이니 이 또한 마음에 터득할 만한 여지가 있다는 뜻이다. 최초구와 말후구, 이 두 구는 같기도 하고 다르기도 하다. 같은 점은 말후구를 알고자 하면 미생시未生時[232]를 알아야 한다는 점이다. 다른 점은 말후구는 삼구를 총괄하여 간추려 말한 것이라는 점이다. 『염송설화』에 다음과 같이 실려 있다. '대혜가 말하였다. 「궁극적인 한 구절[233]은 말로 표현하기 이전에 벌거벗은 알몸을 모조리 드러냈으니 하늘과 땅 그 어디에나 있고 소리와 색이 모두 그것이다. 황면노자黃面老子[234]는 이 결정적인 한 구절(一着子)을 얻고서 말

---

231 앞의 주석 228 참조. 『禪門四辨漫語』(H10, 822b13), "삼요는 조조가 되거나 용用이 되고, 삼현은 권權이 되거나 실實이 되며, 삼구에는 얕은 뜻도 있고 깊은 뜻도 있다. 나아가 하나의 진실을 세 가지로 펼쳐 놓거나 세 가지를 중첩하여 아홉 가지로 늘리고, 아홉 가지를 세 가지로 묶으니 세 가지를 거두어 하나의 진실로 만들기까지 한다. 대체로 이러한 종류가 모두 제3구에서 이치를 설명하는 방식이다. 이러한 설명 방식을 버리고 제3구가 될 방법은 없으며, 제3구가 아니면 앞의 두 구절에서의 현과 요를 펼쳐 보일 도리도 없다. 이것이 이 구절(제3구)의 이름을 바꾸어 '삼구'라 하는 이유이다.(蓋三要之爲照爲用, 三玄之爲權爲實, 三句之有淺有深. 乃至開一爲三, 疊三爲九, 束九爲三, 收三爲一. 凡此之類, 皆第三句之所詮也. 捨此所詮, 無以爲第三句, 非第三句, 無以宣示上二句之玄要. 此其所以轉名此句爲三句者也.)" 초의 의순, 김영욱 옮김, 『선문사변만어』, pp.65~66 참조.
232 미생시未生時 : 어떤 조짐도 발생하지 않아 분별할 차별성이 전혀 없는 상태의 소식. 구체적인 현상으로 나타나기 이전의 일로서 어떤 언어나 사유 방식으로도 나타내거나 알아차릴 수 없으며 모색할 모든 수단이 끊어진 경지.
233 말후일구자末後一句子는 모든 구절에 걸리지 않고 자유자재하게 당사자의 본분을 발휘하는 속박 없는 말, 또는 궁극적인 화두 자체를 나타내는 구절을 뜻한다.
234 황면노자黃面老子 : 부처님을 가리킨다. 부처님의 몸은 황금색의 금색신金色身이라는 뜻에서 붙여진 칭호이다. 황면구담黃面瞿曇·황면노黃面老·황두대사黃頭大士·황두노黃頭老·황두黃頭 등이라고도 한다.

하기를, 도솔천을 떠나기도 전에 이미 왕궁에 강림하였고 모태에서 태어나기도 전에 중생제도를 이미 마쳤다고 하였다.」 이것이 말후구의 결정적인 한 구절이다. 말후구의 결정적인 한 수라 하면 옳지만, 말후구라고 하는 것은 옳지 않다. 산을 가리키며 「산인가?」라고 물었을 때 「산」이라 답하면 옳다. 산에 있는 풀, 나무, 흙, 바위 등을 모두 들어 물었기 때문이다. 하지만 산중의 바위 하나를 가리며 「산인가?」라고 물었을 때 「산」이라 답한다면 그것은 옳지 않다. 어찌 산중의 바위 하나를 들어 산이라 부를 수 있겠는가!'[235]

그러므로 고덕이 '말후구가 원만함의 극치에 이르면 최초구와 무슨 차이가 있겠는가!'[236]라고 하였으니, 원만함의 극치에 이른 연후에는 같다는 말이다.[237] 이것은 교학에서 처음에는 일승一乘【화엄】에 의지

---

235 『禪門拈頌說話』 1칙(H5, 6c8), "대혜는 다음과 같이 말하였다. '궁극적인 한 구절은 말로 표현하기 이전에 벌거벗은 알몸처럼 그 실상을 모조리 드러내었으니, 하늘과 땅그 어디에나 있고 소리와 색이 모두 그것이다. 황면노자는 이 결정적인 한 수(一著子)를 얻고서 「도솔천을 떠나기도 전에 이미 왕궁에 강림하였고, 모태에서 태어나기도 전에 중생제도를 벌써 마쳤다.」라고 했던 것이다.' '중생제도를 벌써 마쳤다.'라는 이것이 곧 말후구를 나타내는 한 수인 것이다. 곧 이것을 가리켜 말후구를 나타내는 한 수라고 하면 옳지만, 말후구 자체라고 하면 옳지 않다. 산을 가리키며 '산인가?'라고 물었을 경우 '산'이라 대답하면 옳다. 산에 있는 풀과 나무와 흙과 돌을 모두 들어서 산이라 한 것이기 때문이다. 그러나 산속의 돌 하나를 가리키며 '산인가?'라고 물었을 경우 '산'이라 대답하면 옳지 않다. 어떻게 산의 돌 하나를 들어서 산 전체를 가리키는 말로 쓸 수 있겠는가!(大慧云, '末後一句子, 聲前露倮倮, 蓋天蓋地, 蓋聲蓋色. 黃面老子, 得箇一著子, 便道云云.' 已畢則此, 是末後句之一著子也. 謂是末後句之一著則可, 謂是末後句則不可. 指山而問焉曰山乎, 曰山則可. 山有草木土石, 皆擧之也. 指山中之一石, 而問焉曰山乎, 曰山則不可. 何得擧山之一石稱山云者哉!)"; 『大慧語錄』 권8(T47, 842c8).
236 이 구절은 이 책 서문 격인 글에서도 이미 언급되었다. 앞의 주석 3 참조.
237 『禪門拈頌說話』 1칙(H5, 6c20), "궁극적인 뜻은 무엇일까? '이치가 극치에 이르러 분별과 말(情謂)을 잊었는데, 어떤 말로 비유하고 견줄까? 결국 가을밤의 달은, 움직이는 그대로 눈앞의 시냇물에 떨어진다.' 비록 결정적인 한 수를 벗어나서 별도로 말후구를 찾더라도 도리어 옛 성인의 뜻을 완전히 등지는 결과가 되지 않겠는가! 옛사람이 '말후구를 그대에게 설하노니, 밝음과 어둠이 서로 짝이 되는 소식이라네.'라고 한

하여 삼승三乘[아함, 방등, 반야]을 연 다음 법화에 이르러 삼승을 모아 일승으로 돌아가는 것과 같다. 또 『기신론』에서 처음에는 일심一心에 의지하여 이문二門을 일으키고 그런 후에 이문이 다르지 않음을 밝혀 일심으로 돌아가는 것과 같다. 아래 도표에서 (임제의) 본송을 제시한다. 종사는 최초구로부터 시작하여 깊은 곳에서 얕은 곳에 이르며 상중하 삼사三士를 두루 접한다. 반면 이 도표에서는 차례를 바꾸어 배우는 이들이 얕은 곳에서 시작하여 깊은 곳에 이르러 말후구를 깨닫게 하고자 하였다.

말을 모르는가? 그렇다면 최초구와 말후구의 같은 점과 다른 점은 어떤 것일까? 종사인 선지식이 최초구 속에서 학인의 근기를 점검하려면 도리로는 전혀 통하지 않는 한 구절을 말해 줄 수밖에 없다. 이미 도리로는 전혀 통하지 않는 이상 분명하게 밝힐 여지가 없으므로 배우는 사람은 자기 자신의 제한된 인식으로 무위無爲·무사無事라 이해하는 경우도 있고, 어떤 이는 더욱 높이 착안하여 종문의 향상이라는 관점에서 주재하는 존재로 여기는데, 대혜가 한 수(一著)라고 한 말이 그것이라 착각한다. 그 나머지 중근기와 하근기의 무리들은 다만 모든 것을 법신法身이라 오인할 뿐이고, 또는 대상 세계로 내려와 그것이 하나의 색色으로 평등한 현상(一色邊事)이라 착각하지만 타당하지 않다. 그러므로 말후구를 가지고서 얕은 곳에서 시작하여 깊은 곳에 이르는 방식으로 깊고 또 더 깊은 곳에 이르러 배우는 자들로 하여금 법에 대한 미세한 속박까지 쓸어 없애고 법인法印을 짊어지도록 하는 것보다 더 좋은 방법은 없다. 암두는 '덕산이 말후구를 이해하지 못했다.'라고 하였고, 대혜는 '세존께서 말후구의 한 수를 터득했다.'라고 말했으나, 세존과 덕산이 제시한 한순간의 방편을 진실이라 여긴 것은 아니다. 따라서 그것에 잘못을 돌린 이유는 말후구를 원만하게 완성하려는 의도인 것이다. 궁극적인 도리(末後)를 원만하게 완성하므로 말후구라 하지만 원만함의 극치에 이르면 최초구와 무슨 차이가 있겠는가! 그러므로 '말후구를 알고자 한다면 어떤 조짐도 일어나기 이전의 시기를 살펴라.'라고 한다.(畢竟如何? '理極忘情謂, 如何話諭齊? 到頭霜夜月, 任運落前溪.' 雖然離一著外, 別討末後句, 又却不是大辜負先聖哉! 不見古人道, '末後句爲君說, 明暗雙雙的時節.' 且如最初句末後句, 同別如何? 宗師善知識, 若向最初句中對機, 則不過下得沒道理的一句. 既沒道理, 而無辨白故, 學者以己之局量, 或有作無爲無事會, 或有高著眼, 向宗門向上, 作主宰者, 大慧所謂一著也. 其餘中下之流, 只認得箇法身, 又下而悟得一色邊事, 亦未可定. 則不如末後句, 從淺至深, 以至於深之又深, 使學者, 蕩盡微細法縛, 荷擔法印之爲愈也. 巖頭謂'德山不會末後句', 大慧謂'世尊得末後句之一著', 非以世尊德山一期方便爲實. 然而歸咎, 只要圓成末後句也. 以末後圓成, 故曰末後句, 至於圓極, 則與最初句, 何以異哉! 故曰, '要識末後句, 看取未生時.')"

• 125

此上諸節, 禪門綱要, 已詳之. 而今更以己意, 進顯一義. 盖本頌, 但有第一第二第三句之言, 無句玄要之言. 而今忽有句中有玄, 玄中有要之說. 以句中之句, 雖似上頌三句中一句, 旣頌無玄要之言. 而今忽言玄要, 則玄是第二句中三玄, 要是第一句中三要也. 然則第三句中, 獨無三句耶? 風云, '要省要之要, 玄幽玄之玄, 句言句之句.' 此言句之句, 豈非第三句三句耶? 故知此言, 一句者, 是第三句三句中一句也. 又風釋第一句第二句, 至第三句云, '吾與子一說一聽, 一問一答, 早落第三句.' 此非第三句中具玄要耶? 然此中具最初末後二句之義. 盖最初末後之說, 在中間三句而言也. 謂上眞佛眞法眞道【妙有】三卽一, 皆空者【眞空】卽祖師無紋印字. 最初直示此事, 故謂之最初句也.

此宗師, 將此無紋印字, 印空【第一句】印水【第二句】印泥【第三句】. 㴠游而順流, 如次說三句也. 如月禪客, 所謂'嘗聞澹堂云, 「見三下三, 三三如九. 佛佛相傳, 祖祖授受者也.」' 今句中具玄, 玄中具要者, 崇齋惠云, '須知句玄要三事, 畢竟冥然摠一機.' 此眞空也. 有玄有要, 有權有實, 有照有用者, 風云, '玄要在句, 權實在玄, 照用在要, 各有攸當.' 此妙有也. 此眞空妙有, 以先說三句, 末後㴠洄而逆流, 結示此聿,[1] 故謂之末後句也. 如風云, '束九爲三, 束三爲一. 一亦不收者也.'

故云, '汝等作麽生會?' 此是欲令立地搆取, 此亦心得有分也. 然最初末後二句, 或同或異. 同者, 欲識末後句, 看取未生時, 此同也. 異者, 末後句者, 摠約三句而言也. 說話云, '大慧云, 「末後一句子, 聲前露裸裸, 盖天盖地, 盖聲盖色. 黃面老子, 得箇一着子, 便道云, 未離兜率, 已降王宮, 未出母胎, 度人已畢云云.」' 此是末後句之一着子也. 謂是末後句之一着則可, 謂是末後句則不可. 指山而問焉曰「山乎?」, 曰「山」則可. 山有草木土石, 皆擧之也. 指山中之一石而問焉曰「山乎?」, 曰「山」則不可. 何得擧山之一石, 稱山云者哉!'

故古云, '末後句至於圓極, 則與最初句, 何以異哉!' 意謂圓極然後同也. 此

如敎中, 初依一乘,【華嚴】開三乘,【阿含, 方等, 般若】至法華, 會三乘歸一乘
也. 又如起信中, 初依一心起二門, 後明二門不二歸一心也. 下圖示本頌.
宗師自最初句, 從深至淺, 上中下三土普接也. 此圖逆次欲使學者, 從淺至
深, 悟末後句也.

1) ㉠ '丰'은 '事'의 오기이다.

제3구	제2구	제1구	
이 구절에서 알아차리면 자기도 구제하지 못한다.	이 구절에서 알아차리면 인천의 스승이 될 만하다.	이 구절에서 알아차리면 불조의 스승이 될 만하다.	자성 셋 그대로 하나이니 모두 공이다. 진불眞佛 삼보 진법眞法 진도眞道
	여래가 샛별을 보고 오도한 것을 여래선이라고 한다.	조사의 심인을 전해 받아 지닌 것을 조사선이라고 한다.	조사의 종지는 다만 자기 마음으로 터득하는 것일 뿐이다.
	여래삼전如來三傳 ◆달마삼전達摩三傳 1. 자리를 나누어 앉게 하신 일(分座)은 살인도殺人刀를 타내며, 진금포眞金鋪라고도 한다. ◆1. 모든 대상이 이미 끊어졌다는 문답에서 여래선을 얻었다.	2.꽃을 들어 보이신 일은 활인검活人劍을 나타내며, 잡화포雜貨鋪라고도 한다. ◆2.마음을 찾았으나 찾지 못했던 인연에서 조사선을 얻었다.	3. 관 밖으로 발을 내보이신 일은 살과 활을 나란히 제시하여 나타낸 것이다. ◆3.삼배하고서 골수를 얻었다.	부처와 조사도 전하지 못한다.
하택이 본원이니 불성이니 운운한 것은 의리선이다.	청원은 계급에 떨어지지 않아 여래선을 얻었다. 살인도 ┐격외선이라고도 한다. ┘	남악은 하나의 그 무엇이라고 말해도 딱 들어맞지 않는다고 하여 조사선을 얻었다. 활인검	육조 이하로는 전하지 않았다.	향상하는 한 길은 전할 곳이 없다.
삼인三印 도장을 진흙에 찍으면 온통 흔적이 뚜렷이 드러나는 것과 같다. 이름을 바꾸어 삼구라고 한다.	도장을 물에 찍으면 문채가 있는 듯하지만 결국은 남지 않는 것과 같다. 이름을 바꾸어 삼현이라고 한다.	도장을 허공에 찍으면 아무 흔적도 남지 않는 것과 같다. 이름을 바꾸어 삼요라고 한다.	무늬 없는 도장
임제 의현이 제시한 삼구 아귀를 만나면 아귀의 수준에서 말한다. 나한을 만나면 나한과 어울리게 말한다. 부처를 만나면 부처의 경지를 말한다.	권실삼구 권權 이 권문權門에서 삼현이라는 이름을 세운다.	실實	권과 실의 향상 1. 비춤을 먼저 하고 작용을 나중에 함. 2. 작용을 먼저 하고 비춤을 나중에 함. 3. 비춤과 작용을 동시에 함.	사조용四照用 4. 비춤과 작용을 동시에 하지 않음.

	제3구	제2구		제1구	
(범부와 성인을) 나누는 삼구 유구有句 무구無句 중구中句	신훈삼현 新熏三玄 체중현 體中玄 구중현 句中玄 현중현 玄中玄	본분일구 本分一句	종문향상 宗門向上	삼요 三要 대기가 원만히 응함. 대용이 곧장 발휘됨. 대기와 대용이 나란히 시행됨.	향상하는 하나의 통로
규봉 종밀(圭山) 삼종三宗 식망수심종息妄修心宗 민절무기종泯絶無寄宗 직현심성종直顯心性宗	운문 문언 삼구 절단중류 截斷衆流 수파축랑 隨波逐浪 함개건곤 函蓋乾坤	한 발 화살로 세 겹의 관문을 뚫다.	별도로 설정하는 한 구절	화살이 지나간 길이 뚜렷이 남아 있다.	진여眞如 진공眞空 묘유妙有
진속삼제眞俗三諦 속제俗諦 진제眞諦 제일의제第一義諦	동산의 편정오위偏正五位 정正 군위君位 편偏 신위臣位 정중래正中來 군시신君視臣 편중지偏中至 신향군臣向君 겸중도兼中到 군신합도君臣合道		사할四喝 금강왕의 보검과 같은 할 바다에 웅크린 금털 사자와 같은 할 물고기를 유인하는 수단과 같은 할		하나하나의 할이 할로서의 작용을 하지 않는 할
천태 삼지삼관三止三觀 수연가지관隨緣止假觀 체진지공관體眞止空觀 중도지중관中道止中觀	대혜의 편정도偏正圖 정중편正中偏 ● 편중정偏中正 ◐ 정중래正中來 ⊙ 편중지偏中至 ◑ 겸중도兼中到 ○		삼성 三聖 문수대지文殊大智 보현대행普賢大行 지행양존智行兩存		비로자나 이상으로 향상하는 길
사빈주四賓主 1. 빈중빈賓中賓 학인이 본분을 깨닫지 못하였다.	2. 빈중주賓中主 학인이 본분을 깨달았다.		3. 주중빈主中賓 종사가 본분을 깨닫지 못하였다.		4. 주중주主中主 종사가 본분을 깨달았다.
사요간四料揀 사람은 빼앗고 경계를 빼앗지 않는다.	경계를 빼앗고 사람은 빼앗지 않는다.	사람과 경계를 모두 빼앗는다.	사람과 경계를 모두 빼앗지 않는다.		본지풍광本地風光
사법계四法界 사事 이理 이사중理事中	이무애법계 理無礙法界 사무애법계 事無礙法界 이사무애법계 理事無礙法界	이사쌍망理事雙忘	사사무애법계事事無礙法界		일진법계一眞法界
달마가 서쪽에서 온 뜻은 문자를 건립한 것이다.	불립문자不立文字		직지인심直指人心		견성見性 성불成佛

| 삼종
오수
三宗
悟修 | 신수
神秀
점수
점오
漸修
漸悟 | 우두
牛頭
돈오
돈수
頓悟
頓修 | 하택
荷澤
점수
頓悟
漸修 | 오종
五宗 | 법안종은 유심의 체용의 도리를 밝힘. | 위앙종은 체용을 밝힘. | 조동종은 향상하는 길지를 밝힘. | 운문종은 남김 없는 작용을 가장 빠르게 실현하는 길(大用直截)을 밝힘. | 임제종은 기용機用을 밝힘. | 오종의 향상하는 한 길은 전할 곳이 없다. |

제3구	제2구	제1구	
부처님이 일생 동안 설한 실천으로서의 선(禪)과 이론으로서의 교(敎)에 배대함. 일대선교一代禪敎는 오수신훈悟修新熏 등.	일체의 선문(禪)文은 위음왕불 저편에서 다시 저편이며, 몽각 일여夢覺一如 등이다.	일체의 선문을 각기 그 자리에 앉히면 모두 부동착不動착이며 또한 모두 상을 주어야 하고 모두 벌을 주어야 한다는 것 등이다.	일체의 선문은 산은 산이요, 물은 물이며, 주장자는 다만 주장자라 부를 뿐이라는 것으로 하나가 뚜렷하고 분명하다는 것이다.

第三句	第二句		第一句	
此句下薦得, 自求不了.	此句下薦得, 爲人天師.		此句下薦得, 爲佛祖師.	自性 三卽一皆空 　　眞佛 三寶 眞法 　　眞道
	如來見星悟道, 名如來禪.		傳持祖師心印, 名祖師禪.	祖師宗旨, 秖自心得.
	如來三傳 ◆達摩三傳 一, 分座殺人刀, 亦名眞金鋪. ◆一, 諸緣已斷, 得如來禪.		二, 拈華活人劍, 亦名雜貨鋪. ◆二, 覓心不得, 得祖師禪.	三, 示趺殺活齊示. ◆三, 拜得髓.	佛祖不傳.
荷澤作本源, 佛性爲義理禪.	淸源不落階級, 得如來禪.　┐名格外禪. 殺人刀　　┘		南岳一物不中, 得祖師禪. 活人劍	六祖下不傳.	向上無傳.
三印 如印印泥, 痕縫全彰. 轉名二句.	如印印水, 似有文彩. 轉名三玄.		如印印空, 了無朕迹. 直名三要.	無紋印字
本頌三句 逢餓鬼說餓鬼. 逢羅漢說羅漢. 逢佛說佛.	權實三句 權　　就此權門, 　　立三玄名.	實	權實向上	四照用 一, 先照後用. 二, 先用後照. 三, 照用同時.	四, 照不同時.
隔別三句 有句 無句 中句	新熏三玄 體中玄 句中玄 玄中玄	本分一句	宗門向上	三要 大機圓應. 大用直截. 機用齊施.	向上一竅
圭山三宗 息妄修心宗 泯絶無寄宗 直顯心性宗	雲門三句 截斷衆流 隨波逐浪 函蓋乾坤	一鏃破三關	別置一句	分明箭後路.	眞如 眞空 　　妙有
眞俗三諦 俗諦 眞諦 第一義諦	偏正五位 正 君位 偏 臣位 正中來 君視臣 偏中至 臣向君 兼中到 君臣道合		四喝 金剛寶劍喝 獅子踞地喝 探竿影草喝	一喝不作一喝用喝

第三句	第二句	第一句	
天台三止三觀 隨緣止假觀 體眞止空觀 中道止中觀	大慧偏正圖 正中偏 ◐ 偏中正 ◑ 正中來 ⊙ 偏中至 ● 兼中到 ●	三聖 文殊大智 普賢大行 智行兩存	毘盧向上
四賓主 一, 賓中賓 　學者無鼻孔.	二, 賓中主 　學者有鼻孔.	三, 主中賓 　宗師無鼻孔.	四, 主中主 　宗師有鼻孔.
四料揀 奪人不奪境.	奪境不奪人.	人境兩俱奪.	人境俱不奪.	本地風光
四法界 事 理 理事中	理無礙法界 事無礙法界 理事無礙法界	理事雙忘	事事無礙法界	一眞法界
達摩西來意, 建立文字.	不立文字		直指人心	見性 成佛
三宗 悟修　神秀　牛頭　荷澤 漸悟　漸修　頓悟　頓修 　　　漸悟　頓修　漸修	五宗　法眼　潙仰　曹洞 　　　明惟　明體　明向 　　　心.　用.　上.	雲門明截斷.　臨濟明機用.	五宗向上無傳.
配一代禪敎. 一代禪敎悟修新熏等.	一切禪文威音那邊, 更那邊 及夢覺一如等.	一切禪文各安其位, 摠不動着 及摠賞摠罰等.	一切禪文山是山水是水, 主杖但喚作主杖, 一一 端端的的等.

1) ㉥ '拜' 앞에 '三'이 누락된 듯하다.

㉲ 고덕이 '활구活句에서 알아차리면 불조의 스승이 될 만하지만, 사구死句에서 알아차리면 자기도 구제하지 못한다.'²³⁸고 하였는데, 이 삼

---

238 『臨濟語錄』(T47, 502a5), "若第一句中得, 與祖佛爲師 ; 若第二句中得, 與人天爲師 ; 若第三句中得, 自救不了."의 말을 근거로 하여 후대에 사구와 활구의 개념을 덧붙여 재구성한 것이다. 『眞覺國師語錄』(H6, 34b23), "다만 활구를 참구할 뿐 사구를 참구해서는 안 된다. 활구를 참구하여 알아차린다면 영겁토록 잊지 않을 것이나, 사구에서 알아차린다면 자기 자신조차 구제하지 못할 것이다. 만약 불조의 스승이 되고자 하는 이라면 모름지기 활구에서 깨달아야 할 것이다.(但參活句, 莫參死句.

구와는 어떻게 다른가?

【답】『선가귀감』에 '화두에는 구절(句)과 뜻(意)이라는 두 가지 문이 있다. 구절을 궁구하는 것(參句)은 경절문徑截門[239]의 활구를 가리키니, 마음으로 헤아릴 길도 전혀 없고 말을 따라 쫓아갈 길도 없어서 모색할 도리가 없기 때문이다. 뜻을 궁구하는 것(參意)은 원돈문圓頓門[240]의 사구를 가리키니, 이치로 통할 길도 있고 말을 따라 쫓아갈 길도 있어서 듣고 이해하고 생각할 여지가 있기 때문이다.'[241]라고 하였다. 그러므로 활구에서, 상근기는 제1구를 알아차려 불조의 스승이 되고 중근기

活句下薦得, 永劫不忘, 死句下薦得, 自救不了. 若要與祖佛爲師者, 須明取活句.)"『圜悟語錄』권11(T47, 765b13),『大慧語錄』권14(T47, 870b4),『看話決疑論』(H4, 737a8),『禪家龜鑑』(H7, 636b16) 등에 보인다.

239 경절문徑截門 : 무수한 우회의 방편을 다 끊어 버리고 근원으로 가는 가장 빠르고 간명하며 적절한 방법. 화두를 공부하는 간화看話의 방법을 가리킨다. '경절'은 직절直截·첩경捷徑 등과 같은 뜻이다. '경절'이라는 말은『碧巖錄』·『書狀』등에서 간화선을 묘사하는 말로 나오기는 하지만, 이를 간화선과 직접 연결하여 사용한 것은 지눌知訥이 처음이다.『看話決疑論』(H4, 733a20), "경절문의 맛없는 말(화두)을 듣자마자 지해知解라는 병에 걸리지 않고 바로 귀착점을 알게 되니, 이것을 일러 하나를 듣고 천 가지를 깨달아 대총지大摠持를 얻었다고 한다.(纔聞徑截門無味之談, 不滯知解之病, 便知落處, 是謂一聞千悟, 得大摠持者也.)";『恒覺國師語錄』「孫侍郞求語」(H6, 40a11), "이 밖에 화두를 살피는 '간화'라는 하나의 문이 있으니 이것이 가장 빠른 길입니다. 지관과 정혜는 화두 하나만 들면 자연히 그 안에 들어 있습니다.(此外有看話一門, 最爲徑截. 止觀定慧, 自然在其中.)"『정선 휴정』(p.102) 주석 70 참조.

240 원돈문圓頓門 : 교학상 최고의 이치에 해당한다. 주로 사사무애事事無礙를 근본 도리로 삼는 화엄종의 원돈일승圓頓一乘을 말한다. 교판론으로 보자면 원교圓敎와 돈교頓敎에 해당한다.『圓頓成佛論』(H4, 730a14) 참조.『정선 휴정』(p.102) 주석 71 참조.

241『禪家龜鑑』(H7, 636b19). "아직 근본을 꿰뚫지 못해 관문을 통과하지 못한 사람은 참구하는 것이 참의하느니만 못하고, 근본을 꿰뚫어 관문을 통과한 사람은 참의하는 것이 참구하느니만 못하다.(未透底人參句不如參意, 透得底人參意不如參句.)"라고 한다. 뒤의 구절은 반드시 그렇다기보다는 관문을 통과한 사람에게는 참의든 참구든 문제가 되지 않는다는 의미로 보아야 한다.『碧巖錄』100칙「本則評唱」(T48, 223b28), "부산 원록 공이 말하였다. '아직 근본을 꿰뚫지 못한 사람이 구절을 참구하는 것은 뜻을 참구하는 것만 못하지만, 근본을 꿰뚫은 사람은 뜻을 참구하는 것이 구절을 참구하는 것만 못하다.'(浮山遠錄公云, '未透底人參句不如參意, 透得底人參意不如參句.')"『정선 휴정』(p.102) 참조.

는 제2구를 알아차려 인천의 스승이 된다. 예컨대 방온龐蘊이 처음에 석두를 찾아가 '만법과 더불어 짝이 되지 않는 자는 어떤 사람입니까?'라고 묻자 석두가 손으로 방온의 입을 틀어막았던 예와 같다. 마침내 여래선을 깨닫고 난 후에 이번에는 마조를 찾아가 '만법과 더불어 짝이 되지 않는 자는 어떤 사람입니까?'라고 묻자 마조가 '한입에 서강의 물을 모두 들이켜면 말해 주겠다.'라고 말해 주어 더하여 조사선을 깨달았다.[242] 그렇다면 동일하게 한 구절을 참구하지만 깨달음에는 선후와 깊이의 차이가 있다는 것이 아니겠는가. 그러므로 고덕이 다만 '불조의 스승이 될 만하다.'라고 한 말은 깊은 것을 들어 낮은 것을 아우른 것이다.[243]

---

242 방온龐蘊이 처음에~조사선을 깨달았다 : 『龐居士語錄』 권상(X69, 131a11), "당나라 정원 초에 석두 선사를 배알하고 물었다. '만법과 더불어 짝이 되지 않는 자는 어떤 사람입니까?' 석두가 손으로 방거사의 입을 틀어막자 이때 막힘없이 크게 깨달았다. 하루는 석두가 물었다. '그대는 나를 만난 이후 일상사가 어떠한가?' '제게 일상사에 대하여 물으신다면 저는 당장 할 말이 없어집니다.' '그대가 그런 줄 알고 내가 물어본 것이다.' 방거사가 마침내 다음과 같은 게송을 바쳤다. '일상사에 특별한 점은 없으니, 나 스스로 짝하여 함께할 뿐이라네. 모든 현상에서 취하거나 버리지 않고, 어떤 곳에서나 어긋나는 일도 없다네. 주색과 자색은 누가 이름을 붙였을까! 산악에는 한 점의 티끌조차도 없노라. 신통 그리고 묘용이여! 물 긷고 땔나무 나르는 일이로다.' 석두가 게송의 뜻을 인정하고 물었다. '그대는 승僧이 되고자 하는가, 아니면 속俗으로 살고 싶은가?' '바라시는 뜻을 따르고 싶습니다.' 결국 출가시키지 않았다. 방거사는 후에 강서로 가서 마조 대사를 뵙고 물었다. '만법과 더불어 짝이 되지 않는 자는 어떤 사람입니까?' '그대가 한입에 서강의 물을 모두 들이켜면 말해 주겠다.' 방거사는 이 말을 듣자마자 현묘한 뜻을 곧장 알아차렸다. 마침내 '마음을 비우면 급제하여 돌아가리라.(心空及第歸.)'라는 구절의 게송을 읊고 머물렀다.(唐貞元初, 謁石頭禪師, 乃問, '不與萬法爲侶者, 是甚麼人?' 頭以手掩其口, 豁然有省. 一日, 石頭問曰, '子見老僧以來, 日用事作麼生?' 士曰, '若問日用事, 卽無開口處.' 頭曰, '知子恁麼, 方始問子.' 士乃呈偈曰, '日用事無別, 唯吾自偶諧. 頭頭非取捨, 處處沒張乖. 朱紫誰爲號! 丘山絶點埃. 神通幷妙用! 運水與搬柴.' 頭然之曰, '子以緇耶素耶?' 士曰, '願從所慕.' 遂不剃染. 居士後之江西參馬祖大師, 問曰, '不與萬法爲侶者, 是什麼人?' 祖曰, '待汝一口吸盡西江水, 卽向汝道.' 士於言下頓領玄旨. 遂呈偈, 有心空及第之句, 乃留駐.)";『禪門拈頌說話』 161칙(H5, 162c8).
243 방온의 이 공안에 대해 『禪門拈頌說話』 161칙 설화에서는 다음과 같이 평석하였다.

근래에 중부자中孚子 초의 의순草衣意恂이 지은 『사변만어四辨漫語』에서는 '제2구는 죽이지도 살리지도 않는 구절'[244]이라고 하였다. 말해 보라. 활구가 참구이고 사구는 참의라면, 참구와 참의 사이에서 어떻게 참구해야 살리지도 죽이지도 않는 구절이 되는가? 이것은 그 뜻을 깊이 헤아리지 않고 경솔하게 발언한 말일 뿐이다. 또 옛날에 삼선론三線論[245]이 있는데, 태공선太公線은 태공의 낚싯줄을 가리키지만 그 뜻은 여기에 한정되지 않으므로 제1구이다. 허공선虛空線은 제2구이고, 지렁이선(蚯蚓線)은 제3구이니 모두 알 수 있다.

『禪門拈頌說話』 161칙(H5, 164a3), "그다음에 마조에게 던진 똑같은 질문은 이미 터득한 자신의 견해를 보여 주고 물은 것이다. 옛사람은 '처음에 석두를 친견하고는 눈앞의 대상 경계와 단번에 하나가 되었고, 뒤에 마조를 친견하고는 다시 본심과 부합한 것이다.'라고 하였다.(次問馬祖者, 呈似已見也. 古人云, '初參石頭, 頓融前境; 後參馬祖, 復印本心.')"

244 『禪門四辨漫語』(H10, 821c23), "제2구는 언어와 사유가 허용되지 않는 경계를 분별하여 해석하는 것이니 말을 일으키자마자 참된 종지는 감춰지기 때문에 이것은 사구도 아니고 활구도 아닌 구절이다. 이 구절을 깨달은 자는 말로 드러낸 가르침의 방편에 따라 말을 떠난 실상을 깨닫는다. 그런 까닭에 인계와 천계의 스승이라 한다.(第二句, 分釋未容擬議處, 言說乍興, 眞宗將隱, 此不死不活之句, 薦此句者, 因言敎之方便, 悟離言之實相. 所以爲人天之師也.)" 초의 의순, 김영욱 옮김, 『선문사변만어』, pp.57~58 참조.

245 삼선론三線論의 정확한 근원은 찾지 못하였다. 『禪門拈頌說話』에 태공선太公線과 구인선蚯蚓線 두 가지를 다음과 같이 들었다. 『禪門拈頌說話』 223칙(H10, 224a7), "'설령 물어오지 않는다고 하더라도 내가 제시한 한 가닥의 길에는 여전히 조금 미치지 못한다.'라고 한 말 : 한 가닥의 길에는 두 종류가 있다. 지렁이가 남긴 한 가닥 흔적으로는 소식을 서로 막힘없이 통하고, 태공이 보여 주는 한 가닥 길로는 귀천을 나누고 존비를 가른다. 여기서는 태공이 제시한 한 가닥의 길이다. 남전은 이렇게 말함으로써 본분의 핵심을 푸는 최상의 열쇠를 들어 보인 것이다. 그러므로 (운문은) '남전은 걸음마다 높이 오를 줄만 알았다.'라 하고, '향적세계'라고도 평가하였다. 만약 정통의 혈맥마저 짓밟아 없앤다면 어떤 천신도 꽃을 바칠 길이 없을 것이며, 성인이 깨달은 경지도 모두 텅 비워 버린다면 마구니와 외도가 몰래 엿볼 수 있는 문이 없을 것이다.(直饒云云者, 一線道有二種. 蚯蚓一線地, 信息相通也. 太公一線道, 分貴賤辨尊卑也. 此爲太公一線道也. 南泉伊麽道, 拈起上頭關捩子. 故云, '南泉只知步步登高.' 又云, '香積世界.' 若踏正脉, 諸天奉花無路; 聖解皆空, 魔外潛覰無門.)"

問, 古德云, '活句下薦得, 與佛祖爲師, 死句下薦得, 自救不了.' 與此三句, 同別如何?

答, 禪家龜鑑云, '話頭有句意二門. 叅句者, 徑截門活句也, 沒心路, 浄¹⁾語路, 無摸揉故也. 叅意者, 圓頓門死句也, 有理路, 有語路, 有聞解思想故也.' 然則活句下, 上根薦得第一句, 與佛祖爲師, 中根薦得第二句, 與人天爲師也. 如老龐初叅石頭云, '不與萬法爲侶者, 是什麼人?' 頭以手掩其口. 遂悟得如來禪後, 再叅馬祖云, '不與萬法爲侶者, 是什麼人?' 祖云, '一口吸盡西江水來.' 又悟得祖師禪也. 然則豈非一叅句之下, 悟有先後深淺有異耶. 故古德但云, '與佛祖爲師'者, 擧深該淺也.

近中孚子, 所著四辨漫語云, '第二句, 是不死不活之句.' 且道. 活句是叅句, 死句是叅意, 則叅句叅意之間, 如何叅之爲不死不活之句耶? 此不究其意, 率爾而發言耳. 又古有三線之論, 謂太公線者, 太公之垂釣, 是意不此限, 故爲第一句. 虛空線者, 是第二句, 蚯蚓線者, 是第三句, 皆可知.

---

1) ㉘ '浄'은 '沒'의 오기이다.

8. 『사변만어』와 『소쇄선정록(선문증정록)』 비판에 앞서 삼종선 개념을 바로잡다

어떤 한가한 장로들이	有箇閒長老
『사변만어』와 『소쇄선정록』을 지었네	述成語與錄
그 조목 따라 설파說破하고 변설辨說하리니	逐條說又辨
행여 물고기 눈을 명주로 오인할까[246] 염려해서라네	或恐認魚目

근래에 중부자 초의가 『사변만어』를 지었다. 네 가지 주제에 대한 변설(四辨)이란 의리선과 격외선, 여래선과 조사선, 살인검과 활인검, 진공과 묘유에 관한 것이다.[247] 만어漫語를 변설한다는 말에서 만어란 허황한 말이라는 뜻으로 스스로 겸손하게 표현한 말이다.

또 수담 홍기優曇洪基의 『소쇄선정록掃灑先庭錄(선문증정록禪門證正錄)』이 있는데, 이는 『선문수경』에서 (백파가) 선사先師 문안의 뜰을 더럽힌 것을 자신이 먼지를 쓸고 물을 뿌려 깨끗이 하겠다는 뜻에서 지은 책이다. 이 책은 4절로 구성되어 있다. '첫째, 삼처전심은 선문禪門의 원류로서 근원이 맑으면 지류도 맑다. 둘째, 의리선·격외선, 여래선·조사선은 선문의 이름으로서 이들 이름이 바르게 서면 실상도 바르게 드

---

246 물고기 눈을 명주로 오인할까 : 장어목작명주將魚目作明珠라고 한다. 비슷한 일부분을 보고 그것을 전부라거나 진실이라고 오인하는 것을 비유한 말이다.
247 『禪門四辨漫語』「序」(H10, 820b6), "의리선과 격외선, 조사선과 여래선, 살활과 기용기용, 진공과 묘유 등은 모두 마음을 근거로 하여 나타나는 것들이다.(義理格外, 祖師如來, 殺活機用, 眞空妙有, 皆由心而現出.)" 초의 의순, 김영욱 옮김, 『선문사변만어』, p.31 참조.

러날 것이다. 셋째, 살인도와 활인검은 선에 붙인 이름의 극치로서 이름이 극치에 이르면 실상도 극치에 다다른다. 넷째, 삼구와 일구는 선문에 본래 있는 어구(文彩)로서 근본에 통달하면 지말에도 통달한다.'²⁴⁸라고 하였다. 스스로는 깨끗하고 바름이 지극함에 이르렀다고 여기고, 『선문수경』은 깨끗하고 바름이 지극함에 이르지 못했다고 여긴다는 뜻이다.

　이것이 제목의 뜻과 4절의 명목을 세운 의미인데 이미 지나치게 손을 대고 조작하여 잘못된 점이 매우 심하다. 또한 그 글(『선문수경』)의 뜻에서 『사변만어』와 『소쇄선정록』 모두 시비를 가리려는 마음이 크고 승부를 가르는 데 기세가 뻗쳐 그 의미는 제대로 궁구하지도 않고서 온통 내쳐 깨뜨리는 데만 힘썼으니 삿된 이해로 어지러이 여기저기 두드리기나 하고 물고기 눈과 밝은 구슬(明珠)을 혼동했다고 할 만하다. 그러므로 이제 그 『사변만어』를 설파하고 그 『소쇄선정록』을 변설하여 '사변만어설'『설설이란 병산거사 이순보李純甫²⁴⁹의 『명도집설鳴道集說』²⁵⁰에서의

---

248 『禪門證正錄』「禪門證正錄幷序」(H10, 1137a24), "夫三處傳心, 禪門之源, 源淸則流淸；義理禪格外禪, 如來禪祖師禪, 禪門之名, 名正則實正；殺人刀活人劒, 禪門之喩說機關, 喩極則法極；三句一句, 禪門之本有文彩, 本達則末達也."
249 이순보李純甫(1177~1223)：자는 지순之純, 호는 병산거사屛山居士. 양양襄陽(지금의 하북성 양원陽原) 출신. 금나라 승안承安 연간에 진사進士를 지냈다. 세 번 한림翰林에 발탁되어 들어갔으며 황제의 총애를 받았다. 산문散文에 공교하였으며 문풍은 웅기간고雄奇簡古하여 노동盧同·이하李賀의 풍모가 있었다고 평가된다.
250 『명도집설鳴道集說』：『諸儒鳴道集』의 배불론을 비판한 책. 『諸儒鳴道集』은 『鳴道集』이라 약칭하기도 하는데 배불숭유排佛崇儒의 대표적 논저로서 주돈이周敦頤·사마광司馬光·장재張載·정이程頤·정호程顥·장구성張九成·양시楊時·장식張栻·사현도謝顯道·유안세劉安世 등 송나라 때 대유大儒들의 논설이 수록되어 있다. 이순보는 어릴 때 유학을 공부하였으나 29세에 불교를 공부하기로 발심하고 당시 선종의 고승인 만송 행수萬松行秀 문하에서 선을 익혔다. 불교를 배척하는 풍조가 점차로 만연하자 『鳴道集說』을 지어 유학자들의 배불론을 논파하였다. 유불도 삼가의 같은 점과 다른 점을 논하고 있지만 주요 입론의 근거는 불교가 중심이며, 송대 불교사상사를 이해하는 데 중요한 자료이다. '설說' 자를 붙인 의미가 바로 이 『鳴道集說』에서의 '설'과 같이 비판적 의미를 담고 있다는 뜻이다.

설과 같은 의미이다.]'소쇄선정록변'이라 제목을 붙였다. 모든 종문의 글을 익힌 것은 아니니, 다만 통달한 사람의 고찰을 기다리며 먼저 바른 뜻을 푼다.

近有中孚子著四辨漫語. 四辨者, 義理格外禪, 如來祖師禪, 殺人活人劍, 眞空妙有. 辨漫語者, 汗漫之語, 是自謙也.
又有優曇子, 述掃灑先庭錄, 謂禪文手鏡, 汚穢先師之門庭, 自爲掃灑之意也. 錄有四節, 一, 三處傳心, 禪門之源, 源淸則流淸. 二, 義理格外禪, 如來祖師禪, 禪門之名, 名正則實正. 三, 殺人刀活人劍, 禪名之極, 名極則實極. 四, 三句一句, 禪門之本有文彩, 本達則末達. 謂自爲淸正極達, 以手鏡爲不爲淸正極達之意也.
此則題意與四節立名, 早是斧鑿太甚. 且其文中辭意, 語與錄, 皆是非情厚, 勝負氣高, 不究其義, 全務斥破, 可謂邪解亂擊, 魚目渾珠也. 故今說其語辨其錄, 名曰四辨漫語說.【說者, 如屛山李純甫鳴道集說.】掃灑先庭錄辨. 不是全門之習. 第竢通人之攷, 先釋正義.

선의 개념에 대해 그 핵심을 드러내어 밝힌 정의에는 차이가 있다. 고덕이 '선은 부처의 마음이요 교는 부처의 말이다.'[251]라 하였고, 또 '사람

---

251 혜심慧諶은 『看話決疑論』「跋文」(H4, 737b13)에서 "아, 근고近古 이래로 불법이 대단히 쇠약해져서 혹은 선을 근본으로 삼아 교를 배척하며, 혹은 교를 받들며 선을 비난한다. 이는 선이 부처님의 마음이고 교는 부처님의 말씀이며, 교는 선을 포착하는 벼리요 선은 교를 통괄하는 벼리라는 사실을 전혀 모르기 때문에 그러한 것이다.(噫, 近古已來, 佛法衰廢之甚, 或宗禪而斥敎, 或崇敎而毁禪. 殊不知, 禪是佛心, 敎是佛語, 敎爲禪網, 禪是敎網)."라 주장하였고, 선교 일치의 전형을 보인 종밀宗密은 『都序』(T48, 400b10)에서 "경經은 부처님의 말씀이고, 선禪은 부처님의 마음이다. 부처님의 마음과 입은 결코 서로 어긋나지 않는다.(經是佛語, 禪是佛意, 諸佛心口, 必不相違.)"라고 하였으며, 휴정休靜은 『禪敎訣』(H7, 657b5)에서 "선은 부처님의 마음이고, 교는 부처님의 말씀이다. 교라 함은 말이 있는 것으로부터 말이 없는 경지에 이르는 것이며, 선

이 마음에서 얻으면 삼장십이분교 내지 저잣거리의 쓸데없는 말이나 앵무새와 제비의 지저귐까지도 모두 교외별전의 소식이지만, 선지禪旨[252]를 입에서 잃고 나면 염화미소도 도리어 교의 자취일 뿐이다.'[253]라고 하였으니, 이는 선지를 개괄한 말이다. 또 고덕이 말하였다. '모든 부처님께서는 활등처럼 설하셨고 조사들은 활시위처럼 설하셨다.'[254] 또 말하였다. '교란 여러 불보살이 남긴 경론이고, 선이란 여러 선지식이 말씀하신 구절과

이라 함은 말이 없는 경지에서 말이 없는 경지로 이르는 것이다.(然禪是佛心, 教是佛語也. 教也者, 自有言, 至於無言者也 ; 禪也者, 自無言, 至於無言者也.)"라고 하였다. 『정선 휴정』(p.367) 참조.

[252] 선지禪旨 : 선의 핵심적인 뜻. 선사들의 말이나 행위에 들어 있는 선법의 요지. 『禪家龜鑑』(H7, 635b9), "세존께서 세 곳에서 마음을 전하신 것은 선지禪旨이고, 전 생애에 걸쳐 설하신 일체의 가르침은 교문教門이다. 그러므로 '선은 부처님의 마음이요, 교는 부처님의 말씀'이라고 하는 것이다.(世尊三處傳心者, 爲禪旨 ; 一代所說者, 爲教門. 故曰, '禪是佛心, 教是佛語.')"

[253] 마음에서 깨달은 것을 언어라는 방편으로 표현할 때 선禪의 진실을 전할 수 있지만, 말 자체에 의존해서는 깨달을 수 없음을 나타낸다. 앞의 주석 27 참조.

[254] 고려 때 천책天頙이 지은 『禪門寶藏錄』의 다음 글에서 인용한 말이다. 『禪門寶藏錄』 권상 「禪教對辨門」(X64, 808b4), "모든 부처님께서는 활등처럼 설하셨고 조사들은 활시위처럼 설하셨다. 활시위처럼 설하였다는 말은 선문에서 현묘한 길을 곧장 전하면서 언설을 빌리지 않고 근본이 되는 마음의 본체를 곧바로 가리켜 보이는 양상이 활시위가 곧은 것과 같다는 뜻이다. 교문의 경우에 일승은 곧은 길이고 삼승은 굽은 길이므로 근본이 되는 마음의 본체를 곧바로 들어서 마음에 보여 준 것과 같지 않다. 왜 그러한가? 일승교에서 설한 것은 일마다 걸림이 없는 법계(事事無礙法界)의 모든 존재가 원만하게 융합되어 있다는 뜻이다. 일마다 걸림이 없는 이 법계는 한맛의 법계로 귀결되고, 이 한맛의 법계가 남긴 흔적조차 떨쳐 버려야 비로소 조사들이 제시한 일심이 드러나게 된다. 그러므로 모든 교설은 곧지 않음을 알 수 있다.(諸佛說弓, 祖師說絃. 說絃者, 禪門正傳玄路, 不借言說, 直示宗本心體, 如弓之絃. 若教門, 則一乘是直路, 三乘是曲路, 不如直擧宗本心體, 示於心念之中. 何故? 一乘敎中所說者, 事事無礙法界圓融, 此事事無礙法界, 方歸一味法界, 拂此一味法界之跡, 方現祖師所示一心. 故知諸敎不直.)" ; 『禪家龜鑑』(H7, 636a18), "모든 부처님께서는 활등처럼 설하셨고 조사들은 활시위처럼 설하셨다. 부처님께서는 걸림 없는 법을 설하시어 한맛으로 귀결시키지만, 이 한맛의 자취조차 떨쳐 버려야 비로소 조사들이 제시한 일심이 드러나게 된다. 그러므로 뜰 앞의 잣나무(庭前栢樹子) 같은 화두는 용궁의 대장경에는 있지 않다.(諸佛說弓, 祖師說絃. 佛說無礙之法, 方歸一味, 拂此一味之迹, 方現祖師所示一心. 故云, 庭前栢樹子話, 龍藏所未有底.)" 『정선 휴정』(pp.95~96) 주석 58 참조.

게이다.' 이것은 선의 도리(禪詮)²⁵⁵를 개괄한 말이다. 즉 여러 선가에서 서술하여 밝힌 것은 선의 도리(禪詮)이고, 선지禪旨는 이름과 상相을 떠나 있어²⁵⁶ 마음이 향해 갈 곳이 도리어 없으니 언어로 표현할 길이 어찌 있겠는가. 이 경계에서는 삼세제불과 역대 조사들도 잠자코 침묵²⁵⁷할 도리밖에 없다.

이제 선의 도리(禪詮)에 근거한 설에 세 종류가 있다. 첫째 조사선, 둘째 여래선, 셋째 의리선이다.【먼저 특징을 드러내고 아래에서 해석하겠다. 특징은 법의 깊이에 따른 것이고, 해석은 깨달음의 선후에 따른 것이다.】

여래선 : 『보요경』에 '보살(석가세존)이 2월 8일에 샛별을 보고 도를 깨달았으니 천인사라 하며, 깨달은 도리가 여래의 깨달음이므로 여래선이라 한다.'라고 하였다. 깨닫고 난 후에 무기와 같은 여러 방편을 시설하여 천인天人에게 설법하였으므로 천인사라 한다. 임제가 '제2구에서 알아차리면 인천의 스승이 될 만하다.'라고 한 말에 대해 일우는 '여래는 적멸도량에서 처음 정각을 이루고【오도】 천 길 길이의 노사나 몸을 드러내셨으니 41위 법신 대사【인】와 과거세에 근기가 성숙한 천룡팔부【천】에게 한순간에 둘러싸여 마치 구름이 달을 감싸는 듯했다【화엄시를 설하였으니, 이것이 무기와 같은 여러 방편을 시설하였다는 뜻이다.】는 장면²⁵⁸이 제2구이다. 그러므로 인천

---

255 선전禪詮은 선의 사리事理로, 선에 대한 구체적이고 다양한 설명을 말한다. 『百丈淸規證義記』 권8 「講堂規約」(X63, 501c21), "선禪과 교敎는 두 가지가 아니다. 교는 선에 대한 해설이요, 선은 교의 골수이다. 문자의 뜻에 집착하여 해설을 고수하면 선도 교가 되고, 문자의 뜻에서 벗어나 마음과 하나가 되면 교 또한 선이라 한다.(夫禪之與敎, 非有二也. 敎爲禪詮, 禪爲敎髓. 執文義而守詮, 禪亦爲敎；離文義而契心, 敎亦名禪.)"
256 『禪敎釋』(H7, 655c11), "결 : 원교圓敎에는 걸림이 없는 연기(無礙緣起)에 대한 분별이 있고, 돈교頓敎에는 명名을 떠나고 상相을 끊은 경지에 대한 분별이 있지만, 선문禪門에는 더듬어 찾을 것도 없고 포착하기 위한 어떤 수단도 없다.(訣曰, 圓敎有無礙緣起之解, 頓敎有離名絶相之解, 禪門無摸沒巴鼻.)"
257 취로도嘴盧都는 자로도觜盧都·자골도觜骨都라고도 한다. 입을 다물고 잠자코 침묵하는 모습을 말한다.
258 여래는 적멸도량에서~듯했다는 장면 : 이상은 『天台四敎儀』(T46, 774c23)에서 돈교

의 스승이 될 만하다고 한 것이다.'[259]라고 해석하였다.

조사선 : 달마가 말하였다. '진귀 조사가 설산에 있으면서, 총림의 방장에서 석가를 기다렸네. 조사의 심인을 임오년에 전해 받아 수지하였고, 동시에 조사의 종지를 마음으로 얻었다네.'[260] 이것은 조사가 전한 것이므로 조사선이라 한다. 임제가 '제1구에서 알아차리면 불조의 스승이 될 만하다.'라고 한 말에 대해 일우는 '이 구절에서 알아차리면 비로자나불 이상으로 향상하는 경지[261]를 지름길로 밟아서 조사의 심인을 곧장 꿰차리라. 그런 까닭에 불조의 스승이 될 만하다고 한 것이다.'[262]라고 해석하였다.

그런즉 이 두 가지 선은 깨달음에서는 선후가 있고, 각자 다르게 나누어 가진 몫에서는 깊이의 차이가 있다. 그러므로 범일 국사는 '세존이 샛별을 보고 도를 깨달았지만 깨달은 법이 아직 궁극에 이른 경지는 아님을 스스로 알고 수십 일을 유행하며 다시 조사를 찾아뵙고서야 비로소 현묘하고 지극한 뜻을 얻을 수 있었다.'[263]라고 하였다.

세존이 이와 같이 도를 깨닫고 나서 도를 전해 받고서는 이를 세 곳에서 전하였다. 첫 번째 자리를 나누어 주신 일(分座)은 살인도이며 진금포 眞金鋪라고도 한다. 이는 여래가 깨달은 경지를 전한 것이다. 그런 까닭에 『염송설화』에서는 혜가가 (달마를 만나) 모든 대상에 대한 집착을 끊었다(斷緣)고 한 첫 번째 인연을 해석하면서 '여래선을 얻었다.'[264]고 하였다.

頓敎인『華嚴經』의 '頓'의 뜻에 대한 묘사를 인용하였다. 초의 의순, 김영욱 옮김,『선문사변만어』, p.129 주석 18 참조.
259 『禪門綱要集』「一愚說」(H6, 855a6) ;『禪門四辨漫語』「二禪來義」(H10, 827a7).
260 앞의 주석 10 참조.
261 앞의 주석 179 참조.
262 앞의 주석 25, 183 참조.
263 앞의 주석 6 참조.
264 『禪門拈頌說話』100칙(H5, 106a18), "모든 대상이 끊어지고 나면 아무것도 없는 그 경계(斷滅)에 떨어지는 사람도 있지만 2조는 그렇지 않았다. 그는 분명하게 깨어 어둡지 않고 뚜렷하게 항상 알고 있었으니, 깨달음과 수행이 곧바로 사라지면서 여래선

두 번째 꽃을 들어 보이신 일(拈花)은 활인검이며 잡화포雜貨鋪라고도 한다. 이는 조사가 전한 도리를 전한 것이다. 그런 까닭에 『염송설화』에서는 혜가가 마음을 찾았으나 찾지 못했다(覓心不得)는 두 번째 인연을 해석하면서 '조사선을 얻었다.'[265]고 하였다. 그러므로 여래선과 조사선은 살과 활의 관계이다. 다만 여래선과 조사선이라 구별한 것은 깨달음을 보인 사람인가, 도리를 전한 사람인가에 따라 붙인 이름일 뿐이다. 살인도와 활인검 그리고 진금포와 잡화포라 한 것은, 깨달은 법과 전한 법에 따라 비유적으로 이름을 붙인 것이다. 그 가운데 도刀와 검劍 두 글자는 살과 활의 우열을 말한 것이고, 진眞과 잡雜 두 글자는 살과 활 가운데 어느 한 가지만 오롯이 하는가 아니면 둘을 겸비하는가를 기준으로 말한 것이다.

세존이 발을 내보인 세 번째 일화(示趺)에 대해서『염송설화』에 비록 살과 활을 가지런히 제시하였다는 말은 없지만[266] 두 발을 보인(雙趺) 뜻이 없지 않으니, 이것이 바로 살과 활을 가지런히 제시한 경우이다. 혜가가

을 증득하였던 것이다.(諸緣旣斷, 或有落斷滅者, 今二祖則不然. 明明不昧, 了了常知, 則悟修斯广 乃證得如來禪也.)" 앞의 주석 52 참조.

265 『禪門拈頌說話』100칙(H5, 106a21), "궁히 근기가 무리였다면 이 경계에서 눌러앉아 본분사를 벌써 마쳤다고 여겼겠지만 2조는 그렇지 않았다. 그는 다시 모든 부처님의 법인에 대하여 묻고는 그 자리에서 마음을 편안히 하고 모든 부처님이 전한 마음의 본체를 깨달았다. (이 때문에) 앞에서 터득한 이해가 더욱 밝아져 '분명하게 깨어 어둡지 않고, 뚜렷하게 항상 알고 있다.'고 말한 뒤 마침내 조사선을 알아차리고 달마의 인가를 받았던 것이다. 이것이 2조가 2조가 된 이유이다.(其如中下之類, 於此坐着, 便以爲能事已畢, 二祖卽不然. 又問, 諸佛法印, 當下安心, 悟得諸佛所傳心體. 前解轉明日, '明明不昧, 了了常知.' 遂乃會得祖師禪, 得他印許. 此所謂二祖之爲二祖者也.)" 앞의 주석 53 참조.

266 『禪門拈頌說話』37칙 설화에는 다음과 같이 실려 있다.『禪門拈頌說話』37칙(H5, 51a22), "'세존께서 관 밖으로 두 발을 내보이셨다'는 것 : 착각이요, 착각이로다! 무소가 달빛을 즐기다가 뿔에 무늬가 생겼고, 코끼리는 천둥소리에 놀라 상아에 꽃 그림 새겨진 격이니, 잘못이 적지 않다. 비록 이렇기는 하지만 이 구덩이 속에서 뛰쳐나와야 비로소 다비한 뒤의 품급이 세상에 유통되리라는 사실을 알게 될 것이다.(世尊槨示雙趺 : 錯, 錯! 犀因翫月紋生角, 象被雷驚花入牙, 敗闕也不少. 雖然如是, 向者圈圚裏跳得出, 方知茶毗後品流通去在.)"

삼배하고서 달마로부터 '골수를 얻었다.'는 말을 들은(三拜得髓) 세 번째 인연에 대해 『염송설화』에 비록 두 가지 선을 가지런히 얻었다는 말은 없지만[267] 삼배한 뜻이 없지 않으니, 이것이 바로 두 가지 선을 가지런히 얻은 경우이다.

가섭으로부터 전해져 서천이십팔조와 중국 6대 조사에 이르기까지 한 세대에 한 사람에게 전하였으니[268] 도刀와 검劒을 아울러 활용하며 살과 활에 자재하였던 것이다. 이것이 바로 왕자이 보검을 가지고 본분의 수단을 발휘하여 사람을 죽이기도 살리기도 하며 대자재함을 얻었다는 의미이다.[269] 그러므로 두 가지 선에 우열이라는 구분은 있지 않다. 6조 이후로부터 살과 활을 나누어 전했으니, 예컨대 남악 회양은 활인검을 얻었고, 청원 행사는 살인도를 얻었다. 또 다섯 종파로 나누어져 이 도가 천하에 크게 유행하게 되었다. 그 종파에 근원이 있고 그 지류에도 뿌리가 있다.[270]

---

267 『禪門拈頌說話』101칙 설화에는 다음과 같이 실려 있다. 『禪門拈頌說話』101칙(H5, 110b12), "'너는 나의 골수를 얻었구나.'라는 말 : 깊고 또 깊은 경지이다. 이는 직접 법을 이음으로써 입실했다는 말이니, 가업을 이을 만하기 때문에 가사를 전하고 법을 부촉한 것이다.(汝得吾髓者, 深之又深也. 此則親承入室, 克紹家業故, 乃傳衣付法也.)"

268 앞의 주석 98 참조. 『禪門拈頌說話』147칙(H5, 150b6), "세존께서는 다자탑 앞과 영산회상에서 가섭에게 친밀하게 부촉하였고, 가섭은 아난에게 전하여 한 세대에 오직 한 사람에게만 전하다가 조계 혜능에 이르러 이 두 대사에게 법을 나누어 주게 되었고 그들은 각기 다른 가풍을 세웠다. 두 대사는 그들의 후손으로 법을 이었는데 임제臨濟와 동산洞山에 이르러 이 도가 세상에 크게 유행하였다. 그 종파에 근원이 있고 지류에도 뿌리가 있으니 배우는 이들은 소홀히 해서는 안 된다.(世尊於多子塔前, 靈山會上, 密付迦葉, 迦葉傳阿難, 人傳一人, 至于曹溪, 得此二大士分付, 各立家風. 二大士得其孫, 至于臨濟洞山, 斯道大行天下. 其派有源, 其枝有本, 學者不得芥鹵也.)"

269 『眞覺國師語錄』(H6, 34c4), "골수에 사무치도록 본원을 깊이 깨닫는다면 왕자의 보검을 쥐고서 본분의 수단을 활용하여 사람을 죽이기도 하고 살리기도 하며 크게 자유자재한 경지가 될 것이다. 반드시 이러한 수단을 밝게 알아야 한다. 사람을 죽인 이상 반드시 살려야 하고, 사람을 살렸다면 반드시 다시 죽여야 한다. 오로지 죽이기만 하거나 오로지 살리기만 하는 것은 좋은 솜씨가 아니다.(蓋徹骨徹髓, 深證本源, 持王子寶刀, 用本分手段, 殺人活人, 得大自在也. 須明取者个手段. 旣殺得人, 須活得人, 旣活得人, 須殺得人. 若只單殺單活, 卽非好手也.)"

270 6조 이후로부터~뿌리가 있다 : p.61, pp.63~67 참조.

의리선 : 하루는 6조가 '나에게 하나의 그 무엇이 있는데, 이름도 없고 이름자도 없다. 여러분은 어떻게 부르겠는가?'라 하니 하택이 '모든 부처님의 본원이고, 신회의 불성입니다.'라고 하였고, 6조는 '내가 너희에게 이름도 없고 이름자도 없다고 하였건만, 무슨 본원이니 불성이니 하고 부르느냐! 훗날 설령 일가를 이루어 지도자의 위치에 서는 일이 있더라도[271] 다만 지적인 분별이나 근본으로 삼는 무리가 될 뿐이리라.'라고 하였다.[272] 지해知解가 곧 의리이므로 의리선이라 부르게 되었다.

임제는 '제3구에서 알아차리면 자기도 구제하지 못한다.'고 하였고, 고덕은 '사구死句에서 알아차리면 자기도 구제하지 못한다.'[273]고 하였다. 『선가귀감』에서는 다음과 같이 해석하였다. '사구를 뜻을 궁구하는 것(參意)이라고도 하니 여기에는 말을 따라 쫓아갈 길도 있고 이치로 통할 길도 있다.'[274] 말을 따라 쫓아갈 길이 있다면 말로는 완전히 다 표현할 수 없기 때문에[275] 사구이고, 이치로 통할 길이 있다면 의리가 완연하기 때

---

271 일가를 이루어~일이 있더라도(把茆蓋頭) : 앞의 주석 106 참조.
272 『禪門拈頌說話』 111칙(H5, 121b3), "6조가 어느 날 대중에게 말하였다. '하나의 그 무엇(一物)이 위로는 하늘을 떠받치고 아래로는 땅을 지탱하면서 옻칠마냥 시커멓다. 그것은 항상 움직임 속에 있는데 움직이는 그 순간에는 잡아들이지 못한다. 그대들은 그것을 무엇이라 부르겠느냐?' 신회라는 사미가 대중 속에서 나와 말하였다. '모든 부처님의 본원이고, 신회의 불성입니다.' 6조가 몇 차례 방을 휘둘러 때리고서 말하였다. '내가 하나의 그 무엇이라고 불러도 맞지 않는다고 했건만, 어찌 본원이니 불성이니 하고 부르느냐! 그대가 이후에 설령 일가를 이루어 대중을 이끄는 위치에 서는 일이 있더라도 지적인 분별이나 근본으로 삼는 무리가 될 뿐이리라.'(六祖, 一日謂衆曰, '有一物, 上柱天下柱地, 黑似柒. 常在動用中, 動用中收不得. 汝等諸人, 喚作什麼?' 沙彌神會, 出衆曰, '諸佛之本源, 神會之佛性.' 祖遂打數棒曰, '我喚作一物尙自不中, 那堪喚作本源佛性! 汝已後, 設有把茅蓋頭, 只作得个知解宗徒.')" 앞의 주석 105 참조.
273 앞의 주석 238 참조.
274 앞의 주석 241 참조.
275 십성十成은 충분하고 완전함을 뜻한다. 여기십성語足十成은 말을 남김없이 다하여 완전함을 얻으려 하면 오히려 그르치고 진실을 획득하지 못한다는 의미이다. 언어에 온전히 담아 표현하기 불가능함을 함의하는 선어이다. 『禪林僧寶傳』 권7 「九峯道虔傳」(X79, 506c3), "말로써 남김없이 다 드러내기를 꺼리지만 전혀 쓰지 않으려 하지는

문에 의리선이라 한다. 또한 대혜가 장 시랑張侍郞에게 답하는 글에서 '이치로 통하는 길에 몸을 담그고 자신을 진흙과 물로 더럽히며 남을 가르치는 도리를 알자마자 곧바로 쓸어 없애고자 하였다.'라고 운운하고, 또 '예컨대 혜충 국사는 의리선을 설하여 남의 집 자식들을 망쳐 놓았다.'고 하였는데,[276] 이치로 통하는 길에 몸을 담그고 남을 가르치는 것이 의리선이다. 제3구를 해석하면서 청풍 법사는 '나와 그대가 설하기도 듣기도 하며 묻기도 답하기도 한 이 상황이 이미 제3구에 떨어진 것'[277]이라 하였고, 일우는 '낙초지담落草之談[278]으로 상대를 가르치고 병에 따라 약을 주는 방법'[279]이라고 하였다. 이것이 제3구가 의리선이 되는 까닭이다.

앞에서 살과 활 두 가지 선을 격외선이라고도 하였으니, 이는 살과 활 두 가지 선은 의리의 규범을 벗어났다는 뜻이다. 그런 까닭에 옛사람이 '법을 기준으로는 의리선·격외선이라 하고, 사람을 기준으로는 여래선·조사선이라 한다.'고 한 것이다. 법을 기준으로는 의리선·격외선이라 하고, 이 격외선에서 다시 사람을 기준으로 여래선·조사선이라 한다는 뜻이지 두 종류의 선을 말한 것이 아니니, 사람과 법을 기준으로 함에 다름이 있을 뿐이다. 예컨대 『염송설화』에서는 다음과 같이 해설하였다.[280] '규봉 종밀圭峯宗密(圭山)은 「선의 온전한 음사어는 선나禪那이고, 한역하면 사유수思惟修 또는 정려靜慮라고도 하는데, 이는 모두 정定과 혜慧를 통칭한 말이다.」라고 하였다.【앞의 의리선이다.】 여기서 말하는 선禪으로 보자면 교외별전의 일미선이다.【이 『염송설화』의 해석에 의거해 보면 교라는 격에서 벗어

않고, 마음의 작용은 범하기를 꺼려서 오염되려 하지 않는다.(語忌十成, 不欲斷絶. 機忌觸犯, 不欲染汚.)"
276 대혜가 장~고 하였는데 : 앞의 주석 112 참조.
277 앞의 주석 182, 226 참조.
278 앞의 주석 187 참조.
279 앞의 주석 188 참조.
280 앞의 주석 113, 126 참조.

나 별도로 전한 것이 선이다.〕말해 보라. 여래선과 조사선의 다른 점은 무엇인가? 여래선이란 산은 산 그대로 좋고 물은 물 그대로 좋으니 법 하나하나가 모두 그대로 진실하다는 견해이고, 조사선은 뿌리까지 통째로 뽑아 버려 잡고서 분별할 수단을 전혀 남기지 않는다.〔앞의 격외선 가운데 또한 여래선과 조사선 두 가지 선이 같지 않다는 의미이다.〕' 그러므로 의리선과 격외선이 비록 다르지만 전한 법의 본체는 하나이다. 친밀히 전하고 마음으로 받았기에 이치로 통하는 길도 없고 말을 따라 쫓아갈 길도 없는 것이 격외선이며, 지해가 뚜렷이 존재하여 말을 따라 쫓아갈 길도 있고 이치로 통하는 길도 있는 것이 의리선이다. 『능엄경』에 '지견에 지견(知)을 세우는 작용은 무명의 근본이요, 지견에 어떤 지견(見)도 덧붙이지 않으면 이것이 바로 열반이다.'[281]라고 하였다. 그러므로 규봉은 '단지 현교顯敎와 밀교密敎가 다를 뿐이지 전한 법의 본체에 차이가 있다는 말은 아니다.'[282]라고 하였다.

앞에서는 바른 뜻을 해석하여 마쳤고 이하에서는 삿된 견해를 깨뜨린다. 먼저 『사변만어』의 논의를 설파한다.

---

281 『首楞嚴經』 권5(T19, 124c6), "부처님이 아난에게 말씀하셨다. '인식 기관과 그 대상은 동일한 근원이요, 속박과 해탈은 다른 점이 없다. (이들을 차별되게 인식하는) 식識의 본성은 허공에 핀 꽃처럼 허망한 것이다. 아난아, 대상으로 말미암아 지견을 일으키고 인식 기관으로 인하여 상相이 생기니, 상과 지견은 독립적인 본성이 없기에 하나로 묶여 서로 의지하는 갈대와 같다. 이 때문에 그대가 지금 지견에 지견을 세우는 작용은 무명의 근본이요, 지견에 어떤 지견도 덧붙이지 않으면 이것이 바로 열반으로서 번뇌가 없이 진실하고 청정하거늘 어떻게 이 속에다 다른 것을 또 받아들이겠는가?' (佛告阿難, '根塵同源, 縛脫無二. 識性虛妄, 猶如空花. 阿難, 由塵發知, 因根有相, 相見無性, 同於交蘆. 是故汝今, 知見立知, 卽無明本; 知見無見, 斯卽涅槃, 無漏眞淨, 云何是中, 更容他物?')";『禪門拈頌說話』 51칙(H5, 62c10).
282 『禪門四辨漫語』「二禪來義」(H10, 827a14), "답한다. '종지를 주고받는 방법이 말에 의지하거나(顯) 말 이외의 수단에 의지하거나(密)에 따라 두 선禪의 이름이 나누어지며, 전수하는 법의 본체가 두 가지인 것은 아니다.'(答曰, "由其授受之顯密, 而有二禪之名, 非所傳之法體有二也.)" 초의 의순, 김영욱 옮김, 『선문사변만어』, p.130 참조.

禪有詮旨之異. 古德云, '禪是佛心, 敎是佛語.' 又云, '若人得之於心, 則三藏十二分敎, 乃至市井閑談, 鶯吟鷰語, 皆是敎外別傳; 禪旨失之於口, 則拈花微笑, 却爲敎迹.' 此約禪旨也. 又古德云, '諸佛說弓, 祖師說弦.' 又云, '敎也者, 諸佛菩薩, 所留經論; 禪也者, 諸善知識, 所述句偈.' 此約禪詮也. 然則諸家所述是禪詮也. 若其禪旨, 離名絶相, 心行尙無處, 言語豈有途. 到這裏, 三世諸佛, 歷代祖師, 嘴盧都地.

今依禪詮, 說有三種. 一, 祖師禪, 二, 如來禪, 三, 義理禪.【上標下釋. 標約法之深淺, 釋約悟之先後.】

如來禪者: 普曜經, '菩薩於二月八日, 見明星悟道, 號曰天人師, 以所悟之道, 是如來悟底, 故名如來禪.' 悟後施設戈甲, 爲天人說法, 故云天人師也. 臨濟云, '第二句薦得, 與人天爲師.' 一愚釋云, '如來在寂滅場中, 初成正覺,【悟道】現千丈盧舍那身, 四十一位法身大士,【人】及宿世根熟天龍八部,【天】一時圍遶, 如雲籠月,【說華嚴時, 此是施設戈甲.】是第二句. 故云, 人天爲師.'

祖師禪者: 達摩云, '眞歸祖師在雪山, 叢木房中待釋迦. 傳持祖印壬午歲, 心得同時祖宗旨.' 是祖師傳底, 故名祖師禪. 臨濟云, '第一句薦得, 與祖佛爲師.' 一愚釋云, '此句下薦得, 徑踏毘盧向上, 直佩祖師心印. 故云, 與祖佛爲師.'

然則二禪, 悟有先後, 自分深淺也. 故梵日國師云, '世尊見明星悟道, 自知所悟之法, 猶未臻極, 遊行數十日, 復尋訪祖師, 始傳得玄極之旨.'

世尊如上悟之受之, 以是而傳之三處. 第一分座, 殺人刀, 亦名眞金鋪. 是傳如來悟底也. 故說話釋慧可第一斷緣云, 得如來禪.

第二拈花, 活人劒, 亦名雜貨鋪. 是傳祖師傳底也. 故說話釋第二慧可覓心不得云, 得祖師禪. 然則如來禪祖師禪卽是殺活. 而但如來禪祖師禪者, 就能悟能傳之人, 以立名也. 殺人刀活人劒, 眞金鋪雜貨鋪者, 約所悟所傳之法, 取譬以立名也. 於中刀劒二字, 言其殺活之優劣; 眞雜二字, 言其殺活之單箄也.

世尊第三示趺, 說話雖無殺活齊示之言, 雙趺意不無, 是殺活齊示也. 慧可第三三拜得髓, 說話雖無二禪齊得之言, 三拜意不無, 是二禪齊得也.

自迦葉, 傳至西天四七, 唐土二三, 人傳一人, 刀劍並用, 殺活自在. 此所謂持王子寶刀, 用本分手段, 殺人活人, 得大自在者也. 故無有二禪優劣之分矣. 自六祖已還, 分傳殺活, 如南嶽得活人劍, 淸源得殺人刀. 又分爲五派, 斯道大行天下. 其派有源, 其枝有本.

義理禪者: 一日祖曰, '吾有一物, 無名無字. 汝等喚作什麼?' 荷澤云, '諸佛之本源, 神會之佛性.' 祖曰, '向汝道無名無字, 便喚作本源佛性! 他日雖把茆蓋頭, 作得箇知解宗徒.' 知解是義理, 故名爲義理禪也.

臨濟云, '第三句薦得, 自救不了.' 古德云, '死句下薦得, 自救不了.' 禪家龜鑑釋云, '死句亦名衆意, 有語路義路.' 意謂有語路. 則語忌十成, 故謂之死句, 有義路, 則義理宛然, 故謂之義理禪也. 又大慧答張侍郞書云, '纔見涉理路, 入泥人[1])水爲人底, 便欲掃除.' 云, '如忠國師說義理禪, 敎壞人家男女.' 此以涉理路爲人底, 爲義理禪也. 其釋第三句, 風云, '吾與子一說一聽, 一問一答, 早落第三句.' 一愚云, '落草爲人, 隨病與藥.' 此第三句, 所以爲義理禪.

上殺活二禪, 亦名爲格外禪, 以殺活二禪, 爲義理標格之外也. 故古云, '約法名義理禪格外禪, 約人名如來禪祖師禪.' 意謂約法名義理禪格外禪, 就此格外禪, 又約人名如來禪祖師禪也, 非謂二種禪, 約人法有異也. 如說話云, '圭山云, 「禪者, 具云禪那, 此云思惟脩, 亦云靜慮, 斯皆定慧之通稱也.」【上義理禪.】當此看則, 敎外別傳一味禪也.【當此拈頌而看, 則是敎格之外別傳, 禪也.】且道. 如來禪祖師禪, 同別如何? 如來禪者, 山山水水, 法法全眞也 ; 祖師禪者, 和根拔去, 了沒巴鼻也.【上格外禪中, 又如來祖師二禪不同.】然義理格外之禪, 雖殊, 所傳之法體一也. 以密傳心受, 沒理路語路, 則爲格外禪 ; 顯存知解, 有語路理路, 則爲義理禪也. 如楞嚴云, '知見立知, 是無明本, 知見無見, 斯則涅槃'云云也. 故圭峯云, 但顯密有殊, 非謂 所傳之法體有異.

上釋正義竟, 下破邪解. 先說四辨漫語.

---

1) ㉢ '人'은 '入'의 오기이다.

9.『사변만어』를 설파함

1

『사변만어』: '산은 산이요 물은 물이니, 부처도 안착시키고 조사도 안착시킨다는 설은 조사 문하(祖門)에만 있는 언구들이므로 조사선이라 한다.'[283]【『선문수경』의 견해 제기】라고 하였는데, 그렇다면 조사선은 본래 특정한 언구 때문에 붙여진 이름이란 말인가![284]【앞에서 제기한『선문수경』의 견해 비판】

설두 유형의 설파: 이것은 선의 도리에 의거한 것이다. 『염송설화』에서도 '(법안法眼이) 「만약 모든 상을 상이 아니라고 보면 여래의 뜻을 알지 못할 것이다.」라고 한 말은 조사선의 입장을 뜻한다.'[285]고 하였다. 그렇다면 이것은 언구로 이름을 붙인 것이 아니란 말인가? 감히 묻건대, 존사尊師는 무엇을 조사선이라 생각한 것인가? 목소리를 낮추고 낮추어야 힐지니 문자[286]에 매달릴까 염려스럽다. 그 선지禪旨가 이름과 상을 떠난 것이

---

283 정확히 일치하는 구절은 찾지 못하였으나 다음을 지목한 것으로 보인다. 『禪文手鏡』(H10, 519a), "一切禪文, 佛也安祖也安, 及總賞總罰等."

284 『禪門四辨漫語』(H10, 821c1), "또한 '이러저러한 언구들은 오로지 조사의 문안에만 있는 언구들이므로 조사선이라 한다.'고 하였다. 그렇다면 조사선은 본래 특정한 언구 때문에 붙여진 이름이란 말인가!(又曰, '某某等言句, 是祖門中所有之言句, 名曰祖師禪.' 然則, 祖師禪, 本以言句得名耶!)" 초의 의순, 김영욱 옮김, 『선문사변만어』, p.52 참조.

285 『禪門拈頌說話』「禪門拈頌集序」(H5, 1b16).

286 문자(紙墨): 지묵紙墨은 종이와 먹으로, 문자를 뜻하기도 한다. 『禪林僧寶傳』 권13 「大陽警玄傳」(X79, 518c22), "대양 경연大陽警延이 말하였다. '말을 사양하는 것이 아니라, 문자에 매달릴까 염려스러울 뿐입니다.'(延曰, '道卽不辭, 恐上紙墨.')"; 『禪家龜

라면 누가 조사선이라는 이름을 붙였다는 말인가.

語云 : '山是山, 水是水, 佛也安祖也安之說, 是祖門中所有言句, 故名曰 祖師禪.'【學禪文手鏡】然則祖師禪, 本以言句得名耶!【彼難】

說曰 : 此依禪詮也. 說話亦云, '若見諸相非相, 卽不見如來云者, 是祖師 禪.' 此非以言句爲名耶? 敢問尊師以何爲祖師禪耶? 低聲低聲, 恐上紙墨. 若其禪旨, 離名絶相, 孰敢立名.

2

『사변만어』 : '여래선에 대해 「하나하나의 법마다 온전히 진실하다.」는 말은 또한 조사 문하의 일이지만 여래가 「만법을 통괄하여 일심을 밝힌다.」[287]고 말씀하신 교의 자취와 완연히 같기 때문에 그것을 폄하하여 여래선이라 한다.'[288]【백파의 견해 제기】고 하였다. 옛날부터 지금에 이르도록 그 누가 이를 폄하하여 여래라는 이름을 붙였단 말인가![289]【백파의 견해 비판】

鑑』(H7, 644a14), "말하지 마라, 말하지 마라! 문자에 매달릴까 염려스럽다.(不道, 不 道! 恐上紙墨.)"

287 정확히 일치하는 경전의 구절은 찾지 못하였다. 『茶松文稿』(H12, 680a15), "伏聞統萬 法明一心, 釋迦氏之稱性眞理."; 묵암 최눌默庵最訥(1717~1790)의 『華嚴逐難』마지 막 쪽에 "統萬法明一心, 依一心該萬有.", 또 백용성白龍城 대종사의 『歸源正宗』에 "蓋釋氏之敎는 統萬法明一心者也ㅣ니라."라는 구절이 실려 있기는 하다.

288 『禪文手鏡』「義理禪格外禪辨」(H10, 519c9), "중근기의 중생들은 삼현의 방편(三玄權門)으로 본분과 향상일규向上一窺를 꿰뚫는다. 이 또한 조사 문중의 일이나, 저들이 깨달은 '대지 전체가 한 덩어리 금'이라는 이치는 여래가 '만법을 통괄하여 일심을 밝힌다.'라고 하신 교의 자취(敎迹)와 완연히 일치하므로 그것을 폄하하여 여래선이라 한다.(以中根衆生, 卽於三玄權門, 透得本分及向上也. 此亦祖門中事, 以其所悟, 盡大 地一挺金之說, 完同如來統萬法明一心'之敎迹, 故貶之曰如來禪.)" 백파 긍선, 신규탁 옮김, 『선문수경』, pp.72~73 참조.

289 『禪門四辨漫語』(H10, 821c3), "또한 '하나하나의 법마다 온전히 진실하다는 말은 조사 문 안의 일이지만 여래의 말씀과 완전히 일치하므로 깎아내려 여래선이라 한다.'고 하였다. 옛날부터 지금에 이르도록 그 누가 이러한 이름을 세웠다는 이유로 여래를 깎아내렸던가!(又, '以法法全眞之言, 亦是祖門中事, 完同如來說, 故貶之云如來禪.' 從古

설두 유형의 설파 : 이것은 호로虎老의 말이다. 삼십삼조사가 살과 활의 방편으로 마음을 전하며 한 세대에 한 사람에게 전하기를 마치 이쪽 병의 물을 저쪽 병에 고스란히 옮겨 붓듯이 하였다. 그러므로 살과 활 모두 조사 문하의 일이며 두 가지 선에 우열의 구분이란 없다. 남악과 청원에 이르러 살과 활을 나누어 전하였기에 비로소 두 가지 선의 이름이 나오게 된 것이다. 살은 여래가 깨달은 경지이므로 여래선이라 한다. 여래가 이와 같이 깨달은 인연은 화엄의 도리를 증득한 뒤 설하면서 '만법을 통괄하여 일심을 밝힌다.'고 한 말과 같으니 이것이 화엄의 분명한 요지이다. 그러므로 '여래선에 대해「하나하나의 법마다 온전히 진실하다.」는 말은 조사 문하의 일이지만 여래가「만법을 통괄하여 일심을 밝힌다.」고 말씀하신 교의 자취(敎迹)와 완전히 일치하므로 폄하하여 여래선이라 한다.'고 한 것이다. 세존은 깨달은 법이 아직 궁극에 이른 경지는 아님을 스스로 알고 다시 조사를 찾아뵙고서야 비로소 현묘하고 지극한 뜻을 전해 받았다.²⁹⁰ '활'은 조사가 전한 현묘하고 지극한 뜻을 가리킨다. 그러므로 활이라는 이름을 세운 것은 조사선의 경우에 한한다. 그러니 폄하하여 (여래선이라) 한 말에 무슨 잘못이 있는가. 노사(백파)는 선사先師의 뜻을 등지지 않고자 그대로 따라서 전한 것이다. 이것은 청낭이 '(경전에 집착하여 도리어) 통할 만한 여지가 거의 없기에 여러 가지 뜻을 모아 해석해 주었을 뿐 그들이 (경의 취지를) 가볍게 여겨 훼손하도록 유도하려던 의도는 아니다.'²⁹¹라고 했던 말과 같다.

語云 : '如來禪,「法法全眞之言」, 亦是祖門中事, 完同如來「統萬法明一心」

以來, 孰敢貶之如來以立此名乎!)" 초의 의순, 김영욱 옮김,『선문사변만어』, p.52 참조.
290 세존은 깨달은~전해 받았다 : 앞의 주석 6 참조.
291 『大方廣佛華嚴經隨疏演義鈔』권27(T36, 203c26), "但己著在經小有可通, 卽爲會釋, 不欲使人輕毀聖敎耳."

之教迹, 故貶之云, 如來禪.'【擧】從古以來, 孰敢貶之如來以立此名耶!【難】
說曰 : 此是虎老之言. 意謂卅三祖師殺活傳心, 人傳一人, 如甁注甁. 故殺
活, 皆是祖門中事也, 無有二禪優劣之辨矣. 至南嶽淸源, 分傳殺活, 故始
立二禪之名. 以殺是如來悟底, 故名爲如來禪. 而如來如是悟之因, 以如證
說華嚴, 統萬法明一心, 是華嚴大旨也. 故云, '如來禪, 法法全眞之言, 亦
是祖門中事, 完同如來統萬法明一心之敎跡, 故貶之云, 如來禪.' 世尊旣
自知所悟之法, 猶未臻極, 復尋訪祖帥,[1) 始傳得玄極之旨. 則活是祖師所
傳玄極之旨也, 故立活爲祖師禪邊, 謂之貶云, 有何過耶. 老師不欲背先師
之意依而傳之. 此淸凉所謂, 小有可通, 卽爲會釋, 不欲使人輕毁者也.

1) ㉠ '帥'는 '師'의 오기이다.

3

『**사변만어**』: '여래선을 격외선으로 삼아, 분좌分座에 짝짓고는 구곡龜谷의 뜻이라 하였는데'【백파의 견해 제기】구곡의 『염송설화』에 분좌를 가리켜 여래선이라 지목하여 말한 대목이 있는가![292]【백파의 견해 비판】

설두 유형의 설파 : 구곡은 세존이 세 곳에서 마음을 전한 일에 대해서는 살인도와 활인검을 전했다고 풀었고,[293] 혜가가 (달마로부터) 세 곳에서 마음을 전해 받은 일에 대해서는 여래선과 조사선을 얻었다고 풀었다.[294] 부처와 조사가 마음을 전한 일이 한 병의 물을 다른 병으로 고스란히 옮겨 붓듯이 하였다고 이미 말하였으니, 세존은 처음에 살인도로 마음을 전했고 혜가는 처음에 여래선을 얻었던 것이다. 그렇다면 살의 방편을

---

292 『禪門四辨漫語』(H10, 821c6), "또한 여래선을 (조사선과 함께) 격외선으로 삼아 분좌 分座에 배속하고는 구곡이 세운 뜻이라 하였지만, 구곡의 말에 분좌를 가리켜 여래선 이라 지목한 부분이 있던가!(又以如來禪爲格外禪, 配之分座, 謂之龜谷義, 龜谷說中, 有以分座, 指爲如來禪之言乎!)" 초의 의순, 김영욱 옮김, 『선문사변만어』, p.52 참조.
293 앞의 주석 41 및 『禪門拈頌說話』 37칙 본칙 설화 참조.
294 앞의 주석 52 및 『禪門拈頌說話』 100칙 본칙 설화 참조.

여래선으로 삼은 것이 어찌 구곡의 뜻이 아니겠는가! 여래선이 이미 살인도라면 격외라고 하지 않을 수 있을 것인가! 이 대목에 이르러 눈여겨보니 그(초의 의순)의 낯 두께가 3척이나 되는구나.

語云:'以如來禪, 爲格外禪, 配之分座, 謂之龜谷義.'【擧】龜谷說中, 有以分座, 指爲如來禪之言乎!【難】

說曰: 龜谷, 釋世尊三處傳心云, 傳殺人刀活人劒; 釋慧可三處傳心云, 得如來禪祖師相. 佛祖傳心, 旣云如瓶注瓶, 則世尊第一殺人刀傳心, 是慧可第一得如來禪也. 然則以殺爲如來禪, 豈非龜谷義耶! 如來禪旣是殺人刀, 則可不謂之格外耶! 到此着眼看, 面皮厚三尺.

4

『사변만어』:'여래선을 격외선이라 하고 또 이 제2구는 방편 그대로 진실을 밝힌다.'[백파의 견해 제기]고 하였다. 무릇 방편 그대로 진실을 밝힌다는 말은 삼현이라는 방편의 무기를 시설하여 편의에 따라 손을 쓰며 말 한마디 한마디를 아끼면서 격格이 정해진 법도를 완성한다는 뜻이니 이것을 격외라고 할 수 있겠는가!²⁹⁵[백파의 견해 비판]

설두 유형의 설파: 임제가 '제2구에서 알아차리면 인천의 스승이 될 만하다.' 하였고 또 송으로 '문수보살이 어찌 무착無著 선사의 물음을 용납

---

295 『禪門四辨漫語』(H10, 821c8), "또 '여래선은 (임제삼구에서) 제2구로서 방편(權) 그대로 진실(實)을 밝힌다.'고 하였다. '방편 그대로 진실을 밝힌다.'는 말은 삼현삼요三玄三要라는 창과 갑옷을 마련하여 갖추고 편의에 따라 손을 쓰며, 말 한마디 한마디를 아끼면서 격격이 정해진 법도를 완성한다는 뜻인데, 이것을 두고 격을 벗어났다고 할 수 있는가? 이는 다른 사람이 밖에서 공격을 가한 것이 아니라 자신이 한 말로 자신을 공격한 것이다.(又曰, '如來禪, 卽第二句, 卽權明實.' 夫卽權明實者, 施設三玄戈甲, 隨宜下手, 言言堪愛, 完成格則, 是可謂之格外乎? 此非他人之外攻, 還以自語自攻也.)" 초의 의순, 김영욱 옮김, 『선문사변만어』, pp.52~54 참조.

• 153

할 것인가? 그러나 방편이 어찌 번뇌를 끊은 근기(문수)와 상충되겠는가.'라고 읊었다. 청풍 법사는 이를 해석하여 '앞의 구절은 실實을 드러내었고 뒤의 구절은 권權을 제시한 것이다. 이 권문權門(방편문)에 의거하여 삼현이라는 이름을 붙인 것이다.'296라고 하였다. 생각건대 알아차린 경지가 실實이고, 알아차린 뒤에 삼현이라는 방편의 무기를 시설하여 인천의 스승이 된 경지가 권權이다. 이미 '방편을 제시하여 진실을 드러내었다.'고 한다면, 방편을 제시하였을 때 삼현이라는 방편의 무기를 시설한 것이므로 격格이 정해진 법도를 완성한 것이고, 진실을 드러내었을 때는 방편이 아니니 어찌 격외가 아니겠는가! 이를테면 법화(천태종)에서 방편 그대로 진실을 밝힌다고 하는데, 법화는 방편인가, 진실인가? 참!

語云:'以如來禪爲格外禪, 又云是第二句, 卽權明實.'【擧】夫卽權明實者, 施設三玄戈甲, 隨宜下手, 言言堪愛, 完成格則, 是可謂之格外乎!【難】

說曰:臨濟云,'第二句薦得, 爲人天師.' 又頌云,'妙喜豈容無着問, 漚和爭負截流機.' 風釋云,'前句現乎實, 後句示其權. 就此權門立三玄名.' 意謂薦得底, 是實也, 薦得後, 施設三玄戈甲, 爲人天師底, 是權也. 旣云示權現實, 示權之時, 施設三玄戈甲, 故完成格則, 現實之時, 不是權也, 豈非格外耶! 如法華謂之卽權明實, 法華是權耶實耶? 叅!

---

296 『禪門綱要集』「二賢話」(H6, 851c9), "호월 선객이 물었다. '제2구란 어떤 것입니까?' 청풍 법사가 연이어 세 번 할을 내지르고 물었다. '몇 번인가?' '세 번입니다.' '그렇다면 그것은 실도 아니고 권도 아니다. 임제가 이 구에 대해 답하여「문수보살이 어찌 무착무著 선사의 물음을 용납할 것인가? 그러나 방편이 어찌 번뇌를 끊은 근기(문수)와 상충되겠는가.」라고 하였다. 앞의 구절은 실實을 드러내었고 뒤의 구절은 권權을 제시한 것이다. 이는 권문(방편문)에 의거하여 삼현이라는 이름을 붙인 것이다. 이름은 옛사람이 말했듯이 실의 손님이다.'(月問,'第二句如何?' 風連下三喝云,'是幾耶?' 月云,'三也.' 風曰,'然則非實也權也. 臨濟答此句云,「妙喜豈容無着問, 漚和爭負截流機.」前句現乎實, 後句示其權. 就此權門, 立三玄名, 名者古所謂實之賓也.)"; 『禪文手鏡』「義理禪三句頌」(H10, 515c22).

5

『사변만어』: '제3구에는 다만 신훈新熏만 있고 본분이 없다는 뜻을 멋대로 판단하여 의리선이라 하며, (백파는) 일우의 설에 근거하여 기준으로 삼았다.'[297][백파의 견해 제기]고 하는데 일우의 말에 의리선이라는 명칭이 있기나 한가![298][백파의 견해 비판]

설두 유형의 설파: 임제가 '제1구에서 알아차리면 불조의 스승이 될 만하고, 제2구에서 알아차리면 인천의 스승이 될 만하며, 제3구에서 알아차리면 자기도 구제하지 못한다.'고 하였고, 또 고덕은 '사구에서 알아차리면 자기도 구제하지 못한다.'[299]고 하였다. 『선가귀감』에서는 '사구를 가리켜 뜻을 궁구하는 것(參意)이라고도 하니 말을 따라 쫓아갈 길도 있고 이치로 통할 길도 있다.'[300]고 풀었다. 생각건대 말을 따라 쫓아갈 길이 있다

---

[297] 『禪文手鏡』「義理禪格外禪辨」(H10, 519b22), "나의 좁은 소견을 말해 보겠노라. 의리선은 제3구로서 다만 신훈新熏과 오수悟修의 설일 뿐이다. 완연히 의미로 이해하는 길(義路)과 도리로 이해하는 길(理路)의 격식을 갖추고 있기 때문에 범부는 반드시 오수하여야 성불할 수 있으니 그 의리가 당연하므로 의리선이라 한다.(愚伸管見, 蓋義理禪, 以第三句, 但新熏悟修之說. 完有義路理路之標格, 則以是凡夫, 必須悟修成佛, 義理當然, 故名義理禪)" 백파 긍선, 신규탁 옮김, 『선문수경』, p.70 참조.

[298] 『禪門四辨漫語』(H10, 821c12), "또 (임제삼구에서) 제3구에는 신훈만 있고 본분이 없다는 뜻을 멋대로 판단하여 의리선이라 하였다. 백파는 '일우一愚의 설에 의지하여 그것을 기준으로 삼았다.'고 했지만, 일우의 말에 의리선이라는 이름이 있었던가? 세상에서 일우의 책을 읽어 본 사람이 오로지 이 노인 한 분뿐이었단 말인가? 그런가, 그렇지 않은가? 한번 자세히 따져 보겠다.(又於第三句中, 以但新無本之義, 獨判之, 爲義理禪. 言依一愚爲準, 一愚說中, 曾有義理禪之名字乎? 世間讀一愚書者, 惟此老一人耳? 然耶不耶? 試詳論之.)" 초의 의순, 김영욱 옮김, 『선문사변만어』, p.54 참조.

[299] 앞의 주석 238 참조.

[300] 『心法要抄』(H7, 650a8), "모름지기 배우는 사람은 반드시 활구를 참구해야 하며 사구를 참구해서는 안 된다. 활구로 알아차린다면 부처나 조사의 스승이 될 자격이 있지만 사구로 알아차리면 저 자신도 제대로 구제하지 못할 것이다. 활구란 경절문이다. 이는 마음으로 미칠 수 있는 길도 없으며 언어로 표현할 수 있는 길도 없으니 모색할 수단이 없기 때문이다. 사구란 원돈문이다. 이는 도리로 모색할 수 있는 길도 있고 마음으로 헤아릴 수 있는 길도 있으니 들어서 이해하고 생각할 수 있는 여지가 남아 있

면 말로는 완전히 다 표현할 수 없기 때문에 사구이고, 이치로 통할 길이 있다면 의리가 완연하기 때문에 의리선이라 한다. 또 대혜가 장 시랑張侍郞에게 답하는 글에서[301] '이치로 통하는 길에 몸을 담그고 자신을 진흙과 물로 더럽히며 남을 가르치는 도리를 알자마자 곧바로 쓸어 없애고자 하였다.'라고 운운하고, 또 '혜충 국사는 의리선을 설하여 남의 집 자식들을 망쳐 놓았다.'라고 하였다. 이치로 통하는 길에 몸을 담그고 남을 가르치는 것이 의리선이다. 청풍 법사는 '나와 그대가 설하기도 듣기도 하며 묻기도 답하기도 한 이 상황이 이미 제3구에 떨어진 것'[302]이라고 하였다. 일우는 제3구에 대해 '낙초지담으로 상대를 가르치고 병에 따라 약을 주는 방법'[303]이라 하였다. 그렇다면 제3구가 어찌 이치로 통하는 길에 몸을 담그고 사람들을 가르치는 수단이 아니겠는가. 대개 삼구를 세 가지 선에 배대한 것은 임제의 본의이다. 그러므로 일우는 그것을 짝지으면서 다만 제2구를 드러내 여래선에 짝지은 것이다. 제1구와 제3구는 그림자처럼 드러내고자 했기 때문에 조사선·의리선이라고 말하지 않았으니, 글을 해석하는 격식(體容)이 그러했을 뿐이다. 대충 익혀서야 사자는 사람을 물고 개는 흙덩이를 쫓아간다는 이치를 어찌 알 리가 있겠는가.

語云:'以第三句, 但新無本之義, 獨判爲義理禪, 言依一愚爲準.【擧】一愚說中, 曾有義理禪之名字乎!【難】

說曰:臨濟云, '第一句薦得, 爲佛祖師;第二句薦得, 爲人天師;第三句

기 때문이다.(大抵學者, 須參活句, 莫參死句. 活句下薦得, 堪與佛祖爲師;死句下薦得, 自救不了. 活句者, 徑截門也. 沒心路, 沒語路, 無摸搽故也. 死句者, 圓頓門也, 有理路, 有心路, 有聞解思想故也.)" 앞의 주석 241 참조.『정선 휴정』(p.284) 참조.
301 앞의 주석 112 참조.
302 앞의 주석 182 참조.
303 『禪門綱要集』「一愚說」(H6, 854a7), "問, '第三句如何?' 曰, '落草爲人, 隨病與藥. 乃事不獲已也.'" 앞의 주석 188 참조.

薦得, 自救不了.' 又古德云, '死句下薦得, 自救不了.' 禪家龜鑑釋云, '死句亦名雜意, 有語路理路.' 意謂有語路, 則語忌十成, 故謂之死句; 有理路, 則義理完然, 故謂之義理禪也. 又大慧答張侍郎書云, '纔見涉理路, 入泥入水爲人底, 便欲掃除.' 云, '如忠國師, 說義理禪, 敎壞人家男女.' 此以涉理路爲人底, 爲義理禪也. 風云, '吾與子一說一聽, 一問一答, 早落第三句.' 一愚釋第三句云, '落草爲人, 隨病與藥.' 然則第三句, 豈非涉理路爲入¹⁾底耶. 蓋以三句爲三禪, 是臨濟之本意. 故一愚配之, 但第二句現, 配如來禪. 第一句第三句, 欲爲影現故, 不言祖師禪義理禪, 釋文之體容爾也. 泛學安知獅子咬人, 韓獹逐塊.

1) 영 '入'은 '人'의 오기이다.

6

『사변만어』: '자리를 나누어 앉은 것(分座)에 담겨 있는 살殺은 오로지 살만 있을 뿐 활活이 없고, 꽃을 들어 보인 것(拈花)에 담겨 있는 활은 살도 겸비하고 있다.'³⁰⁴【백파의 견해 제기】고 하였는데 살과 활, 체와 용 그리고 기와 용은 다만 명칭이 다를 뿐이다. 만약 기와 용, 살과 활, 체와 용에 분명히 통달한다면 또한 다른 예도 알 수 있을 것이나. 기용이란 대기와

---

304 『禪文手鏡』「殺活辨」(H10, 520b11), "삼처전심에서, 첫 번째 '분좌【진공】는 살인도殺人刀로서 삼구 중 제2구인 본분과 향상에 해당한다. 다만 변하지 않는 진여眞如만을 전할 뿐이니 살殺만 있고 활活은 없기 때문이다. 청원 행사가 이 법을 얻어 6조의 비정통 전수자가 되었다. 두 번째 '염화【묘유】는 활인검活人劍으로서 삼구 중 제1구인 기틀【機】【살殺】과 작용(用)【활活】과 삼요 및 향상하는 진공【살과 활을 한 쌍으로 어둡게 감춤】과 묘유【살과 활을 한 쌍으로 밝게 드러냄】에 해당한다. 살과 활을 모두 갖추고【삼요】 살과 활 모두 어둡게 감추거나 모두 밝게 드러낸다.【향상】 남악 회양이 이 법을 얻어 6조의 정통 전법 제자(正傳)가 되었다.(三處傳心中, 第一分座【眞空】殺人刀, 卽三句中, 第二句本分及向上. 則但傳不變眞如, 唯殺無活故. 青原得之, 爲六祖傍傳也. 第二處拈華【妙有】活人劍, 卽第一句, 機【殺】用【活】三要及向上眞空【殺活雙暗】妙有【殺活雙明】. 則具足殺活,【三要】雙暗雙明.【向上】故, 南岳得之, 爲六祖正傳也.)" 백파 긍선, 신규탁 옮김, 『선문수경』, p.80 참조.

대용을 뜻한다. 대기는 원만하게 응함(圓應)을 법도로 삼는 대용의 기틀이며, 대용은 곧바로 근원에 이르는 것(直截)을 법도로 삼는 대기의 활용이다.[305] 대기와 대용이 서로 의존하며 떨어지지 않는 관계처럼 살과 활 또한 이와 같다. 그러므로 살을 전하면서 함께 활을 전하고, 활을 전하면서 함께 살을 전했음을 알 수 있다. 비유하자면 사람의 수족은 용이요, 온몸은 체인 것과 같다. 수족을 들면 온몸이 저절로 거기에 거두어지니, 전신을 들면서 어찌 수족은 버리겠는가. 고덕이 말하였다.[306] '달마 대사가 인도로부터 와서 전한 소식은 특별히 이 일(此事)을 제창提唱하기 위함이었다. 다만 말로 표현하기 이전에 송골매가 구름을 뚫고 솟아오르듯이 깨치고, 언구의 의미 밖에서 대붕이 날갯짓하듯이 훌쩍 속박을 벗어나고자 할 뿐이다.[307] 가장 빠른 길[308]로 모든 단계를 뛰어넘으며 어떤 점차적 단계에도 떨어지지 않는다.[309] 왕자의 보검을 쥐고 본분의 수단으로써 사람을

---

305 대기는 원만하게~대기의 활용이다 : 앞서 숭재혜의 말에서도 나왔다. 앞의 주석 192 참조.
306 원오 극근圜悟克勤이 한 말이다. 원오의 어록 세 부분에서 인용하고 있는데 임의로 글자를 고치고 이 글의 논지에 맞추기 위해 윤색을 가했다. 초의 의순, 김영욱 옮김, 『선문사변만어』, p.43 주석 6 참조.
307 달마 대사가~할 뿐이다 : 『圜悟語錄』 권15 「示諸禪人」(T47, 784b25)의 내용에 해당한다. 뒷부분은 "다만 말의 속박을 벗어나 체득하고, 기틀 밖에서 알아차리고자 할 뿐이다.(只貴言外體取, 機外薦取.)"라고 되어 있다. 초의 의순, 김영욱 옮김, 『선문사변만어』, p.44 주석 8 참조.
308 가장 빠른 길(直拔) : 경직徑直과 같은 뜻이다.
309 가장 빠른~떨어지지 않는다 : 『圜悟語錄』 권15 「示遠猷奉議」(T47, 785c16)에 나오는 다음 단락의 대의를 요약 발췌한 내용이다. "예전부터 가로질러 가는 하나의 지름길은 가장 빠른 길로 모든 단계를 뛰어넘었으니 이것보다 나은 방법이 없었다. 곧바로 사람들의 마음을 가리켜 그 본성을 보고 성불하는 길이 그것이다. 다만 이 마음은 아득히 깊어서 성인과 범부 사이에 놓인 계급조차도 벗어나 있을 뿐이다.(從上徑截一路, 直拔超昇無出. 直指人心, 見性成佛. 但此心淵奧, 脫去聖凡階級.)" 초의 의순, 김영욱 옮김, 『선문사변만어』 p.44 주석 10 참조. 보통은 "말로 드러내기 이전에 알아차리고, 구절로 표현되지 않는 뜻을 깨친다.(言前薦得, 句外承當.)"라고 한다. 여기서는 응돌鷹突·붕박鵬搏 등의 비유를 덧붙여 언어의 관념과 수행의 단계를 넘어서 단번에 궁극의 경지에 이르는 뜻을 나타냈다. '응돌'은 매가 허공에서 직선으로 돌진하여 먹

죽이기도 하고 살리기도 하며 자유자재한 경지를 누린다. 사람을 죽이는 이상 반드시 사람을 살리기도 해야 하고, 사람을 살리는 이상 반드시 사람을 죽이기도 해야 한다.³¹⁰'라고 하였다. 오로지 죽이기만 하거나 오로지 살리기만 한다면³¹¹ 뛰어난 솜씨가 아니다. 만일 (세존께서) 자리를 나누어 앉게 한 데에 (백파의 말대로) 참으로 살殺만 있다면 세존은 뛰어난 솜씨가 없었던 것이며, 청원青原이 오로지 살만 전하고 활의 방식을 몰랐다면 청원 또한 뛰어난 솜씨가 없었다는 결과가 된다.³¹²【백파의 견해 비판】

   이를 낚아채듯 재빠르게 알아차림을 비유하고, '붕박'은 『莊子』 「逍遙遊」에 나오는 붕새가 구만리 상공으로 날아오르듯이 말에 속박되지 않고 자유롭게 운신함을 비유한다. 『정선 선어록』 「진각어록」 주석 276 참조.
310 왕자의 보검을~해야 한다 : 『圜悟語錄』 권14 「示華藏明首座」(T47, 778b6) 참조. 살殺과 활活을 겸비해야 한다는 논거가 되는 인증이다. 초의 의순, 김영욱 옮김, 『선문사변만어』, p.44 주석 11 참조.
311 앞의 마지막 구절에 이어 "만일 오로지 어느 한편만 시행한다면 그곳으로 치우쳐 기울어지게 된다.(若只孤單則偏墮也.)"라고 한 원오의 말을 살활殺活이라는 주제가 분명하게 드러나도록 바꾸었다. 초의 의순, 김영욱 옮김, 『선문사변만어』, p.44 주석 12 참조.
312 『禪門四辨漫語』(H10, 820c17), "기틀과 활용이라는 말은 대기大機와 대용大用을 뜻한다. '대기란 원만하게 응하는 것을 법도로 삼는 대용의 기틀이며, 대용은 곧바로 근원에 이르는 것을 법도로 삼는 대기의 활용이다.' 원만하게 응하는 것은 활용인데 기틀이 그것을 얻어 법도로 삼는다고 한 말은 무슨 까닭에서인가? 기틀은 활용이 아니면 기틀이 될 수 없으니, 기틀이 기틀이 되는 이유는 원만하게 응하는 활용의 속성을 지니고 있기 때문이다. 곧바로 근원에 이르는 것은 기틀인데 활용이 그것을 얻어 법도로 삼는다고 한 말은 무슨 까닭에서인가? 활용은 기틀이 아니면 활용이 될 수 없으니 활용이 활용이 되는 이유는 곧바로 근원에 이르는 기틀의 속성을 지니고 있기 때문이다. 그러므로 두 가지를 번갈아 가며 말함으로써 서로 의존하고 떨어지지 않는 기틀과 활용의 관계를 나타낸 것이다. 기틀과 활용의 관계가 이와 같은 것처럼 살殺과 활活이 서로 의존하며 떨어지지 않는 관계 또한 이와 같다. 그러므로 살을 전하더라도 반드시 활을 겸비하고 활을 전하더라도 반드시 살을 겸비한다는 진실을 알아야 하니, 이것은 그럴 수밖에 없는 이치이다.……여기서 백파가 '자리를 나누어 앉은 것에 담겨 있는 살은 오로지 살만 있을 뿐 활이 없고, 꽃을 들어 보인 것에 담겨 있는 활은 살도 겸비하고 있다.'라고 하였지만, 결단코 이러한 이치는 없다. 단독이면 모두 단독이고 겸비하면 어느 편이나 겸비하는 법인데 그 어찌 (분좌의) 살은 활을 겸비하지 않고 (염화의) 활만이 살을 겸비한단 말인가? 비유하자면 사람의 한 몸에서 손발은 작용이고 온몸은 본체인 것과 같다. 손발을 들어 작

• 159

설두 유형의 설파 : 대기와 대용으로 말하자면, 대기와 대용은 서로 돕는 관계이다. 대기를 벗어난 대용은 없으므로 '백장은 마조의 대기를 터득하였을 뿐이지만 그 이상 달리 할 일이 없었으며', 대용을 벗어난 대기는 없으므로 '황벽은 마조의 대용을 터득하였을 뿐이지만 그 이상 달리 할 일이 없었다.'[313]고 하는 것이다. 살과 활의 관계는 그렇지 않으니, 만약 살과 활을 함께 겸하여 쓸 경우에는 결코 깊이에 차이가 없어야 한다. 깊이에 차이가 없다면 가섭에게 전했던 그 한 곳에서 전한 것으로도 족했을 터인데, 어찌하여 세 곳에서 나누어 전했겠는가. 『염송설화』에서는 살인도와 활인검을 전했다고 하였는데, 도刀와 검劍 두 글자를 달리 씀으로써 이미 우열을 나눈 것이다. 또한 진금포와 잡화포라 구별하였는데, 진眞과 잡雜 두 글자는 그 의미하는 바가 어디에 있는 것인가? 또한 체에는 작용이 없는 체(無用之體)가 있으므로 체만 오로지함이 있지만, 작용에는 체가 없는 작용(無體之用)이 없으므로 작용에는 반드시 체를 겸해야 한다. 비유하자면 사람의 온몸은 체이고 움직임은 용인 것과 같다. 온몸이 아무 일 없이 한가로울 때는 다만 오로지 체일 뿐이다. 하지만 움직임을 일으킨다면 용이니 체에 의지하여 작용을 일으키므로 반드시 체를 겸해야 한다. 『사변만어』에서 '수족은 용이요 온몸은 체'라 하였다. 이미 온몸을 체로 삼았다

용이라 말하면 온몸은 저절로 그 작용에 거두어지거늘, 온몸을 들어 본체라고 말한들 어찌 손발을 버리는 것이 되겠는가?(所言機用者, 大機大用. 大機, 以圓應爲義, 大用之機;大用, 以直截爲義, 大機之用. 夫圓應是用也, 機得而爲義者, 何也? 機非用則不得機, 所以爲機者, 以有用之圓應也. 直截是機也, 用得而爲義者, 何也? 用非機則不得用, 所以爲用者, 以有機之直截也. 故交互而言之, 以現機用之相資不離也. 機用如是, 殺活之相資不離, 亦復如是也. 故知, 傳殺必兼於活, 傳活必兼於殺, 此必然之理也.……今言, '分座之殺, 但殺無活;拈花之活, 活兼於殺.' 斷無是理. 單則俱單, 其則同具, 其何以殺不兼活, 活獨兼殺? 譬如人之一身, 手足用也, 全身體也. 擧手足而言用, 全身自收;擧全身而言體, 手足其捨諸?)" 초의 의순, 김영욱 옮김, 『선문사변만어』, pp.40~45 참조.
313 앞의 주석 156 참조.

면 수족은 몸이 아닌 것인가? 수족을 용으로 삼는다면 아무 일 없고 한가한 때에도 수족은 작용을 하는가? 나도 모르는 새 한번 웃고 만다. 게다가 고덕의 글을 인용하기는 하였지만 고덕의 뜻은 제대로 알지 못했다. 단지 그 글(『선문수경』)의 뜻을 살펴보면 살활이 법의 본체이며 살활을 함께 겸해야 한다는 말이 아니라, 조사는 살도 갖추고 활도 갖추어 대자재한 수단을 쓴다는 말이다. 그런데 초의는 만약 오롯이 살만 쓰거나 오롯이 활만 쓴다면 좋은 솜씨가 아니라고 주장하였다. 사람과 법에 다름이 있는데, 어찌하여 사람이 법을 비난할 수 있는가. 이 점을 미루어 증험하면, 글을 보는 눈이 여전히 밝지 못하여 사람들을 절로 부끄럽게 만든다.

語云:'分座之殺, 單殺無活, 拈花之活, 活兼於殺.'【擧】夫殺活體用與機用, 特名異也. 若明達於機用殺活體用, 亦可以例知也. 所言機用者, 大機大用也. 大機, 以圓應爲義, 大用之機; 大用, 以直截爲義, 大機之用. 機用互相資, 殺活亦復如是. 故知傳殺兼活, 傳活兼殺. 譬如人之手足, 用也, 全身, 體也. 擧手足全身自收, 擧全身手足其捨. 諸古德云, '祖師西來, 特唱此事. 只貴言前鷹突, 句外鵬搏. 直拔超昇, 不落階級. 持王子寶刀, 用本分手段, 殺人活人, 得大自在. 旣殺得人, 須活得人, 旣活得人, 須殺得人.' 若只單殺單活, 非好手也. 若分座, 果是單殺, 是世尊非好手也, 淸源但傳殺而不知活, 則淸源亦非好手.【難】

說曰:盖機用, 機用相資. 機外無用, 故百丈得大機, 更無餘事, 用外無機, 故黃蘗得大用, 更無餘事. 殺活則不然, 若殺活相兼, 必無深淺. 若無深淺, 傳之迦葉, 一處便足, 如何分傳三處耶. 說話云, 傳殺人刀活人劍, 刀劍二字, 已分優劣. 又云, 眞金鋪雜貨鋪, 眞雜二字, 其意安住? 且體有無用之體, 故有單體, 用無無體之用, 故用必兼體也. 譬如人之全身, 體也, 動用, 用也. 若全身無事閒處, 則是單體也. 起來動用則是用, 而依體起用, 故必兼體也. 語云, '手足是用, 全身是體.' 旣以全身爲體, 手足非身耶? 若以手足爲用, 無事閒處時, 手足亦爲用耶? 不覺發一笑. 又引古德之文, 而不知 古德之義. 第觀其文義, 非謂殺活法體, 殺活相箫, 以祖師具殺具活, 得大 自在之手段. 若只單殺單活, 非好手之意也. 然則人法有異, 如何以人難法 耶. 推此驗之, 文眼猶未瑩然, 令人自愧.

7

『사변만어』: '임제종과 운문종은 조사선에 짝짓고, 조동종과 위앙종과 법안종은 여래선에 짝짓는다.'[백파의 견해 제기]라고 한 말을 제기하고, 이는 다만 『인천안목』 한 책만을 보고서 선문 오종五宗의 우열을 잘못 판단한 결과로 이처럼 심하게 도치된 황당무계한 주장을 한 것이다.[314] 위앙종과 관련된 여러 칙의 인연을 인용하는 까닭은 위앙종의 굴욕을 씻어 주기 위해서이다.[315] 더하여 앙산은 아난존자의 후신後身[316]으로서 서천의 아라한들이 (앙산을 만나고는 그를) 소석가小釋迦라 불렀다.[317][백파의 견해 비판]

설두 유형의 설파: 이것이 과연 『인천안목』에 의거하여 결론을 내린 것

---

314 『禪門四辨漫語』(H10, 824b23), "후인들이 이러한 사실을 전혀 모르고 『인천안목』 한 권만 읽고 나서 두 종파의 우열을 헛되게 판정 지은 결과로 이처럼 심하게 도치되고 터무니없는 주장을 하는 것이다.(後人都不知此, 而但看人天眼目一書, 妄判二宗之優劣, 如此倒置無稽之甚也.)" 초의 의순, 김영욱 옮김, 『선문사변만어』, p.89 참조.

315 『禪門四辨漫語』(H10, 824b23), "지금부터 다섯 종파의 어록에 수록된 여러 칙의 인연을 인용하는 까닭은 오로지 위앙종이 뒤집어쓴 이상과 같은 굴욕을 씻어 주기 위해서이다.(今引五宗語錄所載數則因緣, 一爲潙仰宗雪屈.)" 초의 의순, 김영욱 옮김, 『선문사변만어』, p.90 참조.

316 전거는 알 수 없다. 초의의 자의적 평가로 보인다. 초의 의순, 김영욱 옮김, 『선문사변만어』, p.86 주석 78 참조.

317 『禪門四辨漫語』(H10, 824b3), "하물며 앙산仰山은 제2조 아난존자의 후신後身으로서 서천의 아라한들이 수시로 (문수보살에게) 특별히 법을 물으러 찾아왔다가 (앙산을 만나고는 그를) 소석가小釋迦라 부르기까지 하였는데 오히려 여래선의 향상하는 종지를 몰랐다고 하는가! 아, 안타깝다! 보잘것없는 말이 도를 해치는구나.(況且仰山是第二祖阿難尊者後身, 西天羅漢, 時時特來問法, 呼謂小釋迦, 然猶不知如來禪之向上! 嗚呼, 苦哉! 小言之害道也.)" 초의 의순, 김영욱 옮김, 『선문사변만어』, p.86 참조.

이라면,『인천안목』에 본래 어찌 황당무계함이 없겠는가라는 말이 되고 만다. 그 서문에 '내 개인의 생각으로 논단한 것이 아니니, 세상에 널리 유행하도록 함에 무슨 책망할 일이 있겠는가.'318라고 하였다. 이미 개인의 생각으로 억측해 논한 것이 아니라고 하였으니 공의公議가 있었음을 알 수 있다. 그러므로 청허 휴정淸虛休靜과 환성 지안喚惺志安 두 대노고추大老古錐가『선가귀감』과『오종강요집』을 모두 이(『인천안목』)에 의거하여 펴내신 것이다. 또 주석에서 '임제종은 기용機用을, 운문종은 절단截斷을, 조동종은 향상向上을, 위앙종은 체용體用을, 법안종은 유심唯心을 밝혔다.'319고 하였으니, 오종의 우열이 어찌 분명하지 않은가. 그런즉 노사老師(백파)의 견해가 황당무계하다고 여긴다면『인천안목』,『선가귀감』,『오종강요집』모두 황당무계함이 심한 것이 된다. 노사는 명성을 구한 적이 없었고 온통 글을 쓰는 데 힘을 기울였으며 불법을 알지 못한 채 늙어 죽을까 두려워하였다. 약간의 어록을 섭렵하고서 초의가 말하듯이 박람한 것처럼 과장하면서 모두 노사가 황당무계함이 심했다고 한다면 누가 그것을 믿겠는가. 미치지 않았으면 속이는 짓이다.

'앙산은 아난존자의 후신으로서 서천의 아라한들이 (앙산을 만나고는 그를) 소석가小釋迦라 불렀다'는 초의의 주장에 내해 : 수보리는 청룡타불靑龍陀佛의 후신인데320 어찌하여 성문이 되었으며, 종경 연수宗鏡延壽 선사는 아미타불의 후신인데321 또한 어떻게 법안의 문인이 되었는가. 대개 불법

---

318 『人天眼目』권1(T48, 300a15), "旣非予胸臆之論, 俾行於世, 有何誚焉."
319 『禪文手鏡』(H10, 519a), "一法眼宗明唯心【偏明本分一句】; 二潙仰宗明體用【圓明今本三句】; 三曹洞宗明向上【超出今本三句】; 四雲門宗明截斷【多明大用直截】; 五臨濟宗明機用【具明三要】."
320 진제眞諦의 설. 『法華文句記』권1상(T34, 160c19), "용타불龍陀佛에 대하여 진제는 '수보리는 동방의 청룡타불이다.'라고 풀었다.(言龍陀佛者, 眞諦云, '須菩提, 是東方靑龍陀佛.')"
321 『禪祖念佛集』권상(B32, 542c22), "영명 연수 선사【선사는 법안의 3세이다.『만선동귀집 서萬善同歸集序』에 선사를 가리켜 아미타불의 화신이라 하였다.】(永明延壽禪師【師法眼

문하에서 본문本門은 높으나 적문迹門은 낮은 경우[322]는 있으나 아난의 후신으로서 아라한들에게 소석가라 불렸다는 것은 맞지 않으니 이러면 종문에서 고하로 설정한 뜻을 의심스럽게 만든다. 또한 수칙의 인연을 끌어들여 위앙종이 조사선을 이해했다고 밝히는 데 뜻을 두고 있다. 청원 행사가 살인도를 얻었다는 설을 천하 사람이 허여하는 이유는, 여릉 지방의 쌀값을 질문한 예는 허다하기 때문이니 그런 까닭에 조사선이다. 법안이 '만약 모든 상을 상이 아니라고 보면 부처님의 뜻을 알지 못할 것이다.'라고 운운한 날 역시 조사선이다. 대개 살의 방편을 철저하게 쓰면 살 가운데 활을 갖추기 마련이므로 제 종파에서 조사선을 마음껏 드러내지만 그 근본 종지로 삼지는 않는다. 근본 종지라고 하면 다른 법을 알지 못한다는 것이 아니라 다만 한 법을 종지로 삼아야 한다. 그러므로 조동종에서는 향상을, 위앙종에서는 체용을, 법안종에서는 유심을 밝힌 것이니 모두 여래선을 근본 종지로 한다.

語云：'以臨濟雲門二宗, 配祖師禪, 以曹洞潙仰法眼三宗, 配如來禪.'【擧】此但看人天眼目一書, 妄判五宗之優劣, 如此倒置無稽之甚. 更引潙仰宗數則因緣, 爲潙仰宗雪屈, 又云, 仰山是阿難後身, 又西天羅漢, 呼爲小釋

三世也. 同歸序, 稱師爲阿彌陀佛化身.)" 「萬善同歸集序」에는 보이지 않는다.

322 본문本門은 높으나~낮은 경우 : 본문本門은 겉으로 드러난 현상의 본질이 되는 것, 근원적인 것, 진실된 것 등을, 적문迹門은 본질적인 것이 겉으로 드러난 모습, 부수적인 것, 방편적인 것 등을 뜻한다. 『大方廣佛華嚴經疏』 권27(T35, 704b23), "부처님께서 보살이 된다면 이는 본은 높지만 적은 낮은 것이다.(若佛爲菩薩, 則本高迹下.)"; 『大方廣佛華嚴經隨疏演義鈔』 권47(T36, 372b19), "『화엄경소』에서 '본적구고 혹은 본적구하'라고 한 것은 대략 사구를 이룬다. 부처님께서 화신으로서 부처님이 된 것은 본과 적이 모두 높은 것이라 하고, 보살이 화신으로서 보살이 되는 것은 본과 적이 모두 낮은 것이라 한다. 보살 내에서 계위로 서로 보는 경우에도 그 안에 다시 높고 낮음이 있음을 알 수 있다.(疏或俱高俱下者, 略成四句. 佛化爲佛, 本迹俱高, 菩薩化爲菩薩, 本迹俱下. 就菩薩中, 以位相望, 亦有高下可知.)" 『가산불교대사림』 '본적이문本迹二門' 항목 참조.

迦.【難】

說曰: 此判果依人天眼目, 人天眼目, 初豈無稽耶. 其序云, '非余胸臆之論, 俾行於世, 有何誚焉.' 旣云非臆論, 可知有公議也. 故以淸虛喚惺二大老古錐, 於禪家龜鑑, 五宗綱要, 皆依而編之. 又注云, '臨濟宗明機用, 雲門宗明截斷, 曺洞宗明向上, 潙仰宗明體用, 法眼宗明唯心', 五宗優劣, 豈不分明乎. 然則若以老師爲無稽之甚, 人天眼目, 禪家龜鑑, 五宗綱要, 皆爲無稽之甚也. 此老求名少日, 全事翰墨, 不知佛法, 怕死老年. 涉獵如干語錄, 如是誇張博覽, 皆以老師, 謂之無稽之甚, 誰其信乎. 非狂則妄.
'仰山是阿難後身, 西天羅漢呼爲小釋迦'云者: 須菩提, 是靑龍陀佛後身, 何以爲聲聞, 宗鏡延壽禪師, 是阿彌陀佛後身, 亦何爲法眼門人耶. 盖佛法門中, 有本高迹下之事, 不可以阿難後身, 羅漢呼爲小釋迦, 難其宗門之高下也. 且所引數則因緣, 意明潙仰宗之會得祖師禪. 淸源之得殺人刀, 天下所其許者, 而問廬陵米價, 是許多般, 故爲祖師禪. 法眼所謂, 若見諸相非相, 卽見¹⁾如來云者, 亦是祖師禪也. 盖以殺到底, 則殺中具活, 故諸宗或弄現祖師禪也, 然非其所宗也. 言宗者, 非不知餘法, 但以一法爲宗也. 故曺洞宗明向上, 僞仰宗明體用, 法眼宗明惟心, 皆宗如來禪也.

---
1) 옙 '見' 앞에 '不'이 누락된 것으로 보인다.

8

『사변만어』: '일심의 본체에 본래 불변不變과 수연隨緣³²³이 갖추어져 있다. 일심의 변하지 않음(不變)은 이름도 상도 모두 끊어 차별상을 남김없이 쓸어 없앤 것이므로 진공眞空이라 한다. 일심이 인연에 따라 움직이면

---
323 불변不變과 수연隨緣: 『大乘起信論』의 기반이 되는 사유 구조이다. 불변은 불생불멸不生不滅의 진여문眞如門이고 수연은 생성과 소멸이 발생하는 생멸문生滅門인데 이것을 일심이문一心二門이라 한다. 초의 의순, 김영욱 옮김, 『선문사변만어』, p.164 주석 73 참조.

(隨緣) 만법을 건립하며 무수히 변화하므로 묘유妙有라고 한다.'³²⁴【백파의 견해 제기】라고 한 말을 제기하고 말하였다. 인연을 따라 존재하는 허위虛 僞의 이름과 차별상이 있다 하고 그것을 묘유라고 하였으니, 아, 이것이 어찌 될 법이나 한 소리인가. 그렇다면 유有란 허위의 유가 되므로 공空 역시 단공斷空의 공이 되고 만다. 이것은 다른 이유 때문이 아니라, 명과 체를 자세히 궁구하지 않고 진심과 망심의 차이를 신중히 살피지 못하여 진심과 망심의 이치에 모두 어둡고 공과 유에 모두 밝지 못했기 때문이다. 인도의 외도들은 본래 불법의 영향 속에 있다가 공과 유 두 가지 뜻을 잘못 이해하여 점차로 변한 결과 62가지 견해에 이르고 96종류³²⁵로 나누어지게 되었다.³²⁶【백파의 견해 비판】

---

324 『禪文手鏡』「禪敎大旨不出眞空妙有大機大用」(H10, 527b2).
325 인도 외도들의 견해와 종류를 총괄하다. 『正法華經』 권5(T9, 95c29) ; 『賢劫經』 권1(T14, 6c17) 등 참조. 초의 의순, 김영욱 옮김, 『선문사변만어』, p.173 주석 92 참조.
326 『禪門四辨漫語』「眞空妙有辨」(H10, 830a3), "최근에 육은노인(백파)이라는 분이 인연을 따라(隨緣) 존재하는 허위의 이름과 차별상들을 독단적으로 '묘유'라고 판별하였다. 아, 될 법이나 한 소리인가!⋯⋯영명 연수永明延壽는 이렇게 말한다. '진심과 망심은 각각 성性과 상相을 가지고 있다. 또한 진심은 밝은 앎(靈知)과 고요하게 비추는 작용을 마음으로 삼고, 텅 비지 않고 머무름도 없는 것을 본체로 삼으며, 실상實相을 상으로 삼는다.【이는 공이 묘유의 공이기 때문에 유도 진공의 유라는 뜻이다.】 망심은 육진六塵이라는 대상의 그림자를 마음으로 삼고, 자성이 없는 것을 본체로 삼으며, 대상에 올라타고 일으키는 사유분별을 상으로 삼는다.【이는 유가 허위의 유이기 때문에 공 또한 단공의 공이라는 뜻이다.】 이와 같이 대상에 대한 분별에 의해 깨치거나 아는 망심에는 원래 그 자신의 본체는 없고 다만 눈앞의 대상(塵)이 경계를 따라 있거나 없을 뿐이다. 경계가 다가오면 (대상도) 발생하고 경계가 물러나면 소멸하여 대상마다 마음마다 각각 자신의 독립된 본성(自性)은 없고 오로지 (오거나 가고 생성하거나 소멸하는) 인연의 작용일 따름이다.' 이와 같이 대상의 그림자에는 이름만 있고 실체가 없거늘 어떻게 묘유라 할 수 있겠는가! 이는 다른 이유가 아니니, 그들이 이름과 본체를 바르게 궁구하지 않은 채 우리를 진심과 망심으로 이끌어 진심과 망심 그 어느 것에 대해서도 하나같이 침침하도록 만들고, 공과 유 어느 편에 대해서도 모두 어둡도록 하였기 때문이다. 인도의 외도들은 본래 불법의 영향 속에 있다가 공과 유 두 가지 뜻을 잘못 이해하여 점차로 변한 결과 62가지 견해에 이르고 96종류로 나누어지게 되었다.(近有六隱老人, 以隨緣所有虛僞名相, 獨辦之爲妙有. 烏乎, 可哉!⋯⋯永明云, '眞心妄心, 各有性相. 且眞心以靈知寂照爲心, 不空無住爲體, 實相爲相.【此則空

설두 유형의 설파 : 지금 강설하는 도량에서 비록 사집四集을 배우는 학인들이라도 모두 유 그대로의 공이 진공이요, 공 그대로의 유가 묘유임은 알고 있다. 노사께서 어찌 단공斷空과 완유頑有를 진공과 묘유라 생각하셨겠는가. 노사께서는 '일심이 인연에 따라 움직이면(隨緣) 만법을 건립한다.'고 하셨으니 이미 진심이 인연을 따라 만법이 된다면 만법이 곧 진심이므로 묘유인 것이다. 비유하자면 금으로 그릇을 만들면 그릇마다 모두 금인 것과 같다. 그런 까닭에 『법화경』에 '이 법이 법의 위치에 머무니 세간의 차별상도 변함없이 머문다.'³²⁷라고 하였다. 화엄종에서는 오염의 연기와 청정의 연기(染淨緣起)가 모두 법계연기라고 간주하였다.³²⁸ 이미 '세간의 차별상도 변함없이 머문다.'고 하였고 '오염의 연기와 청정의 연기가 모두 법계연기'라고 하였을진대 어찌 묘유가 아니겠는가. 이것은 교설을 끌어 증명한 것이고, 선의 입장에서 표현하면 옛말에 '하늘은 하늘이고 땅은 땅이니 언제 자리를 바꾼 적이 있으며, 물은 물이고 산은 산이니 각각이 완연하다.'³²⁹라고 한 말을 들 수 있다. 또 '하나하나가 딱 들어맞으니'³³⁰라고 한 말이 어찌 묘유가 아니겠는가. '공과 유에 어두워 외도가

是妙有之空故, 有是眞空之有也.】妄心以六塵緣影爲心, 無性爲體, 攀緣思慮爲相.【此則有是虛僞之有故, 空亦斷空之空.】如此緣慮覺了能知之妄心, 元無自體, 但是前塵隨境有無. 境來則生, 境去則滅, 境境心心, 各自無性, 唯是因緣而已.' 如此緣影之有名無體者, 焉得謂之妙有哉! 此非他由, 其不究名體, 而率你于眞妄, 眞妄一昧, 空有遂暗, 西天外道, 本在佛法中, 錯解空有二義, 轉變至於六十二見, 分成九十六種.)" 초의 의순, 김영욱 옮김, 『선문사변만어』, pp.169~173 참조.

327 『法華經』「方便品」(T9, 9b10).
328 『華嚴經探玄記』권13(T35, 344a29), "법계연기에는 간략하게 세 가지 뜻이 있다. 첫째는 번뇌 망상에 오염된 법에 따르는 연기이고, 둘째는 청정한 법에 따르는 연기이며, 셋째는 오염과 청정을 합하여 설하는 연기이다.(法界緣起, 略有三義. 一, 約染法緣起, 二, 約淨法, 三, 染淨合說.)"
329 『朝鮮佛教通史』下編 『雪山眞歸是佛祖師』(B31, 613a9), "又古德云, '天地地天天地轉, 水山山水水山空云者, 是如來禪 ; 天天地地何曾轉, 水水山山各宛然云者, 是祖師禪也.【此約世法.】"
330 『禪文手鏡』(H10, 519a), "一切禪文, 山是山水是水, 主丈但喚作主文等, 一一端端的

되었다.'라고 한 말은 그 의도가 바로 노사(백파)라고 지목하려는 데 있으니, 낯을 하늘로 향하고 침을 뱉으면 본인에게 떨어진다는 것조차 모르는 꼴이다. 『원각경』에 '가없는 허공은 원각(一心)이 드러난 것'[331]이라고 하였다. 한 사람은, 허공은 원각(一心)이 드러난 것이니 허공은 거짓된 대상의 그림자이므로 완유頑有라 하였다.【중부자 초의의 소견이 이와 같다.】 한 사람은, 허공은 깨달음 그대로가 드러난 것이니 허공 그대로 깨달음이므로 묘유라 하였다.【백파 노사의 견해가 이와 같다.】 이 중부자 초의의 비판이 바름을 그릇되게 만든 것이라는 사실은 제방의 누구나 다 아는 일이다. 그런즉 세간과 출세간의 일체 만법이 그대로 진심이므로 묘유라고 하는 것이 외도인가? 허위이며 체가 없으므로 망유妄有라고 하는 것이 외도인가? 털끝만 한 차이지만 하늘과 땅 사이 간격만큼이나 벌어지고 말았다.

語云:'一心體上, 本具不變隨緣二義. 心不變則離名絶相, 掃蕩無餘, 故名曰眞空. 心隨緣則建立萬法, 千變萬化, 故名曰妙有.'【擧】以隨緣所有虛僞名相, 謂之妙有, 烏乎可哉. 此則有是虛僞之有故, 空亦斷空之空. 此非他由, 其不究名體, 而率爾于眞妄, 眞妄一昧, 空有遂暗. 西天外道, 本在佛法中, 錯解空有二義, 轉至六十二見, 分成九十六種.【難】

說曰:今之講場, 雖四集學人, 皆知卽有之空爲眞空, 卽空之有爲妙有也. 老師豈以斷空頑有, 爲眞空妙有耶. 老師云, '心隨緣則建立萬法', 旣眞心隨緣爲萬法, 則萬法卽是眞心, 故爲妙有也. 譬如以金作器, 器器皆金也. 故法華云, '是法住法位, 世間相常住.' 華嚴以染淨緣起, 皆爲法界緣起. 旣云, '世間相常住','染淨緣起, 皆爲法界緣起', 豈非妙有耶. 此引敎而證, 以禪言之, 古云, '天天地地何曾轉, 水水山山各完然.' 又云, '一一端端的的',

---
的節."
331 『大方廣圓覺修多羅了義經』(T17, 914c13).

豈非妙有耶. '昧空有爲外道'云者, 意以老師, 謂之外道. 不知仰面唾天, 還
着於本人. 圓覺經云, '無邊虛空, 覺所顯發.' 一二[1]虛空, 是覺之所顯發,
謂虛空是虛僞緣影, 故爲頑有也.【中孚子所見如此.】一云虛空, 覺卽是顯發,
謂虛空卽覺, 故爲妙有也.【老師所見如此.】以此判爲邪正, 諸方所共知者也.
然則世出世間, 一切萬法, 卽是眞心, 故謂之妙有, 是外道耶? 虛僞無體,
故謂之妄有, 是外道耶? 毫釐有差, 天地懸隔.

---
1) ㉤ '二'는 '云'의 오자인 듯하다.

이상으로『사변만어』의 논리를 설파하였고, 아래에서는『소쇄선정록(선
문증정록)』의 논리를 변설한다.

上說四辨漫語竟, 下辨掃灑先庭錄.

10. 『소쇄선정록』을 변설함

1

『소쇄선정록(선문증정록)』: 『소쇄선정록』은 4절로 구성되어 있다. 첫째 삼처전심三處傳心은 선문의 원류이니 근원이 맑아야 지류도 맑다고 하였다.[332] 달마의 삼처전심과 관련하여서는, 마음을 찾아도 찾을 수 없었다(覓心不得)는 인연은 첫 번째로 살인도로 마음을 전한 것으로 삼고, 삼배하고 골수를 얻었다(三拜得髓)는 인연은 두 번째로 활인검으로 마음을 전한 것으로 삼으며, 웅이산에 신발을 남겨 두었다(熊耳留履)는 일화는 세 번째로 살과 활을 함께 제시해 마음을 전한 것으로 삼았다. 곽시쌍부槨示雙趺 일화를 인용하여, (세존이) 니련하 부근에서 관 밖으로 두 발을 보이신 일과 (달마가) 웅이산에 일찍이 신발 한 짝을 남겨 두었던 일은 세 번째 마음을 전한 것이라 하였다.[333]

---

332 앞의 주석 248 참조.
333 『禪門證正錄』「達摩三處傳心」(H10, 1137c2), "첫 번째는 마음을 찾았으나 찾을 수 없었다는 장면이다. 『염송설화』에서는 '모든 부처님의 법인(諸佛法印)을 깨달아 조사선을 알아차렸으니, 이것이 2조가 2조가 된 이유'라고 하였다. 두 번째는 2조가 삼배하고 달마에게서 골수를 얻었다는 말을 들은 장면이다. 『염송설화』에서는 '이는 직접 법을 이음으로써 입실했다는 말이니, 가업을 이을 만하기 때문에 가사를 전하고 법을 부촉한 것'이라고 하였다. 세 번째는 손에 신발 한 짝을 들고 있었다는 장면이다. 『염송설화』에서는 '6대의 조사들에게 전했다.'고 하였다. 『전등록』「달마장」에서는 여래의 삼처전심과 같이 보았으니, 차례대로 '첫 번째는 마음을 찾았으나 찾을 수 없었다는 것, 두 번째는 삼배하고 골수를 얻었다는 것, 세 번째는 웅이산에 신발을 남겨 둔 것'이라고 하였다. 이것이 중국에 마음을 전한 근원이다.【이상은 불조가 세 곳에서 전한 것으로서 모두 제1구이며 조사선이고 격외선이다.】(一, 覓心了不可得. 說話云, '悟得諸佛

신발 한 짝을 남긴 공안(隻履話 : 『선문염송』 103칙)에 대해, 옛사람은 '한 짝은 6대의 조사들에게 전했고 다른 한 짝은 6대의 조사들에게 전하지 않았다.'[334]고 하였다. 무딘 도끼를 전한 공안(鈯斧話 : 『선문염송』 149칙)에 대한 『염송설화』 평석에서는 청원이 한쪽 발을 평상에서 떨어뜨리자 석두가 절을 올린 장면에 '한쪽 발을 떨어뜨린 행위는 건추犍椎를 잡거나 불자를 꼿꼿이 세우는 방식과 마찬가지인가? 법을 전하는 방법에는 본래 유래가 있다. 사라수 아래에서 (세존이) 관 밖으로 두 발을 내보인 인연(『선문염송』 37칙)과 웅이산에서 (달마 대사가) 관에 짚신 한 짝을 남겨 둔 일화(『선문염송』 103칙)는 열반에 들어간 뒤에 보인 생성하지도 않고 소멸하지도 않는 결정적인 한 수이다.'[335]라고 하였고, '석두가 절을 올린 것은 견해가 스승과 비슷했던 것일까, 지혜가 스승을 넘어섰던 것일까?[336] 여기에도 법을 전수한 유래가 있다. 사라수 아래에서 세존께서 가섭에게 본보기가 되어 주었고, 각각 터득한 경지를 말했을 때 달마가 혜가에게 본보기가 되어

法印, 會得祖師禪, 所謂二祖之爲二祖者也.';二, 三拜得髓. 說話云, '親承入室, 克紹家業, 故傳衣付法也.';三, 手携隻履. 說話云, '此六代傳也.' 故傳燈錄達摩章中, 同如來三處傳心. 而於第釋云, 第一 覿心不得, 第二三拜得髓, 第三熊耳留履云. 卄爲震旦傳心之源也.【此上佛祖三傳, 皆第一句祖師禪格外禪也.】)"

334 『禪門拈頌說話』 103칙(H5, 112b5), "손에 신발 한 짝을 들고 혼자 바삐 걸어가고 있었다. 텅 빈 관 속에는 가죽신 한 짝만 남아 있었다 : 옛사람이 말하였다. '한 짝은 6대의 조사들에게 전하였고, 다른 한 짝은 6대의 조사들에게 전하지 않았다.'(手携隻履翩翩獨逝, 又空棺一隻革履存焉者, 古人云, '一箇六代傳, 一箇六代不傳也.')"

335 『禪門拈頌說話』 149칙(H5, 152c16), "한쪽 발을 평상에서 떨어뜨렸다 : 건추를 잡거나 불자를 꼿꼿이 세우는 방식과 마찬가지인가? 법을 전하는 방법에는 본래 유래가 있다. 사라수 아래에서 (세존이) 관 밖으로 두 발을 내보인 인연과 웅이산에서 (달마 대사가) 관에 짚신 한 짝을 남겨 둔 일화는 열반에 들어간 뒤에 보인 생성하지도 않고 소멸하지도 않는 결정적인 한 수이다.(垂下一足者, 拈槌竪拂一般也耶? 傳法自有來由. 娑羅樹下, 槨示雙趺;熊耳山中, 棺留隻履. 則入涅槃後, 不生不滅底一著也.)"

336 『臨濟錄』(T47, 506a4)에는 위산潙山의 말로 "견해가 스승과 비슷하면 스승의 덕을 반감하게 되고, 견해가 스승을 넘어서야 비로소 법을 전수받을 만한 자격이 있다.(見與師齊, 減師半德;見過於師, 方堪傳授.)"라고 실려 있고, 『碧巖錄』 11칙(T48, 151c11)에는 백장百丈의 말로 인용된다.

주었다. 6대 이후 청원이 석두에게 또한 최초의 본보기가 되어 주었으니 그렇지 않은가?'337【여기까지『소쇄선정록(선문증정록)』인용이다.】라고 하였다. 이를 논증하여 설파해 보겠다. 옛 해석에 '모든 대상에 대한 집착을 끊었다(諸緣已斷)는 일화는 마음을 전한 것이 아니기 때문에『전등록』에 싣지 않고 다만 골수를 얻었다는 이하에 주석으로 붙였을 뿐이며,『선문염송』에서도 싣지 않았지만『염송설화』에서 다만 편의에 따라 법인 공안(法印話 :『선문염송』100칙)에서 서술한 것'338이라고 한다.

---

337 『禪門拈頌說話』149칙(H5, 152c22), "절을 올렸다 : 견해가 스승과 비슷했던 것일까, 지혜가 스승을 넘어섰던 것일까? 여기에도 유래【법을 전수한 유래】가 있다. 사라수 아래에서 세존께서 가섭에게 본보기가 되어 주었던 것이 인도의 28대 조사 중 최초였다. 각각 터득한 경지를 말했을 때 달마가 혜가에게 본보기가 되어 주었던 것도 중국의 6대 조사 중 최초였다. 6대 이후 청원이 석두에게 또한 최초의 본보기가 되어 주었으니 그렇지 않은가?(禮拜者, 見與師齊耶, 智過於師耶? 亦有來由.【傳法來由】娑羅樹下, 世尊之迦葉作榜樣, 西乾四七之最初也. 各言所得時, 達摩之惠可, 亦作榜樣, 東震二三之最初也. 六代已後, 淸源之石頭, 亦作最初榜樣, 不其然乎?)"

338 『禪門證正錄』「達摩三處傳心」(H10, 1137c1), "달마는 2조에게 '너는 다만 밖으로 모든 대상에 대한 집착을 쉬고 안으로는 마음에 헐떡임이 없어져 마음이 장벽과 같은 경지에 이르러야 도道에 들어갈 수 있다.'라고만 설하였다. 이 일단의 문답에서는 다만 제2구 여래선을 증득한 것이지 제1구 조사선에 들어간 것이 아니다. 그러므로 선록 등에서 빼 버리고 싣지 않았지만 방편인연으로 사람들에게 이 일을 알게 하려고 '삼배하고 골수를 얻었다.'는 일화 아래에 각주를 붙였을 뿐이다. 그 후 조계 진각국사가 고칙 공안 1125칙 및 여러 조사들의 염拈과 송頌 등 핵심이 되는 말씀을 채집하여 30권을 만들었다. 여래 삼처전심을 차례대로 수록하고 달마의 삼처전심에서는 '모든 대상에 대한 집착을 끊었는가?'라는 문답은 빼 버리고 싣지 않았다. 이 점은 우리 동방의 염송원록拈頌元錄과 중국의 전등원록傳燈元錄이 부절을 맞춘 듯 다름이 없다.(初師謂二祖曰, '汝但外息諸緣, 內心無喘, 心如墻壁, 可以入道'云. 此一段問答, 但證得第二句如來禪, 不入於第一句祖師禪. 故拔去不載, 而但方便因緣, 使人知之, 註脚於三拜得髓下. 已而曹溪之眞覺國師, 採集古話一千一百二十五則, 幷諸師拈頌等要語錄成三十卷. 於如來三傳, 次第показ之, 於達摩三傳, 而其諸緣斷否問答, 亦拔去不載. 此吾東方之拈頌元錄, 與中華之傳燈元錄, 冥符無差也.)" ; 같은 책,「第三殺人刀活人劍說」(H10, 1142a15), "'모든 대상이 끊어졌는가?'라는 문제를 두고 달마와 혜가가 나눈 문답은 달마가 혜가에게 처음 법을 전한 장면이지만『염송설화』에서는 이미 여래선에 짝지었다. 또 여래가 처음 법을 전한 '분반좌' 일화를『염송설화』에서는 이미 살인도에 짝지었다. 그러므로 '모든 대상이 끊어졌는가?'라는 문답이 달마가 처음 법을 전한 장면이 아니라는 것을 알지 못하였기 때문에『전등록』에서 그것을 빼 버리고 싣지 않

錄有四節, 一云, 三處傳心, 是禪門之源, 源淸則流淸. 至於達摩三處傳心, 以覓心不得, 爲第一殺人刀傳心, 以三拜得髓, 爲第二活人劒傳心, 以熊耳留履, 爲第三殺活齊示傳心. 引示趺話云, 泥蓮河畔, 槨示雙趺, 熊耳山前, 曾留隻履, 此是第三傳心云云.

隻履話云, 古人云, '一箇六代傳, 一箇六代不傳'云云. 鉏斧話釋, 淸源垂下一足, 石頭禮拜云, '垂下一足, 拈槌竪拂一般耶? 傳法自有來由. 娑羅樹下, 槨示雙趺, 熊耳山中, 棺留隻履, 則入涅槃後, 不生不滅底一着也.' 禮拜者, 見與師齊耶, 智過於師耶? 亦有來由. 娑羅樹下, 迦葉作榜樣, 各言所得時, 慧可作榜樣, 六代以後, 石頭亦作榜樣'云云.【引字至此.】以證之僞破. 古義云, 斷緣非傳心故, 傳燈不載, 而但註脚於得髓下, 拈頌亦不載, 而說話但因便, 叙於法印話中云云.

설두 유형의 변설: 무릇 법을 전한다는 것은 스승과 제자 두 사람이 마주 보고 의견을 주고받으며[339] 서로 반대편에서 쏜 화살촉이 허공에서 맞부딪히듯 동등한 수준이 된 연후에라야 전하고 받았다고 한다. 그런데 신발을 남긴 일화는 그에 해당하지 않는다. 달마가 입적한 후 3년이 지나

앉으며 『염송설화』에서는 마음을 전한 것이 아니라는 취지를 분명하게 밝혔지만 살인도를 여래선으로 잘못 본 것이다.(蓋諸緣斷否問答, 爲達摩初傳, 而說話旣配如來禪. 又如來初傳分半座, 說話旣配殺人刀. 故不知其諸緣斷否問答, 非達摩初傳, 故傳燈拔去不載, 而說話明辨非傳心之義, 誤以殺人刀, 爲如來禪.)" 『염송설화』의 취지를 살펴보면 첫 번째로 마음을 전한 대인가 아닌가가 논점의 핵심은 아니다. 『염송설화』에서는 제연이단諸緣已斷 문답과 법인法印 문답을 놓고 선후를 따지며 제연이단 문답이 법인 문답보다 앞서 있었다면 혜가가 점기漸機가 된다는 주장을 깨뜨리고 수행 과정이 점차적이라는 점을 허물로 여길 필요가 없다고 하였다. 돈頓과 점漸을 놓고 벌이는 세태의 잘못을 짚는 데 초점이 있다. 제연이단 문답이 먼저 있었고 이에서 터득한 경계가 있었음에도 2조는 이에 주저앉지 않고 이어 법인 문답에서 조사선을 알아차림으로써 2조가 될 수 있었다는 것이 『염송설화』의 취지이다.

339 미모시결미 毛撕結은 미모시결미毛廝結로도 쓴다. 시廝는 '상相' 또는 '호互'와 같은 말이다. 서로 마주하고 의견을 주고받을 정도로 수준이 같거나 아주 긴밀한 관계 또는 마주 앉아 어떤 문제를 두고 대결한다는 뜻이다.

위나라 사신 송운宋雲이 서역에서 돌아오는 길에 총령葱嶺에서 달마가 손에 신발 한 짝을 들고 가는 것을 보았다고 조정에 돌아와 아뢰므로 탑을 열어 보니 관 속에 이미 신발 한 짝이 있었다고 한다.[340] 그렇다면 이때 누가 법을 전한 것인가? 이것이 법을 전했다고 하는 논리가 옳지 않은 이유이다. 가섭은 세존이 발을 보이신 때에 삼배의 예를 올려 자기의 깨달음을 드러내 보였지만, 혜가는 달마가 신발을 남긴 때에 깨달음을 드러내 보인 자취가 없으니 어떻게 법을 얻었다고 할 수 있겠는가? 이것이 법을 받았다고 하는 논리가 옳지 않은 이유이다. 또한 마음은 본래 형상이 없으므로 전수할 그 당시에 일에 의탁하여 법을 드러내기 마련이다. 예컨대 세존이 세 곳에서 마음을 전한 것과 같다. 첫 번째 분좌分座에서 좌는 법공좌法空座[341]이므로 살인도를 드러낸 것이다. 두 번째 염화拈花에서 꽃은 매우 다양하므로 활인검을 나타낸다. 세 번째 발을 내보인 것(示趺)에서 두 발이 상징하는 의미가 없지 않으니 살과 활을 가지런히 보였음을 나

---

[340] 『景德傳燈錄』 권3 「菩提達磨傳」(T51, 220b4), "달마 대사가 입적하던 그해(495년) 12월 28일, 웅이산에서 장례를 치르고 정림사에 탑을 세웠다. 3년 뒤에 위나라의 송운宋雲이 왕명을 받고 서역에 사신으로 갔다가 돌아오는 길에 총령에서 달마 대사를 만났는데, 손에 신발 하나를 들고 옷자락을 펄럭이며 홀로 가고 있었다. 송운이 '스님! 어디 가십니까?'라고 물으니 '서천으로 가네.'라 하고, 다시 송운에게 '그대의 임금(孝明帝)은 이미 세상을 떠나셨네.'라고 하였다. 송운이 그 말을 듣고 망연해 하며 달마 대사와 작별하고 동쪽으로 달려와 조정에 이르러 일의 결과를 보고하였는데, 효명제는 이미 서거한 뒤였고 후사를 이어 동혼후東昏侯가 즉위해 있었다. 송운이 앞서의 일을 상세히 아뢰자 임금이 명하여 달마 대사의 무덤을 파 확인해 보도록 했는데, 빈 관 안에 짚신 하나만 남아 있었다.(其年, 十二月二十八日, 葬熊耳山, 起塔於定林寺. 後三歲, 魏宋雲, 奉使西域廻, 遇師于葱嶺, 見手攜隻履, 翩翩獨逝. 雲問, '師何往?' 曰, '西天去.' 又謂雲曰, '汝主已厭世.' 雲聞之茫然, 別師東邁, 暨復命, 即明帝已登遐矣, 逮孝莊即位. 雲具奏其事, 帝令啓壙, 唯空棺一隻革履存焉.)"

[341] 법공좌法空座 : 모든 법이 공空이라는 이치에 근거한다는 뜻이다. 『法華經』에 나오는 '여래좌如來座'를 가리킨다. 『祖庭事苑』 권2(X64, 327c21), "법공좌 : ……여래실如來室이란 모든 중생의 큰 자비심을 가리키고, 여래의如來衣란 유화한 인욕심을 말하며, 여래좌如來座란 일체법이 공이라는 이치를 가리킨다.(法空座 : ……如來室者, 一切衆生大慈悲心是 ; 如來衣者, 柔和忍辱心是 ; 如來座者, 一切法空是.)"

타낸다. 달마가 세 곳에서 (혜가에게) 마음을 전한 예를 보면, 첫 번째 모든 대상이 이미 끊어져 분별에 들어맞는 법이 하나도 없다고 하였으므로 이것은 여래선을 얻은 것이다. 두 번째 마음을 찾아도 찾을 수 없었다는 것은 뿌리까지 통째로 뽑아 버려 잡고서 분별할 수단을 전혀 남기지 않은 경계이므로 조사선을 얻은 것이다. 세 번째 삼배하고서 골수를 얻었다는 말을 듣게 된 일화에서 삼배에 담긴 의미가 없지 않으므로 앞의 두 가지 선을 가지런히 모두 얻었다는 뜻이다. 이 해석은 대단히 분명하니 누가 감히 시비를 벌이겠는가. 묵암 최눌默庵最訥도 이와 같이 설명하고 판각하여 전하였으니 이제까지 전해져 온 것이 통설임을 응당 알아야 한다. 신발을 남긴 것을 세 번째로 마음을 전한 것으로 간주한다면, 그것은 단지 한 짝 신발일 뿐이니, 어찌 살과 활을 가지런히 썼다고 할 수 있겠는가. 이것이 바로 살과 활을 가지런히 썼다고 하는 논리가 옳지 않은 이유이다. 먼저 (우담 홍기優曇洪基가) 세 곳을 규정한 것이 옳지 않음을 변설하고, 다음으로는 (『염송설화』의) 글을 끌어와 인증한 대목이 옳지 않음을 변설하겠다.

辨曰 : 夫傳法者, 師資兩人, 眉毛撕結, 箭鋒相投然後, 謂之傳之受之. 而今留履不然. 達摩示寂後三載, 魏使宋雲, 自西域回路, 於葱嶺途中, 見達摩手携隻履而去, 來奏, 啓塔視之, 棺中曾留隻履. 則伊時誰其傳法耶? 此爲傳之之不可也. 迦葉於示趺處, 三拜作禮, 呈已所悟, 而慧可於留履處, 無呈悟之跡, 何謂之得法耶? 此爲受之之不可也. 且心本無形, 故傳受之際, 托事而顯法. 如世尊三處傳心, 則第一分座, 座是法空座, 故表殺人刀也 ; 第二拈花, 花是許多般, 故表活人劍也 ; 第三示趺, 雙趺意不無, 故表殺活齊示也. 達摩三處傳心, 則第一諸緣已斷, 無一法可當情, 故得如來禪也 ; 第二覓心不得, 和根拔去, 了沒巴鼻, 故得祖師禪也 ; 第三三拜得髓, 三拜意不無, 故二禪齊得也. 此是大段分明, 孰敢雌黃. 默庵老, 亦如是說之, 登梓傳之, 應知是從前傳來之通談耳. 若以留履爲第三傳心, 只是一隻履而已, 何謂之殺活齊示耶. 此爲殺活齊示之不可也. 上辨按定三處之不可. 次辨引文爲證之不可.

세존이 발을 보이신 공안(『선문염송』 37칙)에서의 곽시쌍부槨示雙趺: '자명慈明[342]이 이 부마李駙馬(李遵勖)[343]에게 부친 편지에서 두 발을 그려 보여 준 것[344]은 왕래하며 서로 만나 보았다는 뜻인가? 사람마다 발 아래에 가라앉지도 않고 들뜨지도 않는[345] 한 가닥 살아날 길이 있다는 뜻인가? 신령한 근원[346]은 맑고 고요하여 옛날도 지금도 없으며, 미묘한 본체는 완벽하게 밝거늘 어찌 태어나고 죽음이 있단 말인가? 그런 까닭에 니련하 부근에서 관 밖으로 두 발을 내보이셨고, 웅이산에서 일찍이 한 짝 신발을 남긴 것이니 이것이 바로 세 번째로 마음을 전한 것이다.'[347] 내가 생각건대 발을 내보인 것은 왕래하며 만났다는 뜻은 아니며, 사람마다 발 아래에 가라앉지도 않고 들뜨지도 않는 한 가닥 살아날 길을 준 것이다. 고덕

---

342 자명慈明 : 석상 초원石霜楚圓의 호.
343 이 부마李駙馬(李遵勖) : 부마는 관직명으로 부마도위駙馬都尉의 약칭이다. 석문 온총石門蘊聰(谷隱蘊聰)의 재가 제자이자 『天聖廣燈錄』의 편자인 이준욱李遵勖을 가리킨다.
344 자명慈明이 이~준 것 : 『石霜楚圓語錄』(X69, 194c23), "장章과 개介라는 두 대사가 도위都尉의 편지를 가지고 석상의 처소에 찾아왔다. 석상이 답장을 하면서 편지지 뒷면에 두 발을 그리고 발 아래에 두 대사의 이름을 써서 도위에게 부치자 도위가 다시 게송으로 답장했다. '흑호 휘날리며 천 리를 달려오자, 황금의 관(金槨)에서 두 발을 보이시네. 인천의 대중 모두 헤아리지 못하는데, 붉은 수염의 오랑캐(부처님)에게 인사를 올리네.'(因章介二大師, 持都尉書至師. 師有書復, 於書後畫兩隻脚, 脚下書二大師名, 寄都尉, 都尉復以頌答, '黑毫千里餘, 金槨示雙趺. 人天都不測, 珍重赤鬚胡.')"
345 가라앉지도 않고 들뜨지도 않는 : 지관止觀을 방해하는 혼침昏沈과 도거掉擧 등 두 가지 병통이 없다는 뜻. 혼침(Ⓢ styāna)은 마음을 가라앉게 하여 관觀(Ⓢ vipaśyana)을 방해하는 마음 작용(心所)이고, 도거는 마음을 들뜨고 불안정하게 만들어 지止(Ⓢ śamatha)를 방해하는 마음 작용이다.
346 신령한 근원(靈源) : 심령心靈. 넓은 의미의 마음을 나타낸다.
347 『禪門拈頌說話』 37칙(H5, 50b12).

이 '생성하지도 소멸하지도 않는 결정적인 한 수'라고 하였는데 이것이 생성하지도 소멸하지도 않는 결정적인 한 수인 것은 세 번째로 전한 심법이기 때문이다. 어째서인가? '신령한 근원은 맑고 고요하여 옛날도 지금도 없으며, 미묘한 본체는 완벽하게 밝거늘 어찌 태어나고 죽음이 있단 말인가.'라 운운한 말은, 고덕이 의지할 곳 없는 외로운 혼을 위해 생성하지도 소멸하지도 않는 결정적인 한 수를 보인 것이다. 처음 두 구는 생성하지도 소멸하지도 않는 결정적인 한 수를 들어 나타낸 것이고, 다음 두 구는 생성하지도 소멸하지도 않는 상相을 이끌어 내어 제시한 것이다. 세존이 발을 보이고 달마가 신발을 남긴 것이 모두 생성하지도 소멸하지도 않는 상이다.

그러므로 둔한 도끼 공안(鈍斧話)에 대한 『염송설화』의 평석에서 '청원이 한쪽 발을 평상에서 떨어뜨린 행위는, 건추를 잡거나 불자를 꼿꼿이 세우는 방식과 마찬가지인가? 법을 전하는 방법에는 본래 유래가 있다. 사라수 아래에서 (세존이) 관 밖으로 두 발을 내보인 인연과 웅이산에서 (달마 대사가) 관에 이미 짚신 한 짝을 남겨 둔 일화는 열반에 들어간 뒤에 보인 생성하지도 않고 소멸하지도 않는 결정적인 한 수이다.'[348]라고 한 것이다. 발을 떨어뜨린 행위가 선추를 삽거나 불자를 꼿꼿이 세우는 것과는 같지 않고, 법을 전하는 방법에는 본래 유래가 있다는 말은 세존이 살과 활을 가지런히 제시하여 마음을 전한 것이 바로 생성하지도 소멸하지도 않는 결정적인 한 수라는 뜻이다. 그렇다면 살 또한 생성하지도 소멸하지도 않는 결정적인 한 수이며, 활 또한 생성하지도 소멸하지도 않는 결정적인 한 수이다. 그러므로 지금 한 발을 늘어뜨린 행위는 살인도를 전한 것이며, 생성하지도 소멸하지도 않는 결정적인 한 수이다.

그러므로 '법을 전하는 방법에는 본래 유래가 있다.'라 하고 결론지어

---

348 앞의 주석 335 참조.

'열반에 들어간 뒤에 보인 생성하지도 않고 소멸하지도 않는 결정적인 한 수이다.'³⁴⁹라고 한 것이니, 발을 내보이고 신발을 남긴 것은 단지 생성하지도 소멸하지도 않는 상을 보인 것일 뿐이다. 만약 발을 내보이고 신발을 남긴 것도 마음을 전한 증표로 여긴다면 청원은 단지 살인도를 얻은 것일 뿐이니 세상 사람들 모두 이 점을 인정할 것이다. 그렇다면 한 발을 늘어뜨린 행위 또한 살과 활을 가지런히 제시한 것인가?『염송설화』에서 석두가 예배한 것을 평석하면서, '견해가 스승과 비슷했던 것일까, 지혜가 스승을 넘어섰던 것일까? 여기에도 법을 전수한 유래가 있다. 사라수 아래에서 세존께서 가섭에게 본보기가 되어 주었고, 각각 터득한 경지를 말하였을 때 달마는 혜가에게 본보기가 되어 주었으며, 6대 이후 청원이 석두에게 또한 본보기가 되어 주었다.'³⁵⁰라고 하였다. 이것은 예배가 본보기로서 같음을 밝힌 것이지, 터득한 법이 같음을 밝힌 말이 아니다. 만약 터득한 법이 같음을 밝힌 것이라고 말한다면 석두 또한 살과 활을 가지런히 제시하였다는 말인가?

가섭이 예배를 올렸을 때(세존이 곽시쌍부하였을 때)가 세 번째로 마음을 전한 것이다. 그런데『소쇄선정록(선문증정록)』에서는 혜가가 삼배하여 골수를 얻은 것을 두 번째로 마음을 전한 것이라고 하였으니, 어찌 그들이 얻은 경지가 똑같다고 할 수 있겠는가. 다만 고덕은 '총령에서 달마와 마주쳤는데, 손에 신발 한 짝을 들고 있었다.'고 하였고,『염송설화』에서는 웅이산에서 관 속에 신발 한 짝을 남긴 것에 대해, 신발 남긴 것을 마음을 전한 것으로 여긴다고 말한 것이 아니고, 다만 들고 간 신발이나 남긴 신발이나 모두 생성하지도 소멸하지도 않는 상을 보이는 증표일 뿐이라고 본 것이다.³⁵¹ 그런 까닭에 척리 공안(隻履話)에서 손에 신발 한 짝을 들고

---

349 앞의 주석 335 참조.
350 앞의 주석 337 참조.
351 앞의 주석 335 참조.

혼자 바삐 걸어가고 있었던 것[들고 간 것]과 또 텅 빈 관에 신발 한 짝을 남겨 둔 것[남겨 둔 것]에 대해 옛사람은 '한 짝은 6대의 조사들에게 전하였고,[신발을 남겨 둔 것] 다른 한 짝은 6대의 조사들에게 전하지 않은 것[신발 한 짝을 들고 간 것]'[352]이라고 한 것이다. 이것은 한 짝만 전한 것을 법을 전한 것으로 여겼다는 말이 아니라, 다만 그 신발을 남겨 둔 것이 또한 생성하지도 소멸하지도 않는 상을 보인 증표일 뿐이라는 말이다. 그런 까닭에 이에 대해 고덕은 '신령한 근원은 맑고 고요하여 옛날도 지금도 없으며, 미묘한 본체는 완벽하게 밝거늘 어찌 태어나고 죽음이 있단 말인가? 그런 까닭에 니련하 부근에서 관 밖으로 두 발을 내보이셨고, 웅이산에서 일찍이 한 짝 신발을 남긴 것이니 이것이 바로 세 번째로 마음을 전한 것이다.'[353]라고 평석한 것이다. 이는 신발 한 짝을 들고 간 일을 말한 것이다. 무진거사의 송에 '(벽관 수행한 9년의 공뿐만 아니라, 아득히 지난 겁 자체도 텅 비었다네.) 웅이산 탑묘 열자 남은 신발 한 짝, 시방 전체에 원통한 이치 드러났네.'[354]라고 한 구절은 신발을 남긴 일을 읊은 것이다.

 그 자취가 비록 다르다고는 하지만 그 뜻은 같다. 생각건대, 신발 한 짝을 들고 간 것이나 신발 한 짝을 남겼던 것의 자취는 비록 다르지만 그것 모두가 생성하지도 소멸하지도 않는 뜻을 보였다는 점에서는 같다. 그런즉 척리 공안(隻履話)에는 한마디로 법을 전한 뜻은 없으며 단지 생성하지도 소멸하지도 않는 뜻을 설한 것일 뿐이다. 그러므로 곽시쌍부 공안에서

---

352 앞의 주석 334 참조
353 앞의 주석 347 참조
354 『禪門拈頌說話』 103칙(H5, 112b2), "無盡居士頌, 非關壁觀九年功, 歷劫悠悠當處空. 熊耳塔開留隻履, 十方全體現圓通." 그 설화는 다음과 같다. "제1구와 제2구 : 9년 동안의 공력뿐만이 아니라 아득히 지난 겁도 지금 이 자리에서는 고요할 뿐이라는 뜻을 표현하였다. 제3구와 제4구 : '신령스러운 근원이 맑고 고요하여 옛날도 없고 지금도 없다.'고 운운한 말과 같다.(非但九年功, 歷劫悠悠, 當下寂然也. 熊耳塔開云云者, 靈源湛寂, 無古無今云云.)"

니련하 부근에서 관 밖으로 두 발을 내보였다는 것과 웅이산에서 일찍이 신발 한 짝을 남긴 것 모두가 생성하지도 소멸하지도 않는 상을 보인 것임을 알 수 있다. 이 생성하지도 소멸하지도 않는 마음의 본체를 세 번째로 마음을 전한 인연으로 보는 까닭이다. 이하에서는 옛 뜻을 논파한 논리가 옳지 않음을 변설하겠다.

示趺話云, 櫬示雙趺者: '慈明示李駙馬書中畵雙足, 則往來相見之意耶? 人人脚跟下, 有不沉不掉地一條活路耶? 靈源湛寂, 無古無今, 妙體圓明, 何生何死? 所以泥蓮河畔, 櫬示雙趺, 熊耳山前, 曾留隻履, 此是第三傳心.' 意謂此示趺, 非往來相見之意, 與人人脚跟下, 不沉不掉地一條活路也. 是古德所言, 不生不滅之一着, 而此不生不滅之一着, 爲第三所傳之心法也. 何也? 靈源云云, 古德爲孤魂, 示不生不滅之一着. 而初二句, 票擧不生不滅之一着, 下二句, 引示不生不滅之相. 以示趺留履, 皆是不生不滅之相也.

故鈍斧話釋, '淸源垂下一足云, 拈槌竪拂一般耶? 傳法自有來由. 娑羅樹下, 櫬示雙趺, 熊耳山中, 曾留隻履, 則入涅槃後, 不生不滅底一着.' 謂此垂足, 非拈槌竪拂一般, 傳法有由, 世尊殺活齊示傳心, 是不生不滅底一着. 則殺亦是不生不滅底一着, 活亦是不生不滅之一着也. 故今垂下一足, 傳殺人刀, 不生不滅底一着也.

故票云, '傳法有由.' 結云, '入涅槃後, 不生不滅之一着.' 然則此示趺留履, 但示不生不滅底相而已. 若以此示趺留履爲證傳心, 淸源之但得殺人刀, 世皆許之. 則此垂下一足, 亦爲殺活齊示耶? 說話釋石頭禮拜云, '見與師齊耶, 智過於師耶? 亦有來由. 娑羅樹下, 迦葉作榜樣; 各言所得時, 慧可作榜樣; 六代已後, 石頭亦作榜樣.' 此亦證禮拜作榜樣之同, 非謂證得法之同. 若謂是證得法之同, 石頭亦得殺活齊示耶?

迦葉作禮, 是第三傳心. 而錄以三拜得髓, 爲第二傳心, 豈可謂之所得同耶. 第其古德云, '葱嶺途中, 手携隻履.' 今說話云, 熊耳山前, 棺留隻履者, 非謂以留履爲傳心, 但證其携底留底, 皆示不生不滅之相也. 故隻履話, 手携隻履, 翩翩獨逝,【携底】又空棺一隻革履存焉者,【留底】古人云, '一箇六代傳,【留底】一箇六代不傳.【携底】'此非謂以一箇傳爲傳法, 但證其留底, 亦示不生不滅之相也. 故此云, 古德云, '靈源湛寂, 至隻履.' 此言携去地也. 無盡居士頌, '熊耳塔開留隻履, 十方全體現圓通.' 此言所留地也. 其迹雖異, 其義卽同. 意謂携地留地之跡雖異, 其示不生不滅之義卽同也. 然則隻履話, 無一言傳法之意, 但說不生不滅之義也. 故知示趺話云, 泥蓮河畔, 槨亦¹⁾雙趺, 熊耳山前, 曾留隻履, 皆示不生不滅之相. 而以此不生不滅之心體, 爲第三傳心也. 下卞其破古義之不可.

1) ㉱ '亦'은 '示'의 오기인 듯하다.

혜가가 모든 대상에 대한 집착을 끊었다(斷緣)는 어구를 『전등록』이나 『선문염송』 등에서 모두 싣지 않았다고 한 점: 생각건대 선문의 어구는 여러 문헌에 산재해 있다. 혹 이 내용의 글은 시작은 있으나 끝이 없거나 혹 저 내용의 글은 끝은 있으나 시작이 없거나 하여 마치 대장경이 서序·정종正宗·유통流通의 삼분三分[355]을 체계적으로 갖추고 있는 것과는 같지 않다. 이런 까닭에 기록하거나 글을 모으는 자가 그 보고 들은 내용을 따라 기록하고 모은 것일 뿐이다. 『전등록』이나 『선문염송』에 법인法印과 득수得髓 두 공안의 기연 어구가 실린 까닭은 기록하고 모았기 때문이다. 『전등록』에서 주注에 별기로 인용한 것 또한 그 본 바를 따라서 기록하였음

---

355 삼분三分 : 삼분단三分段·삼분과경三分科經·삼단부동三段不同 등이라고도 한다. 경문을 세 부분으로 나누어 해석하는 방식이다. 동진의 도안道安이 창안하여 송나라 이후 성행하였다. 서분序分은 본 경에서 일으킨 인연으로서 서설序說에 해당하고, 정종분正宗分은 본 경 서술의 핵심부로서 본론에 해당하며, 유통분流通分은 본 경의 덕과 영향 등을 들어 그 유통을 권하는 부분으로서 결론에 해당한다.

을 밝힌 것이지, 마음을 전한 것이 아니라고 말한 것은 아니다. 그러므로 각주로 가리킨 것이다.

별기에는 다음과 같이 실려 있다. '달마 대사가 처음 소림사에 거처할 때에 2조에게 법을 설하면서 다만「밖으로 모든 대상에 대한 집착을 쉬고, 안으로는 마음에 헐떡임이 없어져서 마음이 장벽과 같아져야 비로소 도에 들어갈 수 있다.」라고만 가르쳤다. 2조가 갖가지로 마음을 말하고 성품을 말하고 도를 이야기하고 이치를 이야기해 보았지만 모두 딱 들어맞지 못했다. 달마는 그 잘못을 차단하기만 하고 무념의 심체를 말해 주지 않았다. 혜가가「저는 이미 온갖 대상 경계에 대한 집착을 쉬었습니다.」라고 하자 달마는「단멸에 떨어지지는 않았는가?」라고 물었고,「떨어지지 않았습니다.」라고 답함에「무엇으로써 단멸에 떨어지지 않았다는 것을 증명할 수 있는가?」라고 묻자「뚜렷하게 스스로 알고 있지만 말로는 어떻게 표현할 방법이 없습니다.」라 답하였으며, 이에 달마 대사는「이것이 바로 모든 부처님께서 전한 마음의 본체이니 더 이상 의심하지 말라.」라고 하였다.'[356] 이미 '이것이 바로 모든 부처님께서 전한 마음의 본체'라고 하였으니, 어찌 마음을 전한 것이 아니겠는가! 그러므로 기주記主(뛰어난 책을 지었거나 조사祖師가 지은 책을 풀이한 사람)가 누구인지는 모르겠으나 이 혜가의 단연斷緣 문답은 응당 마음을 전한 일화임을 알 수 있다.

또 『도서』에는 다음과 같이 실려 있다. '달마는 훌륭한 방편으로 문자를 잘 가려 마음을 전했으니[357] 그 이름을 높이 드러내고 그 본체를 묵묵히 보였다.[358] 벽관으로써 모든 대상 경계에 대한 집착을 끊도록 일깨운 것

---

356 『景德傳燈錄』 권3 「菩提達磨傳」(T51, 219c27);『禪門拈頌說話』 100칙 (H5, 105c21).
357 간문전심揀文傳心은 문자를 잘 선택하여 마음을 전한다는 말로, 문자에 집착하는 자들을 교화하기 위한 방편으로 적절한 문자를 선택하여 본래의 길로 유도하는 것을 이른다.
358 그 본체를 묵묵히 보였다 : 묵전심인默傳心印이라고 한다. 먼저 말해 주지 않고 스스로 깨치도록 유도하여 궁극적 경지에 이른 뒤에라야 인가하는 방식을 말한다. 주석

이다. 혜가가 모든 대상 경계에 대한 집착을 끊었다고 하자 달마는「단멸에 떨어지지 않았는가?」라고 물었고 혜가는「단멸에 떨어지지 않았습니다.」라고 답하였다. 달마가 다시「무엇으로써 단멸에 떨어지지 않았다는 것을 증명할 수 있는가?」라고 묻자 혜가는「뚜렷하게 스스로 알고 있지만 말로는 어떻게 표현할 방법이 없습니다.」라고 답하였고, 이에 달마는 곧 인가하며「이것이 바로 자성청정심이니 다시는 의심하지 말라.」라고 하였다.'359 바로 인가하면서 이미 '이것이 바로 정성청정심'이라고 하였으니, 이것이 어찌 마음을 전한 것이 아니겠는가!

또『서장』에는 다음과 같이 실려 있다. '2조가 갖가지로 마음을 말하고 성품을 말해 보였지만 모두 딱 들어맞지 못하다가 하루는 홀연히 깨닫고서는「비로소 모든 대상 경계에 대한 집착을 그쳤습니다.」라고 하자 달마가「단멸에 빠진 것은 아닌가?」라고 물었고「아닙니다.」라고 하자「어째서 인가?」라고 물으니 혜가는「뚜렷하게 스스로 알고 있지만 말로는 어떻게 표현할 방법이 없습니다.」라고 답하였다. 이에 달마는「이것이야말로 예로부터 모든 부처와 모든 조사께서 전한 마음의 본체이니 그대가 이미 이를 터득한 이상 다시는 의심하지 말라.」라고 하였다.'360 이미 '이것이야말로 예로부터 모든 부처와 모든 조사께서 전한 마음의 본체'라고 밀하고

---

359 참조.

359 이 글에 이어『都序』에는 다음과 같은 내용이 서술되어 있다.『都序』권상2(T48, 405b8), "만약 답이 들어맞지 못하면 다만 잘못을 차단하여 다시금 관찰하게 하며 끝내 상대에게 먼저 지知라는 글자를 알려 주지 않고 스스로 깨달아 진실을 증험하고 그 본체를 친히 증득하기를 기다린다. 그런 연후에 인가하여 여타의 다른 의혹을 끊도록 한다. 그러므로 이를 가리켜 묵묵히 심인心印을 전한다고 한다. '묵묵'이라 말하는 까닭은 다만 지知 자를 말하지 않는다는 뜻이지 전혀 말하지 않는다는 뜻이 아니다. 선종의 6대가 서로에게 전한 방식이 모두 이와 같았다.(若所答不契, 卽但遮諸非, 更令觀察, 畢竟不與他先言知字, 直待自悟方驗實, 是親證其體. 然後印之令絶餘疑. 故云, 默傳心印. 所言默者, 唯默知字, 非總不言. 六代相傳, 皆如此也.)"

360『書狀』「答劉寶學」권27(T47, 925b18).

'그대가 이미 이를 터득하였다.'라고 하였는데, 이것이 어찌 마음을 전한 것이 아니겠는가! 그러므로 규봉과 대혜가 모두 이 혜가의 단연 문답을 마음을 전한 일화로 여겼음을 알 수 있다.

이 때문에 『염송설화』에서는 단연斷緣 문답, 모든 부처님의 법인法印에 대한 문답, 골수를 얻게 된 문답 등 세 문답의 기연을 모두 합하여 삼처전심으로 보았으나 단연 문답을 바로 단독으로 서술하지 않았을 뿐이다. 또 『염송설화』에서는 단연 문답을 평석하기를 '뚜렷하게 스스로 알고 있다고 한 말은 본분사를 안다는 것이니 여래선을 증득한 것'이라 하였고, 모든 부처님의 법인에 대한 문답을 평석하면서는 '앞에서 터득한 이해가 더욱 밝아져 뚜렷하게 스스로 알고 있다고 말하고 조사선을 얻은 것'이라고 하였다.[361] 그렇다면 이 두 가지 선은 뚜렷하게 스스로 알고 있어 얻은 것이다. 조사선만 유독 마음을 전한 것이고, 여래선은 마음을 전한 것이 아니란 말인가! 그런 까닭에 두 가지 선이 모두 마음을 전한 것임을 알아야 한다. 다만 '앞에서 터득한 이해가 더욱 밝아졌다.'고 말한 까닭은 두 가지 선의 깊이를 나눈 것일 뿐이다.

---

[361] 『염송설화』에서는 단연斷緣~라고 하였다 : 『禪門拈頌說話』100칙(H5, 106a19), "'분명하게 깨어 어둡지 않고 뚜렷하게 항상 알고 있다.'라고 한 말은 본분사가 본체와 같다는 이치를 알았기 때문이다. 모든 대상이 끊어지고 나면 끊어져서 아무것도 없는 그 경계(斷滅)에 떨어지는 사람도 있지만 2조는 그렇지 않았다. 그는 분명하게 깨어 어둡지 않고 뚜렷하게 항상 알고 있었으니, 깨달음과 수행이 곧바로 사라지면서 여래선을 증득하였던 것이다. 중·하 근기의 무리였다면 이 경계에서 눌러앉아 본분사를 벌써 마쳤다고 여겼겠지만 2조는 그렇지 않았다. 그는 다시 모든 부처님의 법인에 대하여 묻고는 그 자리에서 마음을 편안히 하고 모든 부처님이 전한 마음의 본체를 깨달았다. (이 때문에) 앞에서 터득한 이해가 더욱 밝아져 '분명하게 깨어 어둡지 않고 뚜렷하게 항상 알고 있다.'고 말한 뒤 마침내 조사선을 알아차리고 달마의 인가를 받았던 것이다. 이것이 2조가 2조가 된 이유이다.(明明不昧, 了了常知者, 知有本分事, 與體一般也. 諸緣旣斷, 或有落斷滅者, 今二祖則不然. 明明不昧, 了了常知, 則悟修斯亡, 乃證得如來禪也. 其如中下之類, 於此坐着, 便以爲能事已畢, 二祖卽不然. 又問, 諸佛法印, 當下安心, 悟得諸佛所傳心體. 前解轉明曰, '明明不昧, 了了常知.' 遂乃會得祖師禪, 得他印許. 此所謂二祖之爲二祖者也.)"

아, 그자는 다만 삼처전심이 선문의 연원인 줄만 알고 삼처전심에 또한 그 연원이 있음은 알지 못하였다. 만약 제일 살인도가 여래가 깨달은 경지를 전한 것이어서 그것을 여래선이라 하고, 제이 활인검은 조사가 전한 깨달음의 경지를 전한 것이므로 조사선이라 한다는 점을 안다면 결코 이처럼 많은 말을 해서는 안 될 것이다. 어찌 또 이하에서 지루하게 말을 늘어놓은 것인가.【이하 세 개의 절에서 지루하게 말을 늘어놓은 것은 이 제1절에서부터 잘못 해석한 때문이다.】 '일의 시작[362]을 결정함에서부터 어긋나 마침내는 남쪽 월나라로 가려고 하면서 수레를 북쪽으로 돌리고 만다(適越而北轅).'[363]는 말을 들어 보지 못하였던가.

斷緣語句, 傳燈拈頌, 俱不載者: 夫禪門語句, 散在諸文. 或此文有始無終, 或彼文有終無始, 非如藏經之序正流通三分具足也. 是以錄者集者, 隨其見聞, 而錄之集之. 如傳燈錄拈頌集, 見法印得髓二話之機緣語句, 錄之集之也. 傳燈錄中注引別記者, 此亦明其隨見而記之也, 非謂非傳心, 故註脚指之也.
記云, '師初居少林, 爲二祖說法祇教曰,「外息諸緣, 內心無喘, 心如墻壁, 可以入道.」二祖種種說心說性說道說理, 俱不契. 師祇遮其非, 不爲說無念心體. 可曰,「我已息諸緣.」師曰,「莫落斷滅去否?」可曰,「不落.」師曰,「以何驗之云不斷滅?」可曰,「了了自知, 言不可及.」師曰,「此是諸佛所傳

---

[362] 일의 시작(發軔): '인軔'은 수레를 정지시키는 나무로, 발인發軔은 수레바퀴에 괴었던 이 나무토막을 풀어서 움직이게 하는 것을 말한다. 이로부터 새로운 일을 시작하는 것을 이에 비유한다. 『禪要』(X70, 702a12), "배우는 자들이 왕왕 시작부터 결택함에서 어긋나 마침내 남쪽 월나라로 가려다가 북쪽으로 가게 되는 것이다.(學者往往, 差決擇於發軔, 終適越而北轅.)"

[363] 남쪽 월나라로~돌리고 만다(適越而北轅): 사자성어로 북원적월北轅適越·북철남원北轍南轅·북원적초北轅適楚 등이라고 한다. 남쪽으로 가려 하면서 정작 수레 멍에는 북쪽으로 향하고 있다는 말이다. 행위와 목적 또는 말과 행동이 상반됨을 비유한다. 전혀 쓸모없거나 잘못된 행동을 하는 것을 일컫기도 한다.

心體, 更勿疑也.' 旣云, 此是諸佛所傳心體, 豈非傳心耶! 故知記主不知是誰, 而應以此斷緣爲傳心也.

又都序云, '達摩善巧, 揀文傳心, 標擧其名, 默示其體. 喩以壁觀, 永絶諸緣. 絶諸緣時, 問, 「斷滅否?」答, 「不斷滅.」問, 「以何證驗云不斷滅?」答, 「了了自知, 言不可及.」師卽印云, 「此是自性淸淨心, 更勿疑也.」' 旣是印云, '此是自性淸淨心', 豈非傳心耶!

又書狀云, '二祖種種說心說性, 俱不契, 一日忽然省得, 白曰, 「始息諸緣.」達摩曰, 「莫成斷滅否?」曰, 「無.」曰, 「作麽生?」曰, 「了了自知, 言不可及.」曰, 「此乃從上諸佛諸祖所傳心體, 汝今旣得, 更勿疑也.」' 旣云, '此乃從上佛祖所傳心體, 汝今旣得.' 豈非傳心耶! 故知圭峯大慧, 亦皆以此斷緣爲傳心也.

故說話合斷緣, 及法印得髓, 三段機緣, 爲三處傳心, 非以斷緣, 因便敍之也. 又說話釋斷緣云, '了了自知者, 知有本分事, 得如來禪.' 釋法印云, '前解轉明曰, 了了自知, 得祖師禪.' 然則二禪, 皆以了了自知得之. 而祖師禪獨爲傳心, 如來禪不爲傳心耶! 故知二禪, 皆爲傳心. 而但前解轉明云者, 分二禪之深淺耳.

嗚呼, 此子但知三處傳心爲禪門之源, 不知三處傳心亦有其源也. 若知第一殺人刀, 是傳如來悟底, 故名爲如來禪, 第二活人劍, 是傳祖師傳底, 故名爲祖師禪, 則必不如是饒舌. 如何又有向下文長也.【向下三節文長, 由此第一節錯解.】豈不見, '差決擇於發軔, 終適越而北轅.'

2

『**소쇄선정록**(선문증정록)』:『소쇄선정록』 제2절에서는 의리선과 격외선, 여래선과 조사선은 선문의 이름으로서 이들 이름이 바르게 서면 실상도 바르게 드러날 것이라 하였다.

『염송설화』를 인용하면서 다음과 같이 주장을 폈다. '규봉 종밀圭峯宗密

이 「선의 온전한 음사어는 선나禪那이고, 한역하면 사유수思惟修 또는 정려靜慮라고도 하는데, 이는 모두 정定과 혜慧를 통칭한 말이다.」라고 하였는데, 이것은 의리선이다. 「여기서 말하는 선禪으로 보자면 교외별전敎外別傳의 일미선이다.」라고 한 것은 격외선이다. 이는 앞서 옛 총림에서 법을 기준으로는 의리선·격외선이라 한다는 말이다. 또한 「여래선과 조사선의 다른 점은 무엇인가? 여래선이란 산은 산 그대로 좋고 물은 물 그대로 좋으니 법 하나하나가 모두 그대로 진실하다는 견해이고, 조사선은 뿌리까지 통째로 뽑아 버려 잡고서 분별할 수단을 전혀 남기지 않는다.」라고 하였으니, 이는 옛 총림에서 사람을 기준으로는 여래선·조사선이라 한다는 말이다.'364

또 『선문강요집』을 끌어와 다음과 같이 주장을 폈다. '「비춤과 작용은 요要로서 제1구에 해당하며, 권權과 실實은 현玄으로서 제2구에 해당하고 또한 제3구에 해당한다.」[여기까지 인용]라고 하였으니, 제1구만 오직 격외이므로 요에 해당하고, 제2구와 제3구는 똑같이 의리義理이므로 함께 권과 실에 해당한다.' 또 제1구를 설명하기를 '세존이 가섭에게 세 곳에서 마음을 전한 것을 첫머리의 표지로 한 까닭은 이 공안으로 교외별전의 종지를 세우기 위해서이며, 세 곳에서 마음을 전한 것이 모두 제1구에 있으므로 교외敎外이다.'라고 하고 제2구에 대해서는 '「여래가 적멸도량에서 처음 정각을 이루자 법신 대사와 천룡팔부가 일시에 에워쌌으니 이것이 제2구이다. 그러므로 인천의 스승」이라 하니 이 여래선은 교내敎內이다.'라고 하였다.365

---

364 앞의 주석 113 참조.
365 『禪門證正錄』「第二. 如來禪祖師禪 義理禪格外禪說」(H10, 1139c9), "또 말하였다. (『선문강요집』에서) '비춤과 작용은 요要로서 제1구에 해당하며, 권權과 실實은 현玄으로서 제2구에 해당하고 또한 제3구에 해당한다.'라고 하였다. 이 제1구만이 격외이므로 조용照用의 요要를 유독 제1구에 짝짓고, 제2구와 제3구는 비록 가假와 실實에서 다름이 있지만 한가지로 의리가 되기 때문에 권실權實의 현玄에 짝지어야 한

錄第二節, 義理禪格外禪, 如來禪祖師禪, 是禪門之名, 名正則實正.
引說話云, '圭峯云,「禪者, 具云禪那, 此云思唯修, 亦云靜慮, 斯皆定慧之通稱.」此義理禪也.「當此看則敎外別傳一味禪.」此格外禪也. 此上古叢林所言, 約法名義理禪格外禪也.「且如來禪祖師禪, 同別如何? 如來禪者, 山山水水, 法法全眞也, 祖師禪者, 和根拔去, 了沒巴鼻」云云, 古所言, 約人名如來禪祖師禪也.'

又引綱要云,「照用是要, 當第一句, 權實是玄, 當第二句, 又當第三句云.」【引字至此】第一句, 獨爲格外, 故獨屬於要, 第二句第三句, 同爲義理, 故同屬於權實.' 又云第一句云, '世尊迦葉三處傳心, 所以首標, 此个公案, 以立敎外別傳之宗, 此三處傳心, 皆在第一句, 故爲敎外也.' 第二句, 「如來在寂滅場中, 初成正覺, 法身大士, 及天龍八部, 一時圍繞, 是第二句. 故云人天師」, 此如來禪爲敎內'云云.

설두 유형의 변설 : 대개 여래가 깨달은 경지를 여래선이라 하고, 조사

> 다.……세존이 가섭에게 세 곳에서 마음을 전한 것을 첫머리의 표지로 한 까닭은 이 공안으로 교외별전의 종지를 세우기 위해서이며, 세 곳에서 마음을 전한 것은 모두 제1구 조사선의 심인에 해당하며 모든 교敎의 격을 벗어나 별도의 방법으로 전하는 종지로 간주한다. 제2구 여래선은 여래가 증득하고 설한 교내敎內의 의리이므로 이하에서는 '여래가 적멸도량에서 처음 정각을 이루고 천 장 길이 노사나불의 몸을 드러내자 41위 법신 대사와 과거세에 근기가 성숙한 천룡팔부가 일시에 둘러싸니 마치 구름이 달을 감싸는 듯했다는 장면이 바로 제2구이다. 그러므로 인천의 스승이라 한다.'라고 하였다. 세 곳에서 전한 일 가운데 제1구 조사선은 교외의 격외선이고, 제2구 여래선은 교내의 의리선이다. 이와 같이 분명한데 어찌하여 제2구 여래선을 격외선이라 하는가.(又云, '照用是要, 當第一句, 權實是玄, 當第二句, 又當第三句.' 此第一句, 獨爲格外, 故以照用之要, 獨配之, 第二句第三句, 雖假實有異, 同爲義理, 故以權實之玄, 合配也.……世尊迦葉, 三處傳心, 所以首標, 此個公案, 以立別傳之宗者也, 此三處傳心, 總屬於第一句祖師禪心印, 以爲格外別傳之宗旨. 然則其第二句如來禪, 卽如來所證所說之敎內義理, 故次下卽云, '如來, 在寂滅場中, 初成正覺, 現千丈盧舍那身, 四十一位法身大士, 及根熟天龍八部, 一時圍繞, 如雲籠月, 是第二句. 故云人天爲師.' 然則三傳之第一句祖師禪, 爲敎外之格外禪, 第二句如來禪, 爲敎內之義理禪. 如彼分明, 奈之何, 以第二句如來禪爲格外禪.)"

가 전한 깨달음의 경지를 조사선이라 한다. 이는 깨닫거나 전하는 주체가 되는 사람을 기준으로 하여 이름을 붙인 것이다. 이렇게 전해져 33세 남악이 활인검·조사선을 터득하였고, 청원은 살인도·여래선을 터득하였으며, 하택은 본원이니 불성이니 하여 의리선에 속하게 되었다. 이 의리선에 상대하여 앞의 살과 활, 두 가지 선에 또한 격외선이라 이름 붙인 것이다.

격외라는 이름을 붙인 까닭 : 고덕이 말하였다. '마음에서 얻으면 세간의 거칠거나 미세한 말에 이르기까지 모두 교외별전敎外別傳의 선지이지만, 말에서 종지를 잃어버리면 염화미소도 도리어 교의 자취가 될 뿐이다.'[366] 그러므로 친밀히 전하고 마음으로 전해 받은 데에는 이치로 모색할 길도 없고 말을 따라 쫓아갈 길도 없기 때문에 격외선이라 함을 알아야 한다. 만약 지해를 보존하여 가지고 있는 경우에는, 이치로 모색할 길도 있고 말을 따라 쫓아갈 길도 있는 것이므로 의리선이라 한다. 이것은 의리義理가 있느냐 없느냐를 기준으로 하여 이름을 붙인 것이다. 그런 까닭에 『염송설화』에서 '규봉 종밀이 교외별전의 일미선이라 하였다.'고 거론한 말은, 옛 총림에서 '법을 기준으로 하여서는 의리선·격외선이라고 한다.'는 뜻을 말하기 위해서이다. 앞서 격외선 중의 여래선과 조사선, 두 가지 선이 같지 않다고 한 것은 이는 깨닫거나 선하는 주체가 되는 사람을 기준으로 하여 이름을 붙인 것이기 때문이다.

그런 까닭에 『염송설화』에서 '말해 보라! 여래선과 조사선의 다른 점이 무엇인가?'라고 한 말은 옛 총림에서 '사람을 기준으로 하여서는 여래선·조사선이라 한다.'는 의미이다. 그런즉 마땅히 세 가지 선인 것이지, 두 종류의 선이라고 말한 게 아니며 사람과 법을 기준으로 함에 차이가 있는 것일 뿐이다.

의리선을 여래선이라 하는 주장에 대해 : 『염송설화』에서는 '모든 대상

---

[366] 앞의 주석 27 참조.

에 대한 집착이 이미 끊어졌을 때 분별에 들어맞는 법이 하나도 없는 상태였던 것이다.「분명하게 깨어 어둡지 않고, 뚜렷하게 스스로 알고 있다.」라고 한 말은 본분사를 알았기 때문에 깨달음과 수행이 곧바로 사라지면서 이에 곧 여래선을 증득하였던 것이다.'[367]라고 하였다. 그렇다면 의리선 또한 분별에 들어맞는 법이 하나도 없는 상태요, 또한 본분사를 알아 깨달음과 수행이 곧바로 사라진 것인가? 만약 이와 같다면 의리선이라 해서는 안 된다.

『선문강요집』에서 '비춤과 작용이 요要로서 제1구에 해당한다.'고 한 것은 비춤과 작용이 모두 활이라야 제1구라는 의미이다. 단지 활일 뿐 살은 없다고 한다면 어떻게 살이 또한 제1구에 해당하며, 제1구만 오로지 격외선이라 하겠는가. 청원이 살인도를 얻었다고 모두가 인정하는 까닭은 조동종인 청원 문인들이 그 종지에서 제2구가 종문의 향상사向上事임을 밝혔기 때문이다. 종문의 향상사가 바로 청원이 터득한 살인도이다. 그러므로 (『선문강요집』에서) '제2구에서 알아차리면 인천의 스승이 될 만하다.'고 한 것이다. 그 알아차린 경지가 바로 종문의 향상사이니, 이것이 어찌 격외가 아니겠는가!『염송설화』에서 '여래선이란 깨달음과 수행이 곧바로 사라지면서 본분사가 본체와 같은 종류임을 아는 것'[368]이라 한 평석은, 이 본분과 향상의 본체가 같음이 여래선이라는 뜻이니 어찌 격외가 아니겠는가! 그런 까닭에 제2구 여래선이 의리선 제3구와 같다고 해서는 안 된다.

제2구와 제3구, 두 구가 똑같이 의리선이라면 임제가 무엇 때문에 두 가지 구로 나누어 설했단 말인가. 다만 알아차린 뒤에 삼현이라는 방편의 무기를 시설하여 격格이 정해진 법도를 완성하면[369] 제3구에 삼구의 면목

---

367 앞의 주석 361 참조.
368 앞의 주석 52 참조.
369 앞의 주석 295 참조.

이 있는 것과 같을 뿐이다. 그러므로 '또한 제3구에 해당한다.'고도 한 것이지만, 다만 비슷하기만 할 뿐이지 참으로 제3구에 해당하는 것은 아니다. 그러므로 '제1구에서 삼요를 곧바로 밝힌다. 요는 요점을 찌른다고 할 때의 그 요이니, 요점은 번다한 데에 있지 않다. 마치 도장을 허공에 찍으면 아무 흔적도 남지 않는 것과 같다. 제2구에서는 이름을 바꾸어 삼현이라 한다. 현玄은 그윽하고 현묘하다고 할 때의 그 현이니 현은 분별할 수 없다. 마치 도장을 물에 찍으면 문채가 있는 듯하지만 결국은 남지 않는 것과 같다. 제3구에서는 또 이름을 바꾸어 삼구라고 한다. 구는 언구라고 할 때의 그 구로서 구는 만물의 차별된 양태를 나타낸다. 마치 도장을 진흙에 찍으면 온통 흔적이 뚜렷이 드러나는 것과 같다.'[370]고 한다. 그렇다면 구·현·요의 깊이에 차이가 있음이 대단히 분명하니, 어찌 삼현을 제3구에 해당한다고 할 수 있겠는가!

辨曰: 盖如來悟底, 名如來禪, 祖師傳底, 名祖師禪. 此約能悟能傳之人立名也. 以此傳之, 三十三世南岳得活人劍祖師禪, 淸源得殺人刀如來禪, 荷澤喚作本源佛性爲義理禪也. 然對此義理禪, 上殺活二禪, 亦得名爲格外禪也.

所以得格外之名者: 古德云, '若人得之於心, 則乃至世間麁言細語, 皆爲教外別傳禪旨, 失之於口, 則拈花微笑, 却爲教迹.' 故知密傳心受, 沒理路語路則, 名爲格外禪. 若存知解, 有理路語路則, 名爲義理禪. 此約沒義理有義理, 以立名也. 故說話云, 圭峯云云, 至教外別傳一味禪者, 古叢林所謂, 約法名義理禪格外禪也. 上格外禪中, 又有如來祖師二禪之不同, 此約能悟能傳之人以立名也. 故說話云, '且道! 如來禪祖師禪, 同別如何'云云者, 古所謂, 約人名如來禪祖師禪也. 然則合爲三禪, 非謂二種禪, 約人法有異也.

---

[370] 앞의 주석 170, 194 참조.

若以義理禪爲如來禪：說話云, '諸緣已斷時, 無一法可當情.「明明不昧, 了了自知」者, 知有本分事, 以悟修斯亡, 乃證得如來禪.' 然則義理禪, 亦是無一法可當情, 又知有本分事, 悟脩斯亡耶? 若如是, 則不可謂之義理禪也. 綱要云, '照用是要, 當第一句'者, 照用皆活, 則第一句. 但爲活而無殺, 何以殺亦屬於第一句, 以第一句, 獨爲格外禪耶. 淸源之得殺人刀, 所共許者, 而曹洞以淸源門人, 其宗旨明第二句, 宗門向上. 宗門向上, 卽淸源之所得殺人刀也. 故云, '第二句薦得, 爲人天師.' 其薦得底, 此宗門向上也, 豈非格外耶! 說話云, '如來禪, 以悟修斯亡, 知有本分事, 與體一般.' 意謂此本分與向上之體一般, 則如來禪, 豈非格外耶! 故不可以第二句如來禪, 同爲義理禪第三句也.

若二三兩句, 同爲義理禪, 則臨濟如何別說兩句耶. 但三玄悟後,[1] 施設戈甲, 完成格則, 則有若第三句, 三句面目. 故云, 又當第三句, 但相似而已, 非眞屬於第三句也. 故云, '在第一句, 直明三要. 要省要之要, 要不在多. 如印印空, 了無朕迹 ; 在第二句, 轉名三玄. 玄幽玄之玄, 玄不可辨. 如印印水, 似有文彩 ; 在第三句, 又轉名三句. 句言句之句, 句詮差別. 如印印泥, 痕縫全彰.' 然則句玄要之深淺, 甚自分明, 豈可以三玄屬於第三句耶!

1) 옙 '三玄悟後'는 '悟後三玄'의 오기인 듯하다.

『선문강요집』에서 '세존이 가섭에게 세 곳에서 마음을 전한 것을 제1구'라 운운한 대목[371]은 대충 흉내만 내서는 간파하기가 진실로 어렵다. 이제 본문을 자세히 인용하고 아울러 주석을 달아 이해를 쉽게 하고자 한다. 『선문강요집』의 본문은 아래와 같다.

학인이 물었다. '불조가 자유자재로 활용하는 경지를 온전한 기용機用

---

371 『禪門綱要集』「一愚說」(H6, 854c17~855a2).

으로 알아차리는 것이 삼구에서 벗어나지 않고 온전한 기용으로 알아차리는 것에 이미 차별이 있으니, 불조가 자유자재로 활용한 경지는 또한 하나가 아닙니다. 삼구에서 다시 고칙 공안을 들어 일거에 나머지 의심을 쓸어 없애 주십시오.'[372]

물음의 뜻은, 부처와 달마(禪祖)가 자유자재로 써먹은 경지가 삼구에서 각각이 동일하지 않다면 고칙 공안으로 삼구의 차별을 분명히 제시해 달라는 것이다. 그런 까닭에 답에서, 부처의 공안을 제기하여 부처가 자유자재로 써먹은 경지를 밝히고, 달마의 공안을 제기하여 달마가 자유자재로 써먹은 경지를 밝힌 것이다. 그렇다면 삼구에는 본래 두 겹의 유사한 공안이 있는 것이 된다.

일우가 답하였다.[373] '임제의 적손 풍혈 연소風穴延沼가 법좌에 올라앉아 「조사의 심인은 마치 무쇠 소의 기틀과 같다.」고 한 것은 제1구이다. 「도장을 찍고 떼면 도장 자국이 남고, 도장을 찍은 채로 있으면 도장 자국이 뭉개진다. 가령 찍고서는 떼어서도 안 되고 찍은 채로 있어도 안 된다면 찍는 것이 옳은가, 찍지 않는 것이 옳은가?」 이것은 삼요이다. 마지막에 노피盧陂 장로를 불자로 두 차례 때린 것은 삼요를 활용한 것이다. 백장과 황벽이 마조의 일할에서 대기와 대용을 터득한 것은 기機에 해당한다.'

이것은 달마의 제1구 공안이다. 삼요가 곧 활의 수단이니 제1구는 오로지 활만 쓴 것이다.

세존이 가섭에게 세 곳에서 마음을 전한 것을 첫머리의 표지로 한 까닭은 이 공안으로 교외별전의 종지를 세우기 위해서이다.

---

[372] 『禪門綱要集』「一愚說」(H6, 854c11).
[373] 이하 모두 일우의 답변이다. 별도로 인용 표시는 하지 않겠다. 『禪門綱要集』「一愚說」(H6, 854c17~855b2).

이것은 부처의 제1구 공안으로서 세 곳에서 마음을 전한 것은 살과 활의 수단이다. 그러므로 제1구 가운데 살과 활을 모두 갖춘 것이다.

여래가 적멸도량에서 처음 정각을 이루고 나서 천 길 길이 비로자나불의 몸을 드러내고 41위 법신 대사와 천룡팔부가 일시에 에워싼 것은 제2구이므로 인천의 스승이 될 만하다고 하였다.

이것은 부처의 제2구 공안이다. 앞에서 이미 세 곳에서 마음을 전한 것을 제1구라 하였다. 여래가 깨달은 경계인 살 또한 제1구에 속한다. 그런데 지금 제2구라 한 것은 다만 깨달은 후에 방편이라는 무기를 시설한 것을 기준으로 하는 까닭에 여래선이라는 언급 없이 단지 인천의 스승이 될 만하다고 한 것이니 화엄시華嚴時를 설한 것이다.

수산주의 송에「초심으로서 도를 깨닫기 이전에는, 시끌벅적한 경계에 있어서는 안 된다. 종소리 듣고 곧장 알아차렸더라도, 북소리 듣고 바로 전도되리라.」[374]라고 하였다. 이것은 곧 제2구에서 노파심으로 상대를 절박하게 가르친 경우이다. 향엄에 이르러서는「분별에 들어맞는 법이 하나도 없는 상태였다.」[375]라고 말한다. 또 (향엄은)「지난해의 가난은 가난이

---

[374] 『宗門拈古彙集』권39(X66, 228c16) ; 『禪門拈頌說話』1311칙(H5, 862b4). 『拈頌說話』에서는 다음과 같이 평석하였다. 『禪門拈頌說話』1311칙(H5, 862b8), "'초심으로서 도를 깨닫기 이전에는, 시끌벅적한 경계에 있어서는 안 된다.'라고 한 말 : 반드시 성색聲色을 떠나야 한다는 뜻이다. '종소리에 곧장 알아차렸더라도, 북소리 듣고 바로 전도되리라.'라고 한 말 : 종소리와 북소리를 비추듯이 받아들여 알아차리면 종소리와 북소리에서 곧바로 전도된다는 뜻이다. 마주친 소리와 색은 소리와 색 그대로가 아니기 때문이다.(初心至閙浩浩者, 直須離却聲色也. 鍾聲裏云云者, 影略鍾聲皷聲裏薦取, 鍾聲皷聲卽顚倒也. 則當聲色, 非聲色也.)"

[375] 『禪門拈頌說話』586칙(H5, 453a18), "앙산이 어느 날 향엄을 만나서 물었다. '요즘 사형의 견지는 어떠신가?' '나의 견지에 따르면 진실로 분별에 딱 들어맞는 법은 하나도 없습니다.'(仰山一日見香嚴, 乃問, '近日師兄見處如何?' 嚴云, '據某甲見處, 無一法可當情.')" 『拈頌說話』의 평석은 다음과 같다. 『禪門拈頌說話』586칙(H5, 453b17), "'나의 견지에 따르면 진실로 분별에 딱 들어맞는 법은 하나도 없소.'라고 한 말은 대나무에 돌조각이 부딪힌 경계, '한 번 부딪히는 소리에 모든 앎 잊고 나니, 더 이상 닦을 필요가 없노라.'라는

아니요, 올해의 가난이 진실로 가난이라네.」376라고 하였고, 앙산은 「여래선이라면 사형이 이해했다고 인정하겠지만, 조사선은 꿈에도 알지 못했다.」377라고 하였다. 이것은 능지能知와 소지所知 두 가지를 모두 잊고 여래선을 성취한 것이니 인천의 스승으로서 모범이 된다.

이것은 바로 달마의 제2구 공안이다. 앞에서 이미 삼요의 활을 제1구 조사선이라 하였다. 그러므로 여기에서는 제2구를 여래선이라 한 것이니 여래선은 살의 수단에 대응한다.

여래가 보리수 아래에서 하열한 응신을 나타내고 낡아 해어진 더러운 옷을 입고 49년 동안 근기에 따라 법을 설한 것이 제3구이다.

이것은 부처의 제3구 공안이다. 앞서 이미 화엄시를 설한 것을 제2구로 삼았으므로 지금은 물러나 삼승을 설한 것을 제3구로 삼은 것이다. 그러므로 제2구와 제3구가 모두 '교내敎內'가 된다.

학인이 향엄에게 「도란 어떤 것입니까?」라고 묻자 향엄이 말하였다. 「고목 구멍에서 소리가 윙 난다.」378 석상이 말하였다. 「여전히 정감을 띠고 있는 상태와 같다.」 학인이 「도의 경지에 있는 사람은 어떻습니까?」라고 묻자 향엄이 말하였다. 「해골 속의 눈동자와 같다.」379 석상이 말하였

소식을 가리킨다.(據某甲見處無一法可當情者, 擊竹處, 一擊忘所知, 更不假修治云云也.)"
376 여기서 가난(貧)은 무일물無一物의 경지를 말한다.
377 앞의 주석 18 참조.
378 고목은 말라 죽은 나무이며, 용음龍吟은 바람이 불어서 고목나무의 구멍을 울리는 소리를 말한다. 고목리용음枯木裏龍吟은 망상이 모두 말라 죽은 경계에서 용과 같은 남다른 견해가 살아난다는 상징이다. 『拈頌說話』에서는 이하의 향엄의 말까지 아울러 다음과 같이 평석하였다. 『禪門拈頌說話』 601칙(H5, 468b8), "고목 속에서 울리는 용 울음소리란 알갱이 없는 허튼소리를 뜻하고, 해골 안에서 움직이는 눈동자란 비추어 보는 기능이 없다는 뜻이다. 곧 '잠정적으로 사람이라고 한 그것(해골)이 무엇을 근거로 살아 있겠는가?'라는 반문이다.(枯木裏龍吟者, 虛聲也. 髑髏云云者, 無照燭也. 則道, '是假名人, 從何立耶?')"
379 촉루髑髏는 죽은 사람의 두개골이다. 촉루리안청髑髏裏眼睛은 시체에 눈동자가 박혀

다.「여전히 식식識을 지니고 있는 상태와 같다.」이것은 곧 제3구에서 이러 하거니 저러하거니 말을 아무렇게나 바꾸어 하는 시절이다.[380']

이것이 달마의 제3구 공안이다. 이미 '이러하거니 저러하거니 말을 아무렇게나 바꾸어 하는 시절'이라고 하였으니 의리선이다.

앞에서 부처와 조사가 각각 자유자재로 활용한 경지를 인용한 두 겹 공안과 이를 풀어서 짝지은 주석의 내용을 자세히 살펴보면 그 뜻을 알 수 있다. 부처의 공안은 처음부터 세 곳에서 마음을 전한 것을 제1구로 삼는다. 그런 까닭에 화엄시를 설한 것은 제2구이고 물러나 삼승을 설한 것은 제3구라 한 것은, 교敎의 기틀을 끌어들여 선으로 들어가기 위한 의도이니 이것은 선문(禪宗 法門)의 근본적인 뜻은 아니다. 달마의 공안은 조사선의 활을 제1구로, 여래선의 살을 제2구로, 의리선을 제3구로 삼는다. 이것이 선문의 근본적인 뜻이다. 두 겹의 공안은 대단히 분명하니, 어찌 뒤섞어 활용할 수 있겠는가. 만약 두 겹의 공안으로 나누어 설하지 않는다면 일우는 스스로 한 말이 모순되는 과오를 면치 못하게 된다. 어째서인가? 먼저, 기용機用을 제1구로 하면 기용은 오롯이 활의 수단을 쓰는 것인데, 이어서 세 곳에서 마음을 전한 것을 제1구로 하면 제1구는 살과 활을 모두 갖춘 것이 되기 때문이다. 지금 그대로 허용해서는 안 되니, 번뇌의 숲에서 멋대로 뒹굴게 되리라.

綱要以世尊迦葉三處傳心, 爲第一句云云者, 泛學實難看得. 今具引本文,

있은들 볼 수 없듯이 분별이 완전히 죽어 고요의 극치에 이른 경계를 상징한다. 바로 그러한 때에 진실을 간파하는 안목이 살아 움직일 수 있다는 의미이다.

380 『禪門綱要集』「一愚說」(H6, 855a24), "이것은 대단한 솜씨의 종사가 제3구에 발을 딱 붙이고서 이러니저러니 자재하게 소식을 펼치는 때이다.(此乃大手宗師, 向第三句中, 四棱着地, 東說□說底時節.)"

並爲註脚, 俾爲易解. 文云,

僧問, '佛祖受用, 全機薦得, 不出三句, 全機薦得, 旣有差別, 佛祖受用, 亦不是一. 於三句中, 復擧古之公案, 頓祛餘疑.'

問意, 佛及禪祖之受用, 於三句中, 各不是一, 則以古之公案, 明示三句差別云云. 故答中, 擧佛之公案, 明佛之受用, 擧禪祖公案, 明禪祖受用. 然則三句中, 自有兩重公案也.

一愚答曰, '臨濟嫡孫風穴, 上堂云,「祖師心印, 狀似鐵牛之機.」卽第一句.「去則印住, 住則印破. 只如不去不住, 印則是, 不印則是?」是三要. 末後打盧陂兩拂子, 是用得三要. 百丈黃蘗, 於馬祖一喝, 得大機大用, 是當機.'

此是禪祖第一句公案. 而三要卽活也, 然則第一句, 是單活也.

世尊迦葉三處傳心, 首標, 此个公案, 以立敎外別傳之宗旨也.

此是佛之第一句公案, 而三處傳心, 卽殺活也. 然則第一句中具殺活也.

如來在寂滅場中, 初成正覺, 現千丈盧舍那身, 四十一位法身大士, 天龍八部, 一時圍繞, 是第二句, 故云人天爲師.

此是佛之第二句公案也. 上旣以三處傳心, 爲第一句. 則如來所悟底, 殺亦屬於第一句. 故今第二句, 但約悟後施設戈甲, 是故無如來禪之言, 但云人天爲師, 卽說華嚴時也.

修山主頌云,「初心未入道, 不得閑浩浩. 鍾聲裏薦取, 鼓聲卽顚倒.」此乃向第二句中, 老婆爲人也. 乃至香嚴云「無一法可當情.」又云,「去年貧未是貧, 今年貧直是貧.」仰山云,「如來禪卽許師兄會, 祖師禪未夢見在.」此是能所二知俱忘, 成就如來禪, 爲人天師之榜樣也.

此是禪祖第二句公案. 而上旣以三要活爲第一句祖師禪. 故今以第二句, 爲如來禪, 如來禪是殺也.

如來於木菩提樹下, 現劣應身, 着蔽垢衣, 四十九年, 隨機說法, 是第三句.

此是佛之第三句公案. 而上旣以說華嚴, 爲第二句, 故今以退說三乘, 爲第三句也. 故第二第三句, 皆爲敎內也.

僧問香嚴,「如何是道?」嚴云,「枯木裏龍吟.」石霜云,「猶帶喜在.」僧云,「如何是道中人?」嚴云,「髑髏裏眼睛.」霜云,「猶帶識在.」此乃向第三句中, 東說西說底時節.'
此是禪祖第三句公案. 而旣云東說西說底時節, 則爲義理禪也.
詳看上所引佛祖受用兩重公案, 及註配, 其意可知也. 意謂佛之公案, 旣以三處傳心, 爲第一句. 故以說華嚴, 爲第二句, 以退說三乘, 爲第三句者, 爲引敎機而入禪也, 此非禪門正義也. 禪祖公案, 以祖師禪活爲第一句, 以如來禪殺爲第二句, 以義理禪爲第三句者, 此是禪門正義也. 兩重公案, 大段分明, 安得雜用. 若不分說兩重公案, 一愚未免自語相違之失也. 何也? 初以機用, 爲第一句, 機用, 單活也, 次以三處傳心, 爲第一句, 第一句具殺活也. 不得放過, 草裏橫身.

3

『소쇄선정록(선문증정록)』: 『소쇄선정록』 제3절에서는 살인도와 활인검은 선에 붙인 이름의 극치로서 이름이 극치에 이르면 실상도 극치에 다다른다고 하였다. 이에 살과 활을 나누지 않고 오로지 제1구 가운데 두었다. 또 읍좌 공안(揖坐話: 『선문염송』 618칙)을 인용하면서, '제2구에 이르면 수많은 소식이 있겠지만 제1구를 기준으로 하면 다만 사람을 죽이는 칼과 사람을 살리는 검만 있을 뿐이다.'[381]라고 하였다.[382] 고불 공안(古佛話:

---

[381] 『禪門拈頌說話』 618칙 육왕 개심育王介諶의 소참小參에 대한 설화의 평석이다. 『禪門拈頌說話』 618칙(H5, 482c8), "'어떤 때는 미혹과 깨달음을 함께 거두고 어떤 때는 미혹과 깨달음을 함께 놓아 버린다.'라고 한 말: 중간을 묘사한 말이다. 제2구에 이르면 수많은 소식이 있겠지만, 제1구를 기준으로 하면 다만 사람을 죽이는 칼과 사람을 살리는 검만 있을 뿐이다. 임제가 휘두른 한 대의 방에는 이와 같은 소식이 있는데 그것을 가리켜 '잉어가 용으로 변화한다.'라고 한다.(迷悟雙收云者, 約中間言也. 至第二句, 有許多消息, 若約第一句, 則但殺人刀活人劒而已也. 臨濟一條棒, 有如是等消息, 所謂變化魚龍也.)"
[382] 『禪門證正錄』 「第三 殺人刀活人劍說」(H10, 1140c19).

『선문염송』1008칙)에서는 '제2기第二機에서 들어 보여야 한다.'는 말을 인용하면서 '이것은 단지 저 살인도·활인검을 말한 것일 뿐이며, 부득이하여 (중근기를 위해) 제2기에서 시설하면 격칙이 정해진 법도를 완성하니, 체體·용用·중中의 삼구와 같다.'라고 하였다.[383] (『선문염송』147칙과 119칙을 인용하고서)[384] 또 말하기를 '기용機用이 모두 활이니 대기大機를 활

[383] 『禪門證正錄』「第三 殺人刀活人劍說」(H10, 1140c21), 『禪門拈頌說話』1008칙(H5, 707b10), "'몇 번째 기틀인가?'라고 한 말 : 대체로 학인을 가르침에는 세 등급 기틀 중 한 기틀을 쓰고, 온전한 기틀을 그대로 드러내는 일은 벌이지 않는다. 구절로 보면 세 등급 속에 모두 삼구가 들어 있다. 삼구란 인人과 경境이 그것이다. 그러므로 곧바로 상근기를 가르치며 제1기에서 들어 보이면 구절마다 하나하나에 온전히 제기되어 있다. 온전히 제기되어 있다면 '삼구를 벗어난 일구'나 '일구에 삼구가 모두 갖추어진다.'거나 '삼구가 일구에 귀착된다.'거나 '삼구와 일구가 서로 간섭하지 않는다.'거나 하는 따위의 주장이 모두 군더더기 말에 불과하여 어느 것도 특별한 사안에 속하지 않는다. 그러므로 사실은 두 구절에 불과하며 중간 구절이라는 말도 아무 효력이 없다. ……마지막에 '남산에서 구름이 일어나니 북산에서 비가 내린다.'라고 한 말 : 이 말로써 옛사람은 그렇게 적절한 소식을 전할 수 있게 되었던 까닭에 사람을 죽이는 칼과 사람을 살리는 검에 대해서만 말했을 뿐이다. 그러므로 '한 줄의 끈{縚의 음은 刀}은 30푼 나간다.'라는 말은 '남산에서 구름이 일어나니 북산에서 비가 내린다.'라고 한 말보다 못하다. 어쩔 수 없이 중근기를 위해 제2기에서 시설하면 격칙格則을 완성한다. 체體와 용用의 구절을 예로 들면 체 안에 용이 있고 용 안에 체가 있다. 또한 중간구를 따르면 체와 용을 함께 거두고(收) 체와 용을 함께 놓아두지만(放), 사실은 삼구를 벗어나지 못한다. 비록 격칙을 벗어나지 못하지만 삼구를 한꺼번에 시설한다. 하열한 근기에게 자세하게 가르쳐 주고자 제3기 중에서 가르침을 주니, 수많은 차별과 지위를 시설하지만 그것도 삼구에서 벗어나지는 못한다. 그러므로 '이는 몇 번째 기틀인가?'라고 물었던 것이다.(第幾機者, 大凡接人, 有三等機之機, 非全機機事也. 如句焉, 於三等中, 皆有三句. 三句者, 人境是也. 故直接上根, 向第一機提持, 則句句一一全提. 旣是全提, 則'三句外一句', '一句該三句', '三句歸一句', '三一不相涉之論, 皆爲剩語, 非是別事也. 然則其實不過兩句, 所謂中間句者, 亦無所得力矣. …… 下云南山起雲北山下雨者, 以此所以古人到這時節, 只道得个殺人刀活人釼. 然則'一條縚{音刀}三十文'之言, 不如'南山起雲北山下雨'也. 不得已爲中根, 向第二機施設, 則完成格則. 如體句用句, 體中有用, 用中有體. 且約中間, 體用雙收, 體用雙放, 其實亦不出三句. 雖然未離格則, 三句一時施設也. 曲爲下劣之根, 向第三機中接得, 則施設許多差別地位, 亦不離三句也. 故云, '是第幾機?')"

[384] 설두 유형은 이 부분은 생략하고 자세히 인용하지 않았지만, 147칙은 청원 행사淸源行思가 6조에게 '어떤 일에 힘써야 계급에 떨어지지 않습니까?'라고 물으며 나눈 문답을 소재로 한 공안이고, 119칙은 남악 회양南嶽懷讓이 6조와의 문답에서 '하나의

로 삼는 것은 잘못'이라고 하고, 더하여 '기용은 단지 활이고 살과 활의 본체가 다르지 않기 때문에 살이 있으면 살이 활에 따라붙는다.'라고 하였다.385

> 錄第三節云, 殺人刀活人劍, 禪名之極, 名極則實極. 乃云不分殺活, 獨在於第一句中. 又引揖坐話云, '至第二句, 有許多消息, 若約第一句, 則但殺人刀活人劍而已也.' 古佛話云, '向第一句[1] 提持, 則只道得箇殺人刀活人劍也, 不得已向第二機施設, 則完成格則, 如體用中三句.' 又云, '機用皆活也, 以大機爲活者, 非也.' 又云, '機用但活, 而殺活體無二故, 有殺而殺付焉'云云.

1) ㉠ '第一句'가 『禪門拈頌說話』·『禪門證正錄』에는 '第二機'로 되어 있다. 이의 오기인 듯하다.

그 무엇이라고 말해도 딱 들어맞지 않습니다.', '수행하여 깨닫는 일이 없지는 않지만, 오염시킬 수도 없습니다.'라고 답한 이야기를 소재로 한 공안이다. 두 사람 모두 6조의 인가를 받게 된 문답으로 알려져 있다. 다만 후대에 이 문답을 가름하면서 청원은 살인도를 얻었으며 6조의 비정통 전수자(傍傳)가 되었고, 남악은 활인도를 얻고 6조의 바른 전통(正傳)이 되었다고 평가된다. 살과 활의 관계를 거론하고자 우담 홍기가 이 문답을 거론한 것이다.

385 정확히 일치하는 대목은 찾지 못하였다. 『禪門證正錄』「第三 殺人刀活人劍說」(H10, 1141b23), "또 제1구에서 삼구를 동시에 시행하거나 일구를 동시에 시행하지 못하거나 모두 하지 못하는 것을 살이라고 하고 모두 시행할 수 있는 수단을 활이라고 하였으니 대기大機를 살로 삼고 대용大用을 활로 삼은 것이 아니다. 『염송설화』에서 대기와 대용이라 한 부분에 살과 활을 동시에 두기도 하지만 대기와 대용은 활의 수단일 뿐이며 살과 활의 본체는 둘이 아니기 때문에 상대적으로 이렇게 거론한 것이다. 이를테면 마조의 일할一喝에 백장이 사흘 동안 귀가 먹고 이 이야기를 들은 황벽은 자신도 모르게 혀를 내둘렀다는 일화에 대해 후에 앙산이 '백장은 대기를 얻었고 황벽은 대용을 얻었다.'고 구분하여 말한 것과 같다.(又第一句中, 同時三句, 不同時一句, 總不得者, 謂之殺, 摠得者, 謂之活, 則非以大機爲殺, 大用爲活也. 說話中, 有機用處, 或有殺活, 然機用但活, 而殺活体無二故, 因便擧之. 如馬祖一喝, 百丈三日聾, 黃蘗不覺吐舌, 後來仰目辨曰, '百丈得機, 黃蘗得用也.')"

설두 유형의 변설 : 살인도와 활인검을 각각 진금포와 잡화포라고도 한다. 도刀와 검劍 두 글자는 살과 활의 우열을 말한 것이고, 진眞과 잡雜 두 글자는 살과 활을 오로지 하나만 쓰거나 겸비하는 차이를 말한 것이다. 활인검은 조사가 전한 깨달음의 경지이므로 조사선이라 하며 제1구에 있다. 청풍 법사는 '이 기틀로 깨달음에 들어가면 곧바로 위음왕불이전의 경계에서 비로자나불의 경지로 향상하고 곧장 조사의 심인을 꿰차기 때문에 불조의 스승이 될 만하다.'386라고 하였다. 이 제1구 활인검에 기용이 있다. 기용은 살활이고 이 살활은 곧 제1구 활인검 가운데 갖추어진 것이다. 그러므로 백장百丈 재참 공안(再參話 : 『선문염송』 181칙)에서 '백장은 마조의 대기를 터득했고, 황벽은 마조의 대용을 터득했다.'고 하고, '이렇게 결정적인 전기가 되는 순간을 맞아서는 옛사람도 그저 「사람을 죽이는 칼(殺人刀)이요 사람을 살리는 검(活人劍)이다.」387라고 말했을 뿐이다.'라고 하였다.388 대용을 활인검으로 삼고 대기를 살인도로 삼았음이 분명하다. 그런데 어찌하여 이 백장 재참 공안을 인용하면서는 대기를 살로 삼는 것은 잘못이라고 하지 않은 것인가. 진실로 읍좌와 고불, 두 칙 공안은 제1구에서 살과 활을 밝히는 것이 옳다. 이 기용은 세 곳에서 마음을 전한 살인도와 활인검이 아니기 때문에 제1구 활인검을 또한 잡화포라고도 하는 것이다. 이 활인검 잡화포 가운데 어찌 살인도 진금포가 없겠는가?

---

386 『禪門綱要集』「一愚說」(H6, 853c5).
387 우담 홍기가 대기와 대용, 살과 활을 불가분의 관계 속에서 이해하였다면, 설두 유형은 이들의 관계를 구분하는 관점을 견지하고 있는 것으로 보인다. 위에서 인용한 백장百丈 재참再參 공안에 국한하여 보면, 마조의 할이 사람을 죽이는 칼이 되기도 했다가 사람을 살리는 검이 되기도 하며 자유자재로 긍정과 부정을 바꾸어 가며 학인을 이끄는 기용機用이라고 평가하는 것이 타당하다고 생각된다. 다만 어느 수단을 오롯이 쓰는가, 아니면 상대의 근기와 상황에 따라 두 수단을 맞바꾸며 의식을 뒤흔드는 전략을 쓰는가 등에서 차이가 나고, 이 수단을 수용하는 사람에 따라서도 평가가 달라질 뿐이다.
388 앞의 주석 156 참조.

그러므로 제2처에서 살인도로 마음을 전한 것은 여래가 깨달은 경지이므로 여래선이라 함을 알아야 한다. 제2구에서 이 살은 오롯이 죽이기만 하는 살이므로 진금포라고 한다. 그렇다면 제1구가 활인검이 되고 제2구는 살인도가 됨이 분명하다. 어째서 제1구만 유독 살과 활을 갖추었다고 말하는가? 설령 대기가 살이라고 해도 이 활 가운데 갖추고 있는 경지이므로 기용이 모두 활이다. 그런데 저들은 대기를 살로 삼는 것은 잘못이라고 한다. 그렇다면 제1구에는 전혀 살의 뜻이 없는데 어떻게 제1구 가운데 살을 갖추었다고 말하는가? 억지로 살을 갖추었다고 하고자 했기 때문에 살활의 본체가 다르지 않다고 한 것이다. 본래 활이 있어야 살이 활에 따라붙는 것이다. 감히 묻건대 살이 어느 편에 따라붙는다는 말인가? 살의 수단을 쓴다는 것은 살과 활로 동시에 마음을 전하는 것이라고 제시하였지만 몸을 의탁할 곳이 없는데 저 활이라는 집에 의탁해 품팔이한다는 것인가? 다만 꼿꼿한 등뼈로 하늘을 찌를 듯한 기세[389]를 부릴 줄만 알다가 어느새 이마를 땅에 붙이고 굴복하는 신세가 되어 버린 지경이다.

辨曰 : 殺人刀活人劒, 亦名眞金鋪雜貨鋪. 刀劒二字, 言其殺活之優劣, 眞雜二字, 言其殺活之單兼也. 然活人劒是祖師傳底, 故名祖師禪, 而在第一句中. 風法師云, '此機所入, 直在威音已前, 毘盧向上, 直佩祖師心印, 故與祖佛爲師.' 此第一句活人劒中, 有機用. 機用是殺活, 此殺活, 卽第一句活人劒中所其底也. 故再叅話云, '百丈得大機, 黃蘗得大用. 到這時節, 古人只道得箇殺人刀活人劒.' 以大用爲活人劒, 以大機爲殺人刀, 明矣. 何不引此再叅話而遽云, 以大機爲殺者非也耶. 故揖坐古佛二話, 第一句中所明殺活亦是. 此機用, 非三處傳心之殺人刀活人劒也, 故此第一句活人

---

389 철척철츤은 생철로 만든 기(鐵幢)를 등골뼈에 비유한 말로, 철척탱천鐵脊撑天은 등뼈를 꼿꼿이 세우고 하늘을 찌를 듯한 기세를 뜻한다.

劒, 亦名爲雜貨鋪. 此活人劒雜貨鋪中, 豈無殺人刀眞金耶? 故知第二處 殺人刀傳心, 是如來悟底, 故名如來禪. 而在第二句中, 此殺是單殺故, 名 爲眞金鋪也. 然則第一句爲活人劒, 第二句爲殺人刀, 明矣. 何云第一句, 獨具殺活耶? 雖大機爲殺, 是活中所具底, 故機用皆是活也. 而彼云以大 機爲殺者非也. 然則第一句, 全無殺意, 何云第一句中具殺耶? 欲強爲具 殺, 故云殺活體無二. 故有活而殺付焉. 敢問殺付於何邊耶? 提示殺來也, 殺活同是傳心, 而無寄身之所, 附傭於他活家耶? 但知鐵脊撑天, 不覺頤 門着地.

4

『소쇄선정록(선문증정록)』:『소쇄선정록』제4절에서 삼구三句와 일구一句 는 선문禪門에 본래 갖추고 있는 어구(文彩)로서 근본에 통달하면 지말에 도 통달한다고 하였다. 일우가 '셋이라는 것은 체와 용 등 세 가지 면목이 그것이다. 제1구에서 활용하면 하나하나에서 모든 대립의 짝을 끊었기 때문에 현을 바꾸어 요라 한다. 제2구에서 시설하면 격格이 정해진 법도 를 완성하므로 요를 바꾸어 현이라고 한다.'【여기까지 인용】³⁹⁰라고 한 말 등 을 인용하고 말하였다. '체·용·중이 삼구의 본래 이름이며, 삼현과 삼요 는 그 깊이에 따라 이름을 달리한 것이다.' 또 말하기를 '일구란 하나하나 에서 모든 대립의 짝을 끊었으니 하나를 들면 전체가 거두어지므로 셋이 곧 하나이고, 하나는 셋을 벗어나 있지 않다.'라고 하였다.³⁹¹「산운편」에 서의 '배우는 자들이 저 삼구라는 틀에 구애되어 철저하게 꿰뚫지 못하고 서 도리어 운문이 자신을 속였다고 여기니, 이를 관문이라 하는 것이 또 한 당연하지 않겠는가. 영리한 자라면 제기한 말을 듣자마자 곧바로 속속

---

390 『禪門綱要集』「一愚說」(H6, 855b14).
391 『禪門證正錄』「第四 三句一句說」(H10, 1142b22).

들이 꿰뚫어 보고 몸을 일으켜 곧바로 떠나갈 것이니, 운문인들 무슨 「한 발 화살로 세 겹의 관문을 뚫는다.」는 따위의 말을 할 필요가 있었겠는가.'【여기까지 인용】392라는 말을 인용하고 '이로써 보면 하나가 세 가지를 벗어나 있지 않다고 한 말을 알 수 있다.'393고 하였다.

> 錄第四節云, 三句一句, 是禪門之本有文彩, 本達則末達. 引一愚云, '所謂三者, 體用等三般面目是也. 向第一句用得, 則一一絶諸待對, 故轉玄名要, 向第二句施設, 則完成格則, 故轉要名玄'等說云.【引字至此】 '體用中, 卽三句之本名, 三玄三要, 卽深淺之異名.' 又云, '一句者, 一一絶諸待對, 擧一全收, 故卽三是一, 一不在三外.' 引山雲篇云, '學者泥他三句規模, 透不得徹, 則反以雲門謾人, 其謂之關, 不亦宜乎. 靈利漢, 纔聞擧着, 直下透徹, 剔起便行, 雲門何消道个一鏃破三關之說云.【引字至此】 '觀此可知, 一不在三外'云云.

설두 유형의 변설 : 청풍 법사는 '무릇 조사의 심인心印을 제불의 법인法印이라고도 하니, 삼요三要를 무늬로 삼기 때문에 삼요인三要印이라 한다.'394라고 하였다. 이 도장을 제1구에서 활용하는 것은 마치 도장을 허공에 찍으면 아무런 흔적도 남지 않는 것과 같으므로 삼요라고 한다. 제2구에서 활용하는 것은 마치 도장을 물에 찍으면 물결을 이루는 듯하므로 이름을 바꾸어 삼현이라 한다. 제3구에서 활용하는 것은 마치 도장을 진흙에 찍으면 흔적이 전부 드러나는 것과 같으므로 이름을 바꾸어 삼구라고 한다. 이것이 임제의 본래 뜻이며, 원오나 대혜도 모두 이와 같이 말하였다. 그런 까닭에 이 세 가지 도장은 그 작용이라는 측면에서 전혀 흔적

---

392 『禪門綱要集』「山雲篇」(H6, 857a3).
393 『禪門證正錄』「第四 三句一句說」(H10, 1142c19).
394 『禪門綱要集』「二賢話」(H6, 851b8).

을 남기지 않거나, 물결을 이루거나, 흔적을 온통 드러내거나 하는 등의 본래 순서에 따라 그 이름을 붙인 것이다. 곧바로 삼요라 이름 붙이기도 하고, 이름을 바꾸어 삼현이라고도 하고, 또 이름을 바꾸어 삼구라고도 하니 다만 본래 순서일 뿐이다. 하지만 실제 조사의 심인 가운데 본래 갖추고 있는 것은 삼요이다. 그런즉 삼요는 본래 갖추고 있는 문채이다. 그런데 어째서 체·용·중 삼구를 본래 갖추고 있는 문채라 하는 것인가? 이런 견해를 가리켜 강퍅하고 불손하다고 하는 것이다.

辨曰：風法師云,'夫祖師心印, 亦名諸佛法印, 以三要爲文, 故稱三要印.' 以此印向第一句用得, 則如印印空, 了無朕迹, 故直名三要. 向第二句用得, 則如印印水, 完有[1]文彩, 故轉名三玄. 向第三句用得, 則如印印泥, 痕縫全彰, 故轉名三句. 此是臨濟之本意, 亦是圓悟大慧之所共言者也. 故此三印, 言其功能, 則了無朕迹, 宛成文彩, 痕縫全彰, 自有次序, 立其名也. 直名三要, 轉名三玄, 又轉名三句, 亦自有序. 而其實祖師心印中, 本其之三要也. 然則三要是本有之文彩. 何以體用中三句, 爲本有文彩耶? 此所謂强愎不遜者也.

---

1) ㉠ '完有'에서 '完'은 '宛'의 오기인 듯하다. 문맥상으로 '完有'는 '似有'가 되어야 맞을 듯하다.

일우가 질문한 뜻은 이러하다. '학인이 묻자 임제는 「일구에 삼현을 갖추고, 일현에 삼요를 갖추어야 한다.」라고 하였으니,[395] 구절 하나마다 반

---

[395] 『臨濟語錄』(T47, 497a15), "법좌에 올라앉자 어떤 학인이 물었다. '제1구는 어떤 것입니까?' '삼요의 도장을 찍고 떼니 붉은 무늬점이 분명히 나타난다. 이에 대하여 분별하기도 전에 주·객이 갈라지리라.' '제2구는 어떤 것입니까?' '문수보살이 어찌 무착無著 선사의 물음을 용납할 것인가? 그러나 방편이 어찌 번뇌를 끊은 근기(문수)와 상충되겠는가!' '제3구는 어떤 것입니까?' '무대 위에서 움직이고 있는 꼭두각시를 보라. 밀거나 당기거나 모두 그 뒤에서 조작하는 사람의 손에 달려 있다.' 임제는 다시

드시 현과 요를 갖추어야만 한다. 그런데 이제 청풍 장로가 삼요를 제1구에 배속하고 삼현을 제2구에 배속한다면 임제의 뜻과 어그러지지 않겠는가?' 청풍 법사가 답하였다. '셋이란 체·용·중 세 가지 면목 바로 그것이다. 제1구에서 활용한다면 하나하나에서 모든 대립의 짝을 끊어 버리기 때문에 현을 바꾸어 요라 하고, 제2구에서 시설하면 격格이 정해진 법도를 완성하므로 요를 바꾸어 현이라 한다. 하지만 세 가지는 본래 조금도 자리를 옮겨 바꾸지 않는다.'[396] 학인이 이미 '구 가운데 현을 갖추고 있고 현 가운데 요를 갖추고 있다.'는 말에 한정하여 물었기 때문에, 답변에서도 체와 용을 기준으로 말하였으니 체와 용은 제2구 삼현이지만, 구가 아니면 체와 용을 말할 수 없기 때문에 구 가운데 현을 갖추고 있다고 말한 것이다. 또한 이 체·용·중을 제1구에서 활용하면 모든 대립의 짝을 끊어 버리기 때문에 현을 바꾸어 요라 하는 것이니 이것이 현 가운데 요를 갖추고 있다는 말뜻이다. 그러므로 세 가지가 본래 조금도 자리를 옮겨 바꾸지 않으니 현과 요를 제1구와 제2구 두 구에 나누어 배속해도 그 뜻이 서로 어그러지지 않는다. 그런즉 문장이 대단히 이해하기 쉽건만, 어째서 체·용·중을 삼구의 본래 이름이라고 하는가? 또한 이 삼구가 모든 대립의 짝을 끊어 버리므로 셋이 곧 하나인 것이다.

盖一愚意, '僧問臨濟既曰,「一句中具三玄, 一玄中具三要.」則每句必具玄要. 今長老, 以三要屬第一句, 以三玄屬第二句, 得無與臨濟乖戾乎?' 曰,

---

'1구의 말에는 반드시 삼현문을 갖추고 일현문에는 반드시 삼요를 갖추어야 방편도 있고 작용도 있게 된다. 그대들은 어떻게 생각하는가?'라 말한 뒤 법좌에서 내려왔다.(上堂. 僧問, '如何是第一句?' 師云, '三要印開朱點側, 未容擬議主賓分.' 問, '如何是第二句?' 師云, '妙解豈容無著問? 漚和爭負截流機!' 問, '如何是第三句?' 師云, '看取棚頭弄傀儡. 抽牽都來裏有人.' 師又云, '一句語須具三玄門, 一玄門須具三要. 有權有用. 汝等諸人, 作麽生會?' 下座.)

396 『禪門綱要集』 「一愚說」(H6, 855b10).

'所謂三者, 如體用中三般面目是也. 向第一句用得, 則一一絕諸待對, 故轉玄名要, 向第二句施設, 則完成格則, 故轉要名玄. 而三者, 本不移易.' 謂僧旣約句中具玄, 玄中具要而問故, 答中約體用而言, 體用是第二句三玄, 而非句無以言體用, 故云句中具玄也. 又此體用中, 向第一句用得, 則絕諸待對, 故轉玄名要, 此玄中具要也. 然三者, 本不移易, 則以玄要, 分屬第一第二兩句, 其義不相乖戾也. 然則文甚易曉, 何以體用中爲三句之本名耳? 又此三句, 絕諸待業,[1] 故卽三是一.

1) ㉥ '業'은 '對'의 오기이다.

『선문강요집』의「산운편」을 인용하여 말한다.「산운편」에서는 '운문이 법어를 내리면서「하늘 중심에서 하늘과 땅이 어김없이 들어맞고(函蓋乾坤), 한눈에 핵심을 헤아려 알며(目機銖兩), 어떤 인연과도 교섭하지 않는(不涉萬緣) 경지를 한 구절로 어떻게 표현할 수 있을까?」라고 물었는데, 대중이 답이 없자 운문이 스스로 대신해「한 발 화살로 세 겹의 관문을 뚫는다.」고 하였다.'[397]라는 법어에 대해 '하늘 가운데 한 구절로 말미암아 이하 세 구절을 분별한다면 삼구가 모두 일구이며, 하나하나에서 모든 대립의 짝을 끊어 버린다. 영리한 자라면 곧장 투철하게 꿰뚫으리니, 운문이 무슨「한 발 화살로 세 겹의 관문을 뚫는다.」고 말할 필요가 있었을까.'라고 하였다.[398] 그런즉「산운편」에서는 '모든 대립의 짝을 끊어 버리기 때문에 삼구가 곧 일구요, 이 가운데서 모든 대립의 짝을 끊어 버리기 때문에 현을 바꾸어 요라 한 것'이다. 그러므로 모든 대립의 짝을 끊어 버린다는 말 자체는 비록 같지만 그 뜻은 다름을 알아야 한다. 어째서 이 가운데서 모든 대립의 짝을 끊어 버린 것을 일구라고 하는가? 삼구와 일구에 본

---

397 『人天眼目』권2「三句」(T48, 312a7) ;『禪門拈頌說話』1048칙(H5, 742b15).
398 『禪門綱要集』「山雲篇」(H6, 856b2·856c15).

래 문채가 갖추어져 있다고 말하는가? 그저 다른 사람의 학식[399]을 파 뒤질 줄만 알았지 가풍을 마음껏 활용[400]하는 방법은 알지 못했던 것이다.

引山雲篇而言. 盖山雲篇,'意謂雲門垂語云,「天中啊盖乾坤, 目機銖兩, 不涉春緣, 一句作麽生道?」衆無語, 自代云,「一鏃破三關.」'謂由天中一句, 分別下三句, 則三句摠是一句, 一一絶諸待對也. 若靈利漢, 直下透徹, 雲門何消道介「一鏃破三關.」' 然則山雲篇,'絶諸待對, 故三句卽一句, 此中絶諸待對故, 轉玄名要也.' 故知絶諸待對之言雖同, 其義異也. 何以此中絶諸待對爲之一句? 云, 三句一句是本有文彩耶? 但會搜人底蘊, 不知賣弄家風.

5

『소쇄선정록』에서 4절로 나누어 전개한 내용을 보면 모두 잘못 인용한 글에 대한 천착이 그치지 않아 말할 수 없이 어수선하다. 혹 알기 쉬워 생략하고서 말하지 않은 것인가. 삿된 이해와 난잡한 생각들에 대해서는 사안을 반드시 결정지어야 한다. 세상에서 흔히 하는 말로 맹인이 지팡이로 땅을 두드리듯 하였으니 안목을 갖춘 이에게 비웃음을 사고 말리라. 닭 울음소리를 흉내 내어 본들 지음知音을 속이기는 어려운 법이다. 이러한 견해로 경론을 강론한다면 조계 남사嵐絲의 얼마나 많은 사람의 눈을 멀게 하랴! 아이고, 아이고!

무릇 학자란, 지혜의 눈이 진실하여 이치의 하늘을 꿰뚫어 보며 본래 자기가 서 있는 자리를 굳게 지켜 실제實際의 경계를 확고하게 밟고 있은 다음에라야 여러 불보살이 남긴 경론과 여러 선지식이 지은 구절이나 게

---

399 저온底蘊은 저온柢蘊이라고도 한다. 오랜 연구로 깊이 쌓은 학식을 뜻한다.
400 매롱賣弄은 뽐내다, 자랑하다, 과시하다라는 뜻으로도 쓰이지만, 여기서는 마음껏 활용하다라는 의미로 보았다.

송偈頌을 두루 보아도 문구에 휘둘리지 않고 문구를 마음껏 부릴 수 있어 마침내 치우치지도 다르지도 않은 중도로 돌아갈 수 있는 법이다.

『사변만어』와 『소쇄선정록』 모두 눈을 붙이고 볼 만한 점도 없고 그것이 위치한 방향도 결정할 만한 점이 없으며 근거도 없이 그저 남의 말을 따라 내달리기만 하였다. 진실의 땅과 이치의 하늘[401]에서 어떻게 해야 분명히 알 수 있을 것인가. 『사변만어』는 취지는 비록 아무렇게나 꾸며 댔다고는 하나 문장은 휘황찬란하여 사람들이 가까이 두고 보면서 즐기게라도 만들지만, 『소쇄선정록』은 취지도 온통 지리멸렬하고[402] 문장 또한 온통 칡덩굴처럼 얽혀 있어 그 글의 내용을 받아들일 수도 없고 그 득실을 따져 밝힐 만한 가치도 없다. 또한 의리義理로 말하자면, 이 사람은 침명 한성枕溟翰醒 화상(1801~1876)에게서 법을 배웠고 그대로 따라 선을 전해 받았다. 침명 화상은 백파 노화상에게서 법을 배웠고 또 선을 받았다. 그렇다면 백파 노화상은 그의 선사先師이다. 그런즉 선사에게 설령 작은 흠결이 있다면 그것을 깨뜨려 부수고 모름지기 예악禮樂은 남김이 마땅한 일이지, 스스로 자기의 덕을 존숭하고 선현을 멸시해서는 안 될 일이다. 이 『소쇄선정록』의 주장은 말이 도에 맞지 않는 데다가 조금도 거리낌이 없으니, 어찌 참을 수 있으랴. 유교에서는 군사부일체라 하는데 일체의 뜻이 어디에 있단 말인가. 두 사람은 사문난적이요 불가의 역손逆孫이라 할 만

---

401 진실의 땅과 이치의 하늘(實地義天) : 진실과 이치의 기준을 하늘과 땅으로 상징한 말. 『注大乘入楞伽經』 권3(T39, 454a6), "삼三은 삼 자체가 아니니 일성一性이 원만하고, 일一은 일 자체가 아니니 삼성三性이 갖추어져 있다. 거두고 펼침에 아무것도 잃지 않고 숨고 나타남에 항상 그대로이다. 일도 아니고 삼도 아니니 '진실의 땅'에서 성性과 상相의 차별을 모두 없애고, 삼이면서 일이니 '이치의 하늘'에서 모든 차별을 밝게 펼친다.(三非三而一性圓, 一非一而三性具. 卷舒不失, 隱顯常如. 非一非三, 泯性相於實地 ; 而三而一, 耀行布於義天.)" 초의 의순, 김영욱 옮김, 『선문사변만어』, p.31 주석 8 참조.

402 십령백락十零百落은 보통 칠령팔락七零八落이라고 한다. 이리저리 흩어지고 산산조각이 난 것을 가리킨다. 여기서는 '지리멸렬하다'로 번역하였다.

하다. 옛 대의를 바로잡아 세우는 일은 예나 지금이나 마찬가지이다. 나의 동료(同僚)들이 이 경책을 후손들의 영원한 법규로 삼기를 바란다.

이것으로써 공을 닦아
자타가 매일같이 하여
무상도를 속히 이룰지니
반야바라밀

第觀錄說四節, 皆誤爲引文穿鑿不已, 眩亂莫甚. 然或易知, 其非畧而不言. 若邪解亂轍, 事須決之. 此所謂盲杖摘埴, 貽笑具眼. 假雞聲韻, 難謾知音者也. 以此見解, 講得經論, 曺溪嵐絲, 瞎却幾箇眼目! 蒼天蒼天!
大凡學者, 慧眼眞正, 徹見義天, 脚跟牢定, 踏着實地然後, 遍看諸佛菩薩, 所留經論, 諸善知識, 所述句偈, 不爲文句所使, 使得文句, 竟歸於不偏不二之中道.
而今四辨漫語, 掃灑先庭錄, 皆眼沒着落, 莫定方隅, 脚無立處, 隨言走殺. 其於實地義天, 如何行, 得見了然. 四辨漫語, 義雖杜撰, 文則炫燿, 令人愛玩, 而所謂掃灑先庭錄, 義皆十零百落, 文亦七藤八葛, 不可取其文義, 無足覈其得失. 且以義理言之, 此子學法於枕溟和尙, 仍爲受禪. 枕溟和尙, 學法於白坡老和尙, 又爲受禪. 則白坡老和尙, 卽渠之先師也. 然則先師, 設有小瑕, 其所斥破, 須存禮樂, 不可自尊己德, 下視先賢. 今此錄說, 發言不道, 無所顧忌, 是可忍乎. 斯文云, '君師父一體.' 一體之義安在. 二子可謂斯文之亂賊, 佛家逆孫.[1] 扶昔大義, 古今同然. 願我同儕, 以此警策, 俾爲後昆之永規.
以此所修功, 自他同一日,
速成無上道, 般若波羅密!

---

1) ㉮ '二子'에서 '逆孫'까지 열세 자는 저본에 지워져 있어 『韓國佛敎全書』 편자가

측면에 필사되어 있는 것에 근거하여 보입補入하였다.

이를 경찬慶讚[403] 회향한다. 회향에는 세 가지[404]가 있는데, 하나는 자신의 선근善根을 다른 사람에게 회향하는 것이니 중생회향이고, 둘째는 원인을 과보에 회향하는 것이니 보리회향이며, 셋째는 지혜를 이치에 회향하는 것이니 실제회향이다. 보리는 '각覺'이라 한역하고 또는 '도道'라고도 한역한다. 도가 곧 보리이다. 반야般若에서 '반般'은 자계字界[405]이다. (반般

---

403 경찬慶讚 : 경전이나 부처님의 덕을 칭송하는 것.
404 이를 아울러 삼종회향三種廻向이라고 한다.『大乘義章』권9(T44, 636c22), "회향이란 무엇인가? 자신의 선법善法을 돌이켜 다른 사람에게로 향하려는 뜻을 가지고 있으므로 회향이라고 한다. 회향에 다른 점이 있으니 회향 자체는 하나이나 세 가지로 설명할 수 있다. 첫째 보리회향, 둘째 중생회향, 셋째 실제회향이다. 보리회향이란 일체의 지혜로운 마음을 구하는 것이다. 자신이 닦은 일체의 선법을 돌이켜 보리와 일체의 덕을 구하는 뜻에 향하는 것을 보리회향이라고 한다. 중생회향이란 중생을 깊이 생각하는 마음이다. 중생을 생각하기 때문에 자신이 닦은 일체의 선법을 돌이켜 다른 사람에게 주기를 원하는 것을 중생회향이라고 한다.……셋째 실제회향이란 유위법을 싫어하고 실제를 구하는 마음이다. 유위법을 없앴기에 실제를 구하는 뜻에 향하여 자신의 선근으로 평등하고 여실한 법성을 돌이켜 구하므로 실제회향이라고 한다.(言廻向者, 廻己善法, 有所趣向, 故名廻向. 廻向不同, 一門說三. 一, 菩提廻向, 二, 衆生廻向, 三, 實際廻向. 菩提廻向者, 是其趣求一切智心. 廻己所修一切善法, 趣求菩提一切種德, 名菩提廻向 ; 衆生廻向者, 是其深念衆生之心. 念衆生故, 廻己所修一切善法, 願以與他, 名衆生廻向…… ; 三, 實際廻向, 是厭有爲, 求實之心. 爲滅有爲, 趣求實際, 以己善根, 廻求平等如實法性, 名實際廻向)."
405 자계字界 : Ⓢ dhātu를 한역한 말. 동사의 어근語根을 말한다. 어계語界·자원字元·자체字體라고도 한다.『金剛新眼疏經偈合釋』(X25, 240c8), "반야의 바른 한역어는 혜慧이다.『지도론』에 '인위因位로는 반야라 하고, 과위果位로는 지智라 한다.'라고 하였다. 이 말은 혜는 지智의 인因이고, 지는 혜의 과果라는 뜻이다.『금강경찬요소』에『대품경』에 따르면 야若 자는 지와 혜, 두 가지 뜻에 통한다. 그러므로 지와 혜는 이름의 뜻은 다소 다르지만 그 본체의 성품은 다름이 없다.'라고 하였다.『금강경간정기』에서는 '자계와 자연字緣을 밝힌다. 야若 자는 자계이고 반般 자와 나那 자는 모두 자연이다. 반 자를 자연으로 삼아 야 자를 도우면 혜라 하고, 나 자를 자연으로 삼아 야 자를 도우면 지라고 한다.'라고 하였다. 일반적으로는 나누지 않으니 지가 곧 혜이고 혜가 곧 지이다. 그런 까닭에 반야 두 글자를 한꺼번에 번역하여 지혜라고 한다.(般若, 正翻爲慧. 智度論云, '因位名般若, 果位名智.' 是則慧爲智之因, 智爲慧之果. 纂要疏云, '若依大品經, 若字通智慧二義. 故智與慧, 名義少殊, 體性無別.' 刊定記釋云,

에) 나자那字를 붙인 경우에는 '지智'라고 한역하는데 이때 지는 후득지後
得智이다. (반般에) 야若 자를 붙인 경우에는 '혜慧'라 하는데 이때 혜는 근
본지根本智이다. 지금 말하는 반야는 근본지이며 진실로 이치를 깨달은
지혜이다. 이치가 열반이고 열반은 피안이다. 바라밀은 피안도彼岸到라
한역하는데 이것의 방언方言을 따라 도피안到彼岸이라 한다.[406]

此慶讚回向. 回向有三, 一, 回自向他, 是衆生回向; 二, 回因向果, 是菩提
回向; 三, 回智向理, 是實際回向也. 菩提此云覺, 亦云道. 道是菩提也. 般
若者, 般是字界. 若加那字, 此云智, 智是後得智. 若加若字, 此云慧, 慧是
根本智. 今般若是根本智, 故證理也. 理是涅槃, 涅槃是彼岸也. 波羅蜜, 此
云彼岸到, 順此方語云, 到彼岸也.

'此明字界字緣. 若字是字界, 般那都爲緣. 若以般爲緣助於若字, 則名爲慧; 若以那爲緣
助於若字, 則名爲智.' 常途亦有不分, 以智卽是慧, 慧卽是智. 故般若二字, 一往翻爲智
慧.)";『金剛經纂要刊定記』권2(T33, 184b17).

[406] 『金剛般若經疏論纂要』(T33, 155c6), "바라밀은 피안도라 한역하는데, 도피안이라 하
는 것이 옳다. 생사의 차안을 떠나 번뇌라는 흐름의 한복판을 건너 열반의 피안에 이
른다는 뜻이다. 열반은 원적 또는 멸도라고도 한역한다.(波羅蜜者, 此云彼岸到, 應云
到彼岸. 謂離生死此岸, 度煩惱中流, 到涅槃彼岸. 涅槃, 此云圓寂, 亦云滅度.)"

발문

『선문염송』은 말을 떠나 달을 가리키는 손가락으로서 강백講伯의 담론이 모호하여 제대로 분별하기 어려운데, 우리 어르신인 백파 화상은 그 깊고 미묘한 도리를 분석하여 『선문염송사기』를 지으셨다. 진실한 학자의 안목에 더하여 설두 법형이 이어 선문禪文[407]을 크게 진작하였다. 다만 이에 미혹할까 염려하여 이내 『선원소류』를 지어 법미法味를 막힘없이 꿰뚫었다. 그런즉 물고기 잡는 통발을 취할 따름이지 이것에 얽혀 들어서는 안 된다. 이로써 보건대 우리 법형이 어르신에게는 가섭이 아니겠는가! 올여름 법형이 전질을 회편하고자 하였으나 처음 뜻처럼 부합하지 못하고 단지 3권을 완성하였을 뿐이다. 어떻게 이 『선원소류』가 특별히 시운을 만난 것인가. 법을 함께하는 도반들의 강청으로 부득이 간행하여 펴게 되었으니, 우리 형제들은 상세히 살펴보기 바란다.

대청 광서 15년 기축년(1889) 7월 자자일에 법제 환옹 환진[408]이 쓰다.

---

[407] 선문禪文 : 선의 행업行業과 문장文章.
[408] 환옹 환진幻翁喚眞(1824~1904) : 『朝鮮佛教通史』上編 「李太王殿下(太皇帝)【李熙】在位四十四年」(B31, 436a19), "환옹 대사의 법명은 환진이며, 백파의 법손이다. 호남【순창 영구산 구암사】에서 뜻을 성취하고 경동【양주 천마산 봉인사】에 주석하였다. 오욕을 떨쳐 버려 청정하였으며 언행에는 거리낌이 없었다. 대한제국 광무 8년 갑진년에 청량사에서 단정히 앉은 채로 입적하였다.(幻翁大師, 法名喚眞, 白坡之法孫也.

跋

拈頌, 離言月指, 講伯談論, 糢糊難辨, 我老爺白坡和尙, 分析玄微, 爲之私記. 實學者之眼目, 而又係雪竇法兄, 大振禪文. 唯恐此迷, 乃述㳂流, 洞徹法味. 然則取魚之筌, 莫此爲緊. 以此觀之, 吾兄卽老爺之迦葉也, 非歟!
今夏兄欲會編於全秩, 末合如初, 只成三卷時也. 何爲此㳂流特爲時會. 法伴之强請, 不得已, 並以印布. 願我同胞, 試詳覽之.
大淸光緖十五年己丑, 七月自恣日, 法弟幻翁喚眞, 述.

주상 전하 임자생 이씨 성수무강, 왕비 전하 신해생 민씨 성수제년, 세자 저하 갑술생 이씨 봉각천추, 세빈 저하 임신생 민씨 보록장춘, 대왕대비 전하 무진생 조씨 귀령만세, 왕대비 전하 신묘생 홍씨 학수무궁, 순화궁 김씨.

主上殿下壬子生李氏, 聖壽無疆, 王妃殿下辛亥生閔氏, 聖壽齊年, 世子邸下甲戌生李氏, 鳳閣千秋, 世嬪邸下壬申生閔氏, 寶籙長春, 大王大妃殿下戊辰生趙氏, 龜齡萬歲, 王大妃殿下辛卯生洪氏, 鶴壽無窮, 順和宮金氏.

發跡湖南,【淳昌靈龜山龜巖寺】住錫京東,【楊州天磨山奉印寺】離慾淸淨, 言行無礙. 前韓光武八年甲辰, 在淸涼寺, 端坐入寂.)"

시주질

건명 임자생 민씨, 곤명 기유생 신씨, 곤명 을유생 이씨, 신사 정해생 원각 박준기, 건명 정묘생 구씨, 솔자 정사생 창호, 곤명 무술생 오씨, 건명 갑신생 장씨, 상궁 갑진생 안씨, 정덕화 신녀 경진생 김씨, 상궁 기해생 이씨, 만덕화 건명 신사생 박대원.

施主秩

乾命壬子生閔氏, 坤命己酉生申氏, 坤命乙酉生李氏, 信士丁亥生朴圓覺準基, 乾命丁卯生具氏, 率子丁巳生昌浩, 坤命戊戌生吳氏, 乾命甲申生張氏, 尙宮甲辰生安氏, 淨德花信女庚辰生金氏, 尙宮己亥生李氏, 萬德花乾命辛巳生朴大圓.

교정 비구

대선사 설두당 유형, 대선사 환옹당 환진.

校正比丘

大禪師雪竇堂有炯, 大禪師幻翁堂喚眞.

학회 비구

경붕 익운, 회성 우창, 서응 보계, 보응 양현, 응허 봉조, 금계 일주, 진허 재윤, 동화 경문, 응운 우능, 청호 화일, 보봉 계환, 현허 의선, 만응 일우, 농은 우엽, 설유 혜오, 진명, 선정, 응선, 정하, 기현, 영흔, 영민, 규홍, 병순, 법진, 보인, 성전, 문성, 혜권, 두홍.

學會比丘

景鵬益運, 晦惺愚敞, 西應普戒, 普應良玹, 應虛奉助, 錦溪一珠, 震虛在允, 東化璟文, 應雲雨能, 淸浩和日, 寶峯桂煥, 玄虛義宣, 萬應一祐, 聾隱佑葉, 雪乳慧悟, 晋明, 仙定, 應善, 定荷, 奇炫, 永炘, 榮敏, 奎弘, 炳順, 法眞, 普仁, 性典, 文星, 惠權, 斗弘.

인권 화주
인파, 영현, 등운, 수은, 지전, 기봉, 오운.

引勸化主
仁坡, 暎玄, 騰雲, 修隱, 持殿, 奇峯, 五雲.

도감
창흘, 영능, 별좌, 시만, 성안.

都監
敞訖, 永能, 別座, 時萬, 性安.

시회 대중
장휘, 해민, 보인, 부찰 등.

時會大衆
章輝, 海敏, 普仁, 富察等.

공사[409]
규오, 한경, 대홍, 종순, 동자, 동이, 암회, 금철.

---

409 공사供司 : 절에서 주로 밥 짓는 소임을 맡아보는 승려.

供司

圭午, 漢璟, 大洪, 宗順, 童子, 同伊, 巖回, 金鐵.

택자

문학주, 김완식, 김동석.

擇字

文學周, 金完植, 金東錫.

내왕

공순석, 김남원.

來往

孔順石, 金南原.

찾아보기

가섭迦葉 / 40~42, 57, 59, 61, 62, 65,
　67, 78, 84, 142, 174, 178, 187,
　192, 193
간화선看話禪 / 131
격별삼구隔別三句 / 117
격외格外 / 70, 74, 75, 77, 87, 119,
　153, 154, 190
격외선格外禪 / 52, 70, 71, 74~76,
　81, 118, 135, 144, 145, 152, 153,
　186~190
경절문徑截門 / 69, 70, 109, 131
고탑주古塔主 / 106
공종空宗 / 58, 82
곽시쌍부槨示雙趺 / 170, 176, 179
교외敎外 / 74~76, 187, 188
교외별전敎外別傳 / 33, 37, 40, 73, 76,
　138, 144, 187~189, 193
교의敎義 / 33, 80
구곡龜谷 / 71, 152, 153
귀종 지상歸宗智常 / 37, 111
규봉 종밀圭峰宗密 / 50, 51, 59, 69, 72,
　73, 75, 82, 83, 90, 137, 144, 145,
　184, 186, 189
김정희金正喜 / 93

나한 계침羅漢桂琛 / 85
낙초지담落草之談 / 101, 144, 156
남악 사대南嶽思大 / 66
남악 회양南嶽懷讓 / 52, 61, 63~67, 70,
　84, 87, 88, 142, 151, 157, 189,
　199, 200
남전 보원南泉普願 / 46, 66
니련하泥蓮河 / 41, 170, 176, 179

다자탑多子塔 / 40, 43, 65, 67, 84, 142
단연斷緣 / 182, 184
달마達摩 / 26, 30, 31, 37, 44, 45, 49,
　53, 57, 59, 60, 93, 94, 140, 142,
　152, 158, 170~175, 177, 178, 182,
　183, 193, 195, 196
담당 덕붕湛堂德朋 / 122
대기大機 / 88, 89, 99, 101, 103, 104,
　157, 158, 160, 193, 199, 200~202
대기대용大機大用 / 88
대용大用 / 88, 89, 99, 101, 104, 158,
　160, 193, 200, 201
대통 신수大通神秀 / 59, 82
대혜 종고大慧宗杲 / 72, 90, 98, 111,
　123, 125, 144, 156, 184, 204
덕산 선감德山宣鑑 / 85

덕산 연밀德山緣密 / 108
도락차都落遮 / 62
돈오頓悟 / 52
동산 양개洞山良价 / 66, 84, 111, 112, 142
득수得髓 / 181

라후라羅睺羅 / 62

마나라摩拏羅 / 58
마명馬鳴보살 / 57
마목다摩目多 / 62
마조 도일馬祖道一 / 51, 84, 85, 88, 99,
　　101, 132, 133, 160, 193, 200, 201
말후구末後句 / 23, 24, 65, 121,
　　123~125
말후일구자末後一句子 / 123
묘유妙有 / 95, 118, 122, 135, 166~168
무위진인無位眞人 / 54
무착無著 / 105, 153, 154
문수보살文殊菩薩 / 105, 153, 154
미차가彌遮迦 / 59, 60

바사사다婆舍斯多 / 59, 62
바수밀婆須蜜 / 59, 60
반야다라般若多羅 / 57

방거사龐居士 / 81
방온龐蘊 / 132
백장 회해百丈懷海 / 84, 85, 88, 99,
　　101, 104, 160, 193, 201
백파 긍선白坡亘璇 / 92, 93, 105, 117,
　　135, 155, 159, 209, 213
범일국사梵日國師 / 25, 33, 34, 140
법안 문익法眼文益 / 36, 85, 89, 164
법안종法眼宗 / 86~89, 162~164
법인法印 / 44, 45, 173, 181, 184
별전別傳 / 75
보리달마菩提達摩 / 59
보수寶壽 / 33
보적寶積 / 33
부존궤직不存軌則 / 81
분양 선소汾陽善昭 / 120
불타난제佛陀難提 / 59

사구死句 / 130, 133, 143, 155, 156
사자師子 존자 / 58, 59, 62
사조용四照用 / 103
살殺 / 49, 157
살殺과 활活 / 42, 55, 61, 67, 70, 141,
　　142, 144, 151, 157, 160, 170, 174,
　　175, 177, 178, 189, 194, 198,
　　200~202
살인검殺人劍 / 135
살인도殺人刀 / 40, 41, 49, 53, 54, 56,
　　61, 65, 89, 136, 140~142, 152,
　　153, 160, 164, 170, 172~174, 178,
　　185, 189, 190, 198, 199, 202

삼구三句 / 92, 107~110, 112, 117,
　　121~123, 157, 190, 191, 193, 199,
　　203~207
삼배三拜 / 45, 46, 48, 142, 170, 172,
　　175, 178
삼요인三要印 / 97, 107, 117, 204
삼종선三種禪 / 97, 117
삼처전심三處傳心 / 40, 43, 135, 157,
　　170, 172, 184, 185
상종相宗 / 82
석두 희천石頭希遷 / 51, 84, 132, 171,
　　172, 178
석상 초원石霜楚圓 / 176, 195
설당 도행雪堂道行 / 85
설두 중현雪竇重顯 / 97
설봉 의존雪峯義存 / 85
성종性宗 / 82
수산주修山主 / 194
승가라차僧伽羅叉 / 59
신수종神秀宗 / 83, 87

ㅇ

아난阿難 / 60, 65, 67, 84, 142, 162~164
아호 대의鵝湖大義 / 81
앙산 혜적仰山慧寂 / 29, 30, 85, 89,
　　101, 162, 194, 195, 200
약산 유엄藥山惟儼 / 84
여래선如來禪 / 25, 27~30, 34~36, 44,
　　49, 61, 65, 67, 71~73, 75, 87~89,
　　96, 101, 118, 132, 135, 139, 140,
　　141, 144, 145, 150~153, 156,
　　162, 164, 172, 173, 175, 184~190,
　　194~196, 202
여사병수如寫瓶水 / 37
염화미소拈花微笑 / 33, 76, 138, 189
영산회상靈山會上 / 41, 65, 67, 84, 142
오미선五味禪 / 37
오위편정五位偏正 / 111
오조 법연五祖法演 / 85
용담 숭신龍潭崇信 / 85
용수龍樹보살 / 58
우담 홍기優曇洪基 / 135, 175, 200, 201
우두 법융牛頭法融 / 82, 83, 87
우두종牛頭宗 / 87
우바국다優婆毱多 / 61, 62
우바굴優婆掘 / 59
운문 문언雲門文偃 / 54, 66, 85, 101,
　　106~109, 112, 203, 207
운문종雲門宗 / 85, 87, 162, 163
운암 담성雲巖曇晟 / 84
원오 극근圜悟克勤 / 43, 97, 158, 204
위산 영우潙山靈祐 / 85
위앙종潙仰宗 / 85, 87~89, 162~164
유자후柳子厚 / 58, 59
유종원柳宗元 / 58
의리선義理禪 / 61, 68, 70~72, 74~80,
　　87, 97, 118, 135, 139, 143~145,
　　155, 156, 186~190, 196
이류異類 / 46
이류중행異類中行 / 46, 47, 66
이순보李純甫 / 136
이준욱李遵勖 / 176
일미선一味禪 / 37, 39, 73, 144, 187, 189
일우一愚 / 29, 32, 71, 100, 106, 110, 139,
　　144, 155, 156, 193, 196, 203, 205
일촉파삼관一鏃破三關 / 110

일행삼매一行三昧 / 80
임제삼구臨濟三句 / 92, 117, 155
임제 의현臨濟義玄 / 29, 32, 50, 54, 66,
　84, 92, 94, 100, 102, 105, 116,
　120, 121, 125, 139, 140, 142, 143,
　153, 155, 156, 193, 204, 205
임제종臨濟宗 / 84, 87, 162, 163

자라장紫羅帳 / 40, 41
자명慈明 / 176
잡화포雜貨鋪 / 54~56, 141, 160, 201
장로 종색長蘆宗賾 / 109
점수漸修 / 52
정법안장正法眼藏 / 41
제납박타提納薄陀 / 58
제다가提多迦 / 59~61
제바提婆 / 58
조동종曹洞宗 / 84, 87, 162~164, 190
조사선祖師禪 / 25, 29, 30, 31, 33~37,
　45, 49, 61, 64, 67, 71, 73, 75, 88,
　89, 96, 101, 118, 132, 135, 139,
　140, 141, 144, 145, 149, 150~152,
　156, 162, 164, 172, 173, 175,
　184~189, 195, 196, 201
조산 본적曹山本寂 / 46, 111
조산 탐장曹山耽章 / 84
좌타구파左陀瞿頗 / 58
지공指空 / 58
지눌知訥 / 69
진공眞空 / 95, 118, 122, 135, 165, 167
진귀 조사眞歸祖師 / 26, 31, 140

진귀조사설眞歸祖師說 / 25
진금포眞金鋪 / 53, 54, 56, 140, 141,
　160, 201, 202
진인眞人 / 54
진정국사眞靜國師 / 26, 29
진정 극문眞淨克文 / 39

천복 승고薦福承古 / 106
천왕 도오天王道悟 / 85
천책天頙 / 26, 29, 138
청량 징관淸涼澄觀 / 75
청원 행사淸源行思 / 52, 61, 64~67, 70,
　84, 142, 151, 157, 159, 164, 171,
　172, 177, 178, 189, 190, 199, 200
청풍 법사淸風法師 / 29, 34, 97~99, 103~
　105, 107, 110, 116, 117, 121~123,
　144, 154, 156, 201, 204, 206
청허 휴정淸虛休靜 / 26, 92, 137, 163
초의 의순草衣意恂 / 133, 135, 161, 163,
　168
최초구最初句 / 23, 24, 121, 123~125
칠대돈점七對頓漸 / 83
침명 한성枕溟翰醒 / 209

ㅌ

태초력太初曆 / 32

풍혈 연소風穴延沼 / 100, 193

하택 신회荷澤神會 / 51, 61, 68, 69, 82, 143, 189
하택종荷澤宗 / 70, 83, 87
향상일규向上一竅 / 23, 31, 95, 96, 104, 150
향상일로向上一路 / 23
향엄 지한香嚴智閑 / 29, 30, 89, 101, 194, 195
현사 사비玄沙師備 / 85
현장玄奘 / 82
혜가慧可 / 30, 31, 44, 45, 48, 53, 140, 141, 152, 171~175, 178, 181~184
혜능慧能 / 59, 60, 65, 67, 69, 84, 142
혜심慧諶 / 137
혜충慧忠 국사 / 72, 144, 156

홍인弘忍 / 59
화두話頭 / 131
화장세계華藏世界 / 41
환성 지안喚惺志安 / 163
환옹 환진幻翁喚眞 / 213
활活 / 49, 157
활구活句 / 130, 131, 133, 155
활인검活人劍 / 41, 49, 54~56, 61, 64, 89, 135, 136, 141, 142, 152, 160, 170, 174, 185, 189, 198, 199, 201, 202
활인도活人刀 / 200
황면노자黃面老子 / 123, 124
황벽 희운黃檗希運 / 84, 88, 99, 101, 104, 160, 193, 200, 201
후신後身 / 162~164

2조 / 71, 94, 140, 141, 170, 172, 173, 182~184
6조 / 52, 61, 63~65, 68, 69, 82, 87, 143, 157

선문재정록
| 禪文再正錄* |

충청북도 보은군 법주사 사문 서진하忠淸北道 報恩郡 法住寺 沙門 徐震河
조영미 옮김

* ㉚ 저본은 일본 에다 도시오(江田俊雄) 소장 필사본이다.

선문재정록禪文再正錄 해제

조영미
동국대학교 불교학술원 전임연구원

1. 저자

진하 축원震河竺源(1861~1925)은 조선 후기에서 일제강점기 사이에 활동한 스님이다. 강원도 고성군 수동면水洞面 수잠리水岑里에서 부친 서홍구徐洪九와 모친 변邊씨 사이에 장남으로 태어났다. 속성을 붙여 서진하徐震河로도 불린다.

1872년 신계사神溪寺에서 석주 상운石舟常運을 은사로 득도得度하고 사미계를 받았으며, 유점사楡岾寺에서 벽암 서호蘗庵西灝(1837~1911)에게서 구족계를 받은 것으로 알려져 있다.[1] 1873년부터 1884년까지 12년 동안 간경看經뿐만 아니라 참선과 행각도 병행하며 학업을 성취하였는데, 대응 탄종大應坦鍾(1830~1894), 설두 유형雪竇有炯(1824~1889), 용호 해주龍湖海珠

---

1 퇴경退耕 권상로權相老가 쓴 「報恩 法住寺 震河堂 竺源大禪師碑文」에는 벽암 서호에게 구족계를 받았다고만 되어 있고, 약력을 소개하고 있는 기타의 여러 자료에서는 1884년에 받은 것으로 기록되어 있다. 서호가 57세에 유점사에 들어갔다고 하니 그해는 1893년이다. 정확한 연도를 확정하지는 못하겠다.

(?~1887) 등에게서 배워 용호 해주의 선등禪燈을 잇고 대응 탄종의 법인法印을 전해 받았다.

교해敎海와 선림禪林에 두루 밝았으며, 1886년에 신계사 보운암普雲庵에서 강학을 연 이래로 17년간 후학을 제접하였는데 당시 제방의 눈 밝은 종장들 중에 그 문하에서 나오지 않은 이가 드물 정도였다. 준제신주准提神呪를 1만 번 지송하였고 『화엄경』 80권을 사경한 것으로도 유명하다. 〈일과십상행송日課十常行頌〉을 지어 일상에서 열 가지를 잊지 말고 수행할 것을 강조하였는데 예불, 염불, 참선參禪, 지주持呪, 공불供佛, 재식齋食, 송경誦經, 소지掃地, 시식施食, 회향回向 등이 그것이다. 그 송의 병서並序에서는 '수행자들이 지켜야 할 덕목이 번다하면 괴로워하고 간략하면 게을러지므로 불안 선사佛眼禪師의 십가행十可行과 보현보살普賢菩薩의 십행원十行願을 절충하여 일상에서 편의하게 지킬 수 있도록 하였다.'고 한다.[2] 진하 스님 자신도 계를 지키는 데에 철저하였는데 '작은 돈이라도 절에 바치고 자신의 바랑을 채우지 않았으니, 출장이라도 갔다가 여비가 남더라도 반드시 절에 반납하였다.'고 한다.

1892년에 대선법계大禪法階를, 1895년에 중덕법계中德法階를 품수하고, 1911년에 선사법계禪師法階에 오르고 곧이어 대선사법계大禪師法階에 올랐다. 1892년에 충북 보은군 법주사法住寺 부교정副敎正에, 1901년에 원장에 임명되었고, 1911년에는 주지가 되어 6년 동안 소임을 맡아보았다. 1912년에는 중국 절강성 영파부寧波府 태백산太白山 천동사天童寺에서 기선 경안寄禪敬安 종사가 연 방명계회放冥戒會에 참석하기도 하였다.[3]

1925년 8월 6일에 제주도 포교당에서 세수 65세, 법랍 54세로 입적하

---

2 朝鮮佛敎月報社 編, 『朝鮮佛敎月報』 제3호(京城: 朝鮮佛敎月報社), 1912.
3 권상로의 비문에는 중국에 두 차례 갔던 것으로 기록되어 있고, 『佛敎』 제2호(京城: 佛敎社, 1924)에는 '중국 유력遊歷이 금번今番으로 제삼차第三次였는데 병환으로 봄 사이에 귀국하였다.'라고 되어 있다.

였다. 한라산 꼭대기에 작은 금불金佛이 있는데 그 뒷면에 '三聖人 入寂 之地'라 쓰여 있어 사람들은 이곳에서 허응 보우虛應普雨와 환성 지안喚醒 志安이 입적하였고 이제 진하 스님이 입적하니 기문의 말대로라면서 감탄하였다고 한다.

진하 회상에서 공부한 제자로는 만해卍海, 석전石顚, 진응震應, 석상石霜 스님 등이 있다. 법주사 진영각에 진영이 전하며, 비석의 글은 퇴경 권상로가 쓰고 글씨는 상좌 석상이 써서 1927년에 건립되었다. 그 음기의 문제자 질秩(명단)에 영호 정호映湖鼎鎬가 있는데 그가 바로 석전 박한영朴漢永(1870~1948)이다.

2. 서지 사항 및 구성

『한국불교전서』 제11책(868a~871c)에 수록되어 있는『선문재정록』의 저본은 일본 에다 도시오(江田俊雄) 소장 필사본이다. 그 외의 정보는 현재로서는 전무하다. 실물을 확인하지 못하여 아쉽다. 서문이나 발문, 소제목도 있지 않으며, 그동안 벌어진 선론禪論을 모두 총괄하고 있는 것에 비하면 분량도 적은 편이다.

"백파 긍선白坡亘璇이『선문수경禪文手鏡』에서 조사선祖師禪 · 여래선如來禪 · 의리선義理禪 등 삼종선三種禪을 임제삼구臨濟三句에 배대하면서 촉발된 논쟁들을 비판한 책이다. 백파 긍선을 비롯한 초의 의순草衣意恂 · 우담 홍기優潭洪基 · 설두 유형雪竇有炯 등 네 사람의 잘못된 논점을 끌어내어 비판함으로써 후인들이 쓸모없는 선 논쟁에 휘말리지 않도록 하고자 하였다."[4]

---

[4] 김영욱,「선문재정록禪文再正錄」해제(『한국불교전서 편람』) 참조.

3. 내용과 성격

백파와 초의로부터 삼종선 논쟁이 불거진 이후, 우담과 설두에 이르기까지 공방이 오고 간 그동안의 논쟁에서 논리에 맞지 않는 점을 짚어 내어 비판하고 바로잡으려 하였다. 이 책 말미에 "몇몇 의심스러운 대목을 가려내 결정짓고 네 분의 뒤를 이었을 뿐이다. 자신을 존중하고 현인을 질투하거나, 보이는 대로 함부로 근거도 없이 지어내지 않았다."라고 한 말에서 앞의 네 스님 각각의 견해를 객관적인 시각으로 다루고자 하였음을 알 수 있다. 하지만 비판의 초점은 주로 백파의 『선문수경』에 맞춰져 있다. 이는 책머리 서두에서 제기한 다음 말에 단적으로 드러난다.

> (백파는) 옛날에 두 짝으로 붙인 명칭에서 사람을 기준으로 한 분류는 합하고 법을 기준으로 한 분류는 나누었다. 그런데 격외가 곧 여래와 조사의 법이라는 것은 알겠으나, 의리는 누구의 법인지 모르겠다. 범부의 법인가, 성현의 법인가? 사람을 기준으로 한 분류는 상관없이 하나의 법을 헛되이 세워 의리선이라 한 논리는 각각 사람과 법으로 나누어 네 가지 선(四種禪)으로 논의함만 도리어 못하다. 어째서 법에 근거한 하나의 선과 사람에 근거한 두 가지 선을 두어 사람과 법이 일치하지 않게 되는 과오를 범한 것인가?

백파가 조사선·여래선·의리선의 셋으로 구분한 기준에 대한 원초적인 문제 제기이다. 애초에 이와 같이 셋으로 구분하고서는 이를 사람과 법을 기준으로 다시 짝지으면 의리선에는 '사람'이라는 기준이 적용되지 않는다. 진하는 초의와 마찬가지로 의리선을 인정하지 않는데 그것은 여래선과 같다고 보기 때문이다.

또한 진하는 백파가 '조사선은 상근기를, 여래선은 중근기를 대하는 선법'이라고 한 주장에 대해서도 동의하지 않는다. "이것은 다만 조사선과 여래선, 이 두 가지 선의 법의 본체가 같지 않음에 따라 구분한 것이지 사람을 기준으로 하여 이름을 붙인 본의를 분명히 말한 것은 아니다."라는 것이 그 이유이다.

교외와 격외의 개념상에서도 백파와 설두를 비판한다. '백파는 요지를 밝히고 이치를 의론하는 자취를 교敎로 여기고, 반면 현상(事)과 이치(理)가 원융하게 일치하고 시간과 공간에서 걸림이 없는 시처무애時處無礙, 삼세가 곧 일념이요 만법이 일심이라는 등을 교외敎外로 여겼으나 이것은 원돈교圓頓敎 가운데 육상십현六相十玄의 이치에 불과하다.'라고 한다. 또한 설두는 '교외와 격외가 같기도 하고 다르기도 하다. 같은 점은 여래선과 조사선은 원래 교외이고 의리선도 교외라고 부를 수 있다는 점이다. 다른 점은 의리만이 격格이고, 여래선과 조사선 두 가지 선은 격외格外라는 이름을 얻었다는 점이다.'라고 하였는데 '설명한 경전 문구는 교敎라 하고 설명한 뜻은 교외敎外라 하였으니, 단지 문자가 교라는 것만 알고, 요지를 밝히고 이치를 의론하는 것이 교라는 점은 오히려 몰랐던 것'이라고 비판하며 『선문강요집禪文剛要集』의 해석과도 크게 어그러진다고 하였다.

진하는 조사선만이 교외라고 주장한다. 여래선에도 격외라는 이름을 붙일 수 있지만 교설의 자취에서는 벗어나지 못했기 때문이라는 것이다. 여래선은 능能과 소所가 모두 사라지고 말과 생각이 모두 끊어진 바로 그 소식 이외 그 무엇도 아니라며 다음과 같이 부연한다.

종사가 종지를 세우고 법을 보이는 방편과 학인이 법을 얻고 깨달음에는 각기 여러 종류가 있다. 종사의 경우에는 의리와 격외라는 각각의 종지에 모두 통달하여 법의 본체를 제기하거나 여래와 조사를 각각 겸하여 (펼치는 방편이) 하나에 한정되지 않는다. 학인의 경우에는 의리를 따라 점차로 격외로 들어가는데, 혹은 의리를 빌리지 않고 곧바로 격외로 들어가거나, 혹은 의리에 막혀 격외로 나아가지 못하는 이유는 깨달은 법의 본체가 또한 같지 않기 때문이다. 그러므로 조사선을 깨달은 자는 여래선도 알지만, 여래선을 깨달은 자가 반드시 조사선을 아는 것은 아니다.

이는 앞서서 "의리와 격외에 모두 두 가지 선(조사선과 여래선)을 갖추고 있다. 의리와 격외는 갖추는 주체(能具)로서의 선이고, 여래와 조사는 갖추어지는 대상(所具)으로서의 선이다. 능구能具는 허명虛名(虛位)으로서 다만 지시하는 주체[스승]와 깨닫는 당사자[제자]라는 측면을 따라서 이름을 붙인 것이고, 소구所具는 지시한 가르침[스승]과 깨달은 가르침[제자]을 따라서 법의 본체 측면에서 이름을 붙인 것이다. 따라서 소구를 능구라고 일컬어서는 안 된다."는 자신의 주장을 재차 뒷받침한 것이다.

백파가 삼처전심을 임제삼구에 배대한 설에 대해서도 『선문강요집』 일우一愚의 말을 들어 비판한다. 일우는 임제 제1구에 대해 '세존이 가섭에게 세 곳에서 마음을 전한 것을 첫머리의 표지로 한 까닭은[제1구이기 때문이다.] 이 공안으로 교외별전의 종지를 세우기 위해서였다.'라고 하였으니 이에 따르면 삼처가 모두 제1구 가운데 있다는 것이다.

4. 가치

진하 이전의 삼종선 논쟁이 정교하고 풍부하게 오갔다고는 할 수 없을지라도 이에서 비롯한 불필요한 논의를 종식하고자 한 포부에 비해서는 소략하고 미진하다.[5]

---

5 忽滑谷快天은 "四家의 뒤에 나왔으면서도 이를 集大成하는 힘이 없고 쓸데없이 枝葉을

진하가 "나는 이 두 가지 선(여래선과 조사선)의 이름이 언제 비롯하였는지 알지 못하겠으나, 글을 상세히 살펴보면 역시 임제삼구에서 나왔다."라고 한 말은 오류이다. 그동안의 논의조차 퇴보시키는 느낌이다. 또한 세존의 삼처전심과 달마의 삼처전심을 짝지은 것을 논하면서 "그 전한 법은 같지만 전한 곳이 같지 않을 뿐"이라 하고는 바로 이어서 "달마가 전한 것은 부처와는 다르다."라고 하는 등 맥락상 이해하기 힘든 대목이 간간이 보이기도 한다.

선사로서 규정할 만한 선기禪機도 없고 교학자로서의 정교한 분석도 보이지 않는다.

5. 참고 자료

朝鮮佛敎月報社 編, 『朝鮮佛敎月報』, 京城: 朝鮮佛敎月報社.
佛敎社 編, 『佛敎』, 京城: 佛敎社.
忽滑谷快天 著, 鄭湖鏡 譯, 『朝鮮禪敎史』, 寶蓮閣, 1978.
李智冠 編著, 『韓國高僧碑文總集 : 朝鮮朝·近現代』, 서울: 伽山佛敎文化硏究院, 2000.
동국대학교 불교학술원 불교기록문화유산아카이브사업단, 『한국불교전서 편람』, 동국대학교출판부, 2015.

논함으로써 마치고 말았다. 禪敎의 쇠퇴함이 참으로 슬픈 정도였다."라고 평하였다. 『朝鮮禪敎史』(p.680) 참조.

차례

선문재정록禪文再正錄 해제 / 225

일러두기 / 233

선문재정록 235

찾아보기 / 275

일러두기

1 '한글본 한국불교전서'는 문화체육관광부의 지원을 받아 동국대학교 불교학술원에서 수행하고 있는 '불교기록문화유산아카이브(ABC)사업'의 결과물을 출간한 것이다.
2 이 책의 역주는 『한국불교전서』(동국대학교출판부 간행) 제11책에 수록된 『선문재정록禪文再正錄』을 저본으로 하였다.
3 『한국불교전서』의 교감 내용은 ㉠으로, 역주자의 교감 내용은 ㉡으로 구분하여 밝혔다.
4 『한국불교전서』는 H로, 『대정신수대장경』은 T로, 『신찬대일본속장경』은 X로 표시하였다.

예로부터 선을 담론함¹에 사람을 기준으로 하거나 법을 기준으로 하는데, 각각에 두 가지가 있다. 의리義理와 격외格外는 법을 기준으로 한 명칭이고, 여래와 조사는 사람을 기준으로 한 명칭이다. 이와 같이 두 짝으로 세운 근거에 대해서는 여러 설들이 같지 않다.²

---

1 담선談禪은 선에 관한 담론을 말한다.『事物紀原』「道釋科教部」, "『보림전』에 다음과 같이 전한다. '부처님께서 열반에 드실 때 가섭에게 「나의 청정한 법복法服을 그대에게 전한다.」라고 말씀하셨다. 가섭이 아난에게 그것을 전하고 28대가 되어 달마에까지 이르렀다. 양나라 보통 연간(520~527)에 달마는 남천축으로부터 바다를 건너 중국 광주에 이르렀고, 후에 숭산 소림사로 가서 머물던 중 혜가에게 법을 전하였다. 중국의 담선은 이로부터 시작되었다.'(談禪:寶林曰, '佛涅槃時, 造迦葉曰,「吾淸淨法服以付汝」.迦葉傳阿難, 二十八代, 至達磨. 梁普通中, 自南天竺泛海, 至廣州, 後止崇山, 住少林寺, 傳惠可. 中國談禪, 自此始也.')"

2 두 짝으로~같지 않다 : 백파 긍선白坡亘璇(1767~1852)은 이러한 구분에 동의하지 않는 입장이고, 반면 초의 의순草衣意恂(1786~1866)은 동의하는 입장이다.『禪文手鏡』「義理禪格外禪辨」(H10, 519b1), "예로부터 일반적으로 '법을 기준으로는 의리선·격외선으로 나누고, 사람을 기준으로는 여래선·조사선으로 나눈다.' 그렇다면 의리선은 여래선이 되고 격외선은 조사선이 된다. 이미 세존이 다자탑 앞에서 가섭에게 자리를 나누어 준(分座) 여래선을 의리선이라 한 이상 어찌 세 곳에서 마음을 전한(三處傳心) 일을 모두 격외라 할 수 있겠는가! 이런 논리대로라면 의리선은 격외라는 외람된 이름을 얻게 되거나, 여래선은 도리어 의리라는 누명累名을 얻게 되고 마니 그런 이치란 있지 않다.(古來通談曰, '約法名義理禪格外禪, 約人名如來禪祖師禪.' 此則義理禪卽如來禪, 格外禪卽祖師禪也. 旣以分座如來禪, 亦名義理禪, 何云三處皆是格外耶! 且義理禪得格外之濫名, 如來禪還得義理之累名, 理自不然.)";『禪門四辨漫語』「格外義理辨」(H10, 827c15), "옛날에는 단지 '격외'라는 말만 있었지 '격외선'이라는 명칭은 없었고, '의리'라는 말만 있었지 '의리선'이라는 명칭은 없었다. 중고中古 시대 종사들이 배우는 이들을 깨우치려고 비로소 '말에 의한 가르침에 따르지 않고 마음으로 마음을 전하는 것을 조사선이라 한다.'라고 했던 것이다. 이러한 전수 방법은 교敎의 격식(格) 밖으로 멀리 벗어나므로 격외선이라 해도 된다. 말을 꺼내 뜻(義)을 설명하거나 말에 의지해서 도리(理)를 깨닫는 것을 여래선이라 한다. 이것은 말에 의한 교설(言敎)이나 뜻과 도리(義理)로 말미암아 깨닫기 때문에 의리선이라 해도 된다. 이것이 바로 격외선과 의리선이라는 명칭을 세우게 된 유래이다. 그러므로 전수하는 사람을 기준으로 해서는 여래선과 조사선이라는 이름으로 분류하고, 전수하는 법을 기준으로 해서는 의리선과 격외선이라는 이름으로 분류한다. 이것이 전통적으로 총림叢林에서 전래된 일반적인 설이며 그 뜻과 도리로 보아도 온당하여 아무 결함이 없다.(古者, 但有格外之言, 未有格外禪之名;但有義理之言, 未有義理禪之名. 中古師家欲曉學者, 而始言之曰, '凡不由言敎, 以心傳心, 謂之祖師禪.' 此之傳受, 逈出敎格之外, 亦可名格外禪. 凡開言而說義, 因言而證理, 謂之如

古來談禪, 約人約法, 各有二種. 義理格外, 約法名者 ; 如來祖師, 約人名者. 立此兩重, 諸說之同異.

백파 긍선 노장은 모두 그르다고 여기고 두 짝의 기준을 나누고 합하여 재배열하였다. 특히 자신의 견해를 피력하여 말하기를, '선에 세 가지가 있다. 첫째 조사선, 둘째 여래선이며, 이 둘을 합하여 격외선이라 한다. 셋째는 의리선이다.'³라 하고, 임제삼구臨濟三句를 모범 기준(規矩準繩)으로 삼아 차례대로 세 가지 선(三禪)에 짝지었다.【임제 의현臨濟義玄이 말하였다. '제1구에서 알아차리면 불조의 스승이 될 만하고, 제2구에서 알아차리면 인천의 스승이 될 만하며, 제3구에서 알아차리면 스스로도 구제하지 못한다.'⁴】⁵ 그 삼구를 나누

來禪. 是由言教義理而悟入, 亦可名義理禪. 此格外禪義理禪之所以立名之始也. 故約人名如來禪祖師禪, 約法名義理禪格外禪. 此乃古叢林傳來之通談, 其於義理, 穩涉無欠.)"
백파 긍선, 신규탁 옮김, 『선문수경』, p.68, 초의 의순, 김영욱 옮김, 『선문사변만어』, pp.137~138 참조.
3 백파는 조사선·여래선·의리선을 삼선三禪으로 규정하였다. 『禪文手鏡』「義理禪三句頌」(H10, 515c7), 같은 책 『義理禪格外禪辨』(H10, 519c8) 참조.
4 『臨濟語錄』(T47, 501c25), "'도를 배우는 이들이여, 진불眞佛은 형상이 없고, 진도眞道는 일정한 격식이 없으며, 진법眞法은 바탕이 되는 모양이 없다. 이 세 법은 혼융되어 한곳에 화합하여 있어 분별해도 구분할 수 없으니 아득하여 종잡을 수 없는 업식을 가진 중생이라 부른다.' '진불·진법·진도란 어떤 것입니까? 가르쳐 주십시오.' '불佛이란 마음이 청정한 것이요, 법法이란 마음의 광명이요, 도道란 어느 곳에서나 장애가 없는 청정한 광명이니, 세 가지가 하나이며 모두 헛된 이름일 뿐 참으로 실체가 있는 것이 아니다. 참되고 바르게 도를 공부하는 사람이라면 한 생각하는 찰나마다 마음에 틈이 생기거나 끊어짐이 없을 것이다. 달마 대사가 인도에서 온 이래로 단지 남의 말에 유혹되지 않는 사람만을 찾았을 뿐이다. 후에 2조를 만났는데 2조가 한마디 말에 깨닫고는 이전까지 쓸데없는 공부를 하였음을 비로소 알게 되었다. 산승이 지금 보인 견처見處는 불조祖佛와 다르지 않다. 제1구에서 터득하면 불조의 스승이 될 만하고, 제2구에서 터득하면 인천의 스승이 될 만하며, 제3구에서 깨달으면 자기 자신도 구제하지 못한다.'(道流, 眞佛無形, 眞道無體, 眞法無相. 三法混融, 和合一處, 辨旣不得. 喚作忙忙業識衆生.' 問, '如何是眞佛眞法眞道? 乞垂開示.' 師云, '佛者, 心清淨是 ; 法者, 心光明是 ; 道者, 處處無礙淨光是, 三卽一, 皆是空名而無寔有. 如眞正學道人, 念念心不間斷. 自達磨大師從西土來, 祇是覓箇不受人惑底人. 後遇二祖, 一言便了, 始知從前虛用功夫. 山僧今日見處, 與祖佛不別. 若第一句中得, 與祖佛爲師 ; 若第二句中得, 與人天爲師 ; 若第三句中得, 自

어 짝지은 기준이 이미 세 종류의 근기에 맞춘 것이므로 당연히 이와 같이 된 것이다. (백파는) 옛날에 두 짝으로 붙인 명칭에서 사람을 기준으로 한 분류는 합하고 법을 기준으로 한 분류는 나누었다. 그런데 격외가 곧 여래와 조사의 법이라는 것은 알겠으나, 의리는 누구의 법인지 모르겠다. 범부의 법인가, 성현의 법인가? 사람을 기준으로 한 분류는 상관없이 하나의 법을 헛되이 세워 의리선이라 한 논리는 각각 사람과 법으로 나누어 네 가지 선(四種禪)으로 논의함만 도리어 못하다. 어째서 법에 근거한 하나의 선과 사람에 근거한 두 가지 선을 두어 사람과 법이 일치하지 않게 되는 과오를 범한 것인가?[6]

부처나 조사가 번뇌의 세계에 떨어져 그것에 맞게 전하는 방편의 말[7]을 의리선이라 한다면 의리는 별다른 법이 아니라, 본래 여래의 법이요 조사의 법임이 분명하다. 임제가 세 종류의 근기에 대응시켜 삼구라는 명칭을 붙이고 법문을 제시하였으니 각 구절에 따라 응하는 대상도 달라야 할 것이다. 그런데 무슨 이유로 '말을 할 때는 하나의 구에 반드시 삼현三玄을 갖추어야 하고 하나의 현에 삼요三要를 갖추어야 하니, 여기에는 현도 있고 요도 있으며, 방편도 있고 진실도 있으며, 비춤도 있고 작용도 있다.'[8]라

救不了.)"
5 『禪文手鏡』「向下新熏三禪 此是蘊摠三句」(H10, 515b12), "若第一句薦得, 堪與佛祖爲師【祖師禪】; 第二句薦得, 堪與人天爲師【如來禪】; 第三句薦得, 自救不了【義理禪】."
6 사람을 기준으로~범한 것인가 : 백파가 조사선·여래선·의리선의 셋으로 구분한 기준에 대한 원초적인 문제 제기이다. 애초에 이와 같이 셋으로 구분하고서는 이를 사람과 법을 기준으로 다시 짝지으면 의리선에는 '사람'이라는 기준이 적용되지 않는다. 초의 의순이 사람을 기준으로 조사선과 여래선, 법을 기준으로 격외선과 의리선으로 나누었던 것보다 못하다는 주장이다.
7 낙초지담落草之談은 번뇌의 풀에 떨어져서 하는 이야기라는 뜻으로, 중생이 사는 번뇌의 세계에 어울려서 그 수준에 맞는 말을 한다는 의미이다. 『圜悟語錄』 권11(T47, 761b11), "비록 번뇌의 세계에 떨어져 그것에 맞게 이야기하더라도 틀림없이 번뇌의 세계 안에 속박을 뚫는 길이 있어야 한다.(雖則落草之談, 也須草中, 有通身之路.)" 본서 p.101 『선원소류』 주석 187 참조.
8 『臨濟語錄』(T47, 497a19), "한 구절의 말에는 삼현三玄의 문을 갖추어야 하고, 하나의

고 하였는가.

청풍 법사淸風法師는 총석에서 '구句란 언구라고 할 때의 그 구이다. 현玄과 요要는 구에 있고,【제3구】권權과 실實은 현에 있으며,【제2구】조照와 용用은 요에 있다.【제1구】각각 마땅한 점을 가지고 있으니 함부로 판단해서는 안 된다.'[9]라고 하였다. 별석에서는 제1구와 제2구를 해석하고 제3구에 이르러서는 '나와 그대가 지금 설하기도 듣기도 하며 묻기도 답하기도 한 상황이【앞에서 제1구와 제2구를 해석한 말을 가리킨다.】이미 제3구에 떨어진 것이다.'[10]라고 하였다. 또 '삼요의 도장을 물렁한 진흙에 찍을 경우 그 흔적이 온통 뚜렷이 드러나는 것과 같으므로 이름을 바꾸어 삼구라 하는데 현과 요도 함께 그 가운데 있다.'[11]라고 하였다. 이에 따르면 격외 가운데 갖추어진 법【여래선과 조사선 두 가지 선(二禪)】을 제외하고는 별도로 의리라는 법은 없다.【다만 언구에 다름이 있을 뿐이다.】 어찌하여 여래선과 조사선 두 가지 선을 유독 격외에 짝지은 것인가? 날마다 쓰면서도 알지 못하는 경우[12]에 해당한다고 하겠다.

현문에는 삼요三要를 갖추어야 한다. 여기에 방편(權)도 있고 작용(用)도 있으니 그대들은 어떻게 이해하는가?(一句語須具三玄門, 一玄門須具三要. 有權有用, 汝等諸人, 作麽生會?)";『人天眼目』권1「三玄三要」(T48, 301c24);『禪門四辨漫語』(H10, 823b23).

9 『禪門綱要集』「二賢話」(H6, 851b4), "청풍 법사가 말하였다. '구句는 언구라고 할 때의 구이니 구는 차별을 설명한 것이다. 현玄은 유현하다는 뜻의 현이니 현은 분별할 수 없는 것이다. 요要는 요점을 찌른다고 할 때의 요이니 요는 번다한 데에 있지 않다. 현과 요는 구에 있고, 권權과 실實은 현에 있으며, 조照와 용用은 요에 있다. 각각 마땅한 점을 가지고 있으니 함부로 판단해서는 안 된다.'(風曰, '句言句之句, 句詮差別;玄幽玄之玄, 玄不可辨;要省要之要, 要不在多. 玄要在句, 權實在玄, 照用在要. 各有攸當, 不應莽鹵.)";『禪文手鏡』「義理禪三句頌」(H10, 516a20).

10 『禪門綱要集』「二賢話」(H6, 852a14).

11 『禪門綱要集』「二賢話」(H6, 852a16).

12 일용이부지日用而不知는『周易』에서 비롯한 성구이다.『周易』「繫辭傳」, "음과 양이 번갈아 바뀌며 반복하는 작용을 도라 한다. 지속하여 이어 가는 것이 선善이요, 갖추고 있음이 성性이다. 인자仁者는 이를 인仁이라 하고, 지자知者는 이를 지知라 하며, 백성들은 날마다 쓰면서도 알지 못한다. 그런 까닭에 군자의 도가 드문 것이다.(一陰一陽之謂道. 繼之者善也, 成之者性也. 仁者見之, 謂之仁;知者見之, 謂之知;百姓日用

白坡老, 總非之開合兩重. 特申己見云, '禪有三種. 一祖師禪, 二如來禪, 合名格外禪. 三義理禪.' 將臨濟三句爲準繩, 而如次配於三禪.【臨濟云, '若第一句薦得, 堪與祖佛爲師; 第二句薦得, 堪與人天爲師; 第三句薦得, 自救不了.'】其三句之配, 旣對三根故, 理應如此. 古之兩重立名, 約人則合之, 約法則開之. 是知格外, 乃如來祖師之法, 未委義理, 是何人之法. 爲凡夫法耶, 爲賢聖法耶? 若無約人而空立一法爲義理禪, 反不如各開人法, 爲四種禪也. 胡乃一法二人, 有人法不齊之失耶?

若以佛祖落草之談爲義理禪, 則義理不是別法, 自是如來之法也, 祖師之法也, 明矣. 臨濟爲對三根, 立三句名, 所示法門, 隨句應異. 云何'大凡下語, 一句中須具三玄, 一玄中須具三要, 有玄有要, 有權有實, 有照有用.' 清風法師, 捻釋中云, '句言句之句. 玄要在句,【第三句】權實在玄,【第二句】照用在要.【第一句】各有攸當, 不應莽鹵.' 別釋, 第一第二句, 至第三句云, '吾與子, 卽今一說一聽, 一問一答,【指上初二句所釋.】早落第三句了也.' 又云, '如將三要印, 向爛泥裏搭却, 痕縫全彰, 轉名三句, 玄要在其中.' 據此則除却格外中所具之法,【如來祖師二禪】別無義理之法.【但爲言句有异也.】何以如來祖師二禪, 獨配於格外? 可謂日用而不知者也.

나의 좁은 견해를 말해 보겠다. 의리와 격외에 모두 두 가지 선(조사선과 여래선)을 갖추고 있다. 의리와 격외는 갖추는 주체(能具)로서의 선이고, 여래와 조사는 갖추어지는 대상(所具)으로서의 선이다. 능구能具는 허명虛名(虛位)으로서 다만 지시하는 주체【스승】와 깨닫는 당사자【제자】라는 측면을 따라서 이름을 붙인 것이고, 소구所具는 지시한 가르침【스승】과 깨달은 가르침【제자】을 따라서 법의 본체 측면에서 이름을 붙인 것이다. 따라서 소

而不知. 故君子之道鮮矣.)" 자기가 가지고 노는 물건의 이름조차 모른다는 농물부지명 弄物不知名과도 통한다. 자기 자신이 언제나 사용하고 있는 본분(弄物)의 실마리조차 모르는 어리석은 자를 일컫는다.

구를 능구라고 일컬어서는 안 된다.

종사는 근기에 적합하게 이끌어 갈 때 말의 자취를 늘어놓지 않는다. 어떤 경우에는 도리로 전혀 통하지 않는(沒道理) 한 구절을 내놓거나, 어떤 경우에는 잠깐 침묵하거나(良久) 방棒이나 할喝과 같은 방법으로 제기하는데 영리한 자는 곧바로 알아차리고 자신이 깨달은 경계를 드러내 보이니 많은 말이 필요 없이 미소 짓거나 손을 들어 그에 응한다. 이 근기가 전해 받은 법은 정식情識이나 말로는 표현하거나 헤아릴 수 있는 것이 아니며 의리라는 격을 벗어나 있기 때문에 격외선이라 한다. 만일 노파심 때문에 현玄이니 요要니 이야기하며 그 뜻을 자세히 다 말한다면 배우는 이가 말에 얽매여 이해를 일으키게 된다.[13] 혹은 배워서 알고, 생각해서 터득하며, 익혀서 이룬다면[14] 이 근기가 전해 받은 법에는 완연히 명名과

---

[13] 말에 얽매여~일으키게 된다(隨語生解) : 『百丈廣錄』古尊宿語錄 1(X68, 7c19), "중생이 또한 남의 말을 따라 이해를 일으키니, 이익은 적고 손실은 많다.(衆生又隨語生解, 益少損多.)"

[14] 『禪門寶藏錄』권상(X64, 808a11), "교외별전敎外別傳이란 부처에서 부처로, 조사에서 조사로 이어지며 함께한 법이다. 이 법은 문자로 표현할 수 있는 대상이 아니므로 '교외'라 하고, 지위의 차제나 계급을 점차적으로 밟아 가지 않고 불심종을 깨달아 법인을 곧장 내려 주므로 '별전'이라 한다. 교란 말이 있는 경계에서 말이 없는 경계에 이르는 것이고, 마음이란 말이 없는 경계에서 말이 없는 경계에 이르는 경계이다. 말이 없는 경계에서 말이 없는 경계에 이른다면 누구도 그 경계를 무엇이라 규정할 수 없어서 억지로 선이라고 일컬은 것일 뿐이다. 세상 사람들이 그 연유를 알지 못한 채 배워서 알 수 있다거나, 생각해서 얻을 수 있다거나, 익혀서 이룰 수 있다고 잘못 생각한다. 선나禪那는 정려靜慮라고 한역한다. 정려란 정신의 움직임을 가라앉히고 단정히 앉아서 온갖 대상에 대한 분별을 그치고 마음을 단속하여 혜慧를 관하는 일법一法을 이루는 것일 뿐이다. 어째서인가? 세존이 입멸하실 때 가섭에게 은밀히 전하여 33세대에 이르도록 지속적으로 이어져 끊어지지 않았지 않은가! 따라서 달마가 전한 법은 교에 의지하여 선을 익히도록 하는 것이 아니며, 곧바로 사람의 마음을 가리켜 본성을 보고 성불하도록 하는 길이었던 것이다.【조문간정록】(且夫敎外別傳, 卽佛佛祖祖所共法也. 以是法非文字所可擬議, 故曰敎外 ; 以不歷位次階級, 而悟佛心宗, 徑受法印, 故曰別傳. 敎也者, 自有言至於無言者也 ; 心也者, 自無言至於無言者也. 自無言而至於無言, 則人莫得而名焉, 故強名曰禪. 世人不知其由, 或謂學而可知, 思而可得, 習而可成. 謂之禪那, 此云靜慮. 靜慮者, 澄神端坐, 息緣束心, 助成觀慧之一法耳. 何故? 世尊於垂滅之時, 而

상相, 그리고 이치에서 그 요지를 밝히는 자취가 남게 되니 공훈功熏을 들여 닦아서 증득하는 길이라 할 만하므로 이를 의리선이라 한다.

> 請陳管見. 夫義理格外中, 皆具二禪. 義理格外, 是能具, 如來祖師, 是所具之禪. 能具虛位, 而但從能示【師】能悟【資】邊立名; 所具卽就所示【師】所悟【資】法體上立名. 不可所將具[1)]卽目能具.
> 謂宗師對機之時, 不陳言迹. 或下沒道理之一句, 或良久棒喝之類擧之, 伶利漢直下承當, 呈其悟地, 不用多言, 或微笑擧手而應之. 此機傳受之法, 非情識言辭之所可議度, 直超義理之格, 故名格外禪. 若以老婆心, 說玄談要, 曲盡其意, 學者隨語生解. 或學而知, 思而得, 習而成, 則此機傳得之法, 完有名相, 義理詮旨之迹, 可借功熏修證之路, 故名義理禪也.

1) ㉠ '所將具'는 '將所具'의 오류인 듯하다.

그러므로 이 전수한 법은 동일하지 않다. 종사가 상대의 안목을 시험하고자 하여, 때로는 자취를 찾지 못하도록 (의도적으로) 숨기고 덮어 버리거나[15] 번뇌의 품숲에 떨어져서 법을 설하기도 하는데 근기가 날카로우면

密傳於迦葉, 以至三十三世累而不絶乎! 是故達磨所傳者, 非借敎習禪者也, 乃直指人心見性成佛之道也.【祖門刊正錄】)"; 『禪敎訣』(H7, 657b8), "선禪은 부처의 마음이고 교敎는 부처의 말씀이다. 교란 말이 있는 경계에서 말이 없는 경계에 도달하는 것이고, 선이란 말이 없는 경계에서 말이 없는 경계에 도달하는 것이다. 말이 없는 경계에서 말이 없는 경계에 도달하면 누구도 그 경계를 무엇이라 규정할 수 없어서 억지로 '마음'이라고 일컫는 것일 뿐인데, 세상 사람들은 그 연유도 모르고서 '배워서 알고 생각해서 터득한다'고 말하니, 참으로 근심스러운 일이다.(然禪是佛心, 敎是佛語也. 敎也者, 自有言至於無言者也; 禪也者, 自無言至於無言者也. 自無言至於無言, 則人莫得而名焉, 强名曰心, 世人不知其由, 謂學而知, 思而得, 是可慼也.)"

15 의도적으로 숨기고 덮어 버리거나(迷蹤蓋覆) : 『禪文手鏡』「無字揀病論科解」(H10, 524c1), "'개가 알고서 고의로 불성을 범하였다~업식이 있기 때문이다.'라는 말은 자취를 찾지 못하도록 덮어 버리는 수법이다. 조주에게 질문한 학인이 (말뜻을) 알아차리지 못하고 단지 있느니 없느니 분별하며 잘못 이해하였으므로 조주 스스로가 자신이 보여 준 말의 자취를 찾지 못하도록 숨기고 덮어 버리고서 도리어 그가 잘못 이해하고

그 자취에 얽매이지 않고 곧장 격외로 들어가 깨닫지만, 설령 방이나 할로 지시하는 방편을 쓰더라도 근기가 둔하면 의리에 떨어져 들어가 버리고 말기 때문이다. 고덕은 '말에 얽매여 이해를 일으킨다면 염화미소拈花微笑도 도리어 교의 자취가 될 뿐이고, 마음에서 터득하면 세간의 언어도 모두 교외별전敎外別傳의 뜻이 된다.'[16]라고 하였다. 그런 까닭에 깨달은 법의 본체[조사선과 여래선 두 가지 선]에서는 본래 격외와 의리가 다르지 않지만, 다름이 있는 까닭은 전수한 측면을 따라서 이름을 붙였기 때문임을 알아야 한다. 즉 사구死句와 활구活句라는 명칭과 마찬가지로 명칭은 다르지만 뜻은 같다. 그러므로 고덕이 '사구에서 알아차리면 자기도 구제하지 못하지만, 활구에서 알아차리면 불조의 스승이 될 만하다.'[17]라고 한 것이다.『선가귀감』에 '사구란 뜻을 궁구하는 것(參意)이니 말을 따라 쫓아가는 길도 있고(語

있느니 없느니 하는 말에 따라 대답해 준 것이다. 그러므로 자취를 잃게 하는 비결이라 한다. 이것은 선사들도 능히 활용하기 어려운 깊고 미묘한 비결이다.('知而故犯, 及業識在, 迷蹤蓋覆也. 以其不能承當, 但以有無錯解故, 迷藏自家所示之蹤跡, 而蓋覆之, 却順其有無以答. 故名曰, 迷蹤訣. 此是禪師難能之妙訣.)" 백파 긍선, 신규탁 옮김,『선문수경』, p.130 참조.

16 『禪家龜鑑』(H7, 635b24), "그러므로 누구든 말에 얽매여 근본을 잃어버리면 염화미소의 소식도 모두 교敎의 자취에 불과하지만, 마음에서 깨달으면 세간의 온갖 거칠고 자질구레한 말들도 모두 교외별전의 선지禪旨가 된다.(是故, 若人失之於口, 則拈花微笑, 皆是敎迹, 得之於心, 則世間麤言細語, 皆是敎外別傳禪旨.)" ; 같은 책(H7, 635c6), "마음에서 얻은 자는 비단 길거리에서 하는 이야기도 법의 요체를 잘 말하는 것이라 여길 뿐만 아니라 제비의 지저귐에서도 실상實相에 깊이 통달한다. 그러므로 보적寶積 선사는 곡하는 소리를 듣고 몸과 마음이 기쁨에 넘쳐 솟아올랐고, 보수寶壽 선사는 주먹다짐하는 광경을 보고 본래면목을 활짝 깨달았다는 이야기도 이러한 연유에서 나온 것이다.(得之於心者, 非但街談善說法要, 至於鷰語, 深達實相也. 是故, 寶積禪師, 聞哭聲踊悅身心, 寶壽禪師, 見諍拳開豁面目者, 以此也.)"

17 『圜悟語錄』권11(T47, 765b12), "그런 까닭에 '혀를 짓눌러 버리고 별도로 견해를 짜내되, 활구를 참구하고 사구를 참구하지 마라. 활구에서 알아차리면 영겁토록 잊지 않겠지만, 사구에서 알아차리면 자기 자신도 구제하지 못한다.'라고 하는 것이다.(所以道,'坐却舌頭, 別生見解, 他參活句, 不參死句. 活句下薦得, 永劫不忘 ; 死句下薦得, 自救不了.')" ;『禪家龜鑑』(H7, 636b16). 본서 p.130『선원소류』주석 238,『정선 선어록』주석 284 참조.

路) 이치로 통하는 길(理路)도 있기 때문이다. 활구란 다만 구절을 궁구하는 것(參句)이다.'[18]라고 하였다. 『염송설화』에서도 '말이 없어도 말에 대한 관념이 남아 있으면 사구요, 말로 표현하여도 어떤 집착의 흔적도 없으면 활구이다.'[19]라고 하였다.]

그러므로 선을 익히는 자는 화두를 참구할 때 다만 격외의 도리를 참구해야지 의리로 들어가려 해서는 안 된다. 격외와 의리에 대한 구분은 앞에서 설명한 것과 같다. 여래선과 조사선 두 가지 선은 무엇에 근거하여 이름을 붙인 것인지 확실하지 않다. 백파 긍선은 말하였다. '최상의 근기를 대하고 하나하나의 언구에서 잡고서 분별할 수단을 전혀 남기지 않으니 영원히 금시와 본분이라는 번뇌의 마음에서 벗어나 있어 부처도 안착시키고 조사도 안착시킨다는 따위와 같다. 이것은 조사 문하(祖門)에서만 사용하는 언구이므로 조사선이라 한다. 혹은 중간의 근기를 대해서는 언구를 지시하되 방편 그대로 진실을 밝히니 이 둘을 분별하기 어려워 부처도 물리치고 조사도 물리치지만 하나하나의 법마다 온전히 진실하다는 따위와 같다. 이 또한 조사 문하에서의 일이지만 하나하나의 법마다 온전히 진실하다는 말은 여래가 설한 「만법일심萬法一心」[20]이라는 말과 완전히 같다. 그런 까닭에 그것을 폄하하여 여래선이라 한다.'[21]라고 하였다. 이

---

18 『禪家龜鑑』(H7, 636b19), "화두에는 구절과 뜻이라는 두 가지 문이 있다. 구절을 궁구한다(參句)는 것은 경절문徑截門의 활구를 가리키니, 마음으로 헤아릴 길도 전혀 없고 말을 따라 쫓아갈 길도 없어서 모색할 도리가 없기 때문이다. 뜻을 궁구한다(參意)는 것은 원돈문圓頓門의 사구를 가리키니, 이치로 통할 길도 있고 말을 따라 쫓아갈 길도 있어 듣고 이해하고 생각할 여지가 있기 때문이다."(話頭, 有句意二門. 參句者, 徑截門活句也, 沒心路, 沒語路, 無摸搩故也. 參意者, 圓頓門死句也, 有理路, 有語路, 有聞解思想故也.) 본서 p.131『선원소류』 주석 241, 『정선 휴정』(p.102) 참조.
19 『禪門拈頌說話』1219칙(H5, 816b2).
20 본서 p.150『선원소류』 주석 287 참조.
21 『禪文手鏡』(H10, 515b11) 이하의 요지이다. 『禪門四辨漫語』에 더 요약적으로 제시되어 있으므로 이 책을 인용한다. 『禪門四辨漫語』(H10, 821a1), "육은노인이 말하였다. '선에는 세 종류가 있다. 첫째는 조사선이다. 최상의 자질을 갖춘 사람(上根)에게 전하기 위한 것이므로 한마디 한마디의 말이 마치 허공에 도장을 찍는 것과 같다. 그것은 마치 영양이 뿔을 나뭇가지 위에 걸고 자면서 발자국을 숨기는 것과 같아서 더듬

것은 다만 조사선과 여래선, 이 두 가지 선의 법의 본체가 같지 않음에 따라 구분한 것이지 사람을 기준으로 하여 이름을 붙인 본의를 분명히 말한 것은 아니다.

설두 유형雪竇有炯(1824~1889)은 '여래가 깨달은 법이므로[2월 8일 밤에 샛별을 보고 깨달은 것] 여래선이라 하며, 여래가 깨닫고 나서 진귀 조사眞歸祖師[22]를 찾아가 법을 전해 받았으므로 조사선이라 한다.'[23]라고 하였다. 설두 노장은 두 가지 선(二禪)을 그 연원에 따라 변별하였으니 스승(배파 궁

을 도리가 전혀 없고 추적할 흔적도 없다. 뿌리까지 통째로 뽑아 버려 잡고서 분별할 근거를 전혀 남기지 않고 영원히 근본적인 번뇌 망상을 벗어났기 때문이다. 산은 산이요[근본 기틀] 물은 물이며,[남김 없는 작용] 부처도 안착시키고 조사도 안착시킨다. 이상은 오로지 조사의 문 안에만 있는 언구들이므로 조사선이라 한다. 둘째는 여래선이다. 중간의 자질을 갖춘 사람(中根)에게 전하기 위한 것이므로 한마디 한마디의 말이 마치 물에 도장을 찍는 것과 같다. 현재의 차별(今)과 본래의 무차별(本) 그리고 도리와 흔적 등이 남아 있는 듯하지만 방편(權) 그대로 진실(實)을 밝히니 이 두 가지를 분별하여 나눌 수 없기 때문이다. 산은 산이 아니요 물은 물이 아니며, 부처도 물리치고 조사도 물리치지만 하나하나의 법마다 온전히 진실하다. 이 또한 조사문 안의 일이지만, 하나하나의 법마다 온전히 진실하다는 말은 여래가 「모든 법을 총괄하여 한가지 마음을 밝힌다.」고 설한 말씀과 완전히 일치하므로 깎아내려 여래선이라 한다. 본분을 깨달아 저편에 서 있는 사람을 존귀하다고 생각하는 집착에서 벗어난 상태가 아니기 때문이다.'(六隱老人曰, '禪有三種. 一祖師禪. 對上根故, 一一言句, 如印印空. 如羚羊掛角, 沒義理, 沒蹤跡. 和根拔去, 了沒巴鼻, 永脫根本頭角故. 山是山,【大機】水是水,【大用】佛也安祖也安. 但此祖門中所有之言句, 故名祖師禪. 二如來禪. 對中根故, 一一言句, 如印印水. 似有今本, 義理朕跡, 而卽權明實, 了不可辨故. 山非山, 水非水, 佛也打祖也打, 而法法全眞. 此亦祖門中事, 以法法全眞之語, 完同如來所說, 「統萬法明一心」之言, 故貶之云如來禪. 以未脫本分那人尊貴頭角故也.')" 조의 의순, 김영욱 옮김, 『선문사변만어』, pp.46~48 참조.
22 진귀 조사眞歸祖師 : 본서 p.26 『선원소류』 주석 9 참조.
23 『禪源溯流』(H10, 668a11), "여래선 : 『보요경』에 '보살(석가세존)이 2월 8일에 샛별을 보고 도를 깨달았으니 천인사라 하며, 깨달은 도리가 여래의 깨달음이므로 여래선이라 한다.'라고 하였다.……조사선 : 달마가 말하였다. '진귀 조사가 설산에 있으면서, 총림의 방장에서 석가를 기다렸네. 조사의 심인을 임오년에 전해 받아 수지하였고, 동시에 조사의 종지를 마음으로 얻었다네.' 이것은 조사가 전한 것이므로 조사선이라 한다.(如來禪 : 普曜經, '菩薩於二月八日, 見明星悟道, 號曰天人師, 以所悟之道, 是如來悟底, 故名如來禪.……祖師禪 : 達摩云, '眞歸祖師在雪山, 叢木房中待釋迦. 傳持祖印壬午歲, 心得同時祖宗旨.' 是祖師傳底, 故名祖師禪.)"

선)을 넘어선 견해가 있지만 여래선을 석가의 깨달음에만 연원을 두고 조사선의 경우에는 다만 진귀 조사에게 전해 받은 일에 그 연원을 한정하였다. 그러나 이 법은 삼세의 불조에게 통용되는 선이 아니다.

然此傳受之法, 不可一同. 宗師欲試眼目, 或迷蹤盖覆, 落草說去, 根利則不滯其迹, 卽入格外而悟去, 設以棒喝示之, 根鈍則墮落義理, 而得入故. 古德云, '隨言生解, 則拈花微笑, 却爲敎迹；得之於心, 則乃至世間言語, 皆爲敎外別傳之旨.' 故知所悟之法體【二禪】本無格外義理之異, 所以有異, 從傳授邊立名也. 卽與死句活句之名, 名異義同. 故古德云, '死句下薦得, 自救不了；活句下薦得, 與祖佛爲師.'【禪家龜鑑作云, '死句者, 亦名叅意, 有語路理路故；活句者, 但叅句也.' 說話又云, '無語中有語, 名死句；有語中無語, 名爲活句也.'】也.'

故習禪者, 看話時, 但叅格外, 莫入義理也. 格外義理之辨, 如上所釋. 未委如來祖師二禪, 據何而立名. 白老云, '若對上機, 一一言句, 了沒巴鼻, 永脫今本頭角, 如佛也安祖也安之類. 此但祖門中所用之言句, 故名祖師禪. 或對中機, 所示言句, 卽權明實, 了不可辨, 如佛也打祖也打, 而法法全眞之類. 此亦祖門中事, 以法法全眞之言, 完同如來所說, 萬法一心之言. 故貶之名如來禪.' 此但辨二禪法體之不同, 的未言約人立名之本意也.

雪老云, '如來所悟之法故,【二月八夜, 見星悟道故.】名如來禪；如來悟道已, 尋訪眞歸祖師, 所傳得底, 故名祖師禪.' 此老則卞得二禪所從之淵源, 有超師之見, 而以如來獨當釋迦, 祖師但爲眞歸. 此法非三世佛祖通用之禪也.

나는 이 두 가지 선의 이름이 언제 비롯하였는지 알지 못하겠으나, 글을 상세히 살펴보면 역시 임제삼구에서 나왔다. 어째서인가? 그 제1구에 대해서는 '부처와 조사의 스승이 될 만하다.' 하고, 제2구에 대해서는 '인천의 스승이 될 만하다.' 하였다. 인천의 스승이 어찌 여래가 아니겠으며,

부처와 조사의 스승이 어찌 조사가 아니겠는가. 제2구의 법에서 깨달으면 견성성불할 뿐이지만, 제1구의 법에서 깨달으면 모든 부처의 스승이 될 수 있으므로 조사라 한 것이다.【진귀를 조사라 칭한 것도 이러한 이유에서이다.】 이것이 법으로 사람을 명명하고 사람을 기준으로 (선의) 이름을 지었다는 증거가 아니겠는가. 그런데 설두 노장의 앞의 말은 사람이 법을 우선한다.【사람이란 여래와 조사이고 법은 선이다.】 그러나 내 생각으로는 법이 사람을 우선한다.【선법에 따라 부처도 되고 조사도 될 수 있기 때문이다. 의주식依主釋과 의사석依士釋 두 가지 풀이가 다르다.[24]】 세 부류의 근기에 짝지어 보면 격외에서 깨달았다고 해도 번뇌(頭角)[25]가 있는 경우는 여래선의 중근기이고, 해오解悟하였다는 장애마저 없는 경우는 조사선의 상근기이다. 의리선에도 비록 여래와 조사라는 법의 본체가 있기는 하지만 모두 정식에서 깨달아 닦은 것이기 때문에 통틀어 하근기일 뿐이다. 선문禪文에서 '교외별전의 일미선一味禪'[26]이라고 흔히들 말하는데, 그렇다면 교외와 격외가 어떻게 다른가?

백파는 세 가지 선(三禪)에서 여래선과 조사선 두 가지 선을 가리켜 교외별전으로 보았다. 백파의 견해로는 교외와 격외가 다름이 없다는 것이다. 요지를 밝히고 이치를 의론하는 자취를 교敎로 여기고, 반면 현상(事)

---

24 의주석依主釋과 의사석依士釋~풀이가 다르다 : 범어에서 합성어를 해석하는 여섯 가지 방식(六合釋) 중의 하나. 보통 의주석依主釋을 의사석依士釋이라고도 하며 또는 즉사석卽士釋·속주석屬主釋이라고도 하는데, 이 둘의 해석이 다르다고 한 연유는 알지 못하겠다. 예를 들어 '산사山寺'라고 할 경우에 이는 '산지사山之寺'의 뜻으로서 앞의 구절은 범문梵文 문법의 하나인 격格에 해당하고 뒤의 구절은 소유격으로 해석하는 방식이다.

25 번뇌(頭角) : 번뇌가 일어난다는 두각생頭角生과 같은 말. 『碧巖錄』 95칙 「垂示」(T48, 218a19), "부처가 있는 곳에는 머물지 말지니, 머물면 뿔이 나리라. 부처가 없는 곳은 급하게 달려서 지나갈지니, 달려서 지나가지 않으면 번뇌의 잡초가 한 길만큼 자라리라.(有佛處不得住, 住著頭角生 ; 無佛處急走過, 不走過, 草深一丈.)"

26 본서 p.37 『선원소류』 주석 32 참조.

과 이치(理)가 원융하게 일치하고 시간과 공간에서 걸림이 없는 시처무애時處無礙,[27] 삼세가 곧 일념이요 만법이 일심이라는 등을 교외敎外로 여긴 것이다. 그러나 이것은 원돈교圓頓敎 가운데 육상십현六相十玄[28][이 여래선에 의거하여 삼현三玄이라는 말이 있게 된 것이다.]의 이치에 불과하다. 비록 깨달음과 수행이 곧바로 사라져 성인의 지혜로나 범부의 식識[29]으로나 헤아릴 수 있는 경계가 아니더라도, 어찌 교敎의 격식(格) 밖을 뛰어넘을 수 있으랴!

만약 이러한 것을 교외별전의 일미선으로 삼는다면 화엄회상의 보살이란 보살은 모두 법을 전하기에 적합한 근기일 것이니, 어찌 열반회상에 이르러 유독 가섭에게만 법을 부촉하고 나머지 대중은 다 어찌할 줄 몰랐겠는가. 이미 '일미'라고 해 놓고서 다시 여래와 조사라는 두 가지 법의 차별이 어떻게 있을 수 있는 것인가? 설두 유형【설두파雪竇派의 후손】은 같고

---

27 시처무애時處無礙 : 『華嚴經探玄記』 권3(T35, 160b21), "아홉 번째, 시처무애. 하나의 국토에서 삼세의 겁을 모두 나타내거나, 일념 중에 헤아릴 수 없이 많은 국토를 나타내는 것이니, 이와 같이 걸림이 없는 것을 말한다.(九, 時處無礙, 謂或於一刹, 現三世劫, 或一念中, 現無量刹, 如是無礙.)"

28 육상십현六相十玄 : 십현육상이라고도 한다. 육상六相의 원융圓融함과 법계法界 십현연기十玄緣起의 교의를 아울러 이르는 말. 육상은 화엄종의 교의에서 각각의 사물에 있다고 간주하는 여섯 가지 상相으로서 이 육상이 원융하여 상호 의존적이면서도 각각에 장애가 되지 않음을 뜻한다. 총상總相·별상別相·동상同相·이상異相·성상成相·단상壇相을 가리킨다. 십현은 십현문十玄門 또는 십현연기十玄緣起라고도 하며, 화엄종에서 세운 사종법계 가운데 사사무애법계事事無礙法界의 상을 열 가지 방면에서 드러낸 것이다. 이 뜻에 정통하면 『華嚴經』의 유현幽玄한 세계에 들어갈 수 있다 하여 '현문玄門'이라고 한다. 동시구족상응문同時具足相應門·광협자재무애문廣狹自在無礙門·일다상용부동문一多相容不同門·제법상즉자재문諸法相卽自在門·은밀현료구성문隱密顯了俱成門·미세상용안립문微細相容安立門·인다라망법계문因陀羅網法界門·탁사현법생해문託事顯法生解門·십세격법이성문十世隔法異成門·주반원명구덕문主伴圓明具德門 열 가지이다.

29 성인의 지혜로나 범부의 식識(聖凡識智) : 백파 긍선이 식識과 지智를 변별하여 설한 『識智辨說』이라는 책이 있다. 식識은 분별이 있는 생멸심으로 삼계를 윤회하게 하는 근본 원인인 데 반해 지智는 무분별의 불생멸심으로 세간을 뛰어넘어 성불에 이르게 하는 길에 해당한다고 하였다. 『가산불교대사림』 '식지변설' 항목 참조.

다름을 변별하여 말하였다. '교외와 격외가 같기도 하고 다르기도 하다. 같은 점은 여래선과 조사선은 원래 교외이고 의리선도 교외라고 부를 수 있다는 점이다.『간정록』[30]에 「심법心法은 문자로 헤아릴 수 있는 것이 아니므로 교외라 한다.」라고 하였다.【의리 또한 헤아리고 분별하는 마음이기 때문에 심법이다.】 또한 규봉 종밀(圭山)은 「문구를 도로 삼지 말지니, 모름지기 말에 대한 집착을 잊고 뜻을 터득해야 하며 뜻을 얻었다면 그것이 교외전심 敎外傳心이다.」[31]라고 하였다. 다른 점은 의리만이 격格이고, 여래선과 조사선 두 가지 선은 격외格外라는 이름을 얻었다는 점이다.'[32] 설두 유형은 '교외'를 넓은 명칭으로 '격외'는 협소한 명칭으로 사용하고, 또한 설명한 경전 문구는 교敎라 하고 설명한 뜻은 교외敎外라 하였으니, 단지 문자가 교라는 것만 알고, 요지를 밝히고 이치를 의론하는 것이 교라는 점은 오히려 몰랐던 것이다. 인용한 글이 비록 규봉 종밀의 설에 근거한 것이라

---

30 천책天頙의『禪門寶藏錄』에 인용된『祖門刊正錄』을 말한다.
31 『圓覺經大疏釋義鈔』 권3(X9, 531a2), "이심전심이란 달마 대사의 말이다. 2조 혜가 화상이 '이 법은 어떤 경전에 쓰여 있습니까?'라고 묻자, 달마 대사는 '나의 법은 마음으로써 마음을 전하며 문자를 세우지 않는다.'라고 하였다. 비록 스승의 언설에 따르더라도 문구를 도 자체로 삼지 않는다는 뜻이다. 말에 대한 집착을 잊고 뜻을 터득해야 하니, 뜻을 터득하였다면 그것이 바로 마음을 전한 것이다.(以心傳心者, 是達磨大師之言也. 因可和尙諮問, '此法有何敎典?' 大師答云, '我法以心傳心, 不立文字.' 謂雖因師說, 而不以文句爲道. 須忘詮得意, 得意卽是傳心.)"
32 『禪源溯流』(H10, 659a9), "그러므로 의리를 가리켜 격격이라 하고, 여래선과 조사선 두 가지 선은 그 격을 벗어난 격외格外이다. 격외와 교외敎外라는 말에는 같은 점도 있고 다른 점도 있다. 같은 점은 의리선에도 교외라는 이름을 붙일 수 있다는 것이다. 예컨대『조문간정록』에 '심법은 문자로 헤아릴 수 있는 대상이 아니다.'라고 한 뜻과 같다. 그러므로 교외는 지위와 순서나 점차적 단계를 차례차례 밟아 가지 않고 불심종을 깨달아 법인法印을 곧바로 받기 때문에 '별전別傳'이라 한다. 이 격외의 두 가지 선이 교외이다. 규봉이 말하였다. '문구를 도로 삼지 말지니, 모름지기 말에 대한 집착을 잊고 뜻을 터득해야 한다. 말의 자취를 잊는 것이 교외이고, 뜻을 터득하는 것이 전심傳心이다.'(然則義理名爲格, 如來祖師二禪爲格外也. 然格外敎外之言, 或同或異. 同者, 義理禪亦得敎外之名. 如祖門刊正錄云, '心法非文字所可擬議.' 故云, 敎外以不歷位次階級, 悟佛心宗, 徑受法印, 故曰別傳. 此格外二禪, 爲敎外也. 圭峯云, '不以文句爲道, 須忘詮得意. 忘詮卽是敎外, 得意卽是傳心.')"

고는 하지만 이 선사[규봉 종밀]가 밝힌 것은 의리에 대한 지해知解에 불과할 뿐이니, 의리에서 증득한 것을 선이라고 할 수 있다면 어찌 별전의 선이라 할 수 있겠는가!

또한 화엄종의 교법에서 보면 이사무애법계理事無礙法界를 여래선에 짝 짓고 사사무애법계事事無礙法界를 조사선에 짝짓는다. 이와 같다면 화엄은 여래선과 조사선 두 가지 선을 모두 갖춘 것이니 화엄이 곧 교외가 된다. 그렇다면 어찌 영산회상에서 꽃을 집어 든 일(拈花微笑)을 별전의 표준으로 삼을 수 있겠는가? 일우一愚와 이현二賢의 해석과 크게 어그러진다.「일우설一愚說」에서는 '여래가 화엄시에 설한 것을 임제의 제2구에 짝짓는다.'[33]라고 하였고,「이현화二賢話」에서는 제2구를 풀면서 '이에서 분별하면 이체理體(理性)는 끝이 없고 차별적 현상(事相)은 밖이 없이 넓음을 깨달아 바른 지각을 갖추어 인천의 스승이 될 만하다.'[34]라고 하였다. 이 논의에 근거하여 억지로 사법계四法界를 제2구에 짝지으면 이법계는 체구體句, 사법계는 용구用句, 다른 두 무애법계는 중구中句가 된다. 하나의 진실한 법계는 향상向上이다.} 또 진정 극문眞淨克文의 송에, '다함없는 본성의 바다가 한맛을 머금었으나{이것이 하나의 진실한 법계이다.} 그 한맛 또한 침몰시키는 것이 나의 선'[35]이라 한 구절을 어떻게 이해해야 할까. 모두 선문禪文

---

33 『禪門綱要集』「一愚說」(H6, 854c22), "세존이 가섭에게 세 곳에서 마음을 전한 것을 첫 머리의 표징으로 한 까닭은 이 공안으로 교외별전의 종지를 세우기 위해서이다. 여래가 적멸도량에서 처음 정각을 이루고 나서 천 길 길이 비로자나불의 몸을 드러내고 41위 법신 대사와 과거세에 근기가 성숙한 천룡팔부에게 일시에 둘러싸여 마치 구름이 달을 감싸는 듯했다는 장면이 제2구이며, 그런 까닭에 인천의 스승이 될 만하다고 한 것이다.(世尊迦葉, 三處傳心, 所以首標, 此介公案, 以立敎外別傳之宗者也. 如來在寂滅場中, 初成正覺, 現千丈盧舍那身, 四十一位法身大士, 及宿世根熟, 天龍八部, 一時圍繞, 如雲籠月, 是第二句, 故云人天爲師.)"

34 『禪門綱要集』「二賢話」(H6, 852a12).

35 『禪門拈頌說話』256칙(H5, 242a9), "또 옛사람이 '해인삼매 가운데 삼종세간이 드러나니, 삼종세간이 모두 다함이 없구나. 다함없는 본성의 바다가 한맛을 머금었으나, 그 한맛 또한 침몰시키는 것이 나의 선이다.'라 하여 한맛조차 물속에 던져 버린 것이 바로 장로의 일미선이라 하였다. 이것이 장로가 말한 그 일미선이다.(又古人云, '海印定中三種現, 三種世間皆無盡. 無盡性海含一味, 一味尙沉是我禪.' 則一味尙沈處, 是長蘆

의 법도로 삼기에 부족하다.

愚則未知二禪之名, 始自何時, 以視文詳之, 亦自臨濟三句中出來. 何也? 其第一句云, '與佛祖爲師'; 第二句云, '人天爲師'. 人天師豈不是如來, 佛祖師豈非祖師乎. 盖悟得第二句法, 則但見性成佛而已; 悟得第一句法, 方爲諸佛之師, 故云祖也.【眞歸之稱祖, 亦以此也.】此非以法名人約人立名之有證處乎. 然則前老所說, 人勝於法.【人則如來祖師, 法則禪也.】愚則法勝於人也.【禪能作佛作祖故也. 依主依土, 二禪之有異.】若配三根, 雖格外中悟, 有頭角者, 是如來禪中根也; 解导亦亡, 則是祖師禪上根也. 義理禪中, 雖有如來祖師之法體, 皆情識上悟修故, 捴爲下根也. 禪文多云, 敎外別傳一味禪, 敎外之與格外, 同別如何?

白老卽指三禪中, 如來祖師二禪, 爲敎外別傳. 此老則敎外與格外無別也. 然則以詮旨義理之迹爲敎; 以事理融卽, 時處無导, 三世一念, 萬法一心 等爲敎外. 而此不過圓頓敎中, 六相十玄【依此如來禪, 亦有三玄之言.】之理. 雖悟修斯亡, 卽非聖凡識智之所可度量, 何能超出於敎格之外!

若以此爲別傳一味之禪, 花嚴菩薩, 皆爲傳法之機. 何至涅槃會上, 獨付囑於迦葉, 餘衆則悉皆罔措也. 旣云一味, 又何有如來祖師二法之差別耶? 雪老【卽雪竇坡之孫】卞同別云, '敎外格外, 或同或異. 同者, 如來祖師二禪, 元是敎外, 而義理禪, 亦名敎外. 刊正錄云,「心法非文字所可擬議, 故云敎外.」【義理亦思心量故, 亦云心法.】又圭山云,「不以文句爲道, 須忘詮得意, 得意則是敎外傳心也.」其異者, 唯義理名格, 二禪獨得格外之名.' 此老則敎

一味禪也, 此是長蘆所謂一味禪也.)"; 『禪門寶藏錄』권상(X64, 808b10), "열 분 부처 머무는 도량이 하나의 해인이요, 삼종세간이 모두 그곳에 있네. 다함없는 본성의 바다가 한맛을 머금었으나, 그 한맛 또한 침몰시키는 것이 나의 선이다.【진정 극문 화상의 송】(十佛壇場一海印, 三種世間總在焉. 無盡性海合一味, 一味相沈是我禪.【眞淨文和尙頌】)" 본서 p.39 『선원소류』주석 39 참조.

外之名寬, 格外之名狹, 又能詮之文爲敎, 所詮之旨爲敎外, 只知文字爲 敎, 尙迷詮旨義理之爲敎也. 引文雖依圭山之說, 而此師【圭山】所明, 不過 義理之知解. 可以證於義理之爲禪, 何足爲別傳之禪也!

又以花嚴中, 理事無㝵法界, 配如來禪; 事事無㝵法界, 配祖師禪. 若爾, 花嚴皆具二禪, 華嚴便是敎外. 何至靈山拈花枝, 而爲別傳之標準也? 大 違一愚二賢之釋.【一愚說中, '以如來說華嚴時, 配臨濟第二句', 二賢話, 作第二 句云, '於此辨得, 見理性無邊, 事相無外, 具正知覺, 爲人天師.' 若依此而強配四法 界於第二句, 理法界卽體句, 事法界卽用句, 二無碍法界卽中句. 一眞法界, 卽向上 也.】又眞淨頌, '無盡性海含一味,【卽一眞法界.】一味相[1]沉是我禪'之句, 何 以通之. 皆未足爲禪文準繩.

1) ㉠ '相'은 '尙'의 오기이다.

내 자세히 살펴보건대, 종사가 종지를 세움에 다름이 있는 까닭은 각자 자기의 종지를 교외로 생각하기 때문이다. 실제에 근거하면 조사선만이 교외이다. 여래선에도 격외라는 이름을 붙일 수 있지만 교설의 자취에서는 벗어나지 못했기 때문이다. 왜 그러한가? 교에는 세 층의 깊이가 있으니, 첫째는 설명하는 수단으로서의 문자, 둘째는 문자 안에서 설명되는 의리를 갖춘 종지,【의리선에도 일부분 이런 뜻이 있다.】셋째는 말이나 생각으로 전혀 통하지 않는 종지이다.

여래선은 능能과 소所가 모두 사라지고 말과 생각이 모두 끊어진 바로 그 소식 이외 그 무엇도 아니다. 문헌으로 증명한다.『염송설화』에 '교외별전이라고 한다면 삼구가 곧바로 사라져도 여전히 옳지 않다.'[36]라고 하

---

36 『禪門拈頌說話』37칙(H5, 50c2), "삼구는 본보기가 되는 법도이다. 하지만 진실로 교외별전이라면 거기에는 삼구가 곧바로 사라져도 오히려 옳지 않거늘 하물며 본보기가 되는 법도를 벗어나지 못한 것이야 말할 여지가 있겠는가!(三句, 是矩模也. 若是敎外別傳, 三句斯亡, 尙猶不可, 而況未離矩模者哉!)"

였다. 일우(천책)는 임제의 제1구를 해석하여 '교외별전의 종지'라 하였지만[37] 제2구에 대해서는 이런 언급이 없다. 순덕 선사順德禪師[38]는 '일미법계一味法界의 자취조차 떨쳐 버리고 조사가 보인 일심을 드러내야 한다.'[39]라고 하였다. 청량국사는 '원돈교圓頓敎 위에 별도로 하나의 종파가 있다.'[40]라고 하였으니, 이것이 어찌 조사선이 아니고 유독 교외일 뿐이겠는

---

[37] 『禪文剛要集』에서 '제1구를 가리켜 교외별전'이라 한 정확한 대목은 찾지 못했다. 다만 『禪門四辨漫語』에 위와 같은 내용이 보인다. 『禪門四辨漫語』「二禪來義」(H10, 27b17), "일우는 이 별도의 방법으로 전하는 종지를 임제의 제1구에 짝지었지만 또한 직접 (조사선이라는) 이름을 붙이지 않은 채 다만 풍혈風穴의 말만 인용하여 은근히 가리켰을 뿐이다. 이 방법으로 종문의 법도를 잃지 않았던 것이다.(今一愚, 以此別傳之宗旨, 配臨濟第一句, 亦不直書名字, 只引風穴語而暗道之. 此正不失宗門之典則也.)" 초의 의순, 김영욱 옮김, 『선문사변만어』, pp.132~133 참조.

[38] 순덕 선사順德禪師 : 경청 도부鏡淸道怤(868~937)의 사호賜號이다.

[39] 『禪門寶藏錄』권상(X64, 808b4), "모든 부처님께서는 활등처럼 설하셨고 조사들은 활시위처럼 설하셨다. 활시위처럼 설하였다는 말은 선문에서 현묘한 길을 곧장 전하면서 언설을 빌리지 않고 근본이 되는 마음의 본체를 곧바로 가리켜 보이는 양상이 활시위가 곧은 것과 같다는 뜻이다. 교문의 경우에 일승一乘은 곧은 길이고 삼승三乘은 굽은 길이므로 근본이 되는 마음의 본체를 곧바로 들어서 마음에 보여 준 것과 같지 않다. 왜 그러한가? 일승교一乘敎에서 설한 것은 일마다 걸림 없는 법계의 모든 존재가 원만하게 융합되어 있다는 뜻이다. 일마다 걸림 없는 이 법계는 한맛의 법계로 귀결되고, 이 한맛의 법계가 남긴 흔적조차 떨쳐 버려야 비로소 조사들이 제시한 일심이 드러나게 된다. 그러므로 모든 교설은 곧지 않음을 알 수 있다.【순덕선사록】(諸佛說弓, 祖師說絃. 說絃者, 禪門正傳玄路, 不借言說, 直示宗本心體, 如弓之絃. 若敎門, 則一乘是直路, 三乘是曲路, 不如直擧宗本心體, 示於心念之中. 何故? 一乘敎中所說者, 事事無礙法界圓融. 此事事無礙法界, 方歸一味法界, 拂此一味法界之跡, 方現祖師所示一心. 故知諸敎不直.【順德禪師錄】)" 본서 p.138『선원소류』주석 254, 『정선 휴정』(p.95) 주석 58 참조.

[40] 『禪門寶藏錄』권상(X64, 809b11), "『화엄경소』에 '원돈교圓頓敎 위에 별도로 하나의 종파가 있다.'라고 하였으니 이는 말에 대한 집착을 잊고 근본적인 뜻을 알아차리는 종지이다. 누군가가「어떤 말을 잊고 어떤 뜻을 알아차리라는 것입니까?」라고 묻자,「오교五敎의 말을 잊고 오교의 뜻을 알아차리라는 것이니 선종이 그것이다.」라고 하였다.【현각 선사 교외수선장】(如華嚴疏云, '圓頓之上, 別有一宗.' 此亡詮會旨之宗. 或問, '亡何詮, 會何旨?' 答, '亡五敎之詮, 會五敎之旨, 禪宗是也.【玄覺禪師敎外堅禪章】)" ; 『華嚴經疏』권2(T35, 512c4), "(돈교에서) 단번에 언어가 끊어진 경계를 드러내는 이유는 별도로 모든 상념을 벗어난 한 부류의 근기를 가르치기 위한 것이니, 선종에 해당한다.(頓顯絶言, 別爲一類離念機故, 卽順禪宗.)" 『정선 휴정』(p.346) 주석 56 참조.

가! 일우와 이현의 해석은 앞에서 인용한 삼현 가운데 체중현體中玄에 대해 삼세가 일념이라든가, 향엄 지한香嚴智閑이 대나무 소리를 듣고 깨달은[41] 따위와 같다. 비록 진실로 분별에 딱 들어맞는 법은 하나도 없다(無一法可當情)[42]고 이해하더라도 단지 원교 가운데 하나의 진실한 법계의 체일 뿐이다. 이것이 어찌 여래선 또한 교내敎內[43]에 있다는 것이 아니겠는가! 이미 교내에 있건만 어찌하여 격외라 하는가?

以愚詳之, 宗師立宗有異, 各以自宗爲敎外. 據實則唯祖師禪, 獨爲敎外. 雖如來禪, 亦得格外之名, 亦未脫敎迹. 何者? 敎有三重淺深. 一, 能詮文字, 二, 文內所詮義理之旨.【義理禪亦有一分在】三, 亡言絶慮之旨.
今如來禪, 不過能所俱亡, 言思俱絶之消息故也. 以文證之. 說話云, '若是

---

41 향엄 지한香嚴智閑이~듣고 깨달은 : 향엄이 풀을 베다가 날아간 돌조각이 대나무에 부딪혀서 난 소리를 듣고 깨우친 인연. 소리를 듣고 도를 깨닫는다는 문성오도聞聲悟道를 대표한다.
42 앙산 혜적仰山慧寂과 향엄 지한의 문답 가운데 나오는 말. 『禪門拈頌說話』 586칙(H5, 453a18), "앙산이 어느 날 향엄을 만나 물었다. '요즘 사형의 견지는 어떠신가?' '나의 견지에 따르면 진실로 분별에 딱 들어맞는 법은 하나도 없소.' '그대의 견지는 여전히 대상 경계에 머물러 있군.' '내 견지는 고작 이것에 불과한데, 사형은 어떠시오?' '그대는 분별에 딱 들어맞는 법이 하나도 없음을 아는 사람(能知者)까지 없다는 사실을 어찌 모르는가!' 위산이 두 사람의 문답을 듣고 말하였다. '적자寂子(앙산 혜적)가 이다음에 세상 사람들을 몹시 어리둥절하게 만들겠군.'(仰山一日見香嚴, 乃問, '近日師兄見處如何?' 嚴云, '據某甲見處, 無一法可當情.' 師云, '你解猶在境.' 嚴云, '某甲只如是, 師兄又作麽生?' 師云, '你豈無能知無一法可當情者!' 潙山聞云, '寂子, 已後疑殺天下人去在.') 이 책 설화에서는 "'나의 견지에 따르면 진실로 분별에 딱 들어맞는 법은 하나도 없소.' 라 한 말은 대나무에 돌조각이 부딪힌 경계, '한 번 부딪히는 소리에 모든 앎 잊고 나니, 더 이상 닦을 필요가 없노라.'라는 소식을 가리킨다.(據某甲見處無一法可當情者, 擊竹處, 一擊忘所知, 更不假修治云云也.)"라고 하였다. 『景德傳燈錄』 권11 「仰山傳」 (T51, 283b8), 『仰山語錄』(T47, 584a16) 등에는 앙산과 그 사제師弟 쌍봉雙峰 사이의 문답으로 실려 있다. 본서 p.194 『선원소류』 주석 375 참조.
43 교내敎內 : 선종에서 언어 문자를 법의 근거로 삼지 않고 이심전심·교외별전 등을 표방하는 것에 비해 경률론 등의 교법에서 경전에 의한 가르침에 의지하는 것을 교내라 한다.

敎外別傳, 三句斯亡, 尙猶不可.' 一愚釋臨濟第一句云, 是敎外別傳之宗, 至第二句中, 卽無此言. 順德禪師云, '拂一味法界之迹, 亦現祖師所示一心.' 淸涼國師云, '圓頓之上, 別有一宗.' 此豈不是祖師禪, 獨爲敎外乎! 一愚二賢之釋, 如上引之, 三玄中體中玄云, 三世一念等, 香嚴聲竹悟道之類. 雖無一法可當情之解, 只是圓敎中一眞法界之體. 此豈不是如來禪亦在敎內乎! 旣在敎內, 何云格外?

격에는 두 종류가 있다.【이것은 옛사람이 나눈 것이 아니다.】 하나는 의리의 격이고, 다른 하나는 교의 격이다. 그것은 원교 가운데 육상십현의 이치이다. 비록 인과의 일정한 방식과 완성된 격칙格則에서 벗어나지 못하였더라도 본래 정식으로 사량하여 알 수 있는 경계가 아니며, 의미로 통할 길도 없고 이치로 이해할 길도 없기 때문에 격외라 한다. 여래선이 이미 교의 자취에서 벗어나지 못하였다면 별전에 합치하지 않으니 조사가 어찌 그것을 가져다 활용함으로써 선기禪機를 그때마다 적절하게 대하겠는가! 그러한 까닭에 삼십삼조사가 모두 삼장三藏을 겸한 것이다. 이 원돈의 이치는 비록 조사 문하에서의 별전의 정종正宗은 아니지만 교승敎乘 가운데서는 가장 궁극의 이치이다. 이 원만한 기틀을 끌어와 선종에 들어갈 수 있으므로 가져와 쓰는 것이다. 이미 조사 문하의 법이라 하였으므로 교라는 이름을 바꾸어 선이라 하고 그것을 폄하하여 여래선이라 한 것이다. 그러므로 이 선에서 깨달으면 인천의 조사가 될 수 있을 뿐 불조의 스승은 되지 못한다.

옛사람[44]이 '분별을 잊고 이치에 들어맞는 데에 두 가지가 있다. 첫째

---

44 『禪門寶藏錄』 권상(X64, 809b5), "망상을 잊고 이치에 들어맞음에 두 가지가 있다. 첫째는 교敎에 의거하여 이치에 들어맞는 것이다. 예컨대 대승보살의 경우와 같다. 즉 부처가 소승을 설하였지만 소승에 얽매이지 않고 대승을 설하더라도 대승에 얽매이지 않으며, 이치를 설하고 현상을 설하였지만 그 이치나 현상에 얽매이지 않으며, 공

는 교敎에 의지하여 이치에 들어맞는 것'이라 한 말은 여래선을 가리킨다. '둘째는 선禪에 의지하여 이치에 들어맞는 것'이라 한 말은 조사선을 가리킨다. 『염송설화』에서도 '교가敎家에서는 사사무애를 설하고 선가禪家에서는 사사무애를 실행한다.'[45]라고 하였다. 따라서 선문禪文에서 '교에 입각하여 종지를 밝힌 것은 여래선이고, 교를 뿌리 뽑고 종지를 밝힌 것은 조사선'[46]이라 한 말을 알 수 있다. 이와 같다면 여래선으로는 교에 의지하

을 설하고 색을 설하였지만 그 공이나 색에 얽매이지 않으며, 진제眞諦와 속제俗諦를 설하였지만 그 진제나 속제에도 얽매이지 않은 것과 같으니, 오승五乘 제법의 한 글자 한 글자, 한 구절 한 구절이 가명假名이라는 것을 무너뜨리지 않고 원융하게 이해한다. 두 번째는 선禪에 의거하여 이치에 들어맞는 것이다. 부처가 대승을 설하였지만 본래 대승이란 없는 것이고 부처가 소승을 설하였지만 본래 소승이란 것도 없으며, 부처가 이치와 현상을 설하였지만 본래 그 이치와 현상이란 것도 없으며 삼승십이분교에 이르기까지 모두 그러하다. 삼계의 모든 법은 새가 허공을 날아가지만 끝내 아무런 흔적이나 자취를 남기지 않는 것과 같다.……【현각 선사 교외수선장】(忘情契理有二義. 一, 依教契理者. 如大乘菩薩, 佛說小乘, 不滯小乘, 雖說大乘, 不滯大乘；說理說事, 不滯理事；說空說色, 不滯空色；說眞說俗, 不滯眞俗, 五乘諸法, 一一字一一句, 不壞假名, 圓融融會. 二, 依禪契理者. 佛說大乘, 本無大乘, 佛說小乘, 本無小乘；佛說理事, 本無理事；乃至三乘十二分敎. 三界所有法, 如鳥飛空, 永無蹤跡.……【玄覺禪師 敎外堅禪章】)"

45 『禪門拈頌說話』 1칙(H5, 6a21), "옛사람의 말에 '화엄의 교설이 아니면 이치를 남김없이 설할 수 없다. 다만 배우는 자들이 분사토 드리'난 뜻과 이치에 골몰한 끝에 분별을 잊고 마음을 깨닫지 못할 뿐이다.'라고 하였다. 그런 까닭에 달마 대사가 인도로부터 와서 인심을 곧바로 가리켜(直指人心), 본성을 보고 부처가 되도록 한 것(見性成佛)이다. 곧 선가禪家에서는 사사무애事事無礙를 실행하고, 교가敎家에서는 사사무애를 이론적으로 설한다. 교가에서는 설하기만 하고 실행하지 못하나, 선가에서는 하나의 기틀과 하나의 경계에서 본분을 포착하는 순간 바로 활용한다.(古人云, '非是華嚴, 說理未盡. 但學者, 汨沒文字義理, 不能忘意了心.' 所以達磨西來, 直指人心, 見性成佛. 則禪行事事無礙, 敎說事事無礙也. 敎家但說而行不得, 禪家一機一境上, 把得便用.)" 본서 p.34 『선원소류』 주석 29 참조.

46 다른 문헌에서는 찾지 못하였고 『禪源溯流』에 보이는데 그 뜻은 위와는 다르다. 즉 이 책에서는 '교에 입각하여 종지를 밝힌 것(即敎明宗)이 격외선'이라고 하면서 다음과 같이 문제를 제기하였다. 『禪源溯流』(H10, 659a22), "🈶 격외선에는 교적의 자취를 없애고 종지를 밝히는 경우가 있고 교적의 자취 그대로 종지를 밝히는 경우가 있는데, 교적의 자취를 없애어 종지를 밝히는 것은 원래 교외이지만, 교적의 자취 그대로 종지를 밝힘은 의리선에서 언어의 자취를 잊고 뜻을 얻는 것과 어떻게 다릅니까? 🈷 고덕이 '마음에서 얻으면 삼장십이분교가 모두 교외별전의 선지禪旨'라고 하였으니, 이것이

여 종지를 밝혀 의리로 들어갈 수 있지만, 조사선은 교를 벗어나 별도의 방법으로 전하는데(敎外別傳) 어떻게 의리로 들어갈 수 있겠는가? 앞에서 말하지 않았는가! 종사가 노파심에서 자신의 온몸에 진흙과 물을 묻히는 것도 감수하며 갖가지 방편을 쓸 경우에 근기가 대단히 영리한 자에게는 원돈법조차 쓰지 않고 곧장 삼요인三要印을 가지고 이 말 저 말로 어떻게 말하더라도 언어 문자가 지나치게 많은 지경이 되므로 별전의 종지가 도리어 의리 가운데 떨어지고 만다.

그러므로 종사가 종지를 세우고 법을 보이는 방편과 학인이 법을 얻고 깨달음에는 각기 여러 종류가 있다. 종사의 경우에는 의리와 격외라는 각각의 종지에 모두 통달하여 법의 본체를 제기하거나 여래와 조사를 각각 겸하여 (펼치는 방편이) 하나에 한정되지 않는다. 학인의 경우에는 의리를 따라 점차로 격외로 들어가는데, 혹은 의리를 빌리지 않고 곧바로 격외로 들어가거나, 혹은 의리에 막혀 격외로 나아가지 못하는 이유는 깨달은 법의 본체가 또한 같지 않기 때문이다. 그러므로 조사선을 깨달은 자는 여래선도 알지만, 여래선을 깨달은 자가 반드시 조사선을 아는 것은 아니다. 그러므로 『염송설화』에서 2조를 찬탄하여 '만약 중·하 근기의 부

활안活眼의 수단이다. 마음에서 얻으면 일정한 궤칙에 얽매이지 않아 흙을 금으로도 만드니 한 글자 한 구절이 조사의 뜻 아님이 없다. 이런 까닭에 교적의 자취 그대로 종지를 밝힘은 격외선이다. 언어의 자취를 잊고 뜻을 얻는 경우는 그렇지 않으니 이름으로써 제법의 자성을 드러내고 구절로써 제법의 차별을 드러낸다면 이름과 구절은 능전能詮이고 자성과 차별은 소전所詮이다. 그러므로 저 이름과 구절에서 언어의 자취를 잊고, 설령 자성과 차별의 뜻을 깨닫더라도 아직 자성과 차별에 대한 이해를 잊지 못하였기 때문에 의리선이다. 이 교외라는 말은 비록 세 가지 선을 모두 관통하지만 그 뜻은 현격하게 다르다.(問, 格外禪, 有撥敎明宗, 有卽敎明宗, 撥敎明宗, 元是敎外, 而卽敎明宗, 與義理禪之忘詮得意, 同別如何? 答, 古德云, '若人得之於心, 則三藏十二分敎, 皆是敎外別傳禪旨', 此是活眼手段. 得之於心, 不存軌則, 把土成金, 一字一句, 無非祖師意也. 是以卽敎明宗, 爲格外禪也. 忘詮得意者, 不然, 以名詮諸法自性, 句詮諸法差別, 則名句是能詮, 自性差別是所詮也. 故於彼名句上, 而能忘詮, 雖得自性差別之意, 然未能忘自性差別之解, 故爲義理禪也. 此敎外之言, 雖通三禪, 其義懸隔.)"

류였다면 이 경계【여래선을 가리킨다. 마치 양 무제가 교가의 궁극을 담은 깊은 도리는 이미 알고 있었지만 조사의 뜻을 알지 못했던 것과 같은 예이다.】에 눌러앉아 곧 본분사를 마쳤다고 여겼을 것이다.'47라고 하였다.

盖格有二種.【此古人之不分者.】一, 義理之格, 二, 敎格. 彼圓敎中六相十玄之理. 雖未脫亡因果之規模, 完成格則, 元非情識之所思量境, 絶義路沒理路故, 亦名格外也. 如來禪, 旣未脫敎迹, 未入別傳, 祖師何取用之, 以對禪機耶! 所以然者, 卅三諸祖, 皆兼三藏. 這圓頓之理, 雖未爲祖門中別傳之正宗, 是敎乘中最極之理. 引彼圓機, 可進入於禪宗故, 亦取而用之. 旣爲祖門中法故, 轉敎爲禪, 貶之名如來禪. 故悟此禪者, 只得爲人天師, 未爲佛祖師.

故古德云, '忘情契理有二, 一, 依敎契理.' 此指如來禪; '二, 依禪契理.' 卽指祖師禪也. 說話又云, '敎說事事無碍, 禪行事事無碍.' 故知禪文中, 卽敎明宗者, 是如來禪; 撥敎明宗者, 是祖師禪也. 若爾, 如來禪依敎明宗, 或可入於義理中; 祖師禪則是敎外別傳, 亦何入於義理耶? 前不云乎! 宗師以老婆心, 拖泥帶水時, 根亦有稍利者, 不用圓頓法, 直將三要印, 指東畫

---

47 『禪門拈頌說話』 100칙(H5, 106a18), "모든 대상이 끊어지고 나면 끊어져서 아무것도 없는 그 경계(斷滅)에 떨어지는 사람도 있지만 2조는 그렇지 않았다. 그는 분명하게 깨어 어둡지 않고 뚜렷하게 항상 알고 있었으니, 깨달음과 수행이 곧바로 사라지면서 여래선을 증득하였던 것이다. 중·하 근기의 무리였다면 이 경계에서 눌러앉아 본분사를 벌써 마쳤다고 여겼겠지만 2조는 그렇지 않았다. 그는 다시 모든 부처님의 법인에 대하여 묻고는 그 자리에서 마음을 편안히 하고 모든 부처님이 전한 마음의 본체를 깨달았다. (이 때문에) 앞에서 터득한 이해가 더욱 밝아져 '분명하게 깨어 어둡지 않고 뚜렷하게 항상 알고 있다.'고 말한 뒤 마침내 조사선을 알아차리고 달마의 인가를 받았던 것이다. 이것이 2조가 2조가 된 이유이다.(諸緣旣斷, 或有落斷滅者, 今二祖則不然. 明明不昧, 了了常知, 則悟修斯亡, 乃證得如來禪. 其中中下之類, 於此坐着, 便以爲能事已畢, 二祖卽不然. 又問, 諸佛法印, 當下安心, 悟得諸佛所傳心體. 前解轉明白, '明明不昧, 了了常知.' 遂乃會得祖師禪, 得他印許. 此所謂二祖之爲二祖者也.)" 본서 p.184 『선원소류』 주석 361 참조.

西, 葛藤太多故, 別傳之旨, 還墮義理中也.

故宗師之立宗示法, 學人之得法悟入, 各有多種. 宗師則有義理格外之各宗俱通者, 所擧法體, 亦有如來祖師之各兼不一. 學人則有從義理, 而漸入格外, 或不假義理, 直入格外, 或滯在義理, 不進格外者, 所悟法體, 亦然不同. 然悟祖師禪者, 亦知如來禪 ; 但悟如來禪者, 未必知祖師禪. 故說話讚二祖云, '其如中下之流, 於此【指如來禪也. 如梁帝已知敎家極妙窮玄, 不會得祖師意之類.】坐着, 便以爲能事已畢也.'

선이 심법心法인 이상 종사가 법을 드러냄에 설령 범부의 번뇌 경계에 떨어져 일러 주는 방법(落草之談)을 시설하여 한갓 한 구절의 게를 남겼다 하더라도 이것은 원래 교승의 서책이나 의리義理의 참의參意[48]는 아니다. 교학에서 경전을 읽고 뜻을 취하는 것과 비교하여 그 특징이 어떻게 다른가? 여기에는 같은 점도 있고 다른 점도 있다. 같은 점은 예로부터 종사가 교가의 글을 읽고 도를 깨달은 경우가 많다는 점이다. 종밀이 '한 두루마리 책에서 이치의 하늘이 환히 밝아졌다.'[49]라고 한 예가 그것이다. 다른 점은 대강대강 실속 없이 배우는 무리들이 단지 글귀에 매달려 글줄이나 쫓는 것을 귀하게 여길 뿐 '이것은 무슨 도리일까?'라고 궁구해야 할 그 문제는 전혀 상관하지 않는다는 측면이다. 그런 까닭에 선과 교(禪講)[50]에 다름이 있게 된 것이니 설령 교가의 전적을 읽고 터득한 부분이 있다 해도 그것은 단지 여래선의 소식일 뿐이다. 교와 별도의 방법으로 전하는

---

48 참의參意 : 본서 p.131 『선원소류』 주석 241 참조.
49 『大方廣圓覺修多羅了義經略疏』 「序」(T39, 524b21), "나는 선법은 남종南宗에서 만났고 교법은 『원각경』에서 만났는데, 일언지하(南宗禪)에 마음이 확 트이고 한 축 책(『圓覺經』)에서 의리의 하늘이 밝아졌다.(禪遇南宗, 敎逢斯典, 一言之下, 心地開通, 一軸之中, 義天朗耀.)"
50 선강禪講은 선과 교, 선종과 교종, 또는 선수행자와 경전을 강설하는 자를 말한다. 교종에서는 경전을 강설하므로 '강강'이라 한다.

종지가 어찌 온갖 유형의 교법 안에 있겠는가?『염송설화』에서 말하였다. '선이란 무엇인가? 규봉은 「온전한 음사어는 선나禪那(⑤ dhyāna)이고, 한역하면 사유수思惟修 또는 정려靜慮라고도 하는데, 이는 모두 정정定과 혜慧를 통칭한 말이다.」라고 하였다. 여기서【『선문염송』을 가리킨다.】 말하는 선禪으로 보자면 교외별전의 일미선一味禪이다.'[51] 그렇다면 여래선과 조사선의 차이는 무엇인가? 여러 조사들이 모두 이에 근거하여 비판하기를 '교외가 격외라면 교외 가운데 또한 여래선과 조사선이라는 두 가지 선이 있는 것'[52]이라고 하였다.

그대들은 바로 이전의 이 문구를 어떻게 보는가? 이상과 같은 판단은 응당 다음과 같은 뜻일 것이다. '처음에서부터 「정定과 혜慧를 통칭한 말이다.」라는 대목까지는 여래선을 끌어들였고, 「여기서 말하는」 이하에서는 조사선을 가리켰으며, 「그렇다면」 이하에서는 같고 다른 점을 변별한

---

[51] 『禪門拈頌說話』「禪門拈頌集序」(H5, 1b11).
[52] 『禪源溯流』(H10, 658c23), "예로부터 총림에서는 법을 기준으로 의리선과 격외선을 밝혔다. 또 여래선 운운한 것은, 옛사람이 소위 사람을 기준으로 하여 여래선과 조사선이라 이름 붙인 것이다. 이 또한 격외선 가운데 여래선과 조사선이 있는 것이다. 의리선을 여래선으로 여기기도 하지만 의리선은 지금 활용하는 그 여래선이 아니다. 예컨대 도솔화兜率話(『선문염송』 1칙)에서 '증득과 교화를 곧바로 사라지게 한다.'라고 하였으니 이것이 어찌 여래선이 아니겠는가? 또한 염과 송을 가한 여러 선사들이 법 하나하나가 모두 그대로 진실하다는 뜻을 많이들 밝혔으므로 의리선이 여래선이 아님이 분명하다는 사실을 알아야 한다. 그러므로 의리를 가리켜 격외라 하고, 여래선과 조사선 두 가지 선은 그 격을 벗어난 격외格外이다. 격외와 교외敎外라는 말에는 같은 점도 있고 다른 점도 있다. 같은 점은 의리선에도 교외라는 이름을 붙일 수 있다는 것이다. 예컨대『조문간정록』에 '심법은 문자로 헤아릴 수 있는 대상이 아니다.'라고 한 뜻과 같다. 그러므로 교외는 지위와 순서나 점차적 단계를 차례차례 밟아 가지 않고 불심종을 깨달아 법인法印을 곧바로 받기 때문에 '별전別傳'이라 한다. 이 격외의 두 가지 선이 교외이다.(上古叢林, 所謂約法, 明義理禪格外禪也. 且如來禪云云者, 古所謂約人名如來禪祖師禪也. 此亦格外禪中, 有如來禪祖師禪也. 若以義理禪爲如來禪, 義理禪非今所用如來禪. 則如兜率話, '證化斯亡.' 豈非如來禪耶? 又拈頌諸師, 多明法法全眞之義, 故知義理禪, 非如來禪, 明矣. 然則義理名爲格, 如來祖師二禪爲格外也. 然格外敎外之言, 或同或異. 同者, 義理禪亦得敎外之名. 如祖門刊正錄云, '心法非文字所可擬議.' 故云, 敎外以不歷位次階級, 悟佛心宗, 徑受法印, 故曰別傳. 此格外二禪, 爲敎外也.)"

것이다.'【설두 유형은 이렇게 푼다. '처음에서부터 「정定과 혜慧를 통칭한 말이다.」라는 대목까지는 의리선에 배대하고, 「여기서 말하는」 이하는 격외선에 배대한다.'[53] 이보다 앞에서는 고충림의 말로서 법을 기준으로 의리선과 격외선이라 이름을 붙인 것이고, 「그렇다면」 이하는 또한 위의 격외선에서 두 가지 선으로 나누는 방식이니 이것은 사람을 기준으로 이름 붙인 것이다.】

경전에 '세존께서는 샛별을 보고 깨닫고 나서 마갈타국에서 문을 닫아걸고 사유하며 인연에 따라 수행하여 이레 동안 스스로 법락을 누렸다.'[54]【사유수를 증득한 것이다.】라고 하였다. 대주 혜해大珠慧海는 '무릇 선사라면 그 핵심을 뽑아내어 곧바로 마음의 근원을 깨달아야 하니, 선의 고요한 경계에 안주해 보지 않았다면 이 문제를 당면하고 누구나 망연자실할 수밖에 없다.'[55]【정려를 증득한 것이다.】라고 하였다. 또한 『염송설화』에서는 『대반열반경』을 인용하여 '성문은 정定이 많고 혜慧가 부족하여 불성을 알지 못하고, 보살은 혜가 많고 정이 부족하여 불성을 알지 못하지만, 여래만은 정과 혜를 평등하게 구현하여 불성을 분명히 깨달았다.'[56]【정과 혜를

---

53 앞의 주석 52 참조.
54 『法華經』 권1 「方便品」(T9, 9c4), "나는 앞서서 도량에 앉아, 보리수를 관하고 경행하였으며, 삼칠일 동안, 이와 같은 일을 사유하였다.(我始坐道場, 觀樹亦經行, 於三七日中, 思惟如是事.)"; 『十地經論』(T26, 124a11), "어째서 처음 이레 동안은 설법하지 않으셨는가? 사유행과 인연행 때문이니 본래 남을 이롭게 하기 위해 성도하신 까닭이다. 어째서 이레 동안 사유하며 설법하지 않으셨는가? 스스로 대법락을 누리심을 드러내신 까닭이다.(何故不初七日說? 思惟行因緣行故, 本爲利他成道. 何故七日思惟不說? 顯示自樂大法樂故.)"
55 『景德傳燈錄』 권28 「大珠慧海傳」(T51, 441b4), "선사라면 그 핵심을 뽑아내어 곧바로 마음의 근원을 깨달아야 하니, 나타내거나 숨기거나 거두거나 펼치면서 종횡 어디로나 자재하게 대상에 응한다. 현상과 이치를 모두 고르게 깨쳐 단박에 여래의 경계를 보고, 생사의 문제를 깊은 뿌리까지 통째로 뽑아 버려 눈앞에 드러난 삼매를 얻는다. 선의 고요한 경계에 안주해 보지 않았다면 이 문제를 당면하고 누구나 넋을 잃을 수밖에 없다.(夫禪師者, 撮其樞要, 直了心源, 出沒卷舒縱橫應物. 咸均事理, 頓見如來, 拔生死深根, 獲見前三昧. 若不安禪靜慮, 到遮裏總須茫然.)"
56 『禪門拈頌說話』 203칙(H5, 203b4), "정과 혜를 평등하게 공부하여 불성을 분명히 본다고 하는데, 이 도리는 어떤 것인가 : 성문은 정이 많고 혜가 부족하여 불성을 알지 못

증득한 것이다.)라고 하였다.

그런 까닭에 우리나라 보조국사는 『정혜결사문』을 지었던 것이다. 이로써 알라! 정과 혜라는 두 수행 조목을 어찌 의리선에만 한정할 수 있겠는가. 설령 의리선이라 해도 의리 가운데의 여래선인 것이다. 『소쇄선정록掃灑先庭錄(선문증정록禪門證正錄)』에서는 '처음에서부터 규봉 종밀이 일미선이라 한 말까지는 고총림에서 법을 기준으로 의리선과 격외선이라 이름 붙인 것을 가리키고, 여래 운운한 그 이하는 옛사람이 사람을 기준으로 여래선과 조사선이라 이름 붙인 것을 가리킨다.'[57]라고 하였다. 법과 사람을 기준으로 하였기 때문에 이름을 붙임에는 다름이 있

하고, 보살은 혜가 많고 정이 부족하여 불성을 알지 못하는데, 오로지 여래만이 정과 혜를 평등하게 구현하여 불성을 분명히 깨달았다는 뜻이다.(定慧云云者, 聲聞, 定多慧少, 不見佛性; 菩薩, 慧多定少, 不見佛性; 唯如來, 定慧等學, 明見佛性也.)" 『大般涅槃經』에 나오는 다음 내용을 이렇게 변용하여 관습적으로 쓴다. 『大般涅槃經』30권(T12, 547a12), "십주보살은 지혜의 힘이 많고 삼매의 힘이 적기 때문에 불성을 분명하게 보지 못한다. 반면 성문과 연각은 삼매의 힘이 많고 지혜의 힘이 적은 그 인연 때문에 불성을 보지 못한다. 세존이신 부처님만이 정과 혜를 평등하게 갖추기 때문에 불성을 분명하게 보아 또렷하고 어떤 장애도 없다.(十住菩薩, 智慧力多三昧力少, 是故不得明見佛性; 聲聞緣覺, 三昧力多智慧力少, 以是因緣, 不見佛性; 諸佛世尊, 定慧等故, 明見佛性, 了了無礙.)"

57 『禪門證正錄』「第二. 如來禪祖師禪 義理禪格外禪說」(H10, 1140a21), "「선문염송집서禪門拈頌集序」에서 '선의 온전한 음사어는 선나禪那이며 한역하면 사유수思惟修 또는 정려靜慮라고도 하는데, 이는 모두 정과 혜를 통칭한 말이다.'라 하고,(이것은 법을 기준으로 의리선이라 한 것이며, 이름만 나타낸 것이고 뜻을 풀이한 것은 아니다.) '여기서 말하는 선禪으로 보자면 교외별전의 일미선이다.'라고 하였다.(이것은 법을 기준으로 격외선이라 한 것이며, 이름만 나타낸 것이고 뜻을 풀이한 것은 아니다.) 뜻을 푼다. '삼승과 일승의 가르침이 깊이에서는 비록 다르지만 모두 정과 혜를 닦아서 깨달음으로 들어가므로 의리선이라 한다. 이제 이 「선문염송집서」를 살펴보니 오직 제1구 교외별전 일미선이 근본이며, 깊은 것은 반드시 얕은 것을 갖추기 때문에 또한 제2구 의리선이 있는 것이다. 이하에서 「그렇다면 여래선과 조사선은 어떻게 다른 것인가? 여래선이란 산은 산 그대로 좋고 물은 물 그대로 좋으니 법 하나하나가 모두 그대로 진실하다는 견해이고, 조사선은 뿌리까지 통째로 뽑아 버려 잡고서 분별할 수단을 전혀 남기지 않는다.」라고 하였다.(이것은 사람을 기준으로 여래선·조사선으로 나눈 것이니 이름을 나타내고 뜻을 풀이한 것이다.)(說話序云, '禪者其云禪那, 此云思唯修, 亦云靜慮. 斯皆定慧之通稱也.'(此約法名義理禪, 但票名不釋義也.) '當此看則教外別傳一味禪也.'(此約法名格外禪, 但票名不釋義也.) 釋曰, '三乘一乘之教, 淺深雖異, 皆修定慧而證入, 故謂之義理禪. 當之拈

지만 그 실질은 같다. 조사선만 격외로 여기고 여래선은 여전히 의리로 간주한다. 다만 조사선과 여래선 두 가지 선을 세우고 격외와 의리에 배대할 경우 어긋나고 국한된 점이 있기 때문에 설두 유형에게 논파당한 것이다.】 이와 같이 보아야 법규(文法)가 타당하다.

> 禪旣心法, 宗師示法, 設有落艸, 只留句偈, 則元非敎乘之簡牘, 而其義理之牽意. 與敎學之看經取意, 其相何如? 此則或同或异. 同者, 古來宗師, 多有閱敎悟道者. 如圭山云, '一軸之中, 義天朗曜'者, 是也. 異者, 汎學輩只貴循行數墨, 揔不管他'是甚道理.' 所以禪講有异, 設或閱敎有得處, 只是如來禪消息已耳. 別傳之旨, 何在敎乘之內耶? 或曰說話云, '禪者, 圭峯云, 「具云禪那, 此云思惟修, 亦云靜慮. 斯皆定慧之通稱也.」 當此【指拈頌】看則敎外別傳一味禪也.' 且如來禪祖師禪, 同別如何? 諸師皆依此判云, '敎外卽格外, 敎外中又有如來祖師二禪也.'
>
> 子何看得此文? 敢判如斯卽應之曰, '從初至通稱, 引如來禪, 當此下, 指祖師禪, 且如下, 合卞同別.'【雪云, '從初至通稱, 配義理禪, 當此下, 配格外禪.' 此上, 古叢林所言, '約法名義理禪格外禪', 且如下又上. 格外中, 分二禪, 此約人名者也.】
>
> 經云, '世尊因見明星悟道已, 於摩竭陁國, 掩關思惟, 因行緣行, 如是七日, 自受法樂.'【證思惟修也.】 大珠云, '夫禪師者, 撮其樞要, 直了心源, 若不安禪靜慮, 到這裡, 揔須茫然.'【證靜慮.】 又說話引涅槃云, '聲聞定多慧少, 不見佛性; 菩薩慧多定少, 不見佛性; 唯如來, 定慧等學. 明見佛性.'【證定慧.】
>
> 故我國普照國師, 集定慧結社文. 是知! 定慧之學, 奚獨爲義理禪也. 設爲

頌看, 則唯第一句敎外別傳一味禪爲主, 深必該淺, 故亦有第二句義理禪也. 次下云, 「且如來禪祖師禪, 同別如何? 如來禪者, 山山水水, 法法全眞也, 祖師禪者, 和根拔去, 了沒巴鼻也.」【此約人名如來禪祖師禪, 卽票名而釋義也.】')"

義理禪, 是義理中如來禪也.【先庭錄, 則'從初, 圭山云云, 至一味禪者, 古叢林所言, 約法名義理禪格外禪也, 且如來云云下, 古所言, 約人名如來禪祖師禪也.' 但約法約人, 立名有異, 其實同也. 唯祖師禪爲格外, 如來禪猶爲義理. 但立二種禪, 其格外義理之配, 有所違局故, 爲雪翁之所破也.】如此看得, 文法甚便也.

또한 백파 긍선은 여래선과 조사선 두 가지 선을 여래의 삼처전심三處傳心에 나누어 짝지어 '자리를 나누어 앉은 것(分半座)은 여래선이고, 꽃을 들어 보인 것(擧拈花)은 조사선이며, 관 밖으로 두 발을 내어 보인 것(槨示雙趺)은 두 선을 나란히 보인 것이다. 이것은 구곡 각운龜谷覺雲의 생각이다.'[58]라고 하였는데, 『염송설화』에서는 삼처전심을 다만 살인도와 활인검

---

[58] 『禪文手鏡』에는 다음과 같이 되어 있고, 『禪門四辨漫語』에 실린 글이 위의 글과 내용상 더 일치한다. 『禪文手鏡』 「義理禪格外禪辨」(H10, 519c8), "격외에 또 두 가지 있다. 첫째는 여래선이다.……자리를 나누어 주신(分座)【법공좌法空座】소식으로서 법안종·위앙종·조동종 세 종파의 종지이다. 두 번째 조사선이다.……이야말로 바로 조사 문안의 행색이므로 곧바로 조사선이라는 이름을 붙인 것이다. 곧 영산회상에서 세존이 가섭에게 꽃을 들어 보이신(拈華)【묘유妙有】소식으로서 운문종과 임제종 두 종파의 종시이다. 세 번째 관 밖으로 두 발을 내어 보인(示趺)【살활殺活】소식으로서 생각건대 6조 이하에서는 전하지 않았으므로 다만 선사라고만 부르고 조사라고는 하지 않는데, 감히 결정지어 말하지는 못하겠다.(此格外中, 又有二種. 一, 如來禪,……卽分座【法空座】消息, 而爲法眼潙仰曹洞三宗旨也 ; 二, 祖師禪……正是祖門中行色, 故直名祖師禪. 卽拈華【妙有】消息, 而爲雲門臨濟二宗旨也 ; 第三示趺【殺活】消息, 想必六祖下未傳, 故但名禪師, 未名祖師, 而亦未敢決定.)" ; 『禪門四辨漫語』(H10, 820c10). "'삼처전심 중에서 자리를 나누어 앉은 것(分座)은 살殺을 전했고, 꽃을 들어 보인 것(拈華)은 활活을 전했으며, 관 밖으로 발을 내어 보인 것(示趺)은 살과 활을 평등하게 보여 주었다. 이상은 구곡龜谷의 주장이다.'라고 하였다. 그러나 '자리를 나누어 앉은 것에는 오로지 살의 방법만 있고, 꽃을 들어 보인 것에는 활과 더불어 살도 겸비하고 있다.'라고 한 백파의 말은 구곡의 말에는 없는 내용이다.('三處傳心中, 分座傳殺, 拈花傳活, 示趺殺活齊示, 此龜谷老之言.' 今分座之但殺, 拈花活之兼殺, 龜谷說中無之.)" ; 같은 책(H10, 821c6), "또한 여래선을 (조사선과 함께) 격외선格外禪으로 삼아 분좌分座에 배속하고는 구곡이 세운 뜻이라 하였지만, 구곡의 말에 분좌를 가리켜 여래선이라 지목한 부분이 있던가?(又以如來禪爲格外禪, 配之分座, 謂之龜谷義, 龜谷說中, 有以分座, 指爲如來禪之言乎?)" 백파 긍선, 신규탁 옮김, 『선문수경』(pp.72~74), 초의 의순, 김영욱 옮김, 『선문사변만어』(p.40, p.52) 참조.

에 짝짓기는 하였지만 여래선이나 조사선을 말하지는 않았다.⁵⁹ 달마의 삼처전심을 이미 여래선과 조사선 두 가지 선에 배대하였기 때문에 똑같이 나열하여 배대한 것이다. 『염송설화』에서는 이미 삼처전심에 대한 잘못된 견해를 가리켜 '체體·용用·중中이라는 삼구의 틀에 배대하는 자가 있는데 나는 그것은 옳지 않다고 생각한다. 삼구는 본보기가 되는 법도이다. 교외별전이라고 한다면 삼구가 곧바로 사라져도【향상】 여전히 옳지 않거늘, 하물며 본보기가 되는 법도를 벗어나지 못한 것이야 말할 여지가 있겠는가!'⁶⁰라고 하였다. 이 체·용·중이라는 말이 어찌 임제의 제2구의 소식이 아니겠는가. 또한 일우는 임제 제1구에 대해 '세존이 가섭에게 세

---

59 『염송설화』에서는 삼처전심을~말하지는 않았다 : 『禪門拈頌說話』 37칙(H5, 51a5), "세존께서 당신의 자리를 나누어 앉도록 했다(分座令坐) : 착각이다! 남을 죽이려면 반드시 살인도殺人刀를 써야 하는 법인데, (그렇게 하지 못했으니) 잘못이 적지 않다. 비록 그렇기는 하지만, 이 함정 속에 들어가서 뚫고 나와야 비로소 교외별전의 정통 법맥이 가섭의 분수를 벗어나지 않았다는 사실을 알게 된다.……'세존께서 그들 꽃 중 한 송이를 집어 들고 대중에게 보이셨다(拈花示衆)' : 착각이다! 남을 살리려면 반드시 활인검活人劍을 써야 하는 법인데 어지럽게 만든 잘못이 적지 않다. 비록 그렇기는 하지만, 복잡하게 얽힌 이 말 속에 들어가 그것을 씹어 부수어야 비로소 정법안장正法眼藏이 가섭에게 전해졌다는 사실을 알게 될 것이다. 가섭이 미소 지었다고 하지만, 지음知音(가섭)이 안 다음에는 또 누가 알겠는가? 정법안장이 이 눈먼 나귀 편에서 소멸할지 누가 알았겠는가!……'세존께서 관 밖으로 두 발을 내보이셨다(槨示雙趺)' : 착각이요, 착각이로다! 무소가 달빛을 즐기다가 뿔에 무늬가 생겼고, 코끼리는 천둥소리에 놀라 상아에 꽃 그림 새겨진 격이니, 잘못이 적지 않다. 비록 이렇기는 하지만 이 구덩이 속에서 뛰쳐나와야 비로소 다비한 뒤의 품절이 세상에 유통되리라는 사실을 알게 될 것이다.(世尊分座令坐, 錯! 殺人須是殺人刀, 漏逗也不少. 雖然如是, 向者窠窟裏透得, 方知別傳正脉沒分外.……世尊拈花示衆, 錯! 活人須是活人釼, 狼藉也不少. 雖然如是, 向這葛藤裏咬破, 方知正法眼藏付囑有在. 迦葉微笑, 知音知後更誰知? 誰知正法眼藏, 向這瞎驢邊滅却!……世尊槨示雙趺, 錯! 錯! 犀因翫月紋生角, 象被雷驚花入牙, 敗闕也不少. 雖然如是, 向者圈圚裏跳得出, 方知茶毗後品流通去在.)"

60 『禪門拈頌說話』 37칙(H5, 50c1), "또한 본체(體)와 작용(用)과 중中이라는 삼구의 틀에 삼처를 배대하는 사람도 있지만 나는 그 방법은 옳지 않다고 본다. 삼구는 본보기가 되는 법도이다. 하지만 진실로 교외별전이라면 거기에는 삼구가 곧바로 사라져도 오히려 옳지 않거늘 하물며 본보기가 되는 법도를 벗어나지 못한 것이야 말할 여지가 있겠는가!(又有體用中, 三句配之者, 余以爲不可. 三句, 是矩模也. 若是敎外別傳, 三句斯亡, 尙猶不可, 而況未離矩模者哉!)"

곳에서 마음을 전한 것을 첫머리의 표지로 한 까닭은【제1구이기 때문이다.】 이 공안으로 교외별전의 종지를 세우기 위해서였다.'⁶¹라고 하였다.

이에 따르면 삼처가 모두 제1구 가운데 있다. 그렇다면 분반좌分半座 (分座)는 살인도로서 제1구 가운데 대기大機를 가리켜 말한 것이고, 염화 拈花는 활인검으로서 대용大用을 가리켜 말한 것이며, 곽시쌍부槨示雙趺 (示趺)는 기용機用을 아울러 제시한 것【묵암 최눌默庵最訥(1717~1790)도 「화엄품 목」에서 이와 같이 배대하였다. 고래로 이미 이런 본본기가 되는 분류의 틀이 있었다.】이 된다. 어떻게 그런 줄 알 수 있는가. 백장이 마조를 다시 찾아갔던 인연 을 소재로 한 공안(再參話)의 『염송설화』에서 '백장은 대기를 얻었고, 황벽 은 대용을 얻었다. 이렇게 결정적인 전기가 되는 순간을 맞아서는 옛사람 도 그저 「사람을 죽이는 칼(殺人刀)이요 사람을 살리는 검(活人劍)이다.」라 고 말했을 뿐이다.'⁶²라고 하였다. 임제가 서로 다르게 대응한 세 학인 모

---

61 『禪門綱要集』 「一愚說」(H6, 854c22). 『禪門四辨漫語』 「格外義理辨」(H10, 828a4), "일 우는 삼처전심을 합하여 조사선으로 여기고 임제의 제1구에 짝지었다. 그런데 (백파 는) 자리를 나누어 앉은 것은 오로지 살만 있을 뿐 활이 없다고 보고 여래선으로 간주 하여 제2구에 짝지었고, 대중에게 꽃을 들어 보인 것은 살과 활을 겸비하였다고 보고 조사선으로 간주하여 제1구에 짝지었다. 이것은 말은 일우의 설에 근거하면서 뜻은 일우의 설에 반하는 것이 아닌가?(一愚以三處傳心, 合爲祖師禪, 而配臨濟第一句. 今 以分座, 爲但殺無活, 以爲如來禪, 配第二句；以拈花示衆, 謂兼殺活, 以爲祖師, 配第一 句. 此非言則依於一愚, 而義則反於一愚耶?)" 초의 의순, 김영욱 옮김, 『선문사변만어』, pp.139~140 참조.

62 『禪門拈頌說話』 181칙(H5, 182b1), "만약 마조의 일할一喝을 빈틈없이 이어받지 않았 다면, 어떻게 대기대용大機大用이라고 하겠는가? 그러므로 백장은 대기만 얻었을 뿐 이지만 더 이상 대용이 필요하지 않았으며, 황벽은 대용만 얻었을 뿐이지만 더 이상 대기가 필요하지 않았던 것이다. 수단이라곤 전혀 모르는 사람들은 말하기를 '대기 중 에 대용이 있고, 대용 중에 대기가 있다.'라고 한다. 만약 그렇게 생각한다면 어떻게 꿈 엔들 백장과 황벽의 경계를 알겠는가? 이렇게 결정적인 전기가 되는 순간을 맞아서는 옛사람도 그저 '사람을 죽이는 칼(殺人刀)이요 사람을 살리는 검(活人劍)이다.'라고 말 했을 뿐이다.(若不親承馬祖一喝, 何名大機大用? 故百丈只得大機, 更不要大用；黃蘗只 得大用, 更不要大機. 有一般無巴鼻地道, '大機中有大用, 大用中有大機.' 若伊麼, 何曾夢 見百丈黃蘗? 到這時節, 古人, 只道得箇殺人刀活人劍.)" 본서 p.88 『선원소류』 주석 156 참조.

두를 때렸던 인연을 소재로 한 공안(掜坐話)의 『염송설화』에서는 '제2구에 이르면 수많은 소식이 있겠지만, 제1구를 기준으로 하면 다만 사람을 죽이는 칼과 사람을 살리는 검만 있을 뿐이다.'[63]라고 하였다. '고불古佛이 노주露柱와 몸을 섞었는데, 이는 몇 번째 기틀인가?'라고 제기하고 스스로 답한 운문의 공안(古佛話)을 다룬 『염송설화』에서는 '제1기에서 들어 보이면 사람을 죽이는 칼과 사람을 살리는 검에 대해서만 말할 뿐이다. 어쩔 수 없이 제2기에서 시설하면 격格이 정해진 법노틀 완성하니, 예컨대 체·용·중 삼구와 같다.'[64]라고 하였다. 이 살활의 방법이 어찌 기용의 다

---

[63] 『禪門拈頌說話』618칙(H5, 482c9), "제2구에 이르면 수많은 소식이 있겠지만, 제1구를 기준으로 하면 다만 사람을 죽이는 칼과 사람을 살리는 검만 있을 뿐이다.(至第二句, 有許多消息, 若約第一句, 則但殺人刀活人劒而已也.)"

[64] 『禪門拈頌說話』1008칙(H5, 707b10), "'몇 번째 기틀인가?'라고 한 말 : 대체로 학인을 가르침에는 세 등급 기틀 중 한 기틀을 쓰고, 온전한 기틀을 그대로 드러내는 일은 벌이지 않는다. 구절로 보면 세 등급 속에 모두 삼구가 들어 있다. 삼구란 인人과 경境이 그것이다. 그러므로 곧바로 상근기를 가르치며 제1기에서 들어 보이면 구절마다 하나하나에 온전히 제기되어 있다. 온전히 제기되어 있다면 '삼구를 벗어난 일구'나 '일구에 삼구가 모두 갖추어진다.'거나 '삼구가 일구에 귀착된다.'거나 '삼구와 일구가 서로 간섭하지 않는다.'거나 하는 따위의 주장이 모두 군더더기 말에 불과하여 어느 것도 특별한 사안에 속하지 않는다. 그러므로 사실은 두 구절에 불과하며 중간 구절이라는 말도 아무 효력이 없다.……마지막에 '남산에서 구름이 일어나니 북산에서 비가 내린다.'라고 한 말 : 이 말로써 옛사람은 그렇게 적절한 소식을 전할 수 있게 되었던 까닭에 사람을 죽이는 칼과 사람을 살리는 검에 대해서만 말했을 뿐이다. 그러므로 '한 줄의 끈[縚의 음은 刀]은 30푼 나간다.'라는 말은 '남산에서 구름이 일어나니 북산에서 비가 내린다.'라고 한 말보다 못하다. 어쩔 수 없이 중근기를 위해 제2기第二機에서 시설하면 격칙格則을 완성한다. 체體와 용用의 구절을 예로 들면 체 안에 용이 있고 용 안에 체가 있다. 또한 중간구를 따르면 체와 용을 함께 거두고(收) 체와 용을 함께 놓아두지만(放), 사실은 삼구를 벗어나지 못한다. 비록 격칙을 벗어나지 못하지만 삼구를 한꺼번에 시설한다. 하열한 근기에게 자세하게 가르쳐 주고자 제3기 중에서 가르침을 주니, 수많은 차별과 지위를 시설하지만 그것도 삼구에서 벗어나지는 못한다. 그러므로 '이는 몇 번째 기틀인가?'라고 물었던 것이다.(第幾機者 : 大凡接人, 有三等機之機, 非全機機事也. 如句馬, 於三等中, 皆有三句. 三句者, 人境是也. 故直接上根, 向第一機提持, 則句句一一全提. 旣是全提, 則三句外一句, 一句該三句, 三句歸一句, 三一不相涉之論, 皆爲剩語, 非是別事也. 然則其實不過兩句, 所謂中間句者, 亦無所得力矣.……下云'南山起雲北山下雨'者 : 以此所以古人到這時節, 只道得个殺人刀活人釖. 然則'一條縚【音

른 이름이 아니겠는가.【그런즉 살인도와 활인검에서 도刀와 검劍 두 글자는 단單과 겸兼을 비유한 것이다. 도刀는 사람을 죽이기만 하지만 검劍은 살리기도 죽이기도 하므로 체에는 불변의 체가 있고 용에는 체가 없는 수연이 없음을 비유한 것이다. 용은 반드시 체를 겸하므로 도刀와 검劍으로써 그 살殺과 활活을 나눈 것이다. 설두 유형은 '제1구에서 밝힌 살과 활은 다만 기機와 용用일 뿐이며, 저 삼처전심에서의 살과 활이 아니다.'[65]라고 하

刀]三十文之言, 不如'南山起雲北山下雨'也. 不得已爲中根, 向第二機施設, 則完成格則. 如體句用句, 體中有用, 用中有體. 且約中間, 體用雙收, 體用雙放, 其實亦不出三句. 雖然未離格則, 三句一時施設也. 曲爲下劣之根, 向第三機中接得, 則施設許多差別地位, 亦不離三句也. 故云是第幾機.)";『禪源溯流』(H10, 675b18), "(『소쇄선정록(선문증정록)』에서는 다음과 같이 주장하였다.) 고불 공안(古佛話 :『선문염송』 1008칙)에서는 '제2기에서 들어 보여야 한다.'는 말을 인용하면서 '이것은 단지 저 살인도·활인검을 말한 것일 뿐이며, 부득이하여 (중근기를 위해) 제2기에서 시설하면 격식이 정해진 법도를 완성하니, 체·용·중의 삼구와 같다.'라고 하였다. (『선문염송』 147칙과 119칙을 인용하고서) 또 말하기를 '기용機用이 모두 활이니 대기大機를 활로 삼는 것은 잘못'이라고 하고, 더하여 '기용은 단지 활이고 살과 활의 본체가 다르지 않기 때문에 살이 있으면 살이 활에 따라붙는다.'라고 하였다.(古佛話云, '向第一句[第二機의 오기 提持.' 則只道得箇殺人刀活人劍也, 不得已向第二機施設, 則完成格則, 如體用中三句. 又云, 機用皆活也, 以大機爲活者, 非也. 又云, 機用但活, 而殺活體無二故, 有殺而殺付焉云云).)" 본서 p.199『선원소류』주석 383 참조.

65 『禪源溯流』(H10, 675c11), "그런데 어찌하여 이 백장百丈 재참 공안(再參話 :『선문염송』 181칙)을 인용하면서는 대기를 살로 삼는 것은 잘못이라고 하지 않은 것인가. 진실로 읍좌揖坐와 고불古佛, 두 칙 공안은 제1구에서 살과 활을 밝히는 것이 옳다. 이 기용은 세 곳에서 마음을 전한 살인도와 활인검이 아니기 때문에 제1구 활인검을 또한 잡화포雜貨鋪라고도 하는 것이다. 이 활인검 잡화포 가운데 어찌 살인도 진금포眞金鋪가 없겠는가? 그러므로 제2처에서 살인도로 마음을 전한 것은 여래가 깨달은 경지이므로 여래선이라 함을 알아야 한다. 제2구에서 이 살은 오롯이 죽이기만 하는 살이므로 진금포라고 한다. 그렇다면 제1구가 활인검이 되고 제2구는 살인도가 됨이 분명하다. 어째서 제1구만 유독 살과 활을 갖추었다고 말하는가? 설령 대기가 살이라고 해도, 이 활 가운데 갖추고 있는 경지이므로 기용이 모두 활이다. 그런데 저들은 대기를 살로 삼는 것은 잘못이라고 한다. 그렇다면 제1구에는 전혀 살의 뜻이 없는데 어떻게 제1구 가운데 살을 갖추었다고 말하는가? 억지로 살을 갖추었다고 하고자 했기 때문에 살활의 본체가 다르지 않다고 한 것이다. 본래 활이 있어야 살이 활에 따라붙는 것이다. 감히 묻건대 살이 어느 편에 따라붙는다는 말인가? 살의 수단을 쓴다는 것은 살과 활로 동시에 마음을 전하는 것이라고 제시하였지만 몸을 의탁할 곳이 없는데 저 활이라는 집에 의탁해 품팔이한다는 것인가? 다만 꼿꼿한 등뼈로 하늘을 찌를 듯한 기세를 부릴 줄만 알다가 어느새 이마를 땅에 붙이고 굴복하는 신세가 되어 버린 지경이

였다. 이에 살과 활을 두 짝으로 세웠으나『염송설화』한 책에는 이미 살과 활은 없고, 여래선과 조사선 두 가지 선에 분명히 짝지었으니 어찌 이것의 살과 활이 삼처에서의 살과 활이 아님을 결정지은 것인 줄 알겠는가. 만약 도刀와 검劍의 살과 활을 말한다면 그 체는 자연히 다르다. 검劍의 살과 활은 단지 하나의 종파에서 쓰는 방식일 뿐, 살도 검劍이요 활도 검劍이다. 어찌 양민을 억눌러 천민을 만드는 것⁶⁶을 도刀라 하겠는가. 두 가지 선이 서로 뒤섞여 잘못된 것이다.】

일우는 삼처를 모두 제1구에 짝지었고『염송설화』에서는 살과 활에 짝지었지만 결국은 서로 일치한다. 어째서 살과 활을 가지고 여래선·조사선이라 한 것인가. 삼처를 두 가지 선에 나누어 짝지으면 타당하지 않은 점이 많다. 일우는 제2구를 여래가 화엄시에 설한 것에 짝지었고, 세존이 샛별을 보고 도를 깨닫고 나서【여래선】이레 동안 사유하며 스스로 법락을 누렸는데, 이 법을 적멸도량에서 근기가 성숙한 보살에게 전했다고 하였다.⁶⁷ 화엄을 연설한 것은 모두 법계를 깨닫게 한 것이다.【이미 전수를 마쳤고 화엄회상에서 이승회二乘會가 있었으니 가섭 또한 이미 법계를 증득한 상태이다.】삼처에서 또 가섭에게 전하였다면 어찌 교외별전의 도이겠는가. 다만 중첩된 설일 뿐이다.

다.(何不引此再參話而遽云, 以大機爲殺者非也耶. 故揖坐古佛二話, 第一句中所明殺活亦是. 此機用, 非三處傳心之殺人刀活人劒也, 故此第一句活人劒, 亦名爲雜貨鋪. 此活人劒雜貨鋪中, 豈無殺人刀眞金耶? 故知第二處殺人刀傳心, 是如來悟底, 故名如來禪. 而在第二句中, 此殺是單殺故, 名爲眞金鋪也. 然則第一句爲活人劒, 第二句爲殺人刀, 明矣. 何云第一句, 獨具殺活耶? 雖大機爲殺, 是活中所具底, 故機用皆是活也. 而彼云以大機爲殺者非也. 然則第一句, 全無殺意, 何云第一句中具殺耶? 欲强爲具殺, 故云殺活體無二, 故有活而殺付焉. 敢問殺付於何邊耶? 提示殺來也, 殺活同是傳心, 而無寄身之所, 附備於他活家耶? 但知鐵脊撑天, 不覺顢頇着地.")

66 압량위천厭良爲賤은 평민의 자녀를 사들여 노비로 만든다는 말로, 갖가지 관념에 물들기 이전의 온전한 모습이 분별의 틀에 들어가면서 오히려 하찮게 변질된다는 뜻으로 쓴다.
67『禪門綱要集』「一愚說」(H6, 855a2), "如來在寂滅場中, 初成正覺, 現千丈盧舍那身, 四十一位法身大士, 及宿世根熟, 天龍八部, 一時圍繞, 如雲籠月, 是第二句, 故云人天爲師."

又白老將如來祖師二禪,分配如來三處傳心云,'分半座,如來禪；舉拈花,祖師禪；槨示雙趺,二禪齊示,此是龜谷老之意.'說話作三處傳心中,雖但配殺人刀活人釰,不云如來禪祖師禪.作達摩三處傳心,旣配如來祖師二禪,故爲同例配之.說話旣斥謬解云,'有以體用中三句配之者,余以爲不可.三句是規模.若是敎外別傳,三句斯亡,【向上】尙猶不可,而況未離規模者哉!'此體用中之言,豈非臨濟第二句中消息耶.又一愚作臨濟第一句云,'是世尊迦葉三處傳心,所以首標,【爲第一句故.】此介公案,以立教外別傳之宗也.'

據此,三處皆在第一句中也.然則分座殺人刀,指第一句中大機而言也；拈花活人釰,指大用而言也；示趺機用齊示【默庵品目,亦如是配.古來已有牓樣也.】也.安知其然.再參話云,'百丈得大機,黃蘗得大用.到這時節,古人只道得箇殺人刀活人釰.'揖坐話云,'至第二句,有許多消息,若約第一句,則但殺人刀活人釰而已.'古佛話云,'直向第一機提持,則只道得箇殺人刀活人釰.不得已,向第二機施設,則完成格則,如體用中三句'也.此之殺活,豈不是特機用之異名耶.【然則刀劍二字,喩其單氣.刀但殺人,劍亦殺亦活故,喩體有不變之體,用無無體之隨緣.用必兼體故,以刀劍分其殺活也.雪翁云,'此第一句中,所明殺活,特機用而已,非彼三處傳心之殺活.'乃立兩重殺活,而說話一部,旣無殺活,的配如來祖師二禪,安知此之殺活,決非三處之殺活耶.若如所言刀劍之殺活,其體自異.劍中殺活,只是一家之用,殺亦劍,活亦劍也.豈可壓良爲賤刀也.有二禪相濫之,失也.】

一愚之以三處,捴配第一句,說話之配殺活,極爲相符.何將殺活,爲如來祖師二禪也.若以三處,分配二禪則有多未便.一愚作第二句中,亦配如來說花嚴時,世尊因見明星悟道已,【即如來禪】七日思惟,自受法樂,爲傳此法於寂滅場中,與根熟菩薩.演說花嚴,皆令證入法界.【已傳授了也,華嚴會,有二乘會,迦葉亦已證法界也.】至三處中,又傳於迦葉,則豈爲教外別傳之道.自是重疊之說已耳.

기機와 용用을 살과 활이라는 다른 이름으로 바꾸어 두 가지 선에 나누어 짝짓는다 하더라도 두 가지 선이 어찌 오로지 죽이기만 하거나 오로지 살리기만 하는 것이겠는가. 조사선이 활活이고 용用이라 한다면 무슨 까닭에 제1구에 살과 활, 기와 용 등 삼요三要라는 이름을 모두 갖추었다고 하는가. 여래선이 살殺이고 기機라 한다면 무슨 까닭에 제2구에 체와 용, 권權과 실實 등 삼현三玄의 이름을 모두 갖추었다고 하는가. 용과 권{일우는 권과 실을 헤아려 말하기를 '권교와 실교이니 제2구가 교종(敎內)임을 분명히 알아야 한다.'[68]라고 하였다.}이 어찌 활이 아니겠는가. 그러므로 「삼성장三聖章」에서는 삼현을 삼요로 풀면서 함께 나열하여 짝지었으니[69] 여래선이 오로지 죽이기만 하는 것이라고 할 수 없다. 제2구는 방편(權) 그대로 진실(實)을 밝힌다고 하고서 그 방편을 버리고 그 진실만을 오로지 취하고, 제1구에 사조용四照用이 있다고 하고서 그 다름을 버리고 동시同時를 오로지 취하였다. 한 번은 살을 세웠다가 한 번은 활을 세우니 어찌 이름을 세움이 이

---

68 『禪門綱要集』「一愚說」(H6, 854c4), "'제1구에 한정해서 논한다면 요要를 먼저 하고 현玄을 뒤에 하는 것이 당연한 듯하다. 하지만 먼저 강요綱要를 들면 현은 반드시 그에 따르게 된다. 어찌 특별히 그것을 든 후에라야 현을 밝히겠는가. 하물며 보통의 경우 삼구를 논할 때 삼현三玄과 권실權實을 먼저 하고 삼요三要와 조용照用을 뒤에 하여 갖추어 말하는 것은 진실로 마땅하다. 종승宗乘(宗敎)에 본래 삼현이니 삼요니 하는 설이 없었는데 임제가 저 바깥의 설을 빌려 와 비로소 이름을 붙이고 가풍을 드러낸 것이다. 연이어 권실과 조용 등을 들어 증거를 삼았으니 이런 까닭에 옛것을 들어 지금의 것을 밝히는 것이다. 권실은 권교權敎와 실교實敎요, 조용은 종승에서 예부터 써 온 말이다.(若止論第一句, 則先要後玄, 少似當然. 然先擧綱要, 則玄必從之. 何更特擧然後明玄. 況此汎論三句, 先三玄權實, 後三要照用, 而備言之, 固其宜也. 宗敎本無三玄三要之說, 臨濟借他外說, 始立名言, 以顯家風, 連擧權實照用爲證, 所以擧古明今. 權實乃權實敎, 照用蓋亦宗敎中古語.)"
69 『禪門綱要集』「三聖章」(H6, 851a5), "'구 가운데 이미 현과 요의 뜻을 갖추었다면 다만 삼요만을 말하고 삼현을 말하지 않은 것은 무슨 까닭입니까?' '제1구에서는 방편을 쓰지 않고 바로 이 삼요인을 오롯이 제기하기 때문이다. 요는 현의 강요이다. 요를 말하면 현 또한 그 가운데 있다. 그러므로 현과 요가 일구 가운데 갖추어져 있다고 할 수 있다.'(問, '句中, 旣其玄要之旨, 只言三要, 不言三玄, 何也?' 答. '第一句則, 不施戈甲, 單提此印故也. 然要是玄之綱要也. 則言要而玄亦在其中矣. 則可云玄要備在於一句中也.')"

렇듯 가지런하지 않은 것인가.[백파는 매번『선문수경』에서 허공, 일물 등의 조목을 여래선에 짝지었다.[70] 만약 그렇다면 무슨 까닭에 대혜는 세 근기를 삼인三印에 짝지을 때 허공을 조사선에, 물을 여래선에 짝지은 것인가.[71]] 차라리 모르는 게 낫다.

그런 까닭에 기와 용 그리고 체와 용이 이름만 조금 다르고 본체는 실제로 같으니 모두 일심상에서의 변하지 않는 측면(不變)과 인연에 따라 움직이는 측면(隨緣)[72]이라는 뜻임을 알아야 한다. 다만 여래선은 일심의 자취에서 벗어나지 못해 교의 틀(敎格)에 막히기 때문에 교에 근거하여 체와 용 등의 이름을 세우는 것이다. 조사선에서는 곧바로 존귀를 초월하고 잡고서 분별할 수단을 전혀 남기지 않기 때문에 교를 벗어난(敎外) 수단으로써 기와 용 그리고 살과 활 등의 이름을 세우는 것이다. 그 깨달은 법의 본체에서는 여래와 조사가 모두 일심이다. 여래선의 경우에는 다만 변하지 않는 체는 있지만 인연을 따르는 용은 없다. 이 마음을 깨달은 자가 어찌 인천의 스승이 될 수 있으리오. 부처와 조사가 마음 전하기를 병을 기울여 다른 병에 물을 고스란히 옮겨 붓듯이,[73] 달마가 세 번에 걸쳐 마음

---

70 『禪文手鏡』에서 이외 관련한 언급을 찾지 못하였다.
71 정확한 전거를 찾지 못하였다. 다만, 대혜가 상중하 세 근기의 차별에 따라 삼인三印이 갈라질 뿐이라는 견해를 밝힌 대목은 다음과 같다.『大慧語錄』권20(T47, 894b17), "상사가 도를 들으면 도장을 허공에 찍는 것과 같고, 중사가 도를 들으면 도장을 물에 찍는 것과 같으며, 하사가 도를 들으면 도장을 진흙에 찍는 것과 같다. 이 도장 자체는 허공과 물과 진흙에 따라 아무 차별도 없으며 상중하 근기로 인하여 차별이 생길 뿐이다. 이제 이 도에 가장 빠른 길로 들어서고 싶다면 도장을 산산이 부수어 버려라. 그런 다음에 나, 묘희를 찾아와 맞서 보라.(上士聞道, 如印印空；中士聞道, 如印印水；下士聞道, 如印印泥. 此印與空水泥無差別, 因上中下之士故, 有差別耳. 如今欲徑入此道, 和印子擊碎, 然後, 來與妙喜相見.)"
72 진여眞如는 모든 법의 근거로서 생성과 소멸을 넘어서 상주하므로 '불변'이라 하고, 이러한 불변의 본질을 지니면서도 염染·정淨의 인연에 따라 움직이며 삼라만상을 드러내므로 '수연隨緣'이라 한다. 법성종法性宗의 공통된 설이며, 화엄종의 법계연기설法界緣起說에도 널리 적용된다.『정선 휴정』(p.76) 주석 16, 본서 p.165『선원소류』주석 323 참조.
73 여병주병如瓶注瓶은 일기수사일기一器水寫一器라고도 한다. 다른 병으로 물을 옮기면서도 한 방울도 흘리지 않는다는 사병무유寫瓶無遺와도 같은 말이며 줄여서 사병寫

을 전한 일을 예로 삼아 세존의 삼처전심에 똑같이 짝짓는데, 어찌 달마에게만 유독 세 곳에서 전한 예가 있고 다른 조사들에게는 삼처에서 전했다는 말이 전혀 없단 말인가. 그 전한 법은 같지만 전한 곳이 같지 않을 뿐이다.

세존은 화엄회상에서 열등한 근기에게 증득한【여래선】그대로의 법을 이미 설하였기 때문에 마지막에는 상근기에게 삼처에서 살과 활 그리고 기와 용의 법을 별도로 전한 것이다. 달마는 2조가 본래 교의 기틀(敎機)인 까닭에 처음에 '모든 대상이 끊어져 버렸는가?'라 묻고 여래선을 전하였다.[74] 그다음에 (2조가) 모든 부처님의 법인에 대하여 묻자 조사선을 전하였다.[75] 마지막에는 예를 갖추어 삼배를 함에 '나의 골수를 얻었다.'고 허여하고는 이내 가사를 전하고 법을 부촉하였다.[76] 달마가 전한 것은 부

瓶이라고도 한다. 스승이 제자에게 친밀하게 법을 전하며 한 치의 실수나 남김도 없이 철저하고 고스란히 전함을 비유한다.

[74] 『禪門拈頌說話』100칙(H5, 106a18), "모든 대상이 끊어지고 나면 아무것도 없는 그 경계(斷滅)에 떨어지는 사람도 있지만 2조는 그렇지 않았다. 그는 분명하게 깨어 어둡지 않고 뚜렷하게 항상 알고 있었으니, 깨달음과 수행이 곧바로 사라지면서 여래선을 증득하였던 것이다.(諸緣旣斷, 或有落斷滅者, 今二祖則不然. 明明不昧, 了了常知, 則悟修斯亡, 乃證得如來禪也.)" 본서 p.44 『선원소류』주석 52, p.71 주석 111, p.140 주석 264 참조.

[75] 『禪門拈頌說話』100칙(H5, 106a22), "그는 다시 모든 부처님의 법인法印에 대하여 묻고는 그 자리에서 마음을 편안히 하고 모든 부처님이 전한 마음의 본체를 깨달았다. (이 때문에) 앞에서 터득한 이해가 더욱 밝아져 '분명하게 깨어 어둡지 않고, 뚜렷하게 항상 알고 있다.'라고 말한 뒤 마침내 조사선을 알아차리고 달마의 인가를 받았던 것이다. 이것이 2조가 2조가 된 이유이다.(又問, 諸佛法印, 當下安心, 悟得諸佛所傳心體. 前解轉明日, '明明不昧, 了了常知.' 遂乃會得祖師禪, 得他印許. 此所謂二祖之爲二祖者也.)"

[76] 『禪門拈頌說話』101칙(H5, 107c11), "달마 대사가 하루는 문인들에게 명하였다. '때가 다 되었거늘, 어찌 각자 얻은 것을 말하지 않느냐?' 그때 도부道副가 대답하였다. '제 견해로는 문자에 집착하지도 않고 문자를 떠나지도 않는 것을 도의 작용으로 삼습니다.' 달마가 말하였다. '너는 나의 피부(皮)를 얻었다.' 니총지尼摠持가 말하였다. '제 견해로는 경희慶喜존자가 (부처님께서 환술로 보여 준) 아촉불국토를 보았지만 한 번 보면 다시 볼 필요가 없는 것과 같습니다.' 달마가 말하였다. '너는 나의 살(肉)을 얻었

처와는 다르다. 어찌 '삼처'라는 동일함을 가지고 아울러 이선二禪이라고
할 수 있겠는가. 함부로 천착해서는 안 될 것이다.

若將機用異名之殺活, 分配二禪, 二禪豈是單殺單活耶. 若道祖師禪, 是活
是用, 則何以第一句中, 具有殺活機用等三要之名. 如來禪, 是殺是機, 則
何以第二句中, 具有體用權實等三玄之名. 用之與權,【一愚計權實云, 乃權實
敎, 明知第二句是敎內也.】豈不是活底. 故三聖章中, 釋三玄, 以三要, 同例
配之, 不可以如來禪爲單殺也. 若云第二句卽權明實, 捨其權而單取其實,
第一句中, 有四照用, 而捨其不同, 單取同時. 一立殺一立活, 何立名之不
齊乎【白老每於禪文中, 空天一物等事, 便配如來禪. 若然者, 何以大慧以三根, 配
三印時, 以空配祖師禪, 以水配如來禪乎.】乍可不知.
故知機用體用, 名但小異, 體則實同, 皆一心上不變隨緣之義. 只由如來
禪, 則未脫一心之迹, 滯在敎格故, 依敎而立體用等名. 祖師禪則直超尊
貴, 了沒巴鼻, 故以敎外機用殺活等立名也. 其所悟法體, 如來祖師, 皆是
一心. 若如來禪, 但有不變之体, 無隨緣之用. 悟此心者, 烏得爲人天師也.
若佛祖傳心, 如甁注甁, 以達摩三處之作爲例, 同配於世尊之三處, 何以達
摩獨有三處之傳, 諸祖夐無三處之言. 其所傳之法同也, 傳處不可一同也.

다.' 도육道育이 말하였다. '사대四大는 본래 공이고 오음五陰은 실체로 있지 않으니,
제 견해로는 분별에 들어맞는 법은 하나도 없습니다.' 달마가 말하였다. '너는 나의 뼈
(骨)를 얻었다.' 마지막으로 혜가가 나와서 예를 갖추어 삼배를 올리고 자리에 그대로
서 있자 달마는 '너는 나의 골수(髓)를 얻었구나!'라 하고 곧 가사를 전하고 법을 부촉
하였다.(達磨大師, 一日命門人曰, '時將至矣, 盍各言所得乎?' 時有道副對曰, '如我所見,
不執文字, 不離文字, 而爲道用.' 祖曰, '汝得吾皮.' 尼摠持曰, '我今所解, 如慶喜見阿閦佛
國, 一見更不再見.' 祖曰, '汝得吾肉.' 道育曰, '四大本空, 五陰非有, 而我見處, 無一法可
當情.' 祖曰, '汝得吾骨.' 最後慧可, 出禮三拜, 依位而立. 祖曰, '汝得吾髓!' 乃傳衣付法.)"
이 칙 설화에서는 '골수를 얻었다'는 말에 대해 다음과 같이 평석하였다. 같은 책(H5,
110b12), "너는 나의 골수를 얻었구나 : 깊고 또 깊은 경지이다. 이는 직접 법을 이음으
로써 입실했다는 말이니, 가업을 이을 만하기 때문에 가사를 전하고 법을 부촉한 것이
다.(汝得吾髓者, 深之又深也. 此則親承入室, 克紹家業故, 乃傳衣付法也.)"

• 273

世尊於華嚴會上, 爲劣機, 已說如證【如來禪】之法故, 於末後, 爲上根, 三處別傳殺活機用之法也. 達摩則二祖本是教機故, 初問諸緣已斷, 傳如來禪. 次因諸佛法印之問, 傳祖師禪. 末後因禮三拜, 許得吾髓, 乃傳衣付法. 達摩所傳, 則與佛異. 豈以三處之同, 共作二禪耶. 不可胡亂穿鑿也.

어찌 변석卞釋할 여지를 남겨 두겠는가마는, 백파 긍선白坡亘璇이 선문의 수경을 모아 『선문수경』을 만들고, 중부자中孚子 초의 의순草衣意恂이 『사변만어』를 지었으며, 우담 홍기優曇洪基 선사가 『소쇄선정록(선문증정록)』을 기술하고, 설두 유형雪竇有炯 노한이 『선원소류』를 기술하여 각각이 그 훌륭함을 다하였으니 다시 덧붙이지 않겠다. 다만 몇몇 의심스러운 대목을 가려내 결정짓고 네 분의 뒤를 이었을 뿐이다. 자신을 존중하고 현인을 질투하거나, 보이는 대로 함부로 근거도 없이 지어내지 않았으니[77] 법은 응당 이와 같아야 한다. 옛 가르침에만 오로지 마음을 쏟는다면 모순을 면치 못하리니 달통한 사람이 그 마땅한가 여부를 따져 보기를 바란다.

其餘卞釋, 白老集禪文手鏡, 中孚子著四辨漫語, 優曇師述掃洒先庭錄, 雪竇老述禪源溯流, 各盡其美, 不可復贅. 只撫數疑處決之, 續諸四家之後. 然非尊己嫉賢, 隨見杜撰, 法應如是. 專門舊學, 不免矛盾, 唯通人, 校其當否也.

---

[77] 두찬杜撰은 시문을 지을 때 근거도 없이 임의로 지어내거나 조작하는 일을 말한다. 이 말의 유래에 대해서는 여러 가지 설이 있는데, 그중 하나는 송나라 때 두묵杜默이 지은 시에 음률이 맞지 않는 것이 많아서 당시 사람들이 법식에 맞지 않는 것을 '두묵이 지은 것'이라는 뜻에서 두찬이라 하였다는 설이다.

찾아보기

가섭迦葉 / 235, 247, 249, 263, 264, 268
격외格外 / 237~239, 242, 243, 246, 248, 251, 254, 256, 259, 262, 263
격외선格外禪 / 235, 236, 240, 255, 256, 259~261
경절문徑截門 / 243
곽시쌍부槨示雙趺 / 265
교외教外 / 246, 248, 249, 251, 252, 255, 256, 259
교외별전教外別傳 / 240, 242, 246, 247, 249, 251, 252, 255, 259, 261, 264, 265, 268
구곡 각운龜谷覺雲 / 263
규봉 종밀圭峰宗密 / 248, 249, 258, 259, 261

낙초지담落草之談 / 237

다자탑多子塔 / 235
달마達摩 / 235, 236, 248, 264, 272, 273
대기大機 / 265
대기대용大機大用 / 265

대용大用 / 265
대주 혜해大珠慧海 / 260
대혜大慧 / 271

마조馬祖 / 265

백장百丈 / 265
백파 긍선白坡亘璇 / 235~237, 243, 244, 246, 247, 263, 271, 274
법인法印 / 272
별전別傳 / 248, 249, 254, 256, 259
보수寶壽 / 242
보적寶積 / 242
분반좌分半座 / 265

사구死句 / 242, 243
살殺과 활活 / 263, 265, 267, 268, 270~272
살인도殺人刀 / 263~265, 267
삼구三句 / 237, 238, 251, 264, 266
삼배三拜 / 272, 273

삼요인三要印 / 256
삼처전심三處傳心 / 263~265, 267, 272
설두 유형雪竇有炯 / 244, 246~248, 260, 262, 267, 274

아난阿難 / 235
앙산 혜적仰山慧寂 / 253
여래선如來禪 / 235~239, 242~244, 246, 248, 249, 251, 253, 255~259, 261~265, 268, 270~272
염화拈花 / 265
염화미소拈花微笑 / 242
영산회상靈山會上 / 249, 263
우담 홍기優曇洪基 / 274
운문雲門 / 266
운문종雲門宗 / 263
의리선義理禪 / 235~237, 246, 248, 251, 255, 256, 259~261
이심전심以心傳心 / 248
일미선一味禪 / 246, 247, 249, 259, 261
일우一愚 / 249, 252, 253, 264, 265, 268
임제삼구臨濟三句 / 236, 245
임제 의현臨濟義玄 / 236, 237, 252, 264, 265
임제종臨濟宗 / 263

잡화포雜貨鋪 / 267
조사선祖師禪 / 235~239, 242~246, 248, 249, 251, 252, 255~257, 259, 261~265, 268, 270~272
진귀 조사眞歸祖師 / 244~246
진금포眞金鋪 / 267
진정 극문眞淨克文 / 249, 250

천책天頙 / 248
청풍 법사淸風法師 / 238
초의 의순草衣意恂 / 235, 274

향엄 지한香嚴智閑 / 253
혜가慧可 / 248, 273
화두話頭 / 243
활구活句 / 242, 243
활인검活人劍 / 263~265, 267
황벽黃檗 / 265

2조 / 236, 248, 256, 257, 272

한글본 한국불교전서

조·선·출·간·본

조선 1 작법귀감
백파 긍선 | 김두재 옮김 | 신국판 | 336쪽 | 18,000원

조선 2 정토보서
백암 성총 | 김종진 옮김 | 4X6판 | 224쪽 | 12,000원

조선 3 백암정토찬
백암 성총 | 김종진 옮김 | 4X6판 | 156쪽 | 9,000원

조선 4 일본표해록
풍계 현정 | 김상현 옮김 | 4X6판 | 180쪽 | 10,000원

조선 5 기암집
기암 법견 | 이상현 옮김 | 신국판 | 320쪽 | 18,000원

조선 6 운봉선사심성론
운봉 대지 | 이종수 옮김 | 4X6판 | 200쪽 | 12,000원

조선 7 추파집·추파수간
추파 홍유 | 하혜정 옮김 | 신국판 | 340쪽 | 20,000원

조선 8 침굉집
침굉 현변 | 이상현 옮김 | 신국판 | 300쪽 | 17,000원

조선 9 염불보권문
명연 | 정우영·김종진 옮김 | 신국판 | 224쪽 | 13,000원

조선 10 천지명양수륙재의범음산보집
해동사문 지환 | 김두재 옮김 | 신국판 | 636쪽 | 28,000원

조선 11 삼봉집
화악 지탁 | 김재희 옮김 | 신국판 | 260쪽 | 15,000원

조선 12 선문수경
백파 긍선 | 신규탁 옮김 | 신국판 | 180쪽 | 12,000원

조선 13 선문사변만어
초의 의순 | 김영욱 옮김 | 4X6판 | 192쪽 | 11,000원

조선 14 부휴당대사집
부휴 선수 | 이상현 옮김 | 신국판 | 376쪽 | 22,000원

조선 15 무경집
무경 자수 | 김재희 옮김 | 신국판 | 516쪽 | 26,000원

조선 16 무경실중어록
무경 자수 | 성재헌 옮김 | 신국판 | 340쪽 | 20,000원

조선 17 불조진심선격초
무경 자수 | 성재헌 옮김 | 신국판 | 168쪽 | 11,000원

조선 18 선학입문
김대현 | 성재헌 옮김 | 신국판 | 240쪽 | 14,000원

조선 19 사명당대사집
사명 유정 | 이상현 옮김 | 신국판 | 508쪽 | 26,000원

조선 20 송운대사분충서난록
신유한 엮음 | 이상현 옮김 | 신국판 | 324쪽 | 20,000원

조선 21 의룡집
의룡 체훈 | 김석군 옮김 | 신국판 | 296쪽 | 17,000원

조선 22 응운공여대사유망록
응운 공여 | 이대형 옮김 | 신국판 | 350쪽 | 20,000원

조선 23 사경지험기
백암 성총 | 성재헌 옮김 | 신국판 | 248쪽 | 15,000원

조선 24 무용당유고
무용 수연 | 이상현 옮김 | 신국판 | 292쪽 | 17,000원

조선 25 설담집
설담 자우 | 윤찬호 옮김 | 신국판 | 200쪽 | 13,000원

조선 26 동사열전
범해 각안 | 김두재 옮김 | 신국판 | 652쪽 | 30,000원

조선 27 청허당집
청허 휴정 | 이상현 옮김 | 신국판 | 964쪽 | 47,000원

조선 28 대각등계집
백곡 처능 | 임재완 옮김 | 신국판 | 408쪽 | 23,000원

조선 29 반야바라밀다심경략소연주기회편
석실 명안 엮음 | 강찬국 옮김 | 신국판 | 296쪽 | 17,000원

조선 30 허정집
허정 법종 | 성재헌 옮김 | 신국판 | 488쪽 | 25,000원

조선 31 호은집
호은 유기 | 김종진 옮김 | 신국판 | 264쪽 | 16,000원

조선 32 월성집
월성 비은 | 이대형 옮김 | 4X6판 | 172쪽 | 11,000원

조선 33 아암유집
아암 혜장 | 김두재 옮김 | 신국판 | 208쪽 | 13,000원

조선 34 경허집
경허 성우 | 이상하 옮김 | 신국판 | 572쪽 | 28,000원

조선 35 송계대선사문집·상월대사시집
송계 나식·상월 새봉 | 김종진·박재금 옮김 | 신국판 | 440쪽 | 24,000원

조선 36 선문오종강요·환성시집
환성 지안 | 성재헌 옮김 | 신국판 | 296쪽 | 17,000원

조선 37 역산집
영허 선영 | 공근식 옮김 | 신국판 | 368쪽 | 22,000원

조선 38 함허당득통화상어록
득통 기화 | 박해당 옮김 | 신국판 | 300쪽 | 18,000원

조선 39 가산고
월하 계오 | 성재헌 옮김 | 신국판 | 446쪽 | 24,000원

조선 40 선원제전집도서과평
설암 추붕 | 이정희 옮김 | 신국판 | 338쪽 | 20,000원

조선 41 함홍당집
함홍 치능 | 성재헌 옮김 | 신국판 | 348쪽 | 21,000원

조선 42 백암집
백암 성총 | 유호선 옮김 | 신국판 | 544쪽 | 27,000원

조선 43 동계집
동계 경일 | 김승호 옮김 | 신국판 | 380쪽 | 22,000원

조선 44 용암당유고·괄허집
용암 체조·괄허 취여 | 김종진 옮김 | 신국판 | 404쪽 | 23,000원

조선 45 운곡집·허백집
운곡 충휘·허백 명조 | 김재희·김두재 옮김 | 신국판 | 514쪽 | 26,000원

조선 46 용담집·극암집
용담 조관·극암 사성 | 성재헌·이대형 옮김 | 신국판 | 520쪽 | 26,000원

조선 47 경암집
경암 응윤 | 김재희 옮김 | 신국판 | 300쪽 | 18,000원

조선 48 석문상의초 외
벽암 각성 외 | 김두재 옮김 | 신국판 | 338쪽 | 20,000원

조선 49 월파집·해붕집
월파 태율·해붕 전령 | 이상현·김두재 옮김 | 신국판 | 562쪽 | 28,000원

조선 50 몽암대사문집
몽암 기영 | 이상현 옮김 | 신국판 | 348쪽 | 21,000원

조선 51 징월대사시집
징월 정훈 | 김재희 옮김 | 신국판 | 272쪽 | 16,000원

조선 52 통록촬요
엮은이 미상 | 성재헌 옮김 | 신국판 | 508쪽 | 26,000원

조선 53 충허대사유집
충허 지책 | 성재헌 옮김 | 신국판 | 296쪽 | 18,000원

조선 54 백열록
금명 보정 | 김종진 옮김 | 신국판 | 364쪽 | 22,000원

조선 55 조계고승전
금명 보정 | 김용태·김호귀 옮김 | 신국판 | 384쪽 | 22,000원

조선 56 범해선사시집
범해 각안 | 김재희 옮김 | 신국판 | 402쪽 | 23,000원

조선 57 범해선사문집
범해 각안 | 김재희 옮김 | 신국판 | 208쪽 | 13,000원

조선 58 연담대사임하록
연담 유일 | 하혜정 옮김 | 신국판 | 772쪽 | 34,000원

조선 59 풍계집
풍계 명찰 | 김두재 옮김 | 신국판 | 438쪽 | 24,000원

조선 60 혼원집·초엄유고
혼원 세환·초엄 복초 | 윤찬호 옮김 | 신국판 | 332쪽 | 20,000원

조선 61 청주집
환공 치조 | 성재헌 옮김 | 신국판 | 416쪽 | 23,000원

| 조선62 | 대동영선
금명 보정 | 이상하 옮김 | 신국판 | 556쪽 | 28,000원

| 조선63 | 현정론·유석질의론
득통 기화·자은이 미상 | 박해당 옮김 | 신국판 | 288쪽 | 17,000원

| 조선64 | 월봉집
월봉 책헌 | 이종수 옮김 | 신국판 | 232쪽 | 14,000원

| 조선65 | 정토감주
허주 덕진 | 김석군 옮김 | 신국판 | 382쪽 | 22,000원

| 조선66 | 다송문고
금명 보정 | 이대형 옮김 | 신국판 | 874쪽 | 41,000원

| 조선67 | 소요당집·취미대사시집
소요 태능·취미 수초 | 이상현 옮김 | 신국판 | 500쪽 | 25,000원

신·라·출·간·본

| 신라1 | 인왕경소
원측 | 백진순 옮김 | 신국판 | 800쪽 | 35,000원

| 신라2 | 범망경술기
승장 | 한명숙 옮김 | 신국판 | 620쪽 | 28,000원

| 신라3 | 대승기신론내의약탐기
태현 | 박인석 옮김 | 신국판 | 248쪽 | 15,000원

| 신라4 | 해심밀경소 제1 서품
원측 | 백진순 옮김 | 신국판 | 448쪽 | 24,000원

| 신라5 | 해심밀경소 제2 승의제상품
원측 | 백진순 옮김 | 신국판 | 508쪽 | 26,000원

| 신라6 | 해심밀경소 제3 심의식상품 제4 일체법상품
원측 | 백진순 옮김 | 신국판 | 332쪽 | 20,000원

| 신라7 | 해심밀경소 제5 무자성상품
원측 | 백진순 옮김 | 신국판 | 536쪽 | 27,000원

| 신라12 | 무량수경연의술문찬
경흥 | 한명숙 옮김 | 신국판 | 800쪽 | 35,000원

| 신라13 | 범망경보살계본사기 상권
원효 | 한명숙 옮김 | 신국판 | 272쪽 | 17,000원

| 신라14 | 화엄일승성불묘의
견등 | 김천학 옮김 | 신국판 | 264쪽 | 15,000원

| 신라15 | 범망경고적기
태현 | 한명숙 옮김 | 신국판 | 612쪽 | 28,000원

| 신라16 | 금강삼매경론
원효 | 김호귀 옮김 | 신국판 | 666쪽 | 32,000원

| 신라17 | 대승기신론소기회본
원효 | 은정희 옮김 | 신국판 | 536쪽 | 27,000원

| 신라18 | 미륵상생경종요 외
원효 | 성재헌 외 옮김 | 신국판 | 420쪽 | 22,000원

| 신라19 | 대혜도경종요 외
원효 | 성재헌 외 옮김 | 신국판 | 256쪽 | 15,000원

| 신라20 | 열반종요
원효 | 이평래 옮김 | 신국판 | 272쪽 | 16,000원

| 신라21 | 이장의
원효 | 안성두 옮김 | 신국판 | 256쪽 | 15,000원

| 신라22 | 본업경소 하권 외
원효 | 최원섭·이정희 옮김 | 신국판 | 368쪽 | 22,000원

| 신라23 | 중변분별론소 제3권 외
원효 | 박인성 외 옮김 | 신국판 | 288쪽 | 17,000원

| 신라24 | 지범요기조람집
원효·진원 | 한명숙 옮김 | 신국판 | 310쪽 | 19,000원

| 신라25 | 집일 금광명경소
원효 | 한명숙 옮김 | 신국판 | 636쪽 | 31,000원

| 신라26 | 복원본 무량수경술의기
의적 | 한명숙 옮김 | 신국판 | 500쪽 | 25,000원

고·려·출·간·본

고려 1 일승법계도원통기
균여 | 최연식 옮김 | 신국판 | 216쪽 | 12,000원

고려 2 원감국사집
충지 | 이상현 옮김 | 신국판 | 480쪽 | 25,000원

고려 3 자비도량참법집해
조구 | 성재헌 옮김 | 신국판 | 696쪽 | 30,000원

고려 4 천태사교의
제관 | 최기표 옮김 | 4X6판 | 168쪽 | 10,000원

고려 5 대각국사집
의천 | 이상현 옮김 | 신국판 | 752쪽 | 32,000원

고려 6 법계도기총수록
저자 미상 | 해주 옮김 | 신국판 | 628쪽 | 30,000원

고려 7 보제존자삼종가
고봉 법장 | 하혜정 옮김 | 4X6판 | 216쪽 | 12,000원

고려 8 석가여래행적송·천태말학운묵화상경책
운묵 무기 | 김성옥·박인석 옮김 | 신국판 | 424쪽 | 24,000원

고려 9 법화영험전
요원 | 오지연 옮김 | 신국판 | 264쪽 | 17,000원

고려 10 남명천화상송증도가사실
□련 | 성재헌 옮김 | 신국판 | 418쪽 | 23,000원

고려 11 백운화상어록
백운 경한 | 조영미 옮김 | 신국판 | 348쪽 | 21,000원

고려 12 선문염송 염송설화 회본 1
혜심·각운 | 김영욱 옮김 | 신국판 | 724쪽 | 33,000원

※ 한글본 한국불교전서는 계속 출간됩니다.

선원소류
설두 유형雪竇有炯
(1824~1889)

처음 법명은 봉문奉聞 또는 봉기奉琪. 노장학과 불교의 경론을 익혔으며 백파 긍선白坡亘璇이 좌주로 있던 영구산靈龜山 법회에서 공부를 마치고 백암 도원白巖道圓 대사를 이어 강단에 올랐다. 1889년 봄에 환웅 환진幻翁喚眞의 간청으로 봉인난야奉仁蘭若에서 선문 강회를 크게 열고 7월에 마쳤다. 그해 중추仲秋에 병으로 본사로 돌아왔으며 문도 설유 처명雪乳處明에게 법을 전하고 입적하였다. 저서에는 『해정록楷正錄』, 『통방정안通方正眼』, 『선원소류』, 『시집詩集』, 『사기私記』 등이 있다.

선문재정록
진하 축원震河竺源
(1861~1925)

속성을 붙여 서진하徐震河로도 불린다. 1873년부터 1884년까지 12년여 동안 간경看經뿐만 아니라 참선과 행각도 병행하며 학업을 성취하였는데, 대응 탄종大應坦鍾, 설두 유형, 용호 해주龍湖海珠 등에게서 배워 8초 해주익 선등禪燈을 잇고 대응 탄종의 법인法印을 전해 받았다. 그 회상에서 공부한 제자로는 만해卍海, 석전石顚, 진응震應, 석상石霜 스님 등이 있다.

옮긴이 조영미

성균관대학교 한문학과를 졸업하고, 서강대학교 국문학과에서 석사과정을, 성균관대학교 한문학과에서 박사과정을 졸업하였다. 현재 동국대학교 불교학술원에 전임연구원으로 있다. 논문으로는 「『禪門拈頌』의 公案 조직 양상과 언어 활용 연구」(박사학위논문), 「선불교의 공안에서 효와(誵訛)의 속성과 의미기능」, 「公案의 문제설정 방식과 疑團 형성 고찰」, 「조사들의 공안 활용법」, 「白雲景閑의 祖師禪 인식」(『정읍사상사』), 「한국 불교 사전 편찬 현황보고」, 「吞虛宅成의 禪 이해 관점 ― 삼분법 사유 틀의 시사점과 한계」 등이 있고, 공동 역주서에 『정선 선어록』, 『정선 공안집』, 『정선 휴정』 그리고 역주서에 『백운화상어록』이 있다.

증의
김영욱(전 가산불교문화연구원 책임연구원)